ERNEST HEMINGWAY

Die Wahrheit im Morgenlicht

EINE AFRIKANISCHE SAFARI

Herausgegeben und mit einem Vorwort von Patrick Hemingway

DEUTSCH VON WERNER SCHMITZ

ROWOHLT

Die Originalausgabe erschien 1999 unter dem Titel
True at First Light *bei Scribner, New York*
Redaktion: Dirk van Gunsteren
Umschlaggestaltung Barbara Hanke
(Foto: TCL / BAVARIA)

1. Auflage August 1999

Satz aus der Sabon PostScript PageOne
Gesamtherstellung Clausen & Bosse, Leck
Printed in Germany
ISBN 3 498 029517

Die Wahrheit im Morgenlicht

Vorwort des Herausgebers

Diese Geschichte beginnt an einem Ort und zu einer Zeit, die zumindest für mich noch immer von großer Bedeutung sind. Ich habe die erste Hälfte meines Erwachsenenlebens in Ostafrika verbracht und mich intensiv mit Geschichte und Literatur der britischen und deutschen Minderheiten beschäftigt, die dort für kurze zweieinhalb Generationen gelebt haben. Die ersten fünf Kapitel erschließen sich dem heutigen Leser vielleicht besser, wenn ich einige Informationen über die Verhältnisse in Kenia im Winter 1953/54 vorausschicke.

Jomo Kenyatta, ein hochgebildeter und weitgereister Schwarzafrikaner, ein Kikuyu, der in England eine Engländerin geheiratet hatte, war in sein Geburtsland Kenia zurückgekehrt und hatte dort einen Aufstand schwarzer Farmarbeiter angeführt; diese hießen Mau-Mau und kämpften gegen die aus Europa eingewanderten Landbesitzer, die, wie die Kikuyu es sahen, ihnen das Land gestohlen hatten. Wie in Calibans Klage in *Der Sturm*:

> Dieses Eiland ist mein, von meiner Mutter Sycorax,
> Das du mir wegnimmst. Wie du erstlich kamst,
> Da streicheltest du mich und hieltst auf mich,
> Gabst Wasser mir mit Beeren drein und lehrtest
> Das große Licht mich nennen und das kleine,
> Die brennten tags und nachts. Da liebt' ich dich
> Und wies dir jede Eigenschaft der Insel:
> Salzbrunnen, Quellen, fruchtbar Land und dürres.

Die Mau-Mau waren nicht die panafrikanische Unabhängigkeitsbewegung, die vierzig Jahre später endlich auf dem gesamten Kontinent südlich der Sahara eine Herrschaftsbeteiligung der mehrheitlich schwarzafrikanischen Bevölkerung durchgesetzt hat, sondern im großen ganzen eher etwas, das auf die Lebensweise des Stammes der Kikuyu zugeschnitten war. Ein Kikuyu wurde ein Mau-Mau, indem er einen frevlerischen Eid ablegte, mit dem er sich von seinem alltäglichen Leben lossagte und sich in ein menschliches Kamikazegeschoß verwandelte, das auf seinen Arbeitgeber, den aus Europa eingewanderten Farmer, gerichtet war. Das gebräuchlichste landwirtschaftliche Gerät im Lande hieß auf kisuaheli Panga, ein schweres einschneidiges, schwertartiges Werkzeug, das in den englischen Midlands hergestellt wurde und mit dem man Buschwerk roden, Löcher graben und im Falle eines Falles Menschen töten konnte. Fast jeder Landarbeiter besaß eins. Ich bin kein Anthropologe, und womöglich erzähle ich hier etwas Falsches, aber so wurden die Mau-Mau von den aus Europa eingewanderten Farmern, ihren Frauen und Kindern gesehen. Bedauerlicherweise handelte es sich bei den meisten, die mit diesem Exempel angewandter Entwicklungshilfe schließlich getötet und verstümmelt wurden, nicht um die aus Europa eingewanderten Farmerfamilien, für die es eigentlich bestimmt war, sondern um diejenigen unter den Kikuyu, die den Eid nicht ablegen wollten und mit der britischen Kolonialverwaltung zusammenarbeiteten.

Was zur Zeit dieser Geschichte als The White Highlands bekannt war, ein ausschließlich für landwirtschaftliche Siedler aus Europa reserviertes Gebiet, das man den Kikuyu ihrer Ansicht nach gestohlen hatte, lag höher und war besser bewässert als die traditionellen Lebensräume der Kamba. Obwohl sie eine dem Kikuyu eng verwandte Bantu-Sprache sprachen, waren die Kamba-Eigenbedarfsfarmer darauf angewiesen, dort, wo sie lebten, zusätzlich jagen und sammeln zu gehen, um den Ertrag ihrer weniger ergiebigen Felder zu ergänzen, was notwendig dazu führte, daß sie nicht so stark an ihr Land gebunden waren wie die Kikuyu in ihrer Nachbarschaft. Die kulturellen Unterschiede zwischen den beiden Völkern sind subtil und lassen sich am besten verstehen, wenn man sie mit den zwei Nationen vergleicht, die gemeinsam die Iberische Halbinsel bewohnen, den Spaniern und den Portugiesen. Die meisten von uns sind über diese beiden hinreichend unterrichtet, um zu erkennen, warum etwas, das bei den einen funktioniert, bei den anderen keinen Anklang findet; und ähnlich war es bei den Mau-Mau. Bei den Kamba funktionierte es in den meisten Fällen nicht, und das war ein Glück für die Hemingways, für Ernest und Mary, denn sonst wären sie ernstlich in Gefahr gewesen, schlafend im Bett von ebenden Bediensteten, denen sie vertrauten und die sie zu verstehen glaubten, zerstückelt zu werden.

Zu Beginn des sechsten Kapitels hat sich die Drohung eines Angriffs von außen durch eine Gruppe aus der Haft entwichener Kamba-Mau-Mau auf Hemingways Safarilager verflüchtigt wie Nebel im Licht der warmen Morgensonne, und alles Folgende wird der zeitgenössische Leser ohne Schwierigkeiten genießen können.

Aufgrund meiner zufälligen Position als Sohn Nummer zwei habe ich in meiner späteren Kindheit und als Jugendlicher sehr viel Zeit mit meinem Vater verbracht; es war die Zeit seiner Ehen mit Martha Gellhorn und Mary Welsh. Ich erinnere mich an den Sommer, als ich dreizehn war; da platzte ich eines Tages in Papas Schlafzimmer – in dem Haus, das Marty für die beiden auf Kuba gefunden hatte –, als sie gerade miteinander schliefen, und zwar in einer dieser ziemlich athletischen Stellungen, wie sie von den Handbüchern für ein glückliches Eheleben empfohlen werden. Ich zog mich zwar sofort zurück und glaube auch nicht, daß sie mich gesehen haben, doch als ich das vorliegende Buch zur Veröffentlichung vorbereitete, stieß ich auf eine Passage, in der Papa Marty als Simulantin schildert; und da kam mir, nach sechsundfünfzig Jahren des Vergessens, jene Szene wieder recht lebhaft in den Sinn. Erstaunliche Simulantin.

Hemingways unbetiteltes Manuskript umfaßt etwa 200 000 Wörter und ist gewiß kein Tagebuch. Das vorliegende Buch ist ein fiktionaler Text von der Hälfte des genannten Umfangs. Ich hoffe, Mary ist nicht allzu sauer auf mich, weil ich soviel Aufhebens von Debba gemacht habe, einer Art dunklem Hintergrund für Marys phantastische Leistung als Ehefrau, die sich einer 25 Jahre dauernden und nicht von Sandelholz, sondern von Gin befeuerten Witwenverbrennung unterzogen hat.

Kern dieser Memoiren ist ein vielschichtiger Kontrapunkt zwischen Fiktion und Wahrheit. Jeder Leser, der solche Musik mag, wird sich an den Passagen erfreuen, in denen der Autor ausgiebig damit spielt. Ich selbst habe einige Zeit in dem Safarilager in Kimana verbracht und dabei alle, die dort lebten, kennengelernt, Schwarze und Weiße, und aus irgendeinem mir selbst nicht ganz erklärlichen Grund erinnern mich die Schilderungen an einige Dinge, die sich im Sommer 1942 auf der *Pilar* abgespielt haben, als mein Bruder Gregory und ich, wie General Grants dreizehnjähriger Sohn Fred in Vicksburg, einen Monat bei der bemerkenswerten Crew dieses Schiffs verbrachten, das damals zeitweilig als Hilfskreuzer der Marine fungierte. Der Funker war ein Soldat der Marines, der auch schon mal in China stationiert gewesen war. In diesem der Jagd auf U-Boote gewidmeten Sommer hatte er zum erstenmal Gelegenheit, *Krieg und Frieden* zu lesen, da er nur sehr kurze Dienstzeiten hatte und sich im übrigen bloß zur Verfügung halten mußte und der Roman zufällig in der Schiffsbücherei stand. Ich erinnere mich, wie er uns erzählte, daß dieses Buch ihm, da er viele zarentreue Russen in Shanghai kennengelernt habe, ganz besonders viel bedeute.

Unterbrochen wurde Hemingway während der Niederschrift der ersten und einzigen Fassung dieses Textes von Leland Hayward, der damals mit der Frau verheiratet war, mit der er sich in diesem Buch nur per Ferngespräch unterhalten konnte, und von den anderen Filmleuten, die gerade mit den Dreharbeiten zu *Der alte Mann und das Meer* beschäftigt waren: er sollte ihnen helfen, vor der Küste Perus für den Film einen Marlin zu fangen. Die Suez-Krise, die zur Schließung des Kanals führte und seinen Plänen für eine weitere Reise nach Ostafrika ein Ende machte, könnte einer der Gründe gewesen sein, warum er sich der unbeendeten Arbeit nie wieder zugewandt hat. Aus dem Buch erfahren wir, daß er viel an «die alten Zeiten» in Paris dachte, und auch dies mag ein Grund gewesen sein, warum er nicht weitermachte; vielleicht glaubte er, besser über Paris als über Ostafrika schreiben zu können, ein Land, das ihn trotz all seiner fotogenen Schönheit und Reize nur wenige Monate fasziniert und ihm aufs übelste mitgespielt hatte, das erste Mal mit Amöbenruhr, das zweite Mal mit zwei Flugzeugabstürzen.

Wäre er noch am Leben, würde ich Ralph Ellison gebeten haben, diese Einführung zu schreiben; in *Shadow and Act* heißt es nämlich bei ihm:

«Fragen Sie immer noch, warum Hemingway für mich wichtiger war als Wright? Nicht weil er ein Weißer war oder mehr ‹akzeptiert›, sondern weil er die gleichen Dinge auf dieser Welt schätzte wie ich, Dinge, die Wright, gehetzt, unterprivilegiert und unerfahren, wie er war, gar nicht kennenlernen konnte: Wetter, Waffen, Hunde, Pferde, Liebe *und* Haß und unmögliche Verhältnisse, die der Tapfere und Engagierte in Wohltaten und Siege umwandeln konnte. Weil er die Vorgänge und Techniken des Alltagslebens mit einer solchen Präzision beschrieben hat, daß ich mich und meinen Bruder während der Rezession 1937 am Leben erhalten konnte, indem ich mir seine Schilderungen der Vogeljagd zu Herzen nahm; weil er den Unterschied zwischen Politik und Kunst kannte und um ihre wahre Bedeutung für den Schriftsteller wußte. Weil alles, was er schrieb – und das ist sehr wichtig –, von einem das Tragische transzendierenden Geist erfüllt war, der mir vertraut war, da er den Empfindungen des Blues sehr ähnlich ist, und dieser stellt vielleicht das Äußerste dar, was Amerikaner in der Formulierung des Tragischen geleistet haben.»

Ich bin mir ziemlich sicher, daß Hemingway Ellisons *Unsichtbar* gelesen hatte, bevor er sich nach den zwei Flugzeugabstürzen, bei denen er und Mary nur knapp dem Tod entronnen waren, aufrappelte und dann Mitte der fünfziger Jahre an seinem Manuskript über Afrika zu schreiben begann, ein Jahr nach den Ereignissen, die ihn zu dieser Rückkehr zur kreativen Arbeit veranlaßt hatten. Vielleicht dachte er an Ellison, als er seine Bemerkungen über Schriftsteller niederschrieb, die einander bestehlen, denn die Szene in Ellisons Roman mit den Irren aus der Anstalt ähnelt stark der mit den Veteranen in der Bar auf Key West in *Haben und Nichthaben* …

Ellison schrieb seinen Essay Anfang der sechziger Jahre, nicht lange nach Hemingways Tod im Sommer 1961, und natürlich hatte Ellison das unvollendete Afrika-Manuskript nicht gelesen, das ich hier in eine Form gebracht habe, von der ich hoffe, daß sie nicht die schlechteste aller möglichen Formen ist: *Die Wahrheit im Morgenlicht*. Ich habe genommen, was mein Vater am Morgen geschrieben hat, und damit getan, was Sueton in seinen *Illustren Männern* folgendermaßen beschreibt:

«Als Vergil die *Georgica* schrieb, soll er es sich zur Gewohnheit gemacht haben, täglich eine große Zahl von Versen zu diktieren, die er am Morgen dichtete, um sodann den Rest des Tages damit zuzubringen, sie auf eine sehr kleine Zahl einzuschmelzen, wozu er geistreich bemerkte, er forme sein Gedicht nach Art einer Bärin, die ihr Junges nach und nach zurechtlecke.»

Nur Hemingway selbst hätte sein unvollendetes Manuskript zu dem *Ursus horribilis* zurechtlecken können, der daraus hätte werden können. Was ich mit der *Wahrheit im Morgenlicht* vorlege, ist ein Teddybär. Den werde ich nun immer mit ins Bett nehmen, und wenn ich mich hingelegt und Gott gebeten habe, meine Seele zu bewahren, falls ich vor dem Aufwachen sterben sollte, werde ich beten, Gott möge meine Seele zu sich nehmen und dich segnen, Papa.

PATRICK HEMINGWAY
BOZEMAN, MONTANA
16. Juli 1998

Ein Personenverzeichnis sowie ein Kisuaheli-Glossar befinden sich am Ende des Buches.

Kapitel 1

Es war nicht einfach auf dieser Safari, weil vieles in Ostafrika sich sehr verändert hatte. Der weiße Jäger war seit vielen Jahren ein guter Freund von mir. Ich hatte einen Respekt vor ihm, wie ich ihn vor meinem Vater nie gehabt hatte, und er schenkte mir ein Vertrauen, das ich nicht verdiente. Ich konnte nur danach streben, es mir zu verdienen. Er hatte mir manches beigebracht, indem er mich selbständig handeln ließ und mich korrigierte, wenn ich Fehler machte. Wenn ich einen Fehler machte, erklärte er mir die Sache. Wenn ich denselben Fehler dann nicht mehr machte, erklärte er mir die Sache ein wenig genauer. Aber er führte ein nomadisches Leben, und schließlich verließ er uns, weil er zu seiner Farm zurück mußte, wie man in Kenia eine Viehranch von achtzigtausend Hektar nennt. Er war ein sehr komplizierter Mensch, zusammengesetzt aus absolutem Mut, allen guten menschlichen Schwächen und einer seltsam subtilen und sehr kritischen Menschenkenntnis. Er hing an seiner Familie und seinem Haus, und doch lebte er viel lieber fern von ihnen. Er liebte sein Haus und seine Frau und seine Kinder.

«Hast du irgendwelche Probleme?»

«Ich möchte mich bei der Elefantenjagd nicht blamieren.»

«Das lernst du schon noch.»

«Sonst noch was?»

«Sei dir darüber im klaren, daß die anderen sich besser auskennen als du, daß du aber die Entscheidungen zu treffen und durchzusetzen hast. Überlaß das Lager und den übrigen Kram Keiti. Sei so gut, wie du kannst.»

Es gibt Menschen, die gern Befehlsgewalt haben und in ihrem Eifer, sie zu übernehmen, die zur Übernahme erforderlichen Formalitäten mit Ungeduld betrachten. Auch ich habe gern Befehlsgewalt, weil sie die ideale Verschmelzung von Freiheit und Sklaverei darstellt. Man kann mit seiner Freiheit glücklich sein, und wenn sie zu gefährlich wird, nimmt man Zuflucht zu seinen Pflichten. Ich hatte jahrelang keine Befehlsgewalt ausgeübt, außer über mich selbst, und das langweilte mich, denn ich kannte mich und meine Schwächen und Stärken zu gut, und sie ließen mir wenig Freiheit und bürdeten mir viele Pflichten auf. In letzter Zeit hatte ich mit Abscheu einige Bücher über mich selbst gelesen, von Leuten, die alles über mein Innenleben, meine Ziele und Motive wußten. Es war, als läse man die Schilderung einer Schlacht, die man geschlagen hatte, geschrieben von Leuten, die nicht nur nicht dabeigewesen, sondern, in manchen Fällen, noch nicht einmal geboren waren, als die Schlacht stattgefunden hatte. All diese Leute, die über mein Inneres und Äußeres schreiben, taten das mit einem unerschütterlichen Selbstvertrauen, das ich nie besessen habe.

An diesem Morgen wünschte ich, mein großartiger Freund und Lehrer Philip Percival müßte nicht in diesem seltsam knappen Ton des Understatements sprechen, der zu unserer offiziellen Kommunikationsform geworden war. Ich wünschte, ich könnte ihn Dinge fragen, die unmöglich zu erfragen waren. Mehr als alles andere wünschte ich, ich könnte so umfassend und kompetent ausgebildet werden, wie die Briten ihre Piloten ausbilden. Aber ich wußte, daß das zwischen Philip Percival und mir herrschende Gewohnheitsrecht ebenso streng war wie das der Kamba. Meine Unwissenheit, das stand seit langem fest, konnte nur kleiner werden, wenn ich auf eigene Faust lernte. Aber ich wußte, daß ich von nun an niemanden mehr haben würde, der meine Fehler korrigierte, und ungeachtet des Glücksgefühls, das die Übernahme der Befehlsgewalt mit sich bringt, fühlte ich mich an diesem Morgen sehr einsam.

Lange Zeit hatten wir einander mit Pop angeredet. Als ich ihn vor mehr als zwanzig Jahren zum erstenmal so genannt hatte, hatte Mr. Percival nichts dagegen einzuwenden gehabt, solange dieser Verstoß gegen die guten Sitten nicht in der Öffentlichkeit geschah. Aber nachdem ich fünfzig Jahre alt geworden war – was mich zu einem Ältesten oder Mzee machte –, hatte er sich seinerseits angewöhnt, mich frohgemut Pop zu nennen – gewissermaßen ein Kompliment, das leicht zu erweisen war und vernichtend, wenn es zurückgenommen wurde. Ich kann mir keine Situation vorstellen, oder eher, ich würde keine Situation überleben wollen, in der ich ihn im persönlichen Gespräch mit Mr. Percival oder er mich mit meinem Nachnamen anreden würde.

Jedenfalls gab es an diesem Morgen viele Fragen, die ich stellen wollte, und viele Dinge, über die ich nachgedacht hatte. Aber wir pflegten über dergleichen nicht zu sprechen. Ich fühlte mich sehr einsam, und das wußte er natürlich.

«Wenn du keine Probleme hättest, würde es keinen Spaß machen», sagte Pop. «Du bist kein Mechaniker, und was man heutzutage weiße Jäger nennt, sind hauptsächlich Mechaniker, die die Sprache beherrschen und den Spuren anderer Leute folgen. Deine Sprachkenntnisse sind begrenzt. Aber du und deine seltsamen Freunde, ihr habt die Pfade überhaupt erst angelegt, und ihr könnt auch noch ein paar neue anlegen. Wenn du in deiner neuen Sprache Kikamba einmal ein Wort nicht weißt, sprich einfach spanisch. Das hören alle gern. Oder laß die Memsahib reden. Die kann sich ein wenig besser ausdrücken als du.»

«Ach, laß den Quatsch.»

«Ich werde etwas für dich vorbereiten», sagte Pop.

«Und die Elefanten?»

«Verschwende keinen Gedanken an sie», sagte Pop. «Die sind so groß wie dumm. Harmlos, das sagen alle. Denk nur daran, wie gut du mit allen anderen Tieren zurechtkommst. Schließlich sind das keine behaarten Mastodonten. Ich habe jedenfalls noch nie einen gesehen, dessen Stoßzahn zwei Krümmungen gehabt hätte.»

«Von wem hast du das?»

«Von Keiti», sagte Pop. «Er hat mir erzählt, du würdest außerhalb der Saison Tausende davon zur Strecke bringen. Die und deine Säbelzahntiger und Brontosaurier.»

«Dieser Mistkerl», sagte ich.

«Nein. Er glaubt es ja beinahe selbst. Er hat ein Exemplar der Zeitschrift, und er findet, sie sehen sehr überzeugend aus. Ich denke, an manchen Tagen glaubt er es, an manchen nicht. Hängt davon ab, ob du ihm Perlhühner bringst, und von deinen Schießkünsten im allgemeinen.»

«Das war ein Artikel über prähistorische Tiere, mit sehr guten Illustrationen.»

«Ja. Wirklich gut. Ganz reizende Bilder. Und rasante Fortschritte als weißer Jäger hast du mit deiner Behauptung gemacht, daß du nur nach Afrika gekommen bist, weil zu Hause deine Abschußerlaubnis für Mastodonten abgelaufen ist und du bei Säbelzahntigern sogar schon dein Limit überschritten hast. Ich habe ihm gesagt, daß das die reine Wahrheit ist und daß du so eine Art entflohener Elfenbeinwilderer aus Rawlins, Wyoming, bist, einem Ort wie die Lado-Enklave in früheren Zeiten, und daß du hierhergekommen bist, um mir, der ich dich als kleinen Jungen angelernt habe, als barfüßigen Jungen natürlich, deine Verehrung zu zeigen und zu versuchen, so lange im Spiel zu bleiben, bis sie dich wieder nach Hause lassen, damit du dir eine neue Abschußerlaubnis für Mastodonten besorgen kannst.»

«Pop, bitte, sag mir *einen* vernünftigen Satz zu den Elefanten. Du weißt, daß ich sie werde umbringen müssen, wenn sie sich schlecht benehmen und ich darum gebeten werde.»

«Erinnere dich einfach an deine alte Mastodon-Technik», sagte Pop. «Versuch mit dem ersten Schuß in den zweiten Ring des Stoßzahns zu kommen. Bei Frontalangriffen ziele auf die siebte Nasenfalte, von der ersten Stirnfalte an nach unten gezählt. Sie haben außerordentlich hohe Stirnen. Sehr steil. Wenn du nervös bist, schieß ihm die Kugel ins Ohr. Du wirst sehen, das ist nur Zeitvertreib.»

«Vielen Dank», sagte ich.

«Ich hatte niemals die Sorge, daß du nicht auf die Memsahib aufpassen würdest, aber paß auch ein bißchen auf dich selbst auf und versuch, dein Bestes zu geben.»

«Du auch.»

«Das tue ich seit vielen Jahren», sagte er und fügte die klassische Formel hinzu: «Jetzt liegt alles bei dir.»

Das stimmte allerdings. Es lag alles bei mir an diesem windstillen Morgen des letzten Tages im vorletzten Monat des Jahres. Ich sah nach dem Eßzelt und nach unserem eigenen Zelt. Dann nach den kleinen Zelten und den Männern, die sich um das Kochfeuer bewegten, und dann nach den Lastwagen und dem Jagdauto. Der starke Tau ließ die Fahrzeuge aussehen, als wären sie von Reif bedeckt. Dann sah ich durch die Bäume auf den Berg, der an diesem Morgen sehr groß und nah wirkte; der frisch gefallene Schnee glänzte im ersten Morgenlicht.

«Wird dir der Lastwagen reichen?»

«Sicher. Die Straße ist gut, wenn sie trocken ist.»

«Nimm das Jagdauto. Ich brauche es nicht.»

«So gut bist du nicht», sagte Pop. «Ich will diesen Lastwagen zurückgeben und dir einen schicken, der in Ordnung ist. Diesem Wagen trauen sie nicht.»

Es waren immer «sie». «Sie» waren die Menschen, die Watu. Früher hießen sie mal die Jungs. Für Pop immer noch. Aber er kannte sie entweder schon seit ihrer Kindheit, oder er hatte ihre Väter gekannt, als die noch Kinder waren. Vor zwanzig Jahren hatte auch ich sie Jungs genannt, und weder ihnen noch mir war je der Gedanke gekommen, daß ich vielleicht kein Recht dazu hatte. Auch jetzt hätte sich niemand daran gestört. Aber heutzutage tat man das einfach nicht mehr. Jeder hatte seine Pflichten, und jeder hatte einen Namen. Einen Namen nicht zu kennen war unhöflich und ein Zeichen von Schlampigkeit. Es gab auch alle möglichen besonderen Namen und Kurzformen von Namen und freundliche und unfreundliche Spitznamen. Pop schimpfte noch immer auf englisch oder kisuaheli mit ihnen, und das mochten sie sehr. Ich hatte kein Recht, mit ihnen zu schimpfen, und tat es niemals. Seit der Magadi-Expedition hatten wir auch gewisse Geheimnisse und Dinge, die wir teilten. Jetzt gab es viele Dinge, die Geheimnisse waren, und Dinge, die mehr als Geheimnisse waren, eher Übereinkünfte. Manche dieser Geheimnisse waren ganz und gar nicht schmeichelhaft, und manche waren so, daß man, wenn einer der drei Gewehrträger plötzlich zu lachen anfing, ihn nur anzusehen brauchte, um zu wissen, worüber er lachte, und dann lachte man mit, so sehr, daß einem das Zwerchfell weh tat, wenn man das Lachen zu unterdrücken versuchte.

Der Morgen war schön und klar, als wir, den Berg und die Bäume des Lagers hinter uns, durch die Ebene fuhren. In der grünen Weite vor uns standen zahlreiche Thompsongazellen, die beim Grasen mit den Schwänzen schlugen. Und in der Nähe vereinzelter Baumgruppen lagerten ganze Herden von Gnus und Grantgazellen. Wir erreichten den Landestreifen, den wir auf einer langgestreckten Wiese angelegt hatten, indem wir mit dem Auto und dem Lastwagen auf dem kurzen neuen Gras hin- und hergefahren waren und an einem Ende die Strünke und Wurzeln einer Buschinsel ausgegraben hatten. Die aus einem jungen Baum geschnittene Stange hatte sich unter dem starken Wind der vergangenen Nacht geneigt, und der daran befestigte, aus einem Mehlsack gemachte Windsack hing schlaff herunter. Wir hielten an, ich stieg aus und rüttelte an der Stange. Sie stand schief, aber stabil, und der Windsack würde jede Brise anzeigen. Hoch am Himmel zogen Windwolken dahin, und es war schön, über die grüne Wiese auf den Berg zu sehen, der von hier aus so breit und gewaltig aussah.

«Willst du von dem Berg und der Wiese keine Farbaufnahmen machen?» fragte ich meine Frau.

«Da haben wir schon bessere, als wir heute morgen machen könnten. Gehen wir nach den Löffelhunden und dem Löwen sehen.»

«Der ist jetzt nicht mehr draußen. Ist schon zu spät.»

«Wer weiß.»

Also folgten wir unserer alten Spur, die zur Salzebene führte. Links erstreckten sich die Savanne und die unregelmäßige Linie hoher Bäume mit grünem Laub und gelben Stämmen, die den Rand des Waldes markierte, in dem sich vermutlich die Büffelherde aufhielt. Das alte Gras stand dort ziemlich hoch, und es lagen viele umgestürzte Bäume herum, die entweder von Elefanten umgerissen oder von Stürmen entwurzelt worden waren. Vor uns lag ebenes Land mit kurzem jungem Gras, und rechts war ein Sumpfgelände mit dichten grünen Buschinseln und einigen großen Akazien mit abgeflachten Wipfeln. Überall sah man Tiere weiden. Sie entfernten sich, wenn wir näher kamen, mit raschen Galoppsprüngen, manchmal aber auch in gleichmäßigem Trab, und einige wandten sich nur ab und fraßen weiter. Aber sie alle hörten erst einmal auf, bevor sie weiterfraßen. Auf solchen Routinefahrten oder wenn Miss Mary sie fotografierte, schenkten sie uns nicht mehr Aufmerksamkeit als einem Löwen, der nicht auf der Jagd ist. Sie gehen ihm aus dem Weg, aber sie haben keine Angst.

Ich lehnte mich hinaus und hielt wie mein Gewehrträger Ngui, der hinter mir saß, nach Fährten Ausschau. Mthuka, der Fahrer, beobachtete das Land vor uns und zu beiden Seiten. Er hatte die besten und schärfsten Augen von uns allen. Sein Gesicht war asketisch, schmal und klug, und auf den Wangen trug er die pfeilförmigen Stammesnarben der Wakamba. Er war Mkolas Sohn, ein Jahr älter als ich und vollkommen taub. Er war nicht Moslem wie sein Vater. Er liebte die Jagd, und er war ein sehr guter Fahrer. Er handelte niemals leichtsinnig oder unverantwortlich; dennoch galten er, Ngui und ich selbst als die drei Hauptschurken.

Wir waren seit langer Zeit gut befreundet, und ich fragte ihn, wann er die großen rituellen Stammesnarben empfangen habe, die niemand sonst hatte. Bei denjenigen, die überhaupt welche hatten, waren sie nur sehr leicht in die Haut geritzt.

Er antwortete lachend: «Bei einem ganz großen Ngoma. Du weißt schon. Um einem Mädchen zu gefallen.» Ngui und Charo, Miss Marys Gewehrträger, lachten beide laut auf.

Charo war gläubiger Moslem und als sehr wahrheitsliebend bekannt. Er wußte natürlich nicht, wie alt er war, aber Pop meinte, er müsse schon über siebzig sein. Selbst mit dem Turban auf dem Kopf war er eine Handbreit kleiner als Miss Mary, und wenn ich die beiden so nebeneinander sah, wie sie nun über die grüne Ebene hinweg den Hirschantilopen nachsahen, die vorsichtig gegen den Wind in den Wald eindrangen, wobei der am Ende des Defilees laufende große Bock nach allen Seiten hin Witterung aufnahm, schien es mir, als müßten Miss Mary und Charo selbst in den Augen der Tiere ein ziemlich seltsames Pärchen darstellen. Kein Tier verriet bei ihrem Anblick irgendein Anzeichen von Furcht. Dafür hatten wir schon viele Beweise gesammelt. Statt sich vor der kleinen Blonden im waldgrünen Mantel und dem noch kleineren Schwarzen in der blauen Jacke zu fürchten, schienen die Tiere eher neugierig auf sie zu sein. Es war, als wähnten sie sich in einem Zirkus, oder zumindest, als hätten sie etwas außerordentlich Seltsames vor sich, und insbesondere Raubtiere fühlten sich offensichtlich zu ihnen hingezogen. An diesem Morgen waren wir alle entspannt. In diesem Teil Afrikas passierte jeden Tag etwas, mal etwas Schreckliches, mal etwas Schönes. Morgens aufzuwachen war jedesmal so aufregend, als stünde einem ein Abfahrtslauf auf Skiern oder ein Bobrennen bevor. Man wußte, etwas würde geschehen, und zwar meist schon vor elf Uhr. Ich habe keinen Morgen in Afrika erlebt, an dem ich mich nach dem Aufwachen nicht glücklich gefühlt hätte. Jedenfalls bis mir einfiel, was noch alles zu erledigen war. Aber an diesem Morgen genossen wir die zeitweilige Verantwortungslosigkeit der Befehlsgewalt, und ich war zufrieden, daß die Büffel, unser Hauptproblem, sich offenbar an einer Stelle aufhielten, wo wir sie nicht erreichen konnten. Für das, was wir uns erhofften, war es notwendig, daß sie zu uns kamen und nicht wir zu ihnen.

«Was hast du vor?»

«Mit dem Wagen einen kurzen Abstecher zum großen Wasser machen, um nach Fährten zu sehen; danach will ich zu der Stelle im Wald, wo er an den Sumpf grenzt, mich umsehen und dann rausgehen. Da sind wir im Lee des Elefanten, und du siehst ihn vielleicht sogar. Eher aber nicht.»

«Können wir auf dem Rückweg durch das Gerenuk-Land fahren?»

«Ja, sicher. Tut mir leid, daß wir so spät losgefahren sind. Aber schließlich ist Pop abgereist, und überhaupt.»

«Ich gehe immer gern zu dieser gefährlichen Stelle. Da kann ich schauen, was wir als Weihnachtsbaum nehmen könnten. Meinst du, der Löwe ist jetzt da drin?»

«Möglich. Aber in dieser Gegend bekommen wir ihn nicht zu Gesicht.»

«Was für ein schlaues Vieh, dieser Löwe. Warum haben sie mich damals nicht auf diesen schönen ruhenden Löwen unter dem Baum schießen lassen? So schießen Frauen Löwen nun mal.»

«Sie schießen sie so, und der schönste schwarzmähnige Löwe, den eine Frau jemals geschossen hat, ist mit ungefähr vierzig Schüssen durchsiebt worden. Später haben sie dann die hübschen Fotos und müssen mit diesem gottverdammten Löwen leben und all ihren Freunden und sich selbst für den Rest ihres Lebens etwas vorlügen.»

«Schade, daß ich diesen schönen Löwen in Magadi nicht erwischt habe.»

«Ärgere dich nicht. Sei lieber stolz.»

«Ich weiß nicht, was mich treibt. Aber ich muß ihn erwischen, und es muß der richtige sein.»

«Wir haben ihn zu lange gejagt, Schatz. Er ist zu klug. Ich muß ihn jetzt erst mal in Sicherheit wiegen und ihn dazu bringen, daß er einen Fehler macht.»

«Er macht keine Fehler. Er ist klüger als du und Pop zusammen.»

«Schatz, Pop hat gewollt, daß du ihn entweder tötest oder aufgibst. Wenn er dich nicht so gern hätte, hättest du jeden beliebigen Löwen schießen können.»

«Sprechen wir nicht von ihm», sagte sie. «Ich möchte an den Weihnachtsbaum denken. Wir werden wunderbare Weihnachten feiern.»

Mthuka hatte zugesehen, wie Ngui für ihn der Fährte nachging, und kam mit dem Wagen heran. Wir stiegen ein, und ich sagte Mthuka, er solle zum Wasser auf der anderen Seite des Sumpfes fahren. Ngui und ich lehnten uns beide nach draußen und hielten nach Fährten Ausschau. Es gab die alten Radspuren, und es gab die Wildwechsel zum Papyrussumpf. Und es gab frische Fährten von Gnus, Zebras und Thompsongazellen.

Wir näherten uns jetzt dem Wald; der Fahrweg beschrieb einen Bogen, und dann sahen wir die Fährte eines Menschen. Dann die eines zweiten, der Schuhe trug. Die

Spuren waren leicht vom Regen verwischt, und wir fuhren langsamer, um sie genauer sehen zu können.

«Sieht nach dir und mir aus», sagte ich zu Ngui.

«Ja», grinste er. «Der eine hat große Füße und geht, als ob er müde wäre.»

«Der andere ist barfuß und geht, als ob ihm das Gewehr zu schwer wäre. Halt mal an», sagte ich zu Mthuka. Wir stiegen aus.

«Sieh hin», sagte Ngui. «Der eine geht, als ob er sehr alt wäre und kaum noch sehen kann. Der mit den Schuhen.»

«Sieh hin», sagte ich. «Der Barfüßige geht, als ob er fünf Frauen und zwanzig Kühe hätte. Er hat ein Vermögen für Bier ausgegeben.»

«Die werden nirgendwo ankommen», sagte Ngui. «Der mit den Schuhen geht, als ob er jederzeit tot umfallen könnte. Er taumelt unterm Gewicht seines Gewehrs. Was, glaubst du, machen sie hier draußen?»

«Wie soll ich das wissen? Sieh hier, der mit den Schuhen erholt sich etwas.»

«Er denkt an die Shamba», sagte Ngui.

«Kwenda na shamba.»

«Ndio», sagte Ngui. «Was schätzt du, wie alt ist der mit den Schuhen?»

«Das geht dich einen Dreck an», sagte ich. Wir winkten den Wagen heran, und als er kam, stiegen wir ein; ich dirigierte Mthuka zum Waldrand. Der Fahrer schüttelte lachend den Kopf.

«Was soll das? Wozu seht ihr euch eure eigenen Fährten an?» fragte Miss Mary. «Alle haben gelacht, also war es bestimmt ganz lustig. Aber ausgesehen hat es ziemlich albern.»

«Wir haben uns amüsiert.»

Dieser Teil des Waldes deprimierte mich jedesmal. Natürlich sollten die Elefanten ihre Nahrung haben, und es war gut, daß sie lieber Bäume kahlfraßen, als die Farmen der Eingeborenen zu zerstören. Aber verglichen mit dem bißchen, was sie von den Bäumen fraßen, die sie niederrissen, waren die Verwüstungen so groß, daß der Anblick einfach deprimierend war. Elefanten waren die einzigen Tiere, die sich in ihrem gegenwärtigen Verbreitungsgebiet in Afrika ständig vermehrten. Sie vermehrten sich, bis sie für die Eingeborenen ein solches Problem darstellten, daß man sie nur noch abschlachten konnte. Und dann wurden sie wahllos getötet. Es gab Menschen, denen das Spaß machte. Sie töteten alte Bullen, junge Bullen, Kühe und Kälber, und vielen gefiel diese Arbeit. Natürlich mußte die Zahl der Elefanten irgendwie begrenzt werden. Aber als ich die Schäden in diesem Wald sah, wie sie die Bäume umgerissen und entlaubt hatten, und als ich bedachte, was sie in einer einzigen Nacht in einer Eingeborenen-Shamba anrichten konnten, begann ich über die Probleme einer solchen Begrenzung nachzudenken. Indessen hielt ich die ganze Zeit nach den Fährten der zwei Elefanten Ausschau, die wir in diesem Teil des Waldes hatten verschwinden sehen. Ich kannte diese zwei Elefanten und wußte, wohin sie sich tagsüber wahrscheinlich zurückziehen würden, doch bis ich ihre Fährten gesehen und mich davon überzeugt hatte, daß wir an ihnen vorbei waren, durfte ich Miss Mary nicht ungeschützt auf der Suche nach einem passenden Weihnachtsbaum dort herumstreifen lassen.

Wir hielten wieder an, und ich nahm das große Gewehr und half Miss Mary aus dem Wagen.

«Ich brauche keine Hilfe», sagte sie.

«Hör mal, Schatz», begann ich zu erklären. «Ich muß mit dem großen Gewehr in deiner Nähe bleiben.»

«Ich will mir doch bloß einen Weihnachtsbaum aussuchen.»

«Ich weiß. Aber da können alle möglichen Gefahren lauern. Wäre nicht das erste Mal.»

«Dann gib mir Ngui mit. Und Charo ist doch auch da.»

«Schatz, ich bin verantwortlich für dich.»

«Damit kannst du einem ganz schön auf die Nerven gehen.»

«Das weiß ich.» Dann sagte ich: «Ngui.»

«Bwana?»

Kein scherzender Tonfall mehr.

«Geh nachsehen, ob die zwei Elefanten in den Wald gegangen sind. Geh bis zu den Felsen.»

«Ndio.»

Er überquerte die freie Fläche und suchte, meine Springfield in der Rechten, das Gras nach Spuren ab.

«Ich will mir nur einen aussuchen», sagte Miss Mary. «Dann können wir irgendwann mal morgens, wenn es noch nicht so heiß ist, herfahren, ihn ausgraben, zum Lager bringen und einpflanzen.»

«Also los», sagte ich. Ich beobachtete Ngui. Einmal war er stehengeblieben und hatte gelauscht. Dann ging er sehr vorsichtig weiter. Ich folgte Miss Mary, die zwischen den silbrigen Dornsträuchern umherging, um sich den schönsten Baum auszusuchen, sah mich aber immer wieder über die Schulter nach Ngui um. Wieder blieb er stehen und lauschte, dann zeigte er mit dem linken Arm ins Dickicht. Als er sich zu mir umdrehte, winkte ich ihn zu uns zurück. Er kam schnell, so schnell er gehen konnte, ohne zu laufen.

«Wo sind sie?» fragte ich.

«Sie sind hier durchgekommen und im Wald verschwunden. Ich habe sie gehört. Den alten Bullen und seinen Askari.»

«Gut», sagte ich.

«Hör genau hin», flüsterte er. «Faro.» Er wies nach dem Dickicht rechts von uns. Ich hatte nichts gehört. «Mzuri Auto», sagte er, was heißen sollte: «Besser in den Wagen zurück.»

«Hol Miss Mary.»

Ich drehte mich in die Richtung, in die Ngui gezeigt hatte. Ich sah nur das silbrige Gesträuch, das grüne Gras und die Wand hoher Bäume, von denen Ranken und Lianen hingen. Dann hörte ich etwas, es klang wie ein tiefes Schnurren. Ein solches Geräusch kann man nachmachen, indem man die Zunge an den Gaumen legt und kräftig Luft ausstößt, so daß die Zunge ins Flattern gerät. Es kam von dort, wohin Ngui gezeigt hatte. Aber sehen konnte ich nichts. Ich schob den Sicherungsbügel der .577er nach vorn und wandte den Kopf nach links. Miss Mary, schräg von der Seite kommend, versuchte hinter mich zu gelangen. Ngui hielt sie am Arm und führte sie, und sie ging wie auf Eiern. Charo folgte ihr. Dann hörte ich wieder das durchdringende rauhe Schnurren und sah Ngui mit der schußbereiten Springfield zurückbleiben, während Charo weiterging und Mary beim Arm faßte. Sie waren jetzt auf gleicher Höhe mit mir und bewegten sich in Richtung des Wagens. Ich wußte, Mthuka, der Fahrer, war taub und konnte das Nashorn nicht hören. Aber wenn er sie kommen sah, würde er wissen, was los war. Ich wollte mich nicht umdrehen, tat es aber doch und sah, wie Charo Miss Mary zum Jagdwagen drängte. Ngui eilte mit der Springfield neben ihnen her, den Blick ständig nach hinten gerichtet. Ich durfte das Nashorn nicht töten. Aber ich würde es tun müssen, wenn es zum

Angriff überging und es keinen anderen Ausweg gab. Ich nahm mir vor, den ersten Schuß in den Boden zu setzen, um das Nashorn zur Umkehr zu bewegen. Wenn es nicht weglief, würde ich es mit dem zweiten Schuß töten. Alles bestens, sagte ich mir. Ein Kinderspiel.

In diesem Augenblick hörte ich den Motor des Jagdwagens anspringen und den Wagen im ersten Gang näher kommen. Ich begann zurückzuweichen; jeder Meter schien kostbar, und mit jedem, den ich hinter mich brachte, fühlte ich mich besser. Der Wagen beschrieb einen engen Bogen, und als er neben mir war, sicherte ich das Gewehr und sprang gerade nach dem Haltegriff am Vordersitz, als das Nashorn aus dem Unterholz hervorbrach: eine große Kuh, die im Galopp auf uns zustürmte. Hinter ihr her galoppierte ein Kalb, was dem Angriff etwas Lächerliches gab.

Ein paar Sekunden rannten sie neben uns her, dann wurde der Wagen schneller. Vor uns war freies Gelände, und Mthuka schwang den Wagen scharf nach links. Das Nashorn galoppierte zunächst geradeaus weiter, dann aber verfiel es in Trab, und das Kalb tat dasselbe.

«Hast du Bilder gemacht?» fragte ich Miss Mary.

«Ging nicht. Es war direkt hinter uns.»

«Auch nicht, als es aus dem Wald gekommen ist?»

«Nein.»

«Ich mach dir keine Vorwürfe.»

«Immerhin habe ich einen Weihnachtsbaum ausgesucht.»

«Jetzt verstehst du wohl, warum ich dir Deckung geben wollte», sagte ich unnötiger- und dummerweise.

«Du hast doch gar nicht gewußt, daß es da drin war.»

«Es lebt hier in der Gegend, und es geht regelmäßig zum Trinken an den Bach am Rand des Sumpfes.»

«Ihr wart plötzlich alle so ernst», sagte Miss Mary. «Ich hab noch nie erlebt, daß ihr Scherzbolde jemals so ernst geworden seid.»

«Schatz, es wäre schrecklich gewesen, wenn ich es hätte töten müssen. Und ich habe mir Sorgen um dich gemacht.»

«Alle so ernst», sagte sie. «Und alle haben mich am Arm geführt. Als ob ich den Weg zum Auto nicht allein gefunden hätte. Völlig unnötig, mich am Arm zu führen.»

«Schatz», sagte ich. «Sie haben dich am Arm geführt, damit du nicht in ein Loch trittst oder über irgendwas stolperst. Sie haben ständig den Boden im Blick gehabt. Das Nashorn war ganz in der Nähe und hätte jederzeit angreifen können, und wir dürfen es nicht töten.»

«Woher hast du gewußt, daß es ein Weibchen mit einem Kalb war?»

«Das war doch klar. Es lebt doch schon seit vier Monaten hier.»

«Wenn es sich bloß nicht genau bei den Weihnachtsbäumen niedergelassen hätte.»

«Den Baum kriegen wir schon.»

«Du und deine Versprechungen», sagte sie. «Aber wenn Mr. P. hier ist, geht alles viel einfacher und besser.»

«Allerdings», sagte ich. «Und es geht auch alles viel einfacher, wenn G. C. hier ist. Aber jetzt ist außer uns niemand hier, und bitte, wir sollten uns in Afrika nicht streiten. Bitte nicht.»

«Ich will mich nicht streiten», sagte sie. «Ich streite nicht. Es gefällt mir bloß nicht, wenn ich mit ansehen muß, wie solche Scherzbolde wie ihr plötzlich so ernst und tugendhaft werden.»

«Hast du schon mal einen gesehen, der von einem Nashorn getötet wurde?»

«Nein», sagte sie. «Du aber auch nicht.»

«Stimmt», sagte ich. «Und ich will es auch nicht. Pop hat das auch noch nie gesehen.»

«Es hat mir nicht gefallen, wie ihr alle so ernst geworden seid.»

«Das war, weil ich das Nashorn nicht töten durfte. Wenn man es töten kann, ist die Sache kein Problem. Aber ich mußte ja auch an dich denken.»

«Hör auf, an mich zu denken. Denk lieber daran, wie wir zu unserem Weihnachtsbaum kommen.»

Langsam fühlte ich mich tatsächlich ein wenig tugendhaft; ich wünschte, Pop wäre bei uns und würde uns ein wenig ablenken. Aber Pop war nicht mehr bei uns.

«Wenigstens kommen wir doch auf dem Rückweg durch das Gerenuk-Land, oder?»

«Ja», sagte ich. «Bei den großen Felsen jenseits der Schlammzone am Rand des Buschlandes, wohin sich jetzt die Paviane verziehen, biegen wir nach rechts ab und durchqueren dann die Ebene in östlicher Richtung, bis wir diese andere Nashornsenke erreichen. Von dort geht's nach Südosten weiter zu der alten Manyatta, und dann sind wir im Gerenuk-Land.»

«Darauf freue ich mich schon», sagte sie. «Aber Pop wird mir fehlen.»

«Mir auch», sagte ich.

Es gibt immer mystische Gegenden, die Teil unserer Kindheit sind. An die wir uns erinnern und die wir manchmal im Traum besuchen. Im Schlaf erscheinen sie uns wieder so schön wie damals in der Kindheit. Wenn man aufbricht, um sie mit eigenen Augen zu sehen, sind sie nicht da. Aber nachts, wenn man das Glück hat, von ihnen zu träumen, sind sie so schön wie eh und je.

Als wir in Afrika in der kleinen Ebene im Schatten der großen Akazien, in der Nähe des Flusses, am Rand des Sumpfs, am Fuß des gewaltigen Berges lebten, hatten wir solche Gegenden. Eigentlich waren wir keine Kinder mehr, aber in mancher Hinsicht, da bin ich mir ganz sicher, waren wir es doch. Das Wort «kindisch» wird nur noch verächtlich gebraucht.

«Sei nicht kindisch, Liebling.»

«Ich will es aber sein. Sei du lieber nicht kindisch.»

Es ist möglich, dafür dankbar zu sein, daß jemand, mit dem man sich freiwillig zusammentut, nicht sagt: «Sei reif. Sei ausgeglichen, sei angepaßt.»

Afrika ist so alt, daß es alle Menschen außer den professionellen Invasoren und Verderbern zu Kindern macht. Niemand sagt in Afrika zu einem anderen: «Kannst du nicht erwachsen werden?» Menschen und Tiere erwerben Jahr für Jahr ein Jahr hinzu, manche von ihnen auch ein Jahr Wissen. Die Tiere, die am kürzesten leben, lernen am schnellsten. Eine junge Gazelle ist im Alter von zwei Jahren geschlechtsreif, gut proportioniert und an ihre Umwelt angepaßt. Gut proportioniert und an die Umwelt angepaßt ist sie schon mit vier Wochen. Die Menschen wissen, verglichen mit dem Land sind sie Kinder, und wie in der Armee gehen Befehlsgewalt und Senilität Hand in Hand. Aber es ist keine Schande, ein kindliches Herz zu haben. Es ist eine Auszeichnung. Ein Mann muß sich wie ein Mann verhalten. Er muß immerzu kämpfen, am besten, wenn der Vorteil auf seiner Seite ist, notfalls aber auch, wenn alles gegen ihn steht, und er darf keinen Gedanken an den Ausgang verschwenden. Er sollte sich an die Gesetze und Bräuche seines Stammes halten, soweit er kann, und die Sanktionen seines Stammes akzeptieren, wenn er es nicht kann. Aber niemand kann einem Mann vorwerfen, daß er sich ein kindliches Herz bewahrt hat, eine kindliche Ehrlichkeit und eine kindliche Frische und Größe.

Niemand wußte, warum Mary unbedingt ein Gerenuk töten wollte. Es waren Gazellen mit einem seltsam langen Hals, und die Böcke hatten ziemlich weit vorne am Kopf dicke, kurze, geschwungene Hörner. In dieser Gegend schmeckten sie ausgezeichnet. Noch besser schmeckten freilich Thompsongazellen und Impalas. Die Jungs nahmen an, es habe etwas mit Marys Religion zu tun.

Jeder verstand, warum Mary einen Löwen töten mußte. Für manche der Älteren, die viele hundert Safaris mitgemacht hatten, war es allerdings schwer nachvollziehbar, warum sie ihn auf die althergebrachte Weise töten mußte. Aber die Schurken waren sich alle einig, daß es etwas mit ihrer Religion zu tun hatte, ähnlich wie ihr Wunsch, ein Gerenuk ziemlich genau um die Mittagsstunde zu töten. Offensichtlich bedeutete es Miss Mary nichts, ein Gerenuk auf die einfache, normale Art zu töten.

Am Ende der vormittäglichen Jagd oder Rundfahrt hatten sich die Gerenuks in den dichten Busch zurückgezogen. Wenn wir durch einen unglücklichen Zufall doch eins zu sehen bekamen, stiegen Mary und Charo aus dem Wagen und pirschten sich heran. Das Gerenuk schlich, rannte oder sprang davon. Ngui und ich schlossen uns aus Pflichtgefühl den zwei Pirschjägern an, und unsere Gegenwart sorgte dafür, daß das Gerenuk in Bewegung blieb. Schließlich wurde es dann zu heiß, um das Gerenuk weiter herumzutreiben, und Charo und Mary kamen zum Wagen zurück. Soviel ich weiß, ist bei dieser Art von Gerenukjagd nie ein Schuß abgegeben worden.

«Diese blöden Gerenuks», sagte Mary. «Der Bock hat genau in meine Richtung geblickt. Aber ich konnte nur sein Gesicht und die Hörner sehen. Dann war er wieder hinter einem Busch, und ich konnte nicht erkennen, ob es nicht doch ein Weibchen war. Dann ist er ständig in Deckung geblieben. Ich hätte auf ihn schießen können, aber vielleicht hätte ich ihn nur verwundet.»

«Du wirst ihn schon noch eines Tages erwischen. Ich fand, du hast ihn sehr gut gejagt.»

«Wenn du und dein Freund mir nicht nachgekommen wärt.»

«Das müssen wir aber, Schatz.»

«Ich habe das satt. Und jetzt wollt ihr bestimmt alle zur Shamba.»

«Nein. Ich denke, wir sollten direkt zum Lager fahren und was Kaltes trinken.»

«Ich weiß gar nicht, warum mir diese verrückte Gegend so gefällt», sagte sie. «Und gegen die Gerenuks habe ich eigentlich auch nichts.»

«Die Gegend hier ist so was wie eine Wüsteninsel. Ähnlich wie die große Wüste, die wir durchqueren mußten, um hierherzukommen. Und Wüsten sind immer schön.»

«Ich wollte, ich könnte schneller und besser schießen. Und ich wäre nicht so klein. Den Löwen habe ich gar nicht gesehen, als du und die anderen ihn längst gesehen hattet.»

«Er war an einer sehr ungünstigen Stelle.»

«Ich weiß, wo er war, und so weit weg war das auch nicht.»

«Stimmt», sagte ich, und dann zu dem Fahrer: «Kwenda na campi.»

«Danke, daß du nicht zur Shamba gehst», sagte

Mary. «Manchmal verhältst du dich richtig, was die Shamba betrifft.»

«Nein, du verhältst dich richtig, was die Shamba betrifft.»

«Das ist nicht wahr. Ich sehe es gern, wenn du dort hingehst, und ich finde es gut, daß du alles lernst, was es zu lernen gibt.»

«Ich werde erst wieder hingehen, wenn man mich wegen irgendeiner Sache holen läßt.»

«Das werden sie schon machen», sagte sie. «Keine Sorge.»

Wenn wir nicht zur Shamba fuhren, war der Rückweg zum Lager sehr schön. Eine weite, offene Lichtung nach der anderen. Sie waren wie Seen miteinander verbunden, und die grünen Bäume und Büsche bildeten die Ufer. Überall waren die eckigen weißen Hinterteile der Grantgazellen und ihre braunweißen Körper zu sehen; die Kühe in leichtfüßigem Trab, die Böcke mit stolz nach hinten gelegten Hörnern. Dann umfuhren wir einen weiten Bogen grüner buschiger Bäume und erblickten schließlich die grünen Zelte des Lagers und dahinter die gelben Bäume und den Berg.

Es war der erste Tag, den wir allein in diesem Lager verbrachten, und während ich unter der Klappe des Eßzeltes im Schatten eines großen Baumes saß und darauf wartete, daß Mary sich Gesicht und Hände gewaschen hatte und kam, damit wir vor dem Mittagessen noch unseren Drink nehmen konnten, hoffte ich, daß keine Probleme auftreten und wir einen unbeschwerten Tag haben würden. Schlechte Neuigkeiten trafen schnell genug ein, aber in der Umgebung der Feuerstellen hatte ich noch keine Anzeichen dafür bemerkt. Der Holzwagen war noch immer nicht gekommen. Er sollte auch Wasser bringen und wahrscheinlich Neuigkeiten aus der Shamba. Ich hatte mich gewaschen, das Hemd gewechselt und kurze Hosen und Mokassins angezogen, und im Schatten war es angenehm kühl.

Die Rückwand des Zeltes war hochgeklappt, und vom Berg her wehte eine vom frischen Schnee gekühlte Brise hindurch.

Mary kam ins Zelt und sagte: «Du hast ja noch gar nichts getrunken. Ich mach uns was.»

Sie sah frisch aus in ihrer Bluse und den frisch gebügelten, ausgebleichten Khakihosen, ein schöner Anblick, und als sie Campari und Gin in die großen Gläser goß und in dem Wasserbeutel nach einem kalten Siphon suchte, sagte sie: «Eigentlich bin ich sehr froh, daß wir allein sind. Es wird genau wie in Magadi werden, nur noch schöner.» Sie machte die Drinks und reichte mir meinen, dann stießen wir an. «Ich mag Mr. Percival so gern, und ich freue mich, wenn er hier ist. Aber wir beide allein miteinander, das ist wunderbar. Ich will es dir auch nicht mehr übelnehmen, daß du immer so auf mich aufpaßt, und ich will nicht mehr so gereizt sein. Ich tue alles, bloß diesen Spitzel mag ich nicht.»

«Du bist phantastisch», sagte ich. «Wenn wir beide allein sind, haben wir wirklich immer den meisten Spaß. Du mußt nur Geduld mit mir haben, wenn ich mal wieder dumm bin.»

«Du bist nicht dumm, und wir werden eine herrliche Zeit miteinander verbringen. Hier ist es so viel schöner als in Magadi, und wir haben das alles für uns allein. Du wirst sehen, es wird wunderbar.»

Draußen vor dem Zelt hüstelte jemand. Ich erkannte das Hüsteln und dachte etwas, das ich lieber nicht aufschreiben wollte.

«Ja, bitte», sagte ich. «Komm rein.» Es war der Spitzel von der Jagdaufsicht. Ein großer, würdevoller Mann; er trug eine lange Hose, ein sauberes dunkelblaues Sporthemd mit schmalen weißen Längsstreifen, ein Tuch um die Schultern und einen flachen Filzhut. All diese Kleidungsstücke sahen aus, als wären sie ihm geschenkt worden. Das Schultertuch war aus einem Stoff gemacht, den ich in einem der Hindu-Läden in Laitokitok gesehen hatte. Sein dunkelbraunes Gesicht machte einen vornehmen Eindruck und mußte früher einmal recht gut ausgesehen haben. Er sprach sehr gut Englisch, wenngleich langsam und mit einem Gemisch von Akzenten.

«Sir», sagte er. «Es freut mich, melden zu können, daß ich einen Mörder gefangen habe.»

«Was für einen Mörder?»

«Einen Massai. Er ist schwer verwundet, sein Vater und sein Onkel sind bei ihm.»

«Wen hat er ermordet?»

«Seinen Vetter. Weißt du nicht mehr? Du hast seine Verletzungen behandelt.»

«Der Mann ist nicht tot. Er ist im Krankenhaus.»

«Dann handelt es sich eben um versuchten Mord. Aber ich habe ihn gefangen. Das wirst du doch in deinem Bericht erwähnen, Bruder? Bitte, Sir, dem Mann geht es sehr schlecht, und er möchte, daß du seine Verletzungen behandelst.»

«In Ordnung», sagte ich. «Ich kümmere mich darum. Tut mir leid, Schatz.»

«Macht nichts», sagte Mary. «Das macht überhaupt nichts.»

«Könnte ich was zu trinken bekommen, Bruder?» fragte der Spitzel. «Der Kampf hat mich erschöpft.»

«Scheiße», sagte ich. «Tut mir leid, Schatz.»

«Schon gut», sagte Miss Mary. «Ich wüßte kein besseres Wort dafür.»

«Nichts Alkoholisches», sagte der Spitzel großmütig. «Nur einen Schluck Wasser.»

«Selbstverständlich», sagte ich.

Der Massai, sein Vater und sein Onkel wirkten alle sehr niedergeschlagen. Ich begrüßte sie, und wir gaben uns die Hand. Der Massai war ein junger Moran, ein Krieger, und er und ein anderer Moran hatten sich mit ihren Speeren ein Scheingefecht geliefert; es war nur ein Spiel gewesen. Nichts Ernstes, erklärte sein Vater. Nur ein Spiel, sein Sohn habe den anderen ohne jede Absicht verletzt. Sein Freund habe mit dem Speer nach ihm gestoßen und ihn ebenfalls verletzt. Darauf hätten sie den Kopf verloren und weitergekämpft, aber nicht ernsthaft; nicht auf Leben und Tod. Als er dann aber die Wunden seines Freundes gesehen habe, sei er, aus Angst, ihn womöglich umgebracht zu haben, in den Busch geflohen und habe sich versteckt. Jetzt sei er in Begleitung von Vater und Onkel zurückgekommen und stelle sich freiwillig. Der Junge nickte zustimmend, während sein Vater das alles berichtete.

Ich erklärte dem Vater mit Hilfe des Dolmetschers, daß der andere Junge wohlverwahrt im Krankenhaus sei und daß meines Wissens weder er selbst noch seine männlichen Angehörigen irgendwelche Anklagen gegen seinen Sohn erhoben hätten. Der Vater sagte, das habe er auch gehört.

Nachdem man den Sanitätskasten aus dem Eßzelt geholt hatte, versorgte ich die stark eiternden Wunden an Hals, Brust, Oberarm und Rücken. Ich säuberte sie, goß Peroxyd hinein, das magisch aufschäumte und möglicherweise vorhandene Larven töten sollte, säuberte sie noch einmal, insbesondere die Halswunde, bestrich die Ränder mit Mercurochrom, was einen starken, viel bewunderten Farbeffekt hervorrief, streute jede Menge Sulfonamid hinein und bedeckte dann jede einzelne Wunde mit einem Stück Gaze und einem Pflaster.

Über den Spitzel, der als Dolmetscher diente, erklärte ich den Älteren, für die jungen Leute sei es meiner Meinung nach sehr viel besser, sich im Gebrauch ihrer Speere zu üben, als in Laitokitok Golden-Jeep-Sherry zu trinken. Aber ich verträte nicht die Obrigkeit, und der Vater müsse seinen Sohn zur Polizei im Dorf bringen. Dort solle er die Wunden auch noch einmal nachsehen und sich Penicillin geben lassen.

Nach dieser Auskunft besprachen sich die beiden Älteren untereinander, und als sie dann auf mich einzureden begannen, kommentierte ich ihre Rede mit jenen ansteigenden Brummlauten, die besagen sollen, daß man die Angelegenheit mit höchster Aufmerksamkeit verfolgt.

«Sie sagen, Sir, daß sie von dir ein Urteil über den Fall zu hören wünschen und daß sie sich deinem Urteil beugen werden. Sie sagen, daß sie die reine Wahrheit gesagt haben und daß du schon mit den anderen Mzees gesprochen hast.»

«Sag ihnen, daß sie den Krieger zur Polizei bringen müssen. Da niemand Anklage erhoben hat, wird die Polizei wahrscheinlich ohnehin nichts unternehmen. Sie müssen zur Polizei-Boma gehen, die Wunden müssen nachgesehen werden, der Junge muß Penicillin bekommen. Das ist unbedingt notwendig.»

Ich drückte den beiden Älteren und dem jungen Krieger die Hand. Der Junge sah gut aus, schlank und sehr gerade gewachsen, aber jetzt war er müde und litt

Schmerzen von den Wunden, auch wenn er, als ich sie säuberte, mit keiner Wimper gezuckt hatte.

Der Spitzel folgte mir zum Eingang unseres Schlafzeltes, wo ich mir sorgfältig mit blauer Seife die Hände wusch. «Hör mir zu», sagte ich zu ihm. «Ich möchte, daß du der Polizei genau wiederholst, was ich dir gesagt habe und was der Mzee mir gesagt hat. Du weißt, was dir blüht, wenn du denen irgendwelche Märchen auftischst.»

«Wie kann mein Bruder denken, daß ich nicht ehrlich bin und meine Pflicht verletze? Wie kann mein Bruder an mir zweifeln? Kann mein Bruder mir zehn Shilling leihen? Ich werde sie am Ersten des nächsten Monats zurückzahlen.»

«Zehn Shilling helfen dir auch nicht aus den Schwierigkeiten, in denen du steckst.»

«Das weiß ich. Aber ich brauche zehn Shilling.»

«Na schön. Hier.»

«Möchtest du der Shamba keine Geschenke schikken?»

«Doch, aber das mache ich selbst.»

«Da hast du recht, Bruder. Du hast immer recht und bist sehr großzügig.»

«Was soll der Blödsinn? Geh jetzt und warte bei den Massai, bis der Wagen bereit ist. Ich hoffe, du findest die Witwe und betrinkst dich nicht.»

Ich ging ins Zelt, wo Mary wartete. Sie las im letzten *New Yorker* und nippte an ihrem Gin mit Campari.

«Ist er schlimm verletzt?»

«Nein. Aber die Wunden haben sich entzündet. Eine ziemlich stark.»

«Das wundert mich nicht. Ich war ja selbst mal in der Manyatta. Die Fliegen dort waren wirklich furchtbar.»

«Man sagt hier, die Fliegenlarven halten die Wunden

sauber», sagte ich. «Aber die Maden sind mir unheimlich. Mag sein, daß sie eine Wunde sauberhalten, aber sie vergrößern sie natürlich auch. Und der Junge hat eine am Hals, die nicht mehr sehr viel größer werden darf.»

«Aber der andere ist noch schwerer verletzt, oder?»

«Ja. Er ist aber sofort behandelt worden.»

«Du sammelst recht viel Erfahrung als Amateurarzt. Meinst du, daß du dich auch selbst heilen könntest?»

«Wovon?»

«Von dem, was dich manchmal so anwandelt. Ich rede jetzt nicht nur von körperlichen Dingen.»

«Zum Beispiel?»

«Ich habe zufällig mit angehört, wie du mit diesem Spitzel von der Shamba gesprochen hast. Ich habe nicht gelauscht. Aber ihr wart direkt draußen vor dem Zelt, und weil er ein bißchen schwerhörig ist, hast du ziemlich laut gesprochen.»

«Entschuldige», sagte ich. «Habe ich denn was Schlimmes gesagt?»

«Nein. Nur was von Geschenken. Schickst du ihr viele Geschenke?»

«Nein. Nur Mafuta für die Familie und Zucker und was sie sonst noch brauchen. Medizin und Seife. Ich kaufe ihr gute Schokolade.»

«Die gleiche, die du für mich kaufst?»

«Keine Ahnung. Möglich. Es gibt nur drei verschiedene Sorten, und alle schmecken gut.»

«Große Geschenke machst du ihr nicht?»

«Nein. Außer dem Kleid.»

«Das war ein hübsches Kleid.»

«Muß das jetzt sein, Schatz?»

«Nein», sagte sie. «Ich hör ja schon auf. Aber es interessiert mich.»

«Wenn du willst, geh ich nie mehr zu ihr.»

«Das will ich nicht», sagte sie. «Ich finde es schön, daß du ein Mädchen hast, das weder lesen noch schreiben kann, so daß du keine Briefe von ihr bekommen kannst. Ich finde es schön, daß sie nicht weiß, daß du Schriftsteller bist oder daß es so etwas wie Schriftsteller überhaupt gibt. Aber du liebst sie doch nicht, oder?»

«Ich mag sie, weil sie so wunderbar schamlos ist.»

«Das bin ich auch», sagte Miss Mary. «Vielleicht magst du sie, weil sie mir ähnlich ist. Könnte doch sein.»

«Dich mag ich mehr, und dich liebe ich.»

«Was denkt sie von mir?»

«Sie hat großen Respekt vor dir und große Angst.»

«Warum?»

«Das habe ich sie auch gefragt. Sie sagt, weil du ein Gewehr hast.»

«Sehr richtig», sagte Miss Mary. «Was für Geschenke macht sie dir?»

«Hauptsächlich Maiskolben. Ritualbier. Du weißt ja, Bier wird hier zu allen möglichen Gelegenheiten ausgetauscht.»

«Was habt ihr eigentlich gemeinsam?»

«Afrika, nehm ich an, und so etwas wie ein nicht allzu unbedarftes Vertrauen, und noch was anderes, das schwer zu beschreiben ist.»

«Ihr zwei seid ein hübsches Paar», sagte sie. «Und jetzt lasse ich das Essen bringen. Wo ist das Essen besser? Hier oder dort?»

«Hier. Viel besser.»

«Aber bei Mr. Singh in Laitokitok ist es noch besser als hier.»

«Viel besser. Aber du kommst ja nie mit. Du hast ja immer was anderes zu tun.»

«Auch ich habe dort Freunde. Aber ich gehe immer gern ins Hinterzimmer und sehe dich glücklich mit Mr. Singh beim Essen sitzen und die Zeitung lesen und der Sägemühle lauschen.»

Mir gefiel es bei Mr. Singh auch immer sehr, und ich mochte seine Kinder und seine Frau, die angeblich eine Turkana war. Eine schöne Frau, sehr freundlich und verständnisvoll und äußerst sauber und ordentlich. Arap Meina, neben Ngui und Mthuka einer meiner engsten Freunde und Gefährten, war ein großer Bewunderer von Mrs. Singh. Er hatte das Alter erreicht, in dem seine Hauptfreude an Frauen darin bestand, sie anzuschauen; und er hatte mir oftmals gesagt, Mrs. Singh sei vermutlich nach Miss Mary die schönste Frau der Welt. Arap Meina, den ich aus Unwissenheit, weil ich dachte, es handele sich um einen englischen Spitznamen, monatelang Arab Minor genannt hatte, gehörte dem Stamm der Lumbwa an, der den Massai zugerechnet wird oder vielleicht auch nur einen Seitenzweig dieses Stammes darstellt und verwegene Jäger und Wilderer hervorgebracht hat. Arap Meina war angeblich ein sehr erfolgreicher Elfenbeinwilderer gewesen – oder zumindest ein weit herumgekommener und selten verhafteter Elfenbeinwilderer –, bevor er dann Wildhüter geworden war. Weder er selbst noch ich wußten, wie alt er war, aber fünfundsechzig bis siebzig Jahre alt mochte er schon sein. Er war ein sehr mutiger und geschickter Elefantenjäger, und wenn G. C., sein Vorgesetzter, nicht da war, übernahm er selbst die Aufsicht über die Elefanten in seinem Bezirk. Er war allenthalben sehr beliebt, und wenn er nüchtern oder aber ungewöhnlich betrunken war, legte er ein außerordentlich strammes, militärisches Gebaren an den Tag. Ich bin selten so heftig begrüßt worden wie von Arap Meina, wenn er mit allem Nachdruck versicherte, daß er Miss Mary und mir sehr zugetan sei und sonst niemandem und daß er es vor Liebe kaum noch aushalten könne. Aber bevor er diesen alkoholisierten, mit Beteuerungen ewiger heterosexueller Zuneigung verbundenen Zustand erreicht hatte, saß er immer gern bei mir im Hinterzimmer von Mr. Singhs Bar und sah zu, wie Mrs. Singh die Kunden bediente und ihren sonstigen häuslichen Pflichten nachging. Am liebsten betrachtete er Mrs. Singh im Profil, und ich betrachtete Arap Meina, wie er Mrs. Singh und den Öldruck an der Wand betrachtete, der Gobind Singh, den Religionsführer der Sikhs zeigte, wie er gerade mit jeder Hand einen Löwen und eine Löwin erwürgte.

Wenn wir Mr. oder Mrs. Singh irgend etwas ganz besonders deutlich erklären wollten oder wenn ich offizielle Gespräche mit den einheimischen Massai-Älteren zu führen hatte, bedienten wir uns der Hilfe eines in der Missionsstation aufgewachsenen Jungen, der mit einer Coca-Cola-Flasche in der Hand in der Tür stand und für uns dolmetschte. Normalerweise bemühte ich mich, die Dienste des Missionsjungen so wenig wie möglich in Anspruch zu nehmen, denn schließlich war er ja für den Himmel vorgesehen, und der Kontakt mit uns konnte ihm nur schaden. Arap Meina war angeblich Moslem, aber mir war schon seit langem aufgefallen, daß unsere frommen Moslems nichts aßen, was er, Arap Meina, mit jenem rituellen Kehlenschnitt geschlachtet hatte, den eigentlich nur ein praktizierender Moslem durchführen darf und ohne den das Fleisch nicht für den Verzehr zugelassen ist.

Als Arap Meina einmal besonders viel getrunken hatte, erzählte er verschiedenen Leuten, er und ich seien früher einmal gemeinsam in Mekka gewesen. Die frommen Moslems wußten, daß das nicht stimmen konnte. Vor zwanzig Jahren hatte mich Charo zum Islam bekehren wollen, und ich hatte einen ganzen Ramadan lang mit ihm gefastet. Er hatte es schon vor vielen Jahren aufgegeben, mich als möglichen Konvertiten zu betrachten. Aber außer mir selbst wußte niemand, ob ich wirklich jemals in Mekka gewesen war. Der Spitzel, der von allen Menschen das Beste und das Schlimmste glaubte, war überzeugt, daß ich viele Male in Mekka gewesen sei. Der Mulatte Willie, ein Fahrer, den ich aufgrund seiner Behauptung angeheuert hatte, er sei der Sohn eines sehr berühmten alten Gewehrträgers – welcher aber, wie ich herausfand, keineswegs sein Vater war –, erzählte jedermann unter dem Siegel strengsten Stillschweigens, daß wir vorhätten, gemeinsam nach Mekka zu gehen.

Als Ngui mich einmal bei einem theologischen Streitgespräch in die Enge trieb, teilte ich ihm, auch wenn er nicht direkt danach fragte, zu seiner Information mit, daß ich nie in Mekka gewesen sei und auch nicht die Absicht hätte, dorthin zu gehen. Er war sehr erleichtert.

Mary hatte sich zum Mittagsschlaf ins Zelt zurückgezogen, und ich saß lesend im Schatten des Eßzeltes und dachte an Laitokitok und die Shamba. Ich wußte, ich durfte nicht zuviel an die Shamba denken, sonst würde mir noch irgendein Vorwand einfallen, ihr einen Besuch abzustatten. Debba und ich sprachen vor den anderen nie miteinander; allenfalls sagte ich «Jambo, tu» zu ihr, was sie, wenn andere als Ngui und Mthuka anwesend waren, mit einer sehr ernsten Verbeugung erwiderte. Wenn wir drei unter uns waren, lachte sie mich an, und auch die anderen lachten und blieben dann entweder im Auto oder entfernten sich von uns, und sie und ich gingen dann ein kleines Stück Weg nebeneinanderher. Ihr größtes gesellschaftliches Vergnügen war es, zwischen dem Fahrer Mthuka und mir auf der Vorderbank des Jagdwagens zu sitzen. Sie saß immer sehr gerade und benahm sich, als hätte sie die anderen noch nie gesehen. Manchmal neigte sie höflich vor ihren Eltern den Kopf, aber manchmal sah sie auch einfach durch sie hindurch. Das Kleid, das wir ihr in Laitokitok gekauft hatten, war inzwischen vorn stark ausgebleicht, weil sie immer so gerade saß, und auch das tägliche Waschen bekam der Farbe nicht gut.

Wir hatten uns auf ein neues Kleid geeinigt. Das sollte sie entweder zu Weihnachten bekommen oder wenn wir den Leoparden erwischt hatten. Es gab mehrere Leoparden, aber dieser eine hatte eine ganz besondere Bedeutung. Aus bestimmten Gründen war er für mich genauso wichtig wie das Kleid für sie.

«Wenn ich ein zweites Kleid hätte, würde ich dieses hier nicht so oft waschen müssen», hatte sie erklärt.

«Du wäschst es so oft, weil du so gern mit der Seife spielst», erwiderte ich.

«Kann sein», sagte sie. «Aber wann fahren wir denn mal nach Laitokitok?»

«Bald.»

«Bald ist nicht gut», sagte sie.

«Mehr habe ich nicht zu bieten.»

«Wann kommst du mal abends ein Bier mit mir trinken?»

«Bald.»

«Bald mag ich nicht. Du und Bald, ihr seid verlogene Brüder.»

«Dann kommen wir beide nicht.»

«Du kommst und bringst Bald mit.»

«Abgemacht.»

Wenn wir nebeneinander auf dem Vordersitz saßen,

betastete sie gern die Zierprägungen des alten Lederhalfters meiner Pistole. Es war ein Blumenmuster, sehr alt und abgewetzt, und sie strich sacht mit den Fingerspitzen darüber, zog die Hand dann weg und drückte ihren Oberschenkel fest an das Halfter und die Pistole darin, wobei sie sich noch gerader aufrichtete. Wenn ich ihr dann ganz sacht mit einem Finger über die Lippen strich, lachte sie, und Mthuka sagte etwas auf kamba, und sie saß kerzengerade neben mir und drückte ihren Schenkel fest an das Halfter. Erst viel später kam ich dahinter, was sie damit bezweckte: Sie wollte sich das Muster des Halfters auf den Schenkel prägen.

Am Anfang sprach ich nur Spanisch mit ihr. Das lernte sie sehr schnell, und es ist ja auch nicht schwer; man fängt an mit den Körperteilen und den Dingen, die man tun kann, und geht dann über zu Nahrungsmitteln und Verwandtschaftsverhältnissen und den Namen von Tieren und Vögeln. Ich sprach nie ein Wort Englisch mit ihr und nur manchmal ein wenig Kisuaheli, hauptsächlich aber eine neue Sprache, eine Mischung aus Spanisch und Kamba. Botschaften zwischen uns wurden von dem Spitzel übermittelt. Das gefiel weder ihr noch mir, weil er es für seine Pflicht hielt, mir ausführlich von ihren Gefühlen mir gegenüber zu berichten, die er aus zweiter Hand von ihrer Mutter, der Witwe, erfuhr. Diese Kommunikation über einen Dritten war aber nicht nur beschwerlich und peinlich, sondern oft auch recht anregend und vorteilhaft.

Der Spitzel sagte zum Beispiel: «Bruder, ich fühle mich verpflichtet, dir mitzuteilen, daß dein Mädchen dich liebt, dich wirklich sehr liebt, zu sehr. Wann kannst du sie besuchen?»

«Sag ihr, daß sie einen häßlichen alten Mann nicht lieben und dir kein Vertrauen schenken soll.»

«Ich meine es ernst, Bruder. Du hast ja keine Ahnung. Sie möchte, daß du sie heiratest, nach deinen Stammesbräuchen oder ihren. Du brauchst nichts zu bezahlen. Für ihre Hand ist kein Preis festgesetzt. Sie wünscht sich nur eins: Sie möchte heiraten, wenn Memsahib, deine Frau, mit ihr einverstanden ist. Sie weiß, daß Memsahib die Hauptfrau ist. Außerdem hat sie Angst vor Memsahib, wie du weißt. Du hast ja keine Ahnung, wie ernst das alles ist.»

«Doch, ich kann es mir ungefähr vorstellen», sagte ich.

«Du weißt nicht, was seit gestern passiert ist. Sie bittet mich nur, daß du ihrem Vater und ihrer Mutter gegenüber eine gewisse Ehrerbietung und Höflichkeit bezeigst. Mehr verlangt sie gar nicht. Von Bezahlung ist keine Rede. Nur von einer gewissen Höflichkeit. Daß du Ritualbier mit ihnen trinkst.»

«Ein Mann in meinem Alter und mit meinen Angewohnheiten sollte sie nicht interessieren.»

«Bruder, es ist aber so, sie interessiert sich für dich. Ich könnte dir da manches erzählen. Das ist wirklich eine ernste Sache.»

«Was kann sie schon an mir interessieren?» fragte ich. Das war ein Fehler.

«Gestern ging es zum Beispiel darum, wie du die Dorfhähne gefangen und mit irgendeinem Zauber eingeschläfert hast und wie du sie dann schlafend vor dem Haus ihrer Familie niedergelegt hast.» (Das Wort «Hütte» kam uns beiden nicht über die Lippen.) «So etwas hat man hier noch nie erlebt, und ich will gar nicht wissen, was für einen Zauber du da angewendet hast. Aber sie sagt, daß du dich mit einer Bewegung auf sie gestürzt hast, die man kaum sehen konnte, beinahe wie ein

Leopard. Seitdem ist sie nicht mehr dieselbe. Sie hat die Wände in ihrem Haus mit Bildern aus der Zeitschrift *Life* geschmückt; darauf sind die großen Tiere Amerikas zu sehen, eine Waschmaschine, Kochgeräte, wundersame Küchenherde und Rührmaschinen.»

«Das tut mir leid. Da habe ich einen Fehler gemacht.»

«Das ist der Grund, warum sie ihr Kleid so oft wäscht. Sie versucht es der Waschmaschine gleichzutun, um dir eine Freude zu machen. Sie hat Angst, du könntest dich nach der Waschmaschine sehnen und von hier fortgehen. Bruder, Sir, das ist eine Tragödie. Kannst du denn gar nichts für sie tun?»

«Ich werde tun, was ich kann», sagte ich. «Aber merk dir, ich habe keinen Zauber gebraucht, um die Hähne einzuschläfern. Es ist ein Trick. Auch das Fangen ist nur ein Trick.»

«Bruder, sie liebt dich wirklich sehr.»

«Sag ihr, das Wort Liebe gibt es gar nicht. Genauso wenig, wie es ein Wort für Reue gibt.»

«Das stimmt. Aber die Sache gibt es, auch wenn es das Wort dafür nicht gibt.»

«Du und ich, wir sind gleich alt. Wir haben es nicht nötig, uns viel zu erklären.»

«Ich erzähle dir das nur, weil es so ernst ist.»

«Ich darf nicht gegen die Gesetze verstoßen; schließlich sind wir hier, um für die Einhaltung der Gesetze zu sorgen.»

«Bruder, du verstehst das nicht. Dafür gibt es keine Gesetze. Diese Shamba hier ist illegal. Wir sind hier nicht in Kamba-Land. Seit fünfunddreißig Jahren soll sie geräumt werden, aber es ist nie so weit gekommen. Hier gibt es nicht einmal Gewohnheitsrecht. Hier entscheidet man von Fall zu Fall.»

«Sprich weiter», sagte ich.

«Danke, Bruder. Laß es dir gesagt sein: Für die Leute dieser Shamba vertretet ihr beide das Gesetz, du und Bwana Game. Und du bist das stärkere Gesetz, weil du älter bist als Bwana Game. Außerdem ist er gar nicht da, und seine Askaris sind mit ihm weg. Du bist hier mit deinen jungen Männern und Kriegern, Ngui zum Beispiel. Und Arap Meina. Jeder weiß, daß du Arap Meinas Vater bist.»

«Das bin ich nicht.»

«Bruder, versuch bitte, mich nicht falsch zu verstehen. Du weißt genau, was ich mit dem Wort Vater sagen will. Arap Meina sagt, du bist sein Vater. Und du hast ihm das Leben wiedergegeben, nachdem er in dem Flugzeug gestorben war. Du hast ihm das Leben wiedergegeben, nachdem er bereits tot im Zelt von Bwana Mouse gelegen hatte. Das weiß man. Vieles weiß man.»

«Zu vieles weiß man nicht genau.»

«Bruder, kann ich was zu trinken haben?»

«Nur wenn ich nicht hinsehe.»

«Chin-chin», sagte der Spitzel. Ich war ihm dankbar, daß er nicht den Gordon's, sondern den kanadischen Gin genommen hatte. «Du mußt mir verzeihen», sagte er. «Ich habe mein ganzes Leben mit den Bwanas verbracht. Darf ich dir noch mehr erzählen oder hast du genug?»

«Von manchem habe ich genug, anderes interessiert mich sehr. Erzähl mir mehr von der Geschichte der Shamba.»

«So genau kenne ich die nicht, weil sie Kamba sind, und ich bin Massai. Daran sieht man, daß mit der Shamba etwas nicht stimmt, sonst würde ich nicht dort leben. Mit den Männern stimmt etwas nicht. Du hast sie gesehen. Als sie hierhergekommen sind, müssen sie irgendeinen Grund gehabt haben. Wir sind hier weit weg vom Kamba-Land. Hier gibt es keine echten Stammesgesetze und auch keine anderen. Du hast ja selbst gesehen, in welcher Verfassung die Massai sind.»

«Darüber müssen wir ein andermal reden.»

«Gern, Bruder. Es geht uns wirklich nicht gut. Das ist eine lange Geschichte. Aber ich will dir von der Shamba erzählen. Als du an jenem Morgen dorthin gegangen bist und durch mich mit solcher Strenge über das nächtelange Ngoma des großen Rauschs gesprochen hast, haben die Leute nachher gesagt, sie hätten Galgen in deinen Augen gesehen. Der Mann, der immer noch so betrunken war, daß er nicht verstand, wurde zum Fluß gebracht und so lange im Wasser des Berges gewaschen, bis er verstand, und noch am gleichen Tag ist er in die Nachbarprovinz aufgebrochen und hat den Berg zu Fuß bestiegen. Du weißt nicht, was für ein strenges Gesetz du bist.»

«Es ist eine kleine Shamba. Aber eine sehr schöne. Wer hat ihnen den Zucker für das Bier dieses Ngoma verkauft?»

«Das weiß ich nicht. Aber ich könnte es in Erfahrung bringen.»

«Ich weiß es schon», sagte ich und erklärte es ihm. Und ich wußte, daß er es wußte. Aber er war ein Spitzel, und er hatte schon vor langer Zeit verloren; die Bwanas hatten ihn ins Elend gestürzt, auch wenn er selbst eine Somali-Frau dafür verantwortlich machte. Doch es war ein Bwana gewesen, ein hoher Herr, der beste Freund, den der Massai jemals gehabt hatte, ein Mann, der, wie er behauptete, verkehrt gewesen war, und der hatte ihn, wenn seine Behauptung stimmte, zugrunde gerichtet. Niemand weiß, wieviel von dem, was ein Spitzel sagt, stimmt, aber seine Beschreibung dieses großen Mannes war von einer solchen Mischung aus Bewunderung und Reue geprägt, daß sie vieles zu erklären schien, was ich vorher nie begriffen hatte. Daß dieser große Mann verkehrt gewesen sei, hörte ich zum erstenmal aus dem Mund des Spitzels. Ich reagierte jedesmal ungläubig auf diese erstaunlichen Behauptungen.

«Natürlich wirst du zu hören bekommen», sagte der Spitzel jetzt, da der kanadische Gin sein Mitteilungsbedürfnis noch gesteigert hatte, «daß ich ein Agent der Mau-Mau bin, und vielleicht glaubst du das auch, weil ich dir von seiner Verkehrtheit erzählt habe. Aber das stimmt nicht, Bruder. Ich habe sehr viel für die Bwanas übrig. Nur sind die großen Bwanas alle tot, bis auf einen oder zwei. Ich hätte ein ganz anderes Leben führen sollen. Der Gedanke an diese großen toten Bwanas drängt mich zu dem Entschluß, ein besseres Leben zu führen. Darf ich?»

«Aber das ist der letzte», sagte ich. «Und nur als Medizin.»

Bei dem Wort Medizin begann er zu strahlen. Er hatte ein sehr ansehnliches, ziemlich edles großes Gesicht mit Furchen und Falten, die auf ein freundliches Naturell und hemmungslose Ausschweifungen hindeuteten. Es war kein asketisches Gesicht, und es lag auch nichts Lasterhaftes darin. Es war das Gesicht eines würdevollen Mannes, eines Massai, der von den Bwanas und einer Somali-Frau zugrunde gerichtet worden war und jetzt als Beschützer einer Witwe in einem illegalen Kamba-Dorf lebte und im Monat sechsundachtzig Shilling dafür bekam, daß er jeden verriet, den man verraten konnte. Aber es war ein gutes Gesicht, zerfurcht und heiter, und ich mochte den Spitzel sehr, auch wenn ich sein Handeln zutiefst mißbilligte und ihm schon mehrmals gesagt hatte, daß es eigentlich meine Pflicht wäre, ihn an den Galgen zu bringen.

«Bruder», sagte er. «Eine solche Medizin muß es doch geben. Wie hätte dieser große Arzt mit dem holländischen Namen in einer so angesehenen Zeitschrift wie *Reader's Digest* davon schreiben können, wenn es sie nicht geben würde?»

«Es gibt sie», sagte ich. «Aber ich habe sie nicht. Ich kann sie dir schicken lassen.»

«Bruder, nur noch eins. Das mit dem Mädchen ist eine sehr ernste Sache.»

«Wenn du das noch einmal sagst, weiß ich endgültig, daß du ein Narr bist. Du wiederholst dich wie alle Leute, wenn sie trinken.»

«Ich bitte um Entschuldigung.»

«Geh, Bruder. Ich will wirklich versuchen, dir diese Medizin und andere gute Medizinen zu schicken. Wenn wir uns das nächste Mal sehen, mußt du mir mehr von der Geschichte der Shamba erzählen.»

«Hast du irgend etwas auszurichten?»

«Nein, nichts.»

Ich erschrak jedesmal, wenn mir bewußt wurde, daß der Spitzel und ich im gleichen Alter waren. Wir waren nicht genau gleich alt, aber in derselben Altersgruppe, und das war gleich genug und schlimm genug. Und ich war hier mit einer Frau, die ich liebte und die mich liebte und meine Fehler ertrug und dieses Mädchen als meine Verlobte bezeichnete. Sie ertrug meine Fehler, weil ich in mancher Hinsicht ein guter Ehemann war, mit einer Frau, die großmütig, freundlich und unvoreingenommen war und es gerne sah, wenn ich mehr über dieses Land erfuhr, als zu erfahren ich überhaupt ein Recht hatte. Tagsüber waren wir immer zumindest einige Stunden lang glücklich miteinander, und nachts fast immer, und als wir in dieser Nacht zusammen im Bett lagen, unter dem Moskitonetz und bei aufgeschlagenen Zeltklappen, so daß wir die ausgebrannten Scheite des großen Feuers und die wunderbare Dunkelheit sehen konnten, die schartig zurückwich, wenn der Nachtwind die Flammen auflodern ließ, und rasch wieder näher rückte, wenn der Wind sich legte, waren wir sehr glücklich.

«Was haben wir für ein Glück», sagte Mary. «Wie ich Afrika liebe! Ich weiß gar nicht, wie wir es jemals schaffen sollen, von hier wegzugehen.»

Es war eine kalte Nacht, der Wind kühl vom Schnee des Berges, und wir lagen behaglich unter unseren Dekken. Die nächtlichen Geräusche begannen, wir hörten die erste Hyäne und dann noch andere. Mary hörte sie gern, nachts im Bett. Ihr Heulen ist schön, wenn man Afrika liebt, und wir lachten, als sie um das Lager und dann um das Kochzelt schlichen, wo in einem Baum das Fleisch hing. Sie kamen an das Fleisch nicht heran, redeten aber immer wieder davon.

«Wenn du mal tot bist und ich nicht das Glück habe, mit dir zusammen zu sterben – wenn mich dann mal einer fragt, was meine schönste Erinnerung an dich ist, werde ich erzählen, wieviel Platz du deiner Frau auf einer Segeltuchpritsche gelassen hast. Wo liegst du eigentlich?»

«Ziemlich weit am Rand. Ich habe jede Menge Platz.»

«Wenn es richtig kalt ist, können wir zwei gemütlich in einem Bett schlafen, in dem nicht mal einer allein gemütlich schlafen könnte.»

«Du sagst es. Kalt muß es schon sein.»

«Können wir länger in Afrika bleiben und erst im Frühjahr nach Hause fahren?»

«Sicher. Bleiben wir, bis wir pleite sind.»

Plötzlich hörten wir das Gebrüll eines Löwen, der vom Fluß her durch das Wiesenland streifte.

«Hörst du?» sagte Mary. «Halt mich ganz fest und hör dir das an.» Im Flüsterton fuhr sie fort: «Er ist zurückgekommen.»

«Ob er das ist, kann man gar nicht wissen.»

«Doch, ich bin mir sicher», sagte Mary. «Ich habe ihn oft genug gehört. Er ist von der Manyatta zurück, wo er die beiden Kühe gerissen hat. Arap Meina hat gesagt, daß er zurückkommen würde.»

Wir konnten sein grunzendes Brüllen hören, während er sich über die Wiese auf die Stelle zubewegte, wo wir den Landestreifen für das kleine Flugzeug angelegt hatten.

«Morgen früh wissen wir, ob er es war», sagte ich. «Ngui und ich kennen seine Spur.»

«Ich auch.»

«Gut, dann suchst du sie.»

«Nein. Ich wollte nur sagen, daß ich seine Spuren kenne.»

«Sie sind furchtbar groß.» Ich war müde, und ich dachte, wenn wir am Morgen mit Miss Mary auf Löwenjagd gehen wollten, sollte ich lieber ein bißchen schlafen. Seit langem wußten wir oft im voraus, was der andere sagen oder denken würde, und Mary sagte jetzt: «Ich leg mich lieber in mein eigenes Bett, damit du ungestört schlafen kannst.»

«Du kannst auch hier bleiben. Das stört mich nicht.»

«Nein. Das wäre nicht gut.»

«Schlaf hier.»

«Nein. Bevor ich einen Löwen jage, sollte ich besser in meinem eigenen Bett schlafen.»

«Spiel doch nicht den großen Krieger.»

«Aber ich bin ein Krieger. Ich bin deine Frau und deine große Liebe und dein kleiner Krieger-Bruder.»

«Na schön», sagte ich. «Gute Nacht, Krieger-Bruder.»

«Gib deinem Krieger-Bruder einen Kuß.»

«Geh jetzt in dein Bett oder bleib hier.»

«Vielleicht mach ich beides», sagte sie.

In der Nacht hörte ich mehrmals die Stimme eines Löwen; er war auf der Jagd. Miss Mary schlief fest und atmete leise. Ich lag wach und dachte an viel zu viele Dinge, vor allem aber an den Löwen und meine Verpflichtungen gegenüber Pop und Bwana Game und anderen. An Miss Mary dachte ich nicht, außer an ihre Größe – einen Meter achtundfünfzig – im Verhältnis zu dem hohen Gras und Buschwerk, und daß sie, gleichgültig, wie kalt es am Morgen war, auf keinen Fall zu viel anziehen durfte, da bei gepolsterten Schultern der Schaft der Mannlicher 6.5 zu lang für sie war und das Gewehr schon losgehen konnte, wenn sie es nur zum Schießen anhob. Ich lag wach und dachte an dies und an den Löwen und wie Pop damit umgehen würde und wie sehr er sich das letzte Mal geirrt hatte und wie oft er recht gehabt hatte, öfter, als ich überhaupt jemals einen Löwen gesehen hatte.

Kapitel 2

Noch vor Tagesanbruch, als sich die Glut des Feuers mit grauer Asche überzog, die im Morgenwind umherwehte, stieg ich in meine hohen, weichen Stiefel, zog einen alten Bademantel an und ging zu Nguis Schlafzelt, um ihn zu wecken.

Er erwachte mißmutig und war plötzlich gar nicht mehr mein Blutsbruder, und ich erinnerte mich, daß er niemals lächelte, bevor die Sonne aufgegangen war, und manchmal noch länger brauchte, um abzuschütteln, was auch immer er im Schlaf erlebt haben mochte.

Wir sprachen an der erloschenen Glut des Kochfeuers.

«Hast du den Löwen gehört?»

«Ndio, Bwana.»

Weil wir uns einmal darüber unterhalten hatten, wußten wir beide, daß diese Höflichkeitsfloskel auch eine eher rüde Bemerkung sein konnte. «Ndio, Bwana» sagt der Afrikaner zu einem Weißen, wenn er ihn, scheinbar zustimmend, abwimmeln möchte.

«Wie viele Löwen hast du gehört?»

«Einen.»

«Mzuri», sagte ich, was heißen sollte, das sei schon besser und er habe recht, er habe den Löwen also tatsächlich gehört. Er spuckte aus, nahm etwas Kautabak und bot mir auch davon an; ich bediente mich und schob mir etwas unter die Oberlippe.

«War es der große Löwe von Memsahib?» fragte ich, während sich die wunderbare Schärfe des Tabaks auf meiner Mundschleimhaut ausbreitete.

«Hapana», sagte er. Das war die stärkste Form der Verneinung.

Keiti stand jetzt am Kochfeuer, sein schiefes, schwaches Lächeln deutete Zweifel an. Er hatte sich den Turban im Dunkeln gewickelt, und ein Ende war noch nicht eingesteckt. Auch in seinem Blick lag Zweifel. Von einer ernsthaften Löwenjagd war nichts zu spüren.

«Hapana simba kuba sana», sagte Keiti zu mir; sein Blick war spöttisch, doch es lagen auch Bedauern und absolute Selbstsicherheit darin. Er wußte, daß es nicht der große Löwe gewesen war, den wir schon so oft gehört hatten. «Nanake», sagte er, was als frühmorgendlicher Scherz gemeint war. Es war das Kamba-Wort für einen Löwen, der alt genug ist, Krieger zu sein, zu heiraten und Kinder zu haben, aber nicht alt genug, Bier zu trinken. Daß er den Scherz auf kamba machte, war ein Zeichen von Freundlichkeit, zumal am hellen Tag, wenn Freundlichkeit einen niedrigen Siedepunkt hat; er wollte damit andeuten, daß er meine Versuche, Kamba von den Nichtmoslems und den angeblich Schlechten zu lernen, bemerkt hatte und sie guthieß oder jedenfalls tolerierte.

Hinter diesem Löwen war ich schon so lange her, wie meine Erinnerung überhaupt zurückreichte. In Afrika reicht die Erinnerung höchstens einen Monat zurück, wenn die Dinge schnell vorangehen. Tatsächlich hatten sich die Ereignisse geradezu überschlagen, und es hatte die angeblich boshaften Löwen von Salengai gegeben, die Löwen von Magadi, die Löwen hier in der Gegend, über die man sich bereits viermal beklagt hatte, und nun gab es auch noch diesen neuen Löwen, von dem bis jetzt noch überhaupt nichts bekannt war. Dieser Löwe hatte bloß ein paarmal gebrüllt und war auf der Jagd nach irgendwelchem Wild gewesen, was auch sein gutes Recht war.

Aber das mußte Miss Mary unbedingt bewiesen werden, ich brauchte den Beweis, daß dies nicht der Löwe war, den sie seit so langer Zeit jagte, dem so viele Überfälle vorgeworfen wurden und dessen gewaltigen Fußabdrükken – die hintere linke Pranke hatte Narben – wir so oft gefolgt waren, nur um sie schließlich jedesmal in dem hohen Gras verschwinden zu sehen, das sich bis an den undurchdringlichen Sumpfwald oder bis hin zum dichten Busch des Gerenuk-Landes oben an der alten Manyatta in Richtung der Chulu-Berge erstreckte. Mit seiner dichten Mähne wirkte er so dunkel, daß er beinahe schwarz aussah, und er schwenkte sein riesiges Haupt ganz tief am Boden hin und her, wenn er sich in ein Gelände zurückzog, in das Miss Mary ihm unmöglich folgen konnte. Er wurde schon seit Jahren gejagt und war mit Sicherheit alles andere als ein Touristenlöwe.

Ich hatte mich angezogen, saß im Licht des frühen Morgens am frisch entfachten Feuer, trank Tee und wartete auf Ngui. Ich beobachtete ihn, wie er mit dem Speer auf der Schulter forsch durchs Gelände schritt, querfeldein in Richtung unseres Feuers durch das noch taufeuchte Gras, in dem er eine deutlich sichtbare Spur hinterließ.

«Simba dumi kidogo», sagte er, das hieß: ein junges Löwenmännchen. «Nanake», sagte er; es war derselbe Scherz, den schon Keiti gemacht hatte. «Hapana mzuri für Memsahib.»

«Danke», sagte ich. «Ich will die Memsahib noch schlafen lassen.»

«Mzuri», sagte er und begab sich zum Kochfeuer.

Arap Meina kam mit Neuigkeiten über den großen schwarzmähnigen Löwen, der den Berichten von Massai aus einer Manyatta in den westlichen Bergen zufolge zwei Kühe gerissen und eine davon mitgeschleift hatte.

Die Massai hatten lange unter ihm gelitten. Er zog rastlos umher und kehrte nicht zu seiner Beute zurück, wie man es eigentlich von einem Löwen erwartete. Arap Meina vertrat die Ansicht, daß dieser Löwe einmal zu einer Beute zurückgekehrt sei, die von einem ehemaligen Wildhüter vergiftet worden sei; davon sei ihm so schlecht geworden, daß er gelernt oder beschlossen habe, nie mehr zu einer Beute zurückzukehren. Das erklärte zwar seine vielen Ortswechsel, aber nicht, warum er planlos irgendwelche Massai-Dörfer oder Manyattas heimsuchte. Die Ebene, die Salzlecken und das Buschland wimmelten jetzt, da das Gras nach den heftigen Regenschauern im November gut gewachsen war, von Wild, und Arap Meina, Ngui und ich nahmen an, daß der Löwe aus den Bergen in die Ebene kommen würde, wo er vom Rand des Sumpfs aus auf Jagd gehen konnte. Das war in dieser Gegend die übliche Art zu jagen.

Die Massai können sehr sarkastisch sein, und ihr Vieh ist nicht nur ihr Reichtum, sondern noch viel mehr. Der Spitzel hatte mir erzählt, einer der Häuptlinge habe sich sehr abfällig darüber geäußert, daß ich zwei Gelegenheiten, den Löwen zu töten, nicht genutzt und einer Frau den Vortritt gelassen hätte. Ich hatte dem Häuptling ausrichten lassen, wenn seine jungen Männer keine Weiber wären, die immer nur in Laitokitok herumhingen und Golden-Jeep-Sherry tränken, müßte er mich nicht bitten, den Löwen für ihn zu töten; dennoch würde ich dafür sorgen, daß er getötet werde, sobald er wieder in unserem Gebiet auftauchte. Wenn er seine jungen Männer mitbringen wolle, würde ich mit einem Speer bewaffnet mit ihnen losziehen, und wir würden ihn auf diese Weise töten. Ich hatte ihn zu uns ins Lager eingeladen, damit wir die Sache besprechen konnten.

Eines Morgens war er mit drei anderen Ältesten tatsächlich im Lager erschienen, und ich hatte mir den Spitzel als Dolmetscher holen lassen. Es war ein gutes Gespräch. Der Häuptling erklärte, der Spitzel habe ihn falsch zitiert. Bwana Game, G. C., habe stets die Löwen getötet, die getötet werden mußten, und sei ein sehr mutiger und geschickter Mann, und sie hätten großes Vertrauen und Zuneigung zu ihm. Er erinnerte sich auch daran, daß Bwana Game, als wir in der letzten Trockenzeit hier gewesen seien, einen Löwen und Bwana Game und ich zusammen mit den jungen Männern eine Löwin getötet hätten. Diese Löwin habe viel Schaden angerichtet.

Ich antwortete, dies alles sei bekannt, und Bwana Game und jetzt auch ich selbst hätten die Pflicht, jeden Löwen zu töten, der Vieh, Esel, Schafe, Ziegen oder Menschen belästige. Dazu seien wir jederzeit bereit. Die Religion der Memsahib verlange aber von ihr, daß sie diesen bestimmten Löwen vor dem Geburtstag des Jesuskindes töten müsse. Wir kämen aus einem fernen Land, und unser Stamm schreibe dies zwingend vor. Wir würden ihnen das Fell dieses Löwen bald zeigen, jedenfalls noch vor dem Geburtstag des Jesuskindes.

Wie immer nach einer solchen Probe meiner Redekunst war ich entsetzt von mir und hatte das übliche flaue Gefühl im Magen, das einen befällt, wenn man eine Verpflichtung eingegangen ist. Miss Mary gehörte wohl einem ziemlich kriegerischen Stamm an, dachte ich, wenn sie, eine Frau, einen seit langer Zeit plündernden Löwen vor dem Geburtstag des Jesuskindes töten mußte. Aber zumindest hatte ich nicht gesagt, daß sie das jedes Jahr tun müsse. Keiti nahm den Geburtstag des Jesuskindes sehr ernst, weil er schon oft an Safaris mit gläubigen und sogar richtig frommen Bwanas teilgenommen hatte. Da diese Safaris sehr teuer waren und sie nur wenig Zeit hatten, ließen sich die meisten dieser Bwanas durch den Geburtstag nicht vom Jagen abhalten. Aber an dem Tag selbst gab es immer ein Festessen mit Wein und, wenn möglich, Champagner, und das war schon etwas Besonderes. In diesem Jahr sollte der Tag sogar noch festlicher begangen werden, denn wir hatten ein festes Lager; und da Miss Mary diese Sache sehr ernst nahm und es so offensichtlich ein sehr wichtiger Teil ihrer Religion war und so viele Zeremonien dazugehörten, insbesondere die mit dem Baum, war das alles für Keiti, der Ordnung und Feiern liebte, von größter Bedeutung. Die Zeremonie mit dem Baum erschien ihm besonders reizvoll, da in seiner früheren Religion, bevor er Moslem geworden war, ein kleines Wäldchen eine höchst wichtige Rolle gespielt hatte.

Für die hartgesottenen Heiden im Lager war Miss Marys Stammesreligion eine ziemlich strenge Angelegenheit, weil sie von ihr verlangte, ein Gerenuk unter unmöglichen Bedingungen zu erlegen; das Abschlachten eines gefährlichen Löwen und die Verehrung eines Baums, den Miss Mary zum Glück nicht kannte, waren das Rezept, mit dem sich die Massai für Krieg und Löwenjagd in Wallung brachten. Ich bin mir nicht sicher, ob Keiti wußte, daß dies eine der Eigenschaften jenes speziellen Weihnachtsbaums war, den Miss Mary sich ausgesucht hatte, aber etwa fünf von uns wußten es und hüteten sich, das Geheimnis auszuplaudern.

Daß der Löwe zu Miss Marys Weihnachtspflichten gehörte, glaubten sie freilich nicht, denn sie sahen ja nun schon seit Monaten, daß sie hinter einem großen Löwen her war. Aber Ngui hatte die These aufgestellt, daß Miss

Mary nur irgendwann im Jahr und auf jeden Fall vor Weihnachten einen großen schwarzmähnigen Löwen töten müsse, und da sie zu klein sei und im hohen Gras nichts sehen könne, habe sie eben schon früh damit angefangen. Sie habe die Jagd auf den Löwen im September begonnen, um diese Pflicht bestimmt noch vor Jahresende oder wann immer der Geburtstag des Jesuskindes sein mochte, zu erledigen. Ngui war sich nicht sicher, meinte aber, dieser Geburtstag liege vor jenem anderen großen Feiertag, der auch ein Zahltag war: der Geburt des neuen Jahres.

Charo glaubte nichts von alledem, weil er schon zu viele Memsahibs zu viele Löwen hatte töten sehen. Ihn beunruhigte nur, daß Miss Mary von niemandem geholfen wurde. Vor Jahren hatte er erlebt, wie ich Miss Pauline geholfen hatte, und jetzt stand er vor einem Rätsel. Er hatte Miss Pauline sehr gern gehabt, aber Miss Mary war ihm noch viel sympathischer, denn sie gehörte offensichtlich zu einem anderen Stamm. Das sah man an ihren Stammesnarben, sehr dünnen, geritzten Narben auf einer Wange und feinen waagrechten Schnitten auf der Stirn. Sie waren das Werk des besten Schönheitschirurgen von Kuba, der Mary nach einem Autounfall operiert hatte, und wer nicht wie Ngui gewohnt war, auch auf die geringfügigsten Stammesnarben zu achten, konnte sie unmöglich bemerken.

Ngui hatte mich eines Tages ziemlich direkt gefragt, ob Miss Mary zum selben Stamm gehöre wie ich.

«Nein», sagte ich. «Sie kommt aus einem Stamm an der Nordgrenze unseres Landes. Aus Minnesota.»

«Wir haben die Stammesnarben gesehen.»

Und später, als wir einmal über Stämme und Religionen sprachen, fragte er mich, ob wir den Geburtstagsbaum des Jesuskindes zu Bier verarbeiten und trinken würden. Ich erklärte ihm, das würden wir wohl kaum tun, worauf er sagte: «Mzuri.»

«Warum?»

«Gin für euch. Bier für uns. Wir finden, Miss Mary sollte das nicht trinken, es sei denn, ihre Religion verlangt es.»

«Wenn sie den Löwen tötet, wird sie ihn nicht trinken müssen.»

«Mzuri», sagte er. «Mzuri sana.»

Und an diesem Morgen nun wartete ich, daß Miss Mary von allein aufwachte, damit sie ausgeruht und einmal richtig ausgeschlafen wäre. Der Löwe machte mir keine Sorgen, trotzdem dachte ich ziemlich viel an ihn, und immer in Zusammenhang mit Miss Mary.

Der Unterschied zwischen einem wilden, räuberischen Löwen und der Art von Löwen, welche die Touristen in den Nationalparks fotografieren, ist genauso groß wie der zwischen einem alten Grizzly, der die aufgestellten Fallen eine nach der anderen zerstört und einem das Dach von der Hütte reißt und die Vorräte wegfrißt und dennoch nie dabei gesehen wird, und den Bären, die sich im Yellowstone Park am Straßenrand aufstellen, um sich fotografieren zu lassen. Natürlich greifen auch die Bären im Park jedes Jahr Menschen an, und wenn die Touristen nicht in ihren Autos bleiben, geraten sie in Schwierigkeiten. Manchmal geraten sie sogar in ihren Autos in Schwierigkeiten, und manche Bären werden bösartig und müssen getötet werden.

Touristenlöwen, die es gewöhnt sind, sich füttern und fotografieren zu lassen, entfernen sich gelegentlich aus dem Gebiet, in dem sie beschützt werden, und da sie gelernt haben, sich nicht vor Menschen zu fürchten, können angebliche Sportsleute und ihre Frauen, natürlich stets mit Rückendeckung eines professionellen Jägers, sie mühelos abknallen. Aber was uns Kopfzerbrechen machte, war nicht, wie andere Leute Löwen getötet hatten oder töten würden, sondern wie wir einen schlauen, bösartigen und bereits seit langem gejagten Löwen aufspüren konnten, damit Miss Mary ihn auf eine Weise töten konnte, die zwar nicht von unserer Religion, aber doch von gewissen ethischen Normen bestimmt war. Diese Normen verfolgten Miss Mary schon seit langer Zeit. Es waren sehr strenge Normen, und Charo, der Miss Mary sehr gern hatte, wollte sich nicht damit abfinden. Er war schon zweimal von Leoparden angefallen worden, weil etwas schiefgegangen war, und fand, daß ich Mary auf ethische Normen verpflichtete, die viel zu starr und fast schon mörderisch waren. Dabei stammten sie gar nicht von mir. Ich hatte sie von Pop gelernt; bei seiner letzten Löwenjagd und seiner letzten Safari hatte Pop alles so haben wollen wie in den guten alten Zeiten, bevor die Jagd auf gefährliches Wild durch das, was er «diese verdammten Autos» nannte, korrumpiert und idiotensicher gemacht worden war.

Dieser Löwe hatte uns schon zweimal ausgetrickst, und beide Male hätte ich ihn mühelos erwischen können und hatte nur Mary zuliebe nicht geschossen. Beim letzten Mal hatte Pop einen Fehler gemacht, weil er wollte, daß Mary den Löwen erwischte, bevor er, Pop, uns verlassen mußte; aber einen solchen Fehler kann jeder machen, der sich allzu große Mühe gibt.

Danach hatten wir abends am Feuer gesessen, Pop mit seiner Pfeife und Mary mit ihrem Tagebuch, in das sie nicht nur alles eintrug, was sie uns nicht sagen wollte, sondern auch ihre Kümmernisse und Enttäuschungen und ihr neues Wissen, das sie nicht im Gespräch vorführen wollte, und ihre Triumphe, die sie nicht entwerten wollte, indem sie darüber redete. Sie schrieb beim Licht der Gaslampe im Eßzelt, und Pop und ich saßen in Schlafanzug, Morgenmantel und Moskitostiefeln am Feuer.

«Dieser Löwe ist ein verdammt schlauer Bursche», sagte Pop. «Wenn Mary ein bißchen größer wäre, hätten wir ihn heute erwischt. Aber es war meine Schuld.»

Wir vermieden es, über den Fehler zu sprechen. Wir beide kannten ihn.

«Mary kriegt ihn schon noch. Aber eins darfst du nicht vergessen. Besonders mutig ist dieser Löwe nicht. Dazu ist er zu schlau. Wenn er getroffen ist, wird er allerdings noch mutig genug sein. Laß es nicht dazu kommen.»

«Ich bin kein schlechter Schütze.»

Pop ging zunächst nicht darauf ein. Er dachte nach. Dann sagte er: «Besser als nicht schlecht. Aber du darfst nicht übermütig werden. Sei einfach nur selbstbewußt. Irgendwann wird er einen Fehler machen, und dann hast du ihn. Am besten wär's, wenn jetzt eine läufige Löwin auftauchen würde. Dann hätten wir ihn auf dem Präsentierteller. Aber die kriegen ja jetzt bald ihre Jungen.»

«Was für einen Fehler wird er machen?»

«Wenn er ihn macht, wirst du's schon merken. Wenn ich nur nicht weg müßte, bevor Mary ihn erwischt. Paß gut auf sie auf. Sorg dafür, daß sie genug schläft. Sie ist jetzt schon so lange hinter ihm her. Laß sie ausruhen, und laß auch den verdammten Löwen ausruhen. Jag ihn nicht zu sehr. Wieg ihn in Sicherheit.»

«Sonst noch was?»

«Laß sie das Fleisch zum Essen schießen, das wird ihr Selbstbewußtsein stärken.»

«Ich hatte vor, sie auf fünfzig Meter ranpirschen zu lassen, und dann vielleicht auf zwanzig.»

«Könnte funktionieren. Alles andere haben wir probiert.»

«Es funktioniert bestimmt. Dann kann sie sich besser darauf einstellen.»

«Manchmal schießt sie verdammt gut», sagte Pop. «Und dann kommen wieder zwei Tage, wo man gar nicht mehr schlau aus ihr wird.»

«Ich glaube, ich weiß, woran das liegt.»

«Ich auch. Aber laß sie auf keinen Fall zwanzig Meter an einen Löwen heran.»

Es war über zwanzig Jahre her, daß Pop und ich zum erstenmal an einem Feuer oder an der Asche eines Feuers gesessen und über Theorie und Praxis der Jagd auf gefährliche Tiere gesprochen hatten. Er konnte Jäger, die auf Zielscheiben oder Waldmurmeltiere schossen, nicht ausstehen und mißtraute ihnen.

«Schießen einem Caddie aus einer Meile einen Golfball vom Kopf», sagte er. «Ich meine natürlich einen Caddie aus Holz oder Eisen. Keinen lebendigen. Treffen nie daneben, bis sie aus zwanzig Metern auf einen richtig großen Kudu schießen sollen. Da würden sie nicht mal den Berg treffen. Diese Jahrmarktscharfschützen fuchteln zitternd mit ihren blöden Gewehren herum, bis man selbst zittert.» Er zog an seiner Pfeife. «Traue nie einem Mann, bevor du ihn nicht aus höchstens fünfzig Metern auf etwas Gefährliches hast schießen sehen, oder auf etwas, das er unbedingt treffen will. Glaub ihm kein Wort, bevor du ihn nicht aus zwanzig Metern hast schießen sehen. Die kurze Distanz deckt auf, was in ihnen steckt. Die Nieten schießen immer daneben oder werden erschossen, wenn sie so nah herangehen, daß Leute wie wir gar nicht danebenschießen könnten.»

Ich dachte zufrieden an diese alten Zeiten und daran, wie schön diese Safari gewesen war und wie schlimm es wäre, wenn Pop und ich niemals mehr zusammen losziehen würden, als Arap Meina ans Feuer trat und salutierte. Er grüßte immer sehr feierlich, aber sobald er die Hand sinken ließ, erschien ein Lächeln auf seinem Gesicht.

«Guten Morgen, Meina», sagte ich.

«Jambo, Bwana. Man sagt, der große Löwe hat in der Manyatta eine Kuh gerissen. Er hat sie eine weite Strecke bis in den dichten Busch geschleift. Nach dem Fressen ist er nicht mehr zu der Beute zurückgekehrt, sondern zum Trinken in Richtung Sumpf verschwunden.»

«Der Löwe mit der vernarbten Pfote?»

«Ja, Bwana. Er müßte jetzt bald kommen.»

«Gut. Gibt es noch andere Neuigkeiten?»

«Man sagt, daß die Mau-Mau, die in Machakos eingesperrt waren, aus dem Gefängnis ausgebrochen und hierher unterwegs sind.»

«Wann war das?»

«Gestern.»

«Wer sagt das?»

«Ein Massai, den ich unterwegs getroffen habe. Er ist auf dem Lastwagen eines Hindu-Händlers mitgefahren. Er wußte nicht, welcher Duka.»

«Nimm dir was zu essen. Ich muß später noch mit dir sprechen.»

«Ndio, Bwana», sagte er und salutierte. Sein Gewehr glänzte in der Morgensonne. Er hatte sich in der Shamba eine frische Uniform angezogen und sah sehr elegant und zufrieden aus. Er hatte zwei gute Neuigkeiten überbracht. Er war Jäger, und jetzt hatten wir etwas zum Jagen.

Ich fand, ich sollte lieber zum Zelt gehen und nachsehen, ob Miss Mary schon wach war. Falls sie noch schlief, um so besser.

Miss Mary war wach, wenn auch noch nicht ganz. Immer wenn sie darum bat, um halb fünf oder fünf geweckt zu werden, wurde sie sehr schnell wach und betriebsam und duldete keinerlei Verzögerung. Aber an diesem Morgen erwachte sie nur langsam.

«Was gibt's?», fragte sie verschlafen. «Warum hat mich niemand geweckt? Die Sonne ist schon aufgegangen. Was ist los?»

«Es war nicht der große Löwe, Schatz. Also habe ich dich schlafen lassen.»

«Woher weißt du, daß es nicht der große Löwe war?»

«Ngui hat nachgesehen.»

«Und was ist nun mit dem großen Löwen?»

«Er ist noch nicht aus den Bergen gekommen.»

«Wie kannst du das wissen?»

«Arap Meina kommt gerade von dort.»

«Hast du vor, nach den Büffeln zu sehen?»

«Nein. Ich muß mich um was anderes kümmern. Wir haben da ein kleines Problem.»

«Kann ich helfen?»

«Nein, Schatz. Schlaf noch ein bißchen.»

«Ja, das mach ich, wenn du mich nicht brauchst. Ich habe was ganz Wunderbares geträumt.»

«Dann versuch, da wieder reinzukommen. Wenn du soweit bist, laß dir Chacula bringen.»

«Ich will nur noch ein bißchen schlafen», sagte sie. «Ich habe so wunderbar geträumt.»

Ich griff unter die Decke und nahm meine Pistole und das Halfter mit Gürtel und Schlaufe. Ich wusch mich an der Schüssel, spülte mir die Augen mit Borwasser, kämmte mir die Haare mit einem Handtuch – es war jetzt so kurz geschnitten, daß ich dazu weder Bürste noch Kamm brauchte – und zog mich an. Dann stieg ich mit dem rechten Fuß in die Beinschlaufe des Pistolenhalfters, zog es hoch und schnallte den Gürtel zu. Früher hatten wir nie Pistolen getragen, aber heute legte man eine Pistole so selbstverständlich an, wie man sich den Hosenlatz zuknöpfte. Ich hatte eine kleine Plastiktüte mit zwei weiteren Magazinen in der rechten Tasche meines Buschhemdes und zusätzliche Munition in einer Arzneiflasche mit weitem Schraubverschluß, in der vorher Leberkapseln gewesen waren. Diese Flasche hatte fünfzig rotweiße Kapseln enthalten und enthielt jetzt fünfundsechzig Patronen. Ngui hatte ebenfalls eine solche Flasche.

Alle bewunderten die Pistole, weil man damit nicht nur Perlhühner, kleine Trappen und Schakale, die Tollwut übertrugen, sondern auch Hyänen schießen konnte. Ngui und Mthuka bewunderten sie, weil ihr Schußgeräusch dem scharfen Kläffen eines Hundes glich, und freuten sich jedesmal, wenn – peng, peng, peng – vor der geduckt rennenden Hyäne Staubwölkchen aufstoben und sie dann ihren Galopp verlangsamte und im Kreis zu laufen begann. Ngui reichte mir dann ein volles Magazin, das er aus meiner Tasche genommen hatte, und ich schob es rein, und dann gab es wieder eine Staubwolke, es knallte einmal, zweimal, und die Hyäne wälzte sich auf den Rücken und streckte die Beine in die Luft.

Ich ging zu den Zelten, um die Entwicklung mit Keiti zu besprechen. Ich bat ihn ein Stück beiseite, damit wir ungestört miteinander reden konnten; er stand lässig da und sah alt und klug und zynisch und auch skeptisch und belustigt aus.

«Ich glaube nicht, daß die hierherkommen», sagte er. «Das sind Wakamba-Mau-Mau. Die sind nicht so dumm. Die werden hören, daß wir hier sind.»

«Aber wenn sie doch kommen, gibt's ein Problem. Wenn sie hierherkommen, in welche Richtung gehen sie dann weiter?»

«Sie werden nicht kommen.»

«Warum nicht?»

«Ich sage nur, was ich tun würde, wenn ich ein Mau-Mau wäre. Ich würde nicht hierherkommen.»

«Aber du bist ein Mzee, du bist ein kluger Mann. Wir reden hier von den Mau-Mau.»

«Nicht alle Mau-Mau sind dumm», sagte er. «Und diese sind Wakamba.»

«Richtig», sagte ich. «Aber als sie ins Reservat gekommen sind, um Kämpfer für die Mau-Mau anzuwerben, hat man sie alle gefangengenommen. Warum haben sie sich gefangennehmen lassen?»

«Weil sie sich betrunken und dann den Mund aufgerissen haben.»

«Ja. Und wenn sie hierherkommen, wo es eine Kamba-Shamba gibt, werden sie etwas zu trinken haben wollen. Sie werden auch essen wollen, aber vor allen Dingen werden sie trinken wollen, wenn es dieselben Leute sind, die man wegen ihrer Trinkerei gefangengenommen hat.»

«Sie werden jetzt nicht mehr dieselben sein. Sie sind aus dem Gefängnis ausgebrochen.»

«Sie werden dorthin gehen, wo es etwas zu trinken gibt.»

«Mag sein. Aber sie werden nicht hierherkommen. Sie sind Wakamba.»

«Ich muß trotzdem vorbereitet sein.»

«Ja.»

«Wenn ich zu einer Entscheidung gekommen bin, sage ich dir Bescheid. Ist im Lager alles in Ordnung? Ist jemand krank? Hast du irgendwelche Probleme?»

«Es ist alles in Ordnung. Ich habe keine Probleme. Im Lager sind alle zufrieden.»

«Wie sieht es mit Fleisch aus?»

«Heute abend werden wir Fleisch brauchen.»

«Gnu?»

Er schüttelte langsam den Kopf und grinste breit.

«Viele können das nicht essen.»

«Wie viele können es essen?»

«Neun.»

«Was können die anderen essen?»

«Impala mzuri.»

«Es gibt hier zu viele Impalas, und ich darf noch zwei schießen», sagte ich. «Ich besorge das Fleisch für heute abend. Aber es muß kurz vor Sonnenuntergang geschossen werden, damit die Kälte, die abends vom Berg kommt, es kühlt. Und es muß in Mulltücher gewickelt werden, damit die Fliegen es nicht verderben. Wir sind als Gäste hier, und ich trage die Verantwortung. Wir dürfen nichts verschwenden. Wie lange würden sie brauchen, um von Machakos hierherzukommen?»

«Drei Tage. Aber sie werden nicht hierherkommen.»

«Sag dem Koch, er soll mir bitte Frühstück machen.»

Ich ging zum Eßzelt zurück, setzte mich an den Tisch und nahm ein Buch von einem der Regale, die wir aus Holzkisten gebaut hatten. Es war das Jahr, in dem es auffallend viele Bücher über Leute gab, die aus deutschen Gefangenenlagern geflohen waren, und dies war eins davon. Ich stellte es zurück und nahm mir ein anderes. Es hieß *Die letzten Paradiese* und versprach, wie mir schien, mehr Unterhaltung.

Gerade als ich das Kapitel über Bar Harbor aufschlug, hörte ich ein Auto mit hohem Tempo herankommen, und als ich durch die offene Rückseite des Zelts hinausspähte, sah ich den Landrover der Polizei an den Zelten vorbeirasen und eine Staubwolke aufwirbeln, die sich über alles, einschließlich der Wäsche, legte. Mit einem Bremsmanöver wie bei einem Geländerennen kam der offene Wagen neben dem Zelt zum Stehen. Der junge Polizeibeamte kam herein, salutierte zackig und streckte mir die Hand hin. Er war ein großer blonder Bursche, dessen Miene nichts Gutes verhieß.

«Guten Morgen, Bwana», sagte er und nahm die Uniformmütze ab.

«Möchten Sie frühstücken?»

«Keine Zeit, Bwana.»

«Was ist passiert?»

«Es geht los, Bwana. Wir kriegen Ärger. Es sind vierzehn, Bwana. Vierzehn von der übelsten Sorte.»

«Bewaffnet?»

«Bis an die Zähne, Bwana.»

«Sind das die, die aus Machakos geflohen sind?»

«Ja. Woher wissen Sie davon?»

«Der Wildhüter hat mir heute morgen davon erzählt.»

«Chef», sagte er – das war eine väterliche Anrede, die nichts mit irgendeinem Verhältnis zwischen Untergebenem und Vorgesetztem zu tun hatte –, «wir müssen wieder einmal unser Vorgehen abstimmen.»

«Ich stehe zu Ihrer Verfügung.»

«Was würden Sie vorschlagen, Chef? Sollen wir gemeinsam vorgehen?»

«Das ist Ihre Shauri. Ich bin hier nur sozusagen Wildhüter.»

«Seien Sie so gut, Chef, und helfen Sie mir. Sie und Bwana Game haben uns schon einmal geholfen. In Zeiten wie diesen müssen wir zusammenhalten. Die Sache zu Ende bringen.»

«Sicher», sagte ich. «Aber ich bin kein Polizist.»

«Aber Sie sind doch der Wildhüter. Wir arbeiten zusammen. Was würden Sie machen, Chef? Ich will mit Ihnen zusammenarbeiten.»

«Ich schicke ein paar Kundschafter los.»

«Kann ich ein Glas Bier haben?» fragte er.

«Machen Sie eine Flasche auf, die teilen wir uns.»

«Mein Hals ist von dem Staub ganz ausgetrocknet.»

«Das nächste Mal passen Sie auf, daß der Scheißstaub nicht unsere Wäsche schmutzig macht», sagte ich.

«Entschuldigung, Chef. Tut mir schrecklich leid. Aber ich hatte nur unser Problem im Kopf, und ich dachte, es hätte geregnet.»

«Das war vorgestern. Jetzt ist alles trocken.»

«Bitte weiter, Chef. Sie wollen also Kundschafter losschicken.»

«Ja», sagte ich. «Hier gibt es eine Kamba-Shamba.»

«Das ist mir ja ganz neu. Weiß der D. C. davon?»

«Ja», sagte ich. «Insgesamt gibt es hier vier Shambas, in denen Bier hergestellt wird.»

«Das ist verboten.»

«Ja, aber Sie werden feststellen, daß das in Afrika häufiger vorkommt. Ich schlage vor, in jede dieser Shambas einen Mann zu schicken. Und wenn diese Typen dort auftauchen, erhalten wir Bescheid. Dann können wir die Shamba umstellen und die Leute schnappen.»

«Tot oder lebendig», sagte er.

«Sind Sie da ganz sicher?»

«Absolut, Chef. Das sind ganz üble Typen.»

«Das sollten wir erst mal überprüfen.»

«Nicht nötig, Chef. Ehrenwort. Aber wie soll die Nachricht aus der Shamba hierher übermittelt werden?»

«Wir haben in weiser Voraussicht eine Art weibliches Hilfscorps aufgestellt. Frauen sind ungeheuer gut in solchen Dingen.»

«Sehr schön. Freut mich, daß Sie das veranlaßt haben. Sind die gut verteilt?»

«Ziemlich. Mit einem verdammt schlauen Mädchen an der Spitze. Bestens für die Arbeit im Untergrund geeignet.»

«Kann ich sie mal kennenlernen?»

«Reichlich riskant, solange Sie die Uniform anhaben. Aber ich denk mal drüber nach.»

«Untergrund», sagte er. «Das hat mich schon immer gereizt. Der Untergrund.»

«Können Sie haben», sagte ich. «Wenn die Sache hier vorbei ist, holen wir uns ein paar alte Fallschirme und üben.»

«Können Sie mir das noch etwas genauer erklären, Chef? Wir haben also jetzt die Kundschafter. Das scheint mir genau das Richtige. Aber was außerdem?»

«Ich behalte die meisten meiner Leute hier, immer marschbereit, damit wir jederzeit aufbrechen können, wenn es irgendwo brenzlig wird. Sie fahren jetzt zur Boma zurück und machen sich bereit zur Verteidigung. Und dann schlage ich vor, Sie errichten tagsüber zehn Meilen von hier, wo die Straße eine Biegung macht, eine Straßensperre. Sie können die Entfernung am Tachometer ablesen. Abends sollten Sie die Sperre dann dorthin verlegen, wo die Straße aus dem Sumpfland kommt. Wissen Sie noch, wo wir die Paviane gejagt haben?»

«Das werde ich niemals vergessen, Bwana.»

«Dort werde ich mich mit Ihnen in Verbindung setzen, falls Sie Schwierigkeiten bekommen. Aber passen Sie auf, daß Sie nachts nicht auf irgendwelche Leute schießen. Da herrscht ziemlich viel Verkehr.»

«Das dürfte aber eigentlich nicht sein.»

«Ist aber so. Ich an Ihrer Stelle würde vor den drei Dukas Schilder aufstellen, daß die Ausgangssperre auf den Straßen mit allen Mitteln durchgesetzt wird. Das könnte Ihnen einigen Ärger ersparen.»

«Können Sie mir Leute mitgeben, Bwana?»

«Nur wenn sich die Lage verschlechtert. Vergessen Sie nicht, daß ich meine Leute als Kundschafter für Sie einsetze. Aber ich mache Ihnen einen Vorschlag: Ich gebe Ihnen eine Nachricht mit, die Sie nach Ngong durchgeben können, und lasse das Flugzeug kommen. Das brauche ich hier sowieso.»

«Gut, Bwana. Wäre es möglich, daß ich mit Ihnen fliege?»

«Wohl kaum», sagte ich. «Sie werden hier am Boden gebraucht.»

Ich schrieb die Nachricht, in der ich darum bat, das Flugzeug morgen irgendwann am Nachmittag kommen zu lassen; es sollte Post und Zeitungen aus Nairobi bringen und hier noch zwei Flugstunden einlegen.

«Sie fahren jetzt besser zur Boma zurück», sagte ich. «Und bitte kommen Sie nie mehr wie ein Cowboy ins Lager gestürmt. Jetzt ist hier alles voller Staub: das Essen, die Zelte, die Wäsche.»

«Tut mir schrecklich leid, Chef. Es wird nie mehr vorkommen. Und danke, daß Sie mir mit Ihren Leuten aushelfen.»

«Vielleicht sehen wir uns heute nachmittag in der Stadt.»

«Gut.»

Er trank sein Bier aus, salutierte, ging hinaus und begann, nach seinem Fahrer zu schreien.

Dann trat Mary ins Zelt, morgenfrisch und strahlend. «War das der Bursche von der Polizei? Gibt es irgendwelche Schwierigkeiten?»

Ich erzählte ihr von den Männern, die in Machakos aus dem Gefängnis ausgebrochen waren, und auch das übrige. Sie war alles andere als beeindruckt.

Beim Frühstück fragte sie: «Ist es nicht furchtbar teuer, das Flugzeug jetzt kommen zu lassen?»

«Ich brauche die Post aus Nairobi, es könnten auch Telegramme dabei sein. Wenn wir diese Fotos machen wollen, müssen wir nach den Büffeln sehen. Im Sumpf sind sie jetzt jedenfalls nicht. Wir müssen wissen, was sich in den Chulus abspielt, und dabei kann ich die Maschine gut gebrauchen.»

«Ich kann jetzt nicht nach Nairobi fliegen und die Sachen für Weihnachten besorgen, weil ich den Löwen noch nicht erlegt habe.»

«Ich hab das Gefühl, daß wir den Löwen erwischen werden, wenn wir es langsam angehen lassen und ihm und auch dir Gelegenheit zum Ausruhen geben. Arap Meina sagt, er bewegt sich in unsere Richtung.»

«Ich brauche mich nicht auszuruhen», sagte sie. «So was darfst du nicht sagen.»

«In Ordnung. Ich will ihn ja nur in Sicherheit wiegen, damit er einen Fehler macht.»

«Schön wär's.»

Gegen vier Uhr ließ ich Ngui kommen und sagte ihm, er solle Charo und die Gewehre und eine Schrotflinte holen und Mthuka ausrichten, er solle den Jagdwagen bringen. Mary schrieb Briefe; ich erzählte ihr, daß ich nach dem Wagen geschickt hatte, und dann kamen Charo und Ngui und holten die Gewehre in ihren langen Futteralen unter den Feldbetten hervor, und Ngui baute die große .577er zusammen. Sie zählten die Patronen und suchten Vollmantelmunition für die Springfield und die Mannlicher heraus. Es war der erste schöne Augenblick der Jagd.

«Was wollen wir jagen?»

«Wir müssen Fleisch besorgen. Wir versuchen ein Experiment, über das Pop und ich gesprochen haben, als Übung für die Löwenjagd. Ich möchte, daß du ein Gnu aus zwanzig Meter Entfernung schießt. Du und Charo, ihr sollt euch an das Tier ranschleichen.»

«Ich glaube kaum, daß wir so nah herankommen können.»

«Das schafft ihr schon. Aber zieh nicht den Pullover an. Nimm ihn mit, aber zieh ihn erst an, wenn es auf der Rückfahrt zu kalt wird. Und wenn du die Ärmel hochkrempeln willst, dann tu es jetzt. Bitte, Schatz.»

Miss Mary krempelte sich jedesmal, wenn sie zum Schuß ansetzte, den rechten Ärmel ihres Buschhemdes hoch. Oder eigentlich schlug sie nur die Manschette um. Aber damit verscheuchte sie natürlich jedes Tier im Umkreis von hundert Metern oder mehr.

«Du weißt genau, daß ich das nicht mehr mache.»

«Gut. Den Pullover habe ich erwähnt, weil er dir mit dem langen Gewehrschaft ins Gehege kommen könnte.»

«Mag sein. Aber wenn es nun kalt ist an dem Morgen, wenn wir den Löwen finden?»

«Ich möchte nur sehen, wie du ohne den Pullover schießt. Ob das einen Unterschied macht.»

«Alle machen immer Experimente mit mir. Warum kann ich nicht einfach losziehen und einen sauberen Schuß abgeben?»

«Das kannst du, Schatz. Und zwar jetzt gleich.»

Wir fuhren am Landestreifen vorbei. Rechts vor uns erstreckte sich die mit Bäumen durchsetzte Savannenlandschaft, und auf einer Wiese sah ich zwei Rudel Gnus beim Grasen und einen alten Bullen, der in der Nähe einer Baumgruppe am Boden lagerte. Ich machte Mthuka mit einer Kopfbewegung auf ihn aufmerksam, aber der hatte ihn auch schon gesehen; ich bedeutete ihm durch Handzeichen, einen weiten Bogen nach links zu fahren und etwas zurückzusetzen, bis wir hinter den Bäumen nicht mehr zu sehen waren.

Ich ließ Mthuka anhalten; Mary stieg aus, und Charo folgte ihr mit dem Feldstecher. Mary trug ihre 6.5er Mannlicher, und als sie ausgestiegen war, zog sie den Verschlußhebel zurück, schob ihn wieder vor, ließ die Patrone in die Kammer einrasten, schloß den Verschluß und legte den Sicherungsbügel um.

«Und was mache ich jetzt?»

«Hast du den alten Bullen am Boden gesehen?»

«Ja. Und in den Rudeln habe ich noch zwei Bullen gesehen.»

«Du versuchst jetzt mit Charo, so nahe wie möglich an diesen alten Bullen heranzukommen. Der Wind steht günstig, ihr müßtet eigentlich bis an die Bäume gelangen. Siehst du die Stelle?»

Dort lag der alte Gnubulle, schwarz und eigenartig mit seinem gewaltigen Kopf, den nach unten geschwungenen, weit auseinanderstehenden Hörnern und der wilden Mähne. Charo und Mary näherten sich jetzt der Baumgruppe, und der Bulle erhob sich. Jetzt wirkte er noch eigenartiger, im Licht sah er vollkommen schwarz aus. Er hatte Mary und Charo noch nicht gesehen, da er ihnen die Flanke zukehrte und in unsere Richtung blickte.

Ich dachte, was für ein schönes und seltsames Tier es war und daß wir diesen Anblick für allzu selbstverständlich hielten, nur weil er sich uns täglich bot. Dieser Bulle war kein stattliches Tier, aber ein sehr außergewöhnliches, und ich betrachtete es fasziniert und beobachtete gleichzeitig, wie Charo und Mary sich langsam und tief geduckt heranschlichen.

Mary erreichte den Rand der Baumgruppe, von wo aus sie schießen konnte, und wir beobachteten, wie Charo in die Knie ging und Mary das Gewehr anlegte und den Kopf senkte. Wir hörten den Schuß und fast gleichzeitig das Geräusch, mit dem die Kugel auf Knochen traf, und wir sahen die schwarze Gestalt des alten Bullen erst aufsteigen und dann schwer zur Seite stürzen. Die anderen Gnus galoppierten in Panik davon, und wir rasten auf Mary und Charo und den schwarzen Umriß auf der Wiese zu. Als wir aus dem Jagdwagen sprangen, standen Mary und Charo dicht bei dem Gnu. Charo war sehr zufrieden und hatte schon das Messer gezückt. Alles redete durcheinander: «Piga mzuri. Piga mzuri sana, Memsahib. Mzuri, mzuri, sana.»

Ich nahm sie in den Arm und sagte: «Das war ein sehr schöner Schuß, mein Kleines, und angepirscht hast du dich auch sehr gut. Und jetzt gib ihm den Gnadenschuß unters linke Ohr.»

«Sollte ich ihn nicht besser in die Stirn schießen?»

«Nein, bitte. Direkt unters Ohr.»

Sie winkte die anderen zurück, legte den Sicherungsbügel um, hob das Gewehr, kontrollierte es noch einmal sorgfältig, holte tief Luft, atmete aus, verlagerte das Gewicht auf den linken Fuß und gab einen Schuß ab, der genau unterhalb des linken Ohrs ein kleines Loch in den Schädel des Bullen machte. Seine Vorderbeine entspannten sich langsam, und der Kopf sank sehr sachte zur Seite. Auch im Tod strahlte er eine gewisse Würde aus. Ich legte Mary einen Arm um die Schultern und drehte sie weg, damit sie nicht sah, wie Charo das Messer an jener bestimmten Stelle hineinstieß, damit das Fleisch für Moslems eßbar war.

«Freut es dich nicht, daß ich so nah an ihn herangekommen bin und ihn so sauber getroffen habe? Genau wie ich es sollte, oder? Bist du nicht ein bißchen stolz auf deine Kleine?»

«Du warst phantastisch. Du hast dich wunderbar an ihn herangepirscht, du hast ihn mit einem einzigen Schuß getötet, und er hat gar nichts davon mitbekommen und bestimmt nicht gelitten.»

«Ich muß schon sagen, er war ganz schön groß, Schatz, und er hat ziemlich wild ausgesehen.»

«Kleines, setz dich jetzt ins Auto und nimm einen Schluck aus der Jinny-Flasche. Ich helfe den anderen, ihn aufzuladen.»

«Komm lieber mit mir. Ich habe gerade mit einem Schuß achtzehn Menschen Nahrung verschafft, und ich liebe dich und möchte jetzt etwas mit dir trinken. Sind Charo und ich nicht nah an ihn rangekommen?»

«Ja, phantastisch nah. Besser geht's gar nicht mehr.»

Die Jinny-Flasche steckte in der alten spanischen Patronentasche. Es war eine Halbliterflasche Gordon's, die wir in Sultan Hamid gekauft hatten, und ihr Name stammte von einer anderen berühmten alten silbernen Reiseflasche, die in einem Krieg in allzu großer Flughöhe schließlich gesprungen war und mich einen Augenblick hatte glauben lassen, ich hätte einen Schuß in den Hintern bekommen. Dieser alte, große Flachmann hatte sich nicht mehr reparieren lassen, aber wir hatten diese neue viereckige Halbliterflasche nach ihm benannt; die alte Flasche hatte einen Mädchennamen auf dem silbernen Schraubverschluß gehabt, aber nicht die Namen der Schlachten, die sie mitgemacht hatte, und auch nicht die der Leute, die daraus getrunken hatten und jetzt tot waren. Die Schlachten und die Namen hätten beide Seiten der alten Jinny-Flasche bedeckt, auch wenn sie in kleiner Schrift darauf eingraviert gewesen wären. Aber auch diese neue und wenig eindrucksvolle Jinny-Flasche hatte fast schon so etwas wie einen rituellen Status.

Mary trank daraus, und als auch ich getrunken hatte, sagte sie: «Nur in Afrika schmeckt purer Gin kaum stärker als Wasser.»

«Ein bißchen stärker.»

«War ja nicht wörtlich gemeint. Ich möchte noch einen Schluck, wenn ich darf.»

Der Gin schmeckte wirklich sehr gut und sauber und angenehm erwärmend und belebend und, für mich jedenfalls, ganz und gar nicht wie Wasser. Ich reichte Mary den Wasserbeutel, sie trank in langen Zügen und sagte dann: «Wasser ist auch was Herrliches. Man kann die beiden eigentlich nicht vergleichen.»

Ich ließ sie mit der Jinny-Flasche allein und begab mich hinter den Wagen; die Ladeklappe war bereits unten, damit wir das Gnu aufladen konnten. Wir hievten es unzerteilt auf die Ladefläche, nicht nur um Zeit zu sparen, sondern auch damit sich diejenigen, die gern Innereien aßen, beim Ausweiden im Lager ihr Teil nehmen konnten. Als wir das Tier so zerrten und schoben, besaß es keine Würde mehr, es lag nur noch da, mit glasigen Augen und dickem Bauch, den Kopf grotesk verdreht, die graue Zunge aus dem Maul gestreckt wie ein Erhängter. Ngui, der mit Mthuka die schwerste Arbeit geleistet hatte, steckte einen Finger in das Einschußloch unmittelbar über dem Schulterblatt; ich nickte, dann klappten wir die Ladeklappe hoch und machten sie fest, und ich holte mir von Mary den Wasserbeutel, um mir die Hände zu waschen.

«Nimm doch einen Schluck, Papa», sagte sie. «Was schaust du denn so mißmutig drein?»

«Ich bin nicht mißmutig. Aber laß mich trotzdem was trinken. Willst du auch das nächste Tier erlegen? Wir brauchen noch eine Thompson oder ein Impala für Keiti, Charo, Mwindi und für uns beide.»

«Ich würde gern mal ein Impala schießen. Aber nicht mehr heute. Bitte, lieber nicht. Ich will's nicht übertreiben. Ich treffe jetzt sowieso alles, was ich will.»

«Wohin genau hast du gezielt, Kleines?» Die Frage war mir unangenehm, aber ich stellte sie trotzdem. Damit sie mir leicht von den Lippen kam und nicht allzu beiläufig klang, nahm ich dazu einen Schluck Gin.

«Auf die Schulter. Genau in die Mitte. Du hast das Loch ja gesehen.»

Aus dem winzigen Loch im Rückgrat war ein dicker Blutstropfen ausgetreten, ein Stück abwärts gelaufen und dann mitten auf der Schulter liegengeblieben. Ich hatte ihn gesehen, als der sonderbare schwarze Bulle dort im Gras gelegen hatte, die vordere Hälfte reglos, aber noch lebendig, die hintere Hälfte tot.

«Gut, Kleines», sagte ich.

«Gib mir die Jinny-Flasche», sagte Mary. «Ich brauche nicht mehr zu schießen. Ich bin so froh, daß ich ihn so geschossen habe, daß du zufrieden bist. Nur schade, daß Pop nicht hier ist.»

Aber Pop war nicht da, und sie hatte aus kürzester Entfernung gut dreißig Zentimeter höher getroffen, als sie gezielt hatte, und das Tier mit einem tadellosen Treffer ins Rückgrat getötet. Es gab also ein kleines Problem.

Als wir jetzt durch die Savanne fuhren, hatten wir den Wind von vorn und die Sonne im Rücken. Vor uns sah ich die eckigen weißen Flecken auf den Hinterbacken der Grantgazellen und die zuckenden Schwänze der Thompsongazellen, die ruhig grasten und dann davonsprangen, als der Wagen näher kam. Ngui wußte genau, was jetzt kam, und Charo ebenfalls. Ngui drehte sich zu Charo um und sagte: «Jinny-Flasche.»

Charo reichte sie ihm über die Sitzlehne zwischen dem großen Gewehr und der Schrotflinte hindurch, die aufrecht in ihren Haltern standen. Ngui schraubte den Deckel ab und reichte mir die Flasche. Ich nahm einen Schluck, und das Zeug schmeckte ganz und gar nicht wie Wasser. Ich konnte nie etwas trinken, wenn wir mit Miss Mary auf Löwenjagd waren, weil ich die Verantwortung trug, aber der Gin machte mich etwas lockerer, und nach dem Gnu waren wir jetzt alle verkrampft, alle außer dem Träger, der einen zufriedenen und stolzen Eindruck machte. Auch Miss Mary wirkte zufrieden und stolz.

«Er möchte, daß du eine Schau abziehst», sagte sie. «Also los, Papa. Tu es.»

«Okay», sagte ich. «Noch einen Schluck für die Schau.»

Als ich nach der Jinny-Flasche griff, schüttelte Ngui den Kopf. «Hapana», sagte er. «Mzuri.»

Vor uns, auf der nächsten Lichtung, weideten zwei Thompsonböcke. Sie hatten schöne Köpfe, ungewöhnlich lang und symmetrisch, und ihre Schwänze schlugen hin und her, während sie schnell und eifrig fraßen. Mthuka nickte, zum Zeichen, daß er sie gesehen hatte, und wendete den Wagen so, daß ich, als er anhielt, gute Deckung hatte. Ich nahm die zwei Schrotpatronen aus der Springfield und lud zwei Vollmantelgeschosse, sicherte das Gewehr, stieg aus und schlenderte auf die dichte Buschgruppe zu. Ich ging nicht geduckt, weil der Busch mir genug Deckung gab und ich zu dem Schluß gekommen war, daß man beim Anpirschen, wenn viel Wild in der Gegend war, am besten aufrecht ging und so tat, als interessierte man sich gar nicht dafür. Sonst lief man Gefahr, die Tiere, die einen sahen, mißtrauisch zu machen, und die wiederum schreckten womöglich das Tier auf, das man schießen wollte. Ich dachte daran, daß Miss Mary mich gebeten hatte, eine Schau abzuziehen, und hob vorsichtig die linke Hand und schlug mir an den Hals. Auf diese Weise bezeichnete ich die Stelle, die ich treffen wollte – obwohl das natürlich Unsinn war. Niemand kann einen Schuß auf ein so kleines Tier wie eine Thompsongazelle so genau ansagen, zumal es vielleicht die Flucht ergreift. Aber falls ich die Stelle tatsächlich traf, war es gut für die Moral, und falls nicht, war es von vornherein unmöglich gewesen.

Es war angenehm, durch das Gras mit den weißen Blumen zu gehen, und ich schlenderte weiter, das Gewehr mit der Mündung nach unten hinten an mein Bein gedrückt. Im Gehen dachte ich an überhaupt nichts, nur daß es ein herrlicher Abend war und ich das Glück hatte, in Afrika zu sein. Dann erreichte ich den äußersten rechten Rand der Buschgruppe und hätte nun kriechen müssen, aber Gras und Blumen standen zu dicht, und ich trug eine Brille und war zu alt zum Kriechen. Also entsicherte ich das Gewehr, wobei ich den Finger hinter den Abzug legte, damit es nicht klickte, bog dann den Finger zurück und brachte ihn geräuschlos in Position, kontrollierte die

Einstellung der Kimme und trat dann vom rechten Rand des Buschs ins Freie.

Als ich das Gewehr hob, stoben die zwei Thompsonböcke in vollem Tempo davon. Der weiter entfernte hatte mir den Kopf zugewandt, als ich aus der Deckung gekommen war. Sie stießen sich mit ihren kleinen Hufen ab und machten weite Sprünge. Ich zielte auf den zweiten, verlagerte mein Gewicht auf den nach vorn gestellten linken Fuß, zog ein wenig schneller mit, als er lief, und drückte ab, als ich etwas vor ihm war. Ich hörte den trokkenen Knall des Gewehrs, und als ich die zweite Patrone hochlud, sah ich seine vier steif in die Luft gestreckten Läufe und den weißen Bauch, und dann senkten sich die Beine langsam zu Boden. Ich ging zu ihm und hoffte, daß ich ihn nicht am Hinterteil oder mit einem Streifschuß oder aus Versehen an der Halswirbelsäule oder am Kopf erwischt hatte, und dann hörte ich das Auto herankommen. Charo sprang mit dem Messer in der Hand heraus, lief zu der Gazelle und blieb dort stehen.

Als ich zu ihm kam, sagte ich: «Halal.»

«Hapana», sagte Charo und berührte die mitleiderregenden toten Augen mit der Spitze seines Messers.

«Tu es trotzdem.»

«Hapana», sagte Charo. Ich hatte ihn niemals weinen sehen, aber jetzt war er kurz davor. Er hatte schwere religiöse Bedenken, und er war ein alter und frommer Mann.

«Okay», sagte ich, «stich du ihn ab, Ngui.»

Alle waren Charo zuliebe ganz still gewesen. Er ging zum Jagdauto, nur wir Ungläubigen blieben zurück. Mthuka gab mir die Hand und biß sich auf die Lippe. Er dachte daran, daß sein Vater das Gazellenfleisch nun nicht würde essen können. Ngui lachte, versuchte es aber nicht zu zeigen. Pops Gewehrträger, den er uns überlassen hatte, hatte ein Gesicht wie ein runder, sehr brauner Kobold. Er hob bekümmert die Hand an den Kopf. Dann schlug er sich an den Hals. Der Träger schaute weiter glücklich drein, munter und dumm und glücklich, weil er mit Jägern draußen sein durfte.

«Wo hast du ihn getroffen?» fragte Mary.

«In den Hals, glaube ich.»

Ngui zeigte ihr das Einschußloch, und Mthuka und der Träger packten den Bock und schwangen ihn auf die Ladefläche des Wagens.

«Das ist mir ein bißchen zuviel Hexerei», sagte Mary. «Als ich sagte, du sollst eine Schau abziehen, habe ich nicht an eine Zauberschau gedacht.»

Wir kamen ins Lager und rollten langsam aus, um keinen Staub aufzuwirbeln und Miss Mary aussteigen zu lassen.

«Das war ein wunderbarer Nachmittag», sagte sie. «Ich danke euch allen sehr.»

Sie ging zu ihrem Zelt, wo Mwindi heißes Badewasser vorbereitet hatte, das nur noch in die Segeltuchwanne geschüttet werden mußte; ich freute mich, daß sie mit ihrem Schuß zufrieden war, und vom Inhalt der Jinny-Flasche beflügelt, war ich mir sicher, daß wir alle Probleme lösen würden. Zum Teufel mit der kleinen vertikalen Abweichung von dreißig Zentimetern auf eine Entfernung von fünfundzwanzig Metern, auch wenn es ein Löwe gewesen wäre. Ja wirklich, zum Teufel damit. Der Wagen rollte sacht zu der Stelle, wo wir die Tiere zu zerteilen und abzuhäuten pflegten. Als Keiti mit den anderen dazukam, stieg ich aus und sagte: «Memsahib hat ein Gnu geschossen; ein schöner Treffer.»

«Mzuri», sagte Keiti.

Zum Ausweiden des Tiers ließen wir die Scheinwerfer des Autos an. Ngui hatte mein bestes Messer genommen und trat zu dem Mann, der neben dem Gnu hockte und bereits angefangen hatte, ihm die Haut abzuziehen.

Ich ging hin, klopfte Ngui auf die Schulter und zog ihn aus dem Licht. Er hätte gern weiter zugesehen, verstand mich aber und kam schnell aus dem Licht.

«Nimm ein schönes großes Stück Fleisch aus dem Rücken für die Shamba», sagte ich und zeichnete Ngui die Stelle mit einem Finger auf den Rücken.

«Ndio», sagte er.

«Wickle es in einen Teil des Bauchs, wenn der Bauch gereinigt ist.»

«Mach ich.»

«Gib ihnen ein gutes Stück gewöhnliches Fleisch.»

«Ndio.»

Ich hätte am liebsten noch mehr Fleisch verschenkt, wußte aber, daß das nicht richtig wäre, und beruhigte mein Gewissen damit, daß wir es für die Unternehmungen der nächsten beiden Tage brauchen würden, und als ich daran dachte, sagte ich zu Ngui: «Pack auch noch reichlich Schmorfleisch für die Shamba dazu.»

Dann entfernte ich mich aus dem Scheinwerferlicht des Autos und ging zu dem Baum, wo die Witwe, ihr kleiner Sohn und Debba im Schatten neben dem Kochfeuer auf mich warteten. Sie trugen ihre bunten, jetzt ausgebleichten Kleider und standen an den Baum gelehnt. Der kleine Junge lief mir entgegen und rammte mir den Kopf in den Bauch, und ich gab ihm einen Kuß auf den Hinterkopf.

«Wie geht es dir, Witwe?» fragte ich. Sie schüttelte den Kopf.

«Jambo, tu», sagte ich zu Debba. Ich küßte auch sie

auf den Kopf. Sie lachte, und ich strich ihr mit einer Hand über Kopf und Hals und spürte ihre Nähe und steife Schönheit; sie schlug mir zweimal leicht an die Brust, und ich küßte sie noch einmal. Die Witwe schien sehr nervös, sie sagte: «Kwenda na shamba», das hieß: Gehen wir ins Dorf zurück. Debba schwieg. Von ihrer reizenden Kamba-Schamlosigkeit war nichts zu spüren; ich strich ihr über den gesenkten Kopf, der sich wunderbar anfühlte, und als ich die geheimen Stellen hinter ihren Ohren berührte, hob sie eine Hand und streichelte verstohlen meine schlimmsten Narben.

«Mthuka nimmt euch im Auto mit», sagte ich. «Ihr bekommt Fleisch für die Familie. Ich kann nicht mitkommen. Jambo, tu», sagte ich; das ist die unverblümteste und liebevollste Redensart, mit der man ein Gespräch am schnellsten beenden kann.

«Wann kommst du?» fragte die Witwe.

«Bald. Sobald ich kommen muß.»

«Gehen wir vor dem Geburtstag des Jesuskindes nach Laitokitok?»

«Ganz bestimmt», sagte ich.

«Kwenda na shamba», sagte Debba.

«Mthuka wird euch fahren.»

«Du kommst.»

«No hay remedio», sagte ich. Das war einer der ersten spanischen Sätze, die ich ihr beigebracht hatte, und sie wiederholte ihn jetzt sehr sorgfältig. Es war das Traurigste, was ich auf spanisch sagen konnte, und ich fand, sie sollte es möglichst früh lernen. Sie hielt den Satz für einen Teil meiner Religion, denn ich hatte ihr nicht erklärt, was er bedeutete, nur, daß es etwas sei, das sie wissen müsse.

«No hay remedio», sagte sie sehr stolz.

«Du hast so schöne harte Hände», sagte ich auf spanisch. Das war einer unserer ersten Scherze gewesen, und ich hatte es ihr sehr sorgfältig übersetzt. «Du bist die Königin der Ngomas.»

«*No hay remedio*», sagte sie bescheiden. Im Dunkeln wiederholte sie dann rasch: «*No hay remedio, no hay remedio, no hay remedio.*»

«*No hay remedio*, tu», sagte ich. «Nehmt das Fleisch und geht.»

Als ich in dieser Nacht einmal aufwachte und dem Streit der Hyänen über die Fleischabfälle lauschte und den Feuerschein hinterm Zelteingang flackern sah, dachte ich an Mary, die jetzt fest schlief und mit ihrer Jagd und dem sauberen Schuß auf das Gnu zufrieden war, und fragte mich, wo der große Löwe wohl steckte und was er jetzt in der Dunkelheit treiben mochte. Ich nahm an, daß er auf dem Weg hinunter zum Sumpf noch ein Tier reißen würde. Dann dachte ich an die Shamba und daran, daß es nicht zu ändern war und es keine Lösung gab. Ich bereute, daß ich mich jemals darauf eingelassen hatte, aber *no hay remedio*. Vielleicht war es nie zu ändern. Ich hatte nicht damit angefangen. Es hatte von allein angefangen. Dann dachte ich noch ein wenig über den Löwen nach und dann über die Kamba-Mau-Mau, mit denen wir von morgen nachmittag an rechnen mußten. Plötzlich war es für kurze Zeit vollkommen still. Alles war verstummt, und ich dachte: Mist, das sind wahrscheinlich die Kamba-Mau-Mau, ich habe geschlampt, und dann nahm ich die Winchester, die ich mit Schrot geladen hatte, horchte mit offenem Mund, um besser hören zu können, und fühlte mein Herz klopfen. Dann setzten die nächtlichen Geräusche wieder ein, und ich hörte unten am Bach einen Leoparden fauchen. Ein Geräusch wie von der c-Saite eines Kontrabasses, die mit einer Hufraspel gestrichen wird. Er fauchte noch einmal, er war auf der Jagd, und die ganze Nacht begann von ihm zu reden; ich legte das Gewehr wieder unter mein Bein und sank in den Schlaf, stolz auf Miss Mary, die ich liebte, und stolz auf Debba, die mir sehr am Herzen lag.

Kapitel 3

Als es hell wurde, stand ich auf und ging zum Kochzelt und zu den anderen Zelten. Keiti, stets auf der Hut, bestand auf einer geradezu militärischen Inspektion des Lagers, die immerhin ergab, daß kein Grund zur Beunruhigung bestand. Unser Fleisch war in Gaze gewickelt zum Trocknen aufgehängt, genug für drei Tage. Ein Teil davon wurde von Frühaufstehern bereits an Stöcken gebraten. Wir besprachen, wie wir die Mau-Mau abfangen sollten, falls sie tatsächlich in einer der vier Shambas auftauchten.

«Der Plan ist gut, aber sie werden nicht kommen», sagte er.

«Hast du heute nacht gehört, wie es plötzlich ganz still geworden ist, bevor der Leopard gebrüllt hat?»

«Ja», sagte er und lächelte. «Es war wirklich ein Leopard.»

«Hast du nicht gedacht, es könnten diese Leute sein?»

«Doch. Aber sie waren es nicht.»

«Na schön», sagte ich. «Schick bitte Mwindi zu mir, ich bin am Feuer.»

Ich setzte mich an das Feuer, das mit Hilfe der noch nicht verbrannten Hölzer und etwas Reisig neu entfacht worden war, und trank Tee. Der Tee war inzwischen kalt, und Mwindi brachte einen Kessel mit frischem. Er war genauso formell und konservativ wie Keiti und hatte den gleichen Sinn für Humor, nur daß seiner rauher war als Keitis. Er konnte Englisch und verstand es noch besser, als er es sprach. Er war alt und sah aus wie ein sehr dunkler, schmalgesichtiger Chinese. Er verwahrte alle meine Schlüssel und war verantwortlich für das Zelt, das Bettenmachen, das Badewasser, Wäsche und Stiefel, den Tee am frühen Morgen und schließlich auch für mein Geld, für das ganze Geld, das ich zur Finanzierung der Safari bei mir hatte. Dieses Geld war in einer Blechkiste, deren Schlüssel er hatte. Es gefiel ihm, daß man ihm vertraute, wie man den Menschen in alten Zeiten vertraut hatte. Er brachte mir Kamba bei, aber nicht dasselbe wie das, was ich von Ngui lernte. Er fand, daß Ngui und ich uns gegenseitig schlecht beeinflußten, aber er war zu alt und zu zynisch, um sich von irgend etwas aus der Ruhe bringen zu lassen, es sei denn, es beeinträchtigte seine Arbeit. Er arbeitete gern, er trug gern Verantwortung, und solange das Safarileben ordentlich und geregelt vonstatten ging, war er zufrieden.

«Bwana möchte etwas?» fragte er. Er sah ernst und niedergeschlagen aus.

«Wir haben zu viele Gewehre und zu viel Munition in diesem Lager», sagte ich.

«Das weiß niemand», sagte er. «Du hast sie versteckt aus Nairobi gebracht. Niemand hat etwas gesehen. Wir haben alles versteckt. Niemand weiß etwas. Du schläfst immer mit einem Gewehr an deinem Bein.»

«Ich weiß. Aber wenn ich ein Mau-Mau wäre, würde ich das Lager bei Nacht angreifen.»

«Wenn du ein Mau-Mau wärst, würde alles mögliche passieren. Aber du bist kein Mau-Mau.»

«Na schön. Aber wenn du nicht im Zelt bist, müssen andere bewaffnet im Zelt sein und die Verantwortung tragen.»

«Bitte, Bwana, laß sie draußen Wache halten. Ich will keinen im Zelt. Ich bin verantwortlich für das Zelt.»

«Gut, dann bleiben sie draußen.»

«Bwana, sie müssen über freies Gelände, um dieses Lager zu erreichen. Sie können nicht unbemerkt kommen.»

«Ngui und ich sind dreimal beim Feigenbaum ins Lager gekommen, und keiner hat uns gesehen.»

«Ich habe euch gesehen.»

«Wirklich?»

«Zweimal.»

«Warum hast du nichts davon erzählt?»

«Ich brauche nicht alles zu erzählen, was ich dich und Ngui tun sehe.»

«Danke sehr. Wegen der Wache weißt du jetzt also Bescheid. Wenn Memsahib und ich gegangen sind und du das Zelt verläßt, rufst du die Wache. Wenn Memsahib hier allein ist und du bist nicht hier, rufst du die Wache.»

«Ndio», sagte er. «Willst du den Tee nicht trinken? Er wird kalt.»

«Heute abend stelle ich um das Zelt ein paar Fallen auf, und wir hängen eine Laterne an diesen Baum.»

«Mzuri. Und wir machen ein sehr großes Feuer. Keiti läßt schon Holz besorgen, damit der Lastwagenfahrer nachher zu einer der Shambas fahren kann. Aber die Männer, die angeblich kommen werden, werden nicht kommen.»

«Woher weißt du das so genau?»

«Weil es dumm ist, hierher in eine Falle zu laufen, und diese Leute sind nicht dumm. Das sind Wakamba-Mau-Mau.»

Ich saß mit dem frischen Topf Tee am Feuer und trank gemächlich. Die Massai waren ein Hirtenvolk, aber auch kriegerisch. Sie waren keine Jäger. Die Wakamba waren Jäger; die besten Jäger und Fährtensucher, die ich je gekannt hatte. Und nun war ihr Wild von den Weißen getötet worden, und sie selbst lebten in einem Reservat, und die einzigen Gegenden, wo sie jagen konnten, waren die Reservate der Massai. In ihrem eigenen Reservat gab es zu viele Menschen und zu viele Farmen, und wenn der Regen ausblieb, gab es kein Weideland für das Vieh, und die Ernte war verloren.

Als ich dort saß und den Tee trank, dachte ich an die Kluft, die freundliche Kluft, die durchs Lager ging und die die innere Einstellung und die Geisteshaltung betraf und nicht zwischen Frommen und Ungläubigen verlief und auch nicht zwischen Guten und Schlechten, Alten und Neuen, sondern mehr zwischen den aktiven Jägern und Kriegern und den anderen. Keiti war ein Krieger gewesen, ein Soldat, ein großartiger Jäger und Fährtensucher, und er war es, der mit seiner großen Erfahrung, seinem Wissen und seiner Autorität alles zusammenhielt. Aber Keiti war ein konservativer und überaus wohlhabender Mann, und in der Zeit des Umbruchs, die wir erlebten, hatten die Konservativen einen schweren Stand. Die jungen Männer, die zu jung für den Krieg gewesen waren und nie jagen gelernt hatten, weil es in ihrem Land kein Wild mehr gab, und die zu gut und unerfahren waren, um Wilderer zu werden, und keine Ausbildung als Viehdiebe hatten, sahen zu Ngui und den üblen Burschen auf, die in Abessinien und dann in Burma gekämpft hatten. Sie waren auf unserer Seite, solange es nicht ihre Loyalität gegenüber Keiti, Pop und ihrer Arbeit berührte. Wir unternahmen keinen Versuch, sie zu rekrutieren, zu bekehren oder zu verderben. Sie waren alle Freiwillige. Ngui hatte mir die ganze Sache erzählt, er vertraute mir und behandelte mich wie einen Stammesangehörigen. Ich wußte, wir, die jagenden Wakamba, waren einen weiten

Weg gemeinsam gegangen. Aber als ich dort saß und Tee trank und zusah, wie die gelben und grünen Bäume im Licht der aufgehenden Sonne die Farbe wechselten, dachte ich darüber nach, wie weit der Weg gewesen war. Ich trank den Tee aus und ging zum Zelt und sah hinein. Mary hatte ihre erste Tasse Tee getrunken, und die leere Tasse stand auf der Untertasse, wo das Moskitonetz auf die Zeltbahn am Boden neben der Pritsche niederhing. Sie war wieder eingeschlafen, und ihr leicht gebräuntes Gesicht und ihr zerzaustes blondes Haar sahen auf dem Kopfkissen ganz reizend aus. Ihre Lippen waren mir zugewandt, und als ich sie so im Schlaf betrachtete, wie immer tief gerührt von ihrem schönen Gesicht, begann sie leise zu lächeln. Ich fragte mich, was sie wohl träumen mochte. Dann zog ich das Gewehr unter der Decke meines Betts hervor, trug es aus dem Zelt und nahm die Patrone aus dem Lauf. Wieder einmal ein Morgen, an dem Mary anständig ausschlafen konnte.

Ich ging zum Eßzelt und sagte Nguili, der gerade aufräumte, was ich zum Frühstück haben wollte: ein Sandwich mit durchgebratenem Ei, außerdem Schinken oder Speck und rohe Zwiebelscheiben. Wenn es Obst gab, nahm ich auch davon, aber als erstes trank ich immer eine Flasche Tusker-Bier.

G. C. und ich tranken fast immer Bier zum Frühstück, falls wir nicht gerade einen Löwen jagten. Bier vor oder zum Frühstück war eine feine Sache, aber es machte einen langsamer, wenn auch vielleicht nur um eine tausendstel Sekunde. Andererseits ließ es manche Dinge besser erscheinen, die gar nicht so gut waren, und es war eine Wohltat, wenn man zu lange aufgeblieben war und Magenprobleme hatte.

Nguili öffnete die Flasche und schenkte mir ein Glas

ein. Er machte das gern, es war ihm ein Vergnügen, den Schaum genau bis an den Glasrand steigen und keinen Tropfen überlaufen zu lassen. Er sah sehr gut aus, fast so gut wie ein Mädchen, war dabei aber keineswegs unmännlich, und G. C. neckte ihn immer wieder mit der Frage, ob er sich die Augenbrauen gezupft habe. Das konnte gut sein, denn es ist ja eine der liebsten Beschäftigungen primitiver Völker, sich zu schmücken und ihr Äußeres zu verändern, und mit Homosexualität hat das überhaupt nichts zu tun. Aber ich fand, daß G. C. ihn zu sehr neckte, und da er zurückhaltend, freundlich und sehr anhänglich war, ein ausgezeichneter Küchenjunge, der großen Respekt vor Jägern und Kriegern hatte, nahmen wir ihn manchmal auch mit auf die Jagd. Er wurde von allen belächelt, weil er von Tieren so wenig wußte und immer wieder über sie staunte. Aber er lernte jedesmal dazu, wenn wir ihn mitnahmen, und unsere Neckereien waren nicht böse gemeint. Wenn irgendeiner von uns sich eine Verletzung zuzog oder einen Unfall hatte, fanden wir das, solange es nichts Ernstes oder Tödliches war, nur sehr komisch, und das konnte dieser empfindsame, sanftmütige und weichherzige Junge freilich überhaupt nicht verstehen. Er wollte ein Krieger und Jäger sein, eignete sich aber nur zum Hilfskoch und Küchenjungen. In dem einen Jahr, das wir alle so glücklich verlebten, war es, da ihm die Stammesgesetze das Trinken noch nicht erlaubten, eines seiner Hauptvergnügen, all denen Bier einzuschenken, die es bereits trinken durften.

«Hast du den Leoparden gehört?» fragte ich ihn.

«Nein, Bwana, ich habe zu fest geschlafen.»

Er ging das Sandwich holen, das er beim Koch in Auftrag gegeben hatte, und kam eilig zurück, um mir Bier nachzuschenken.

Msembi, der andere Küchenjunge, war ein großer gutaussehender, robuster Bursche. Er trug sein grünes Küchenjungengewand, als wäre er auf einem Maskenball: das grüne Käppchen schief auf dem Kopf, den Kittel auf eine Weise gerafft, die zeigte, daß er seinen Dienst zwar ernst nahm, aber auch ein wenig komisch fand. Wenn Mary und ich allein waren, brauchten wir keine zwei Männer in der Küche; dann konnte der Koch seine Familie besuchen und den Familien der anderen ihre Zuteilungen bringen, und solange er weg war, kochte Msembi für uns. Wie alle außer mir konnte er den Spitzel nicht ausstehen, und als der an diesem Morgen vor dem Zelt erschien und diskret hüstelte, sah Msembi mich bedeutungsvoll an und verbeugte sich mit halbgeschlossenen Augen. Dann gingen die beiden hinaus.

«Komm rein, Spitzel», sagte ich. «Was gibt's Neues?»

«Jambo, mein Bruder», sagte der Spitzel. Er war fest in sein Tuch gehüllt und nahm seinen Filzhut ab. «Draußen wartet ein Mann aus der Gegend von Laitokitok auf dich. Er sagt, seine Shamba sei von Elefanten zerstört worden.»

«Kennst du ihn?»

«Nein, Bruder.»

«Geh und schick ihn rein.»

Der Shamba-Besitzer kam herein, verneigte sich in der Tür und sagte: «Guten Morgen, Sir.»

Er trug das Haar im städtischen Mau-Mau-Stil mit rasiertem Seitenscheitel. Aber das hatte vielleicht gar nichts zu bedeuten.

«Was war mit den Elefanten?» fragte ich.

«Sie sind gestern nacht gekommen und haben meine Shamba zertrampelt», sagte er. «Ich glaube, es ist Ihre Pflicht, sich darum zu kümmern. Ich möchte, daß Sie heute abend kommen und einen töten, damit die anderen weggehen.»

Und das Lager unbewacht zurücklassen, in dieser blödsinnigen Situation, dachte ich. «Danke, daß du mir von den Elefanten berichtet hast», sagte ich. «Wir erwarten hier in Kürze ein Flugzeug. Damit nehmen wir dich mit und sehen uns den Schaden an, den die Elefanten in deiner Shamba angerichtet haben, und versuchen sie aufzuspüren. Du führst uns zu deiner Shamba und zeigst uns genau, was sie angerichtet haben.»

«Aber ich bin noch nie geflogen, Sir.»

«Dann fliegst du heute eben zum ersten Mal. Das wird interessant und lehrreich für dich sein.»

«Aber ich bin noch nie geflogen, Sir. Vielleicht wird mir krank davon.»

«Schlecht», sagte ich. «Nicht krank. Bitte etwas mehr Respekt vor der englischen Sprache. Es heißt: ‹Mir wird schlecht.› Aber du bekommst eine Papiertüte. Interessiert es dich nicht, dein Land einmal aus der Luft zu sehen?»

«Doch, Sir.»

«Du wirst staunen. Das ist, als würdest du auf eine Landkarte blicken. Von da oben erlangst du Kenntnisse über dein Land und die Beschaffenheit des Geländes, wie du sie sonst nie erlangen kannst.»

«Ja, Sir», sagte er. Ich schämte mich ein bißchen, aber seine Frisur war mir nun einmal verdächtig; schließlich hatten wir jede Menge Vorräte im Lager, die einen Überfall als durchaus lohnend erscheinen lassen konnten. Und wenn Arap Meina und Ngui und ich uns mit so einem Elefantenmärchen weglocken ließen, wäre es ein leichtes, das Lager einzunehmen.

Dann versuchte er es noch einmal, ohne zu merken, daß er es jedesmal ein bißchen schlimmer machte.

«Ich finde, ich sollte nicht fliegen, Sir.»

«Schau», sagte ich. «Jeder von uns hier ist schon einmal geflogen, jeder möchte fliegen. Es ist eine Auszeichnung für dich, dein Land aus der Luft sehen zu dürfen. Hast du noch nie die Vögel beneidet? Hast du nie gewünscht, du wärst ein Adler oder ein Falke?»

«Nein, Sir», sagte er. «Aber heute werde ich fliegen.»

Dann dachte ich, selbst wenn er unser Feind ist oder ein Gauner oder wenn er bloß an das Fleisch eines Elefanten herankommen will, hat er sich richtig und mit Würde entschieden. Ich trat aus dem Zelt und sagte Arap Meina, dieser Mann stehe unter Arrest; er solle es ihm aber nicht sagen, sondern lediglich gut auf ihn aufpassen und ihm nicht erlauben, das Lager zu verlassen oder einen Blick in die Zelte zu werfen; wir würden ihn nachher mit dem Ndege mitnehmen.

«Er wird bewacht», sagte Arap Meina. «Darf ich auch mitfliegen?»

«Nein. Du bist das letzte Mal mitgeflogen. Heute fliegt Ngui.»

Ngui grinste auch und sagte: «Mzuri sana.»

«Mzuri», sagte Arap Meina grinsend. Ich sagte ihm, ich würde den Shamba-Besitzer hinausschicken, und dann bat ich Ngui, er solle nach dem Windsack sehen und alle Tiere von dem selbstgemachten Landestreifen auf der Wiese verscheuchen.

Mary erschien im Küchenzelt in ihrer Buschmontur, die Mwindi für sie gewaschen und gebügelt hatte. Sie sah so frisch und jung aus wie der Morgen und merkte sofort, daß ich zum oder vor dem Frühstück Bier getrunken hatte.

«Ich dachte, das tust du nur, wenn G. C. hier ist», sagte sie.

«Nein. Ich trinke oft was am Morgen, bevor du aufwachst. Ich schreibe nicht, und es ist die einzige Tageszeit, wo es noch kalt ist.»

«Hast du von den Leuten, mit denen du gesprochen hast, irgendwas über den Löwen erfahren?»

«Nein. Nichts Neues von dem Löwen. Er hat sich in der Nacht nicht hören lassen.»

«Aber du», sagte sie. «Du hast mit einem Mädchen gesprochen, und das war nicht ich. Worum ging es da? Woran kann man nichts ändern?»

«Entschuldige, daß ich im Schlaf gesprochen habe.»

«Du hast spanisch gesprochen», sagte sie. «Du hast immer wieder gesagt, daß es nicht zu ändern ist.»

«Dann ist es eben nicht zu ändern. Entschuldige, aber ich kann mich an den Traum nicht mehr erinnern.»

«Ich habe nie von dir verlangt, mir im Traum treu zu sein. Gehen wir den Löwen jagen?»

«Schatz, was hast du? Wir waren uns doch einig, daß wir den Löwen nicht jagen, nicht einmal, wenn er tatsächlich hier auftauchen sollte. Wir wollten ihn in Ruhe lassen und ihn erst einmal in Sicherheit wiegen.»

«Und wie kannst du wissen, daß er nicht wieder weggeht?»

«Er ist klug, Schatz. Wenn er Vieh gerissen hat, zieht er jedesmal weiter. Aber wenn er Wild gerissen hat, wird er zuversichtlich. Ich versuche mich in ihn hineinzuversetzen.»

«Vielleicht solltest du dich auch mal ein wenig in dich selbst hineinversetzen.»

«Schatz», sagte ich. «Möchtest du jetzt nicht frühstücken? Es gibt Gazellenleber und Speck.»

Sie rief Nguili herbei und bestellte sehr huldvoll ihr Frühstück.

«Worüber hast du im Schlaf gelächelt, nachdem du deinen Tee getrunken hattest?»

«Ach, das war ein wunderbarer Traum. Ich bin dem Löwen begegnet, und er war sehr nett zu mir, sehr höflich und kultiviert. Er habe in Oxford studiert, sagte er, und seine Stimme klang wie die eines Sprechers der BBC. Ich war mir sicher, daß ich ihm schon mal irgendwo begegnet war, und dann hat er mich plötzlich aufgefressen.»

«Wir leben in sehr schwierigen Zeiten», sagte ich. «Ich nehme an, du hast gelächelt, bevor er dich aufgefressen hat.»

«Ja, wahrscheinlich», sagte sie. «Entschuldige, daß ich so brummig war. Aber er hat mich so plötzlich aufgefressen. Er hat sich kein bißchen anmerken lassen, daß er mich nicht mochte. Hat nicht gebrüllt wie damals der Löwe in Magadi.»

Ich gab ihr einen Kuß, und dann brachte Nguili die leckeren, dünnen Scheiben gebräunter Leber, garniert mit einheimischem Speck, und Bratkartoffeln, dazu Kaffee und Büchsenmilch und ein Schälchen geschmorte Aprikosen.

«Bitte, nimm dir auch was von der Leber und dem Speck», sagte Mary. «Hast du einen anstrengenden Tag vor dir, Liebling?»

«Nein. Glaub ich nicht.»

«Kann ich mitfliegen?»

«Eher nein. Aber vielleicht doch, falls noch Zeit ist.»

«Gibt es viel zu tun?»

Ich erzählte ihr, was wir vorhatten, und sie sagte: «Entschuldige, daß ich vorhin so brummig war. Ich glaube, daran war nur der Löwe schuld und daß er mich gefressen hat. Iß die Leber und den Speck und trink dein Bier aus, Schatz, und laß es ruhig angehen, bis das Ndege kommt. Von ‹*no hay remedio*› kann gar keine Rede sein. So was darfst du nicht mal im Schlaf denken.»

«Und du darfst nicht denken, daß der Löwe dich fressen könnte.»

«Tagsüber denke ich das nie. So bin ich nicht.»

«Und ich bin eigentlich auch nicht so einer, der dauernd ‹*no hay remedio*› denkt.»

«Doch. Manchmal schon. Aber jetzt bist du glücklicher als damals, als wir uns kennengelernt haben, stimmt's?»

«Ja, ich bin wirklich glücklich mit dir.»

«Und mit allem anderen bist du auch glücklich. Ach, ich freu mich schon darauf, Willie wiederzusehen.»

«Er ist viel besser als wir alle.»

«Aber wir können versuchen, besser zu sein», sagte Mary.

Wir wußten weder, wann das Flugzeug kommen würde, noch ob es überhaupt kommen würde. Der Funkspruch, den der junge Polizeibeamte abgeschickt hatte, war nicht bestätigt worden, aber ich erwartete das Flugzeug etwa ab ein Uhr, obwohl Willie möglicherweise auch früher kommen würde, falls sich über den Chulus oder an der Ostflanke des Berges irgendein Unwetter zusammenbraute. Ich stand auf und sah mir den Himmel an. Über den Chulus hingen ein paar Wolken, aber der Berg machte einen friedlichen Eindruck.

«Ich wünschte, ich könnte heute mitfliegen», sagte Mary.

«Du wirst noch oft genug fliegen, Schatz. Heute ist es bloß Arbeit.»

«Aber werde ich auch mal über die Chulus fliegen?»

«Ich versprech's dir. Wir fliegen. Wann immer du willst.»

«Wenn ich den Löwen erwischt habe, möchte ich nach Nairobi fliegen und Sachen für Weihnachten kaufen und rechtzeitig wieder zurückkommen, damit ich hier den Baum schmücken kann. Wir haben einen hübschen Baum ausgesucht, bevor dieses Nashorn aufgetaucht ist. Den werde ich herausputzen, aber dafür brauche ich alle möglichen Sachen und die Geschenke für all die Leute hier.»

«Wenn wir den Löwen erwischt haben, kann Willie mit der Cessna kommen, und dann siehst du dir die Chulus an, und wenn du willst, fliegen wir auch am Berg hinauf und kontrollieren das Gelände, und danach kannst du mit ihm nach Nairobi fliegen.»

«Reicht denn unser Geld dafür?»

«Aber sicher.»

«Ich möchte, daß du viel erfährst und alles genau kennenlernst, damit wir das Geld nicht bloß vergeudet haben. Es kümmert mich wirklich nicht, was du tust, solange es gut für dich ist. Ich möchte nur eins, nämlich daß du mich mehr liebst als alle anderen.»

«Ich liebe dich mehr als alle anderen.»

«Das weiß ich. Aber bitte, du darfst anderen Menschen nicht weh tun.»

«Jeder tut anderen Menschen weh.»

«Aber du darfst anderen nicht weh tun. Es ist mir egal, was du tust, solange du ihnen nicht schadest oder ihr Leben ruinierst. Und sag nicht ‹*no hay remedio*›. Das ist zu einfach. Wenn alles phantastisch ist und ihr eure Lügen erfindet und in eurer seltsamen selbstgemachten Welt lebt, dann ist das eben nur phantastisch und manchmal auch reizvoll, und ich lache euch aus. Solchem Unsinn und solcher Weltfremdheit fühle ich mich überlegen. Bitte versuch mich zu verstehen, denn auch ich bin dein Bruder. Dieser widerliche Spitzel ist nicht dein Bruder.»

«Er hat das erfunden.»

«Und plötzlich wird der Unsinn so real, daß man sich vorkommt, als ob einem der Arm abgehackt würde. Buchstäblich abgehackt. Nicht bloß wie im Traum. Sondern wortwörtlich abgehackt, wie Ngui es mit einer Panga machen könnte. Ich weiß, Ngui ist wirklich dein Bruder.» Ich schwieg dazu.

«Und wenn du so grob mit diesem Mädchen sprichst. Wenn du so redest, das ist so ähnlich, als würde man Ngui beim Schlachten zusehen. Das ist nicht das schöne Leben, wo es allen gutgeht.»

«Geht es dir denn nicht gut?»

«Ich bin in meinem ganzen Leben noch nie, nie so glücklich gewesen. Und jetzt, wo du auf meine Schießkünste vertraust, bin ich noch glücklicher und zuversichtlicher und kann nur hoffen, daß das auch so bleibt.»

«Das wird es.»

«Aber du verstehst, wie ich das meine? Daß plötzlich alles ganz anders wird als der schöne Traum, in dem wir leben? Dieser Traum, diese Zeit, die so schön ist wie der schönste Teil meiner Kindheit? Wir leben hier Tag für Tag mit dem Berg vor Augen, und der ist schöner als alles, was man sich vorstellen kann, und ihr Männer macht eure Scherze und seid alle so glücklich. Alle sind so nett zu mir, und auch ich mag sie alle sehr. Und dann gibt es da dieses andere.»

«Ich weiß», sagte ich. «Das gehört alles zusammen, Kleines. Nichts ist so einfach, wie es aussieht. Ich bin wirklich nicht grob zu diesem Mädchen. Das ist eigentlich nur eine Form von Höflichkeit.»

«Sei bitte nie grob zu ihr, wenn ich dabei bin.»

«In Ordnung.»

«Und auch nicht zu mir, wenn sie dabei ist.»

«In Ordnung.»

«Du nimmst sie doch nicht mit dem Flugzeug mit?»

«Nein, Schatz. Das verspreche ich dir.»

«Ich wünschte, Pop wäre hier und Willie würde endlich kommen.»

«Das wünsche ich mir auch», sagte ich und ging hinaus, um wieder nach dem Himmel zu sehen. Etwas mehr Wolken über den Chulus, aber der Berg war immer noch frei.

«Ihr werdet diesen Shamba-Besitzer doch nicht aus dem Flugzeug werfen? Du und Ngui?»

«Du liebe Zeit, nein. Glaubst du mir, daß ich nicht mal im Traum daran gedacht habe?»

«Ich habe daran gedacht, als ich dich heute morgen mit ihm habe reden hören.»

«Wer hat denn jetzt die bösen Gedanken?»

«Es ist nicht so, daß ihr die Dinge so schlecht seht. Aber ihr handelt alle so schrecklich impulsiv, als ob es überhaupt keine Konsequenzen geben würde.»

«Schatz, ich denke dauernd an die Konsequenzen.»

«Trotzdem seid ihr so seltsam impulsiv und unmenschlich und macht dauernd grausame Witze. In jedem Witz lauert der Tod. Wann wollt ihr wieder nett und freundlich sein?»

«Schon bald. Dieser Unsinn wird sich nur noch wenige Tage hinziehen. Wir glauben nicht, daß diese Leute hierherkommen, und egal, wohin sie gehen – erwischen wird man sie auf jeden Fall.»

«Ich möchte, daß es wieder so wird wie damals, als wir jeden Morgen beim Aufwachen wußten, daß wir etwas Wunderbares erleben würden. Ich hasse diese Menschenjagd.»

«Das ist keine Menschenjagd, Schatz. So was hast du

noch nie erlebt. So was gibt's weiter oben im Norden. Hier ist jeder unser Freund.»

«Nicht in Laitokitok.»

«Doch, aber diese Leute wird man schnappen. Mach dir deswegen keine Sorgen.»

«Ich mache mir nur Sorgen um euch, wenn ihr so schlecht seid. Pop ist nie schlecht gewesen.»

«Glaubst du das wirklich?»

«Ich meine schlecht auf die Art, wie du und G. C. es seid. Auch du und Willie seid schlecht, wenn ihr zusammenkommt.»

Kapitel 4

Ich ging hinaus und sah nach dem Wetter. Über den Chulus zogen sich weiter die Wolken zusammen, aber der Berg war immer noch frei. Plötzlich glaubte ich das Flugzeug zu hören. Dann war ich mir sicher und rief nach dem Jagdauto. Mary kam aus dem Zelt, und wir liefen zum Wagen und fuhren auf dem Fahrweg durch das frische grüne Gras zum Landestreifen. Das Wild floh vor uns erst im Trab und dann im Galopp. Das Flugzeug, silbrig und blau mit hübsch glänzenden Tragflächen, fuhr die Klappen aus, strich in geringer Höhe über das Lager und setzte zur Landung an, und für einige Sekunden bewegten wir uns fast Seite an Seite, ehe Willie, der uns, als das Blau des Flugzeugrumpfs uns überholte, durch das Plexiglas zulächelte, die Maschine runterzog, so daß sie sanft wie ein Kranich aufsetzte, eine Schleife zog und uns mit auslaufendem Propeller entgegenrollte.

Willie klappte lächelnd die Tür auf. «Hallo, Leute.» Er sah Mary an und sagte: «Den Löwen schon erwischt, Miss Mary?»

Seine Stimme hatte etwas Schwingendes, Federndes: Ihr Rhythmus war der eines guten Boxers, der sich mit perfekten ökonomischen Bewegungen vor- und zurückbewegt. In ihr schwang unverfälschte Freundlichkeit mit, aber ich wußte, daß sie ohne jede Veränderung des Tonfalls die schrecklichsten Dinge sagen konnte.

«Ich konnte ihn noch nicht schießen, Willie», rief Miss Mary. «Er ist noch nicht gekommen.»

«Schade», sagte Willie. «Ich habe hier draußen ein

paar Kleinigkeiten zu besorgen. Ngui kann mir dabei helfen. Jede Menge Post für dich, Miss Mary. Für Papa ein paar Rechnungen. Hier sind die Briefe.»

Er warf mir den dicken braunen Umschlag zu, und ich fing ihn auf.

«Schön zu sehen, daß deine wichtigsten Reflexe noch funktionieren», sagte Willie. «G. C. läßt euch grüßen. Er ist unterwegs.»

Ich gab Mary die Post, und wir entluden das Flugzeug und verstauten die Pakete und Kisten auf dem Jagdwagen.

«Laß andere die körperliche Arbeit machen, Papa», sagte Willie. «Du solltest dich nicht verausgaben. Denk daran, daß wir dich noch für das Große Ereignis brauchen.»

«Soweit ich weiß, ist das gestrichen.»

«Da habe ich aber anderes gehört», sagte Willie. «Nicht daß ich dafür zahlen würde, es mitzuerleben.»

«Nicht mal du und Willie würdet das tun», sagte Mary. «Laß uns zum Lager fahren», sagte sie zu Willie.

«Komme schon, Miss Mary», sagte Willie. Er trug ein weißes Hemd, die Ärmel hochgekrempelt, eine kurze blaue Sergehose und flache Straßenschuhe und lächelte Miss Mary liebevoll an, als er ihre Hand nahm. Er sah prächtig aus mit seinen blitzenden, fröhlichen Augen, dem lebhaften, gebräunten Gesicht und dem dunklen Haarschopf, und er war schüchtern, ohne unbeholfen zu sein. Er war der natürlichste und wohlerzogenste Mensch, den ich je gekannt habe. Er besaß die ganze Sicherheit eines großen Piloten. Er war bescheiden und tat, was er mochte, in einem Land, das er liebte.

Außer zu Flugzeugen und zum Fliegen hatten wir einander nie Fragen gestellt. Alles andere schien sich von selbst zu verstehen. Ich nahm an, daß er in Kenia geboren war, denn er sprach ausgezeichnet Kisuaheli und war den Afrikanern gegenüber sehr freundlich und verständnisvoll; aber es war mir nie in den Sinn gekommen, ihn zu fragen, wo er geboren sei. Er konnte ebensogut als kleiner Junge nach Afrika gekommen sein.

Wir fuhren langsam ins Lager, um keinen Staub aufzuwirbeln, hielten unter dem großen Baum zwischen unseren Zelten und den Wachen und stiegen aus. Miss Mary ging zu Mbebia, dem Koch, und sagte ihm, er solle sofort etwas zu essen machen. Willie und ich gingen zum Eßzelt. Ich nahm eine noch kalte Flasche Bier aus dem Leinwandsack, der am Baum hing, machte sie auf und schenkte uns beiden ein Glas ein.

«Was gibt's denn nun wirklich, Papa?» fragte Willie. Ich erzählte es ihm.

«Ich habe ihn gesehen», sagte Willie. «Arap Meina läßt ihn offenbar ziemlich scharf bewachen. Er kommt mir auch ein bißchen verdächtig vor, Papa.»

«Wir werden uns seine Shamba mal ansehen. Vielleicht hat er ja wirklich eine, und vielleicht hatten die da wirklich Ärger mit Elefanten. Die Elefanten sehen wir uns auch an. Das spart uns Zeit. Danach setzen wir ihn wieder hier ab und verschaffen uns einen Überblick über diese andere Sache. Ich nehme Ngui mit. Wenn Elefanten da sind und wir uns einen Plan zurechtlegen müssen, können wir uns auf Meinas Ortskenntnisse verlassen, und er und Ngui und ich werden das machen, wenn Ngui und ich das Gelände erkundet haben.»

«Hört sich vernünftig an», sagte Willie. «Für so eine ruhige Gegend seid ihr ja ganz schön beschäftigt. Ah, da kommt Miss Mary.»

Mary, die sich aufs Essen freute, trat zu uns ins Zelt.

«Es gibt Gazellenschnitzel, Kartoffelpüree und Salat. Und zwar bald. Und dazu eine Überraschung. Vielen Dank, daß du den Campari besorgt hast, Willie. Ich werde gleich einen trinken. Wollt ihr?»

«Nein danke, Miss Mary. Papa und ich trinken Bier.»

«Ach, Willie, ich würde so gern mitkommen. Aber ich werde die Listen machen lassen und die Schecks ausstellen und die Briefe schreiben, und wenn ich den Löwen getötet habe, fliege ich mit dir nach Nairobi und kaufe die Sachen für Weihnachten ein.»

«Deine Schießkünste sind wirklich bewundernswert, Miss Mary, wenn ich mir das schöne Fleisch ansehe, das da draußen hängt.»

«Für dich ist ein Lendenstück da. Ich habe den Leuten gesagt, sie sollen es ab und zu umhängen, damit es den ganzen Tag im Schatten ist, und bevor du wieder zurückfliegst, wird man es gut für dich einpacken.»

«Und wie läuft es so in der Shamba, Papa?» fragte Willie.

«Mein Schwiegervater hat irgendwelche Beschwerden in Brust und Bauch», sagte ich. «Ich habe ihn mit Sloan's Tinktur behandelt. Das Zeug hat ihn ziemlich umgehauen, als ich ihn das erstemal damit eingerieben habe.»

«Ngui hat ihm erklärt, das gehöre zu Papas Religion», sagte Mary. «Die sind jetzt alle konvertiert, und das hat ganze schreckliche Ausmaße angenommen. Alle essen Dosenfisch und trinken Bier um elf Uhr morgens und behaupten dann, das gehöre eben zu ihrer Religion. Kannst du nicht hierbleiben, Willie, und mir erzählen, was sich da wirklich abspielt? Die haben entsetzliche Sprüche und furchtbare Geheimnisse.»

«Es geht um den Kampf von Gitchi Manitou dem Mächtigen gegen alle anderen», erklärte ich Willie. «Wir behalten das Beste der diversen anderen Sekten und Bräuche und Stammesgesetze bei und schweißen sie zu einem Ganzen zusammen, an das alle glauben können. Miss Mary kommt aus der nördlichen Grenzprovinz Minnesota und ist vor unserer Hochzeit nie in den Rocky Mountains gewesen, und das ist natürlich ein Nachteil.»

«Papa hat es dahin gebracht, daß alle außer den Moslems an den Großen Geist glauben», sagte Mary. «Der Große Geist ist einer der übelsten Typen, die ich jemals gekannt habe. Ich weiß, Papa hat sich diese Religion nur ausgedacht und macht sie jeden Tag ein bißchen komplizierter. Er und Ngui und die anderen. Aber der Große Geist macht sogar mir manchmal angst.»

«Ich versuche ihn im Griff zu behalten, Willie», sagte ich. «Aber allmählich entzieht er sich mir.»

«Was hält er von Flugzeugen?» fragte Willie.

«Das kann ich dir vor Mary nicht sagen», sagte ich. «Ich verrat's dir, wenn wir in der Luft sind.»

«Wenn du irgendwelche Hilfe brauchst, kannst du auf mich zählen», sagte Willie zu Miss Mary.

«Ich wünschte nur, du könntest hierbleiben oder daß wenigstens G. C. oder Mr. P. hier wäre», sagte Mary. «Ich bin noch nie bei der Geburt einer neuen Religion dabeigewesen, und das macht mich ganz nervös.»

«Du bist bestimmt so etwas wie die Weiße Göttin, Miss Mary. Eine schöne weiße Göttin gehört einfach dazu, oder?»

«Na, ich weiß nicht. Wie ich das sehe, ist einer der wichtigsten Glaubensartikel der, daß weder Papa noch ich Weiße sind.»

«Das ist zeitgemäß.»

«Wir tolerieren die Weißen und möchten in Eintracht mit ihnen leben, jedenfalls sehe ich das so. Aber zu unseren Bedingungen. Das heißt, zu Papas und Nguis und Mthukas Bedingungen. Es ist Papas Religion, und jetzt versuchen er und die anderen, sie an die Sitten und Bräuche der Kamba anzupassen.»

«Ich habe mich bisher noch nie als Missionar betätigt, Willie», sagte ich. «Es ist sehr inspirierend. Ich hatte großes Glück, daß wir den Kibo hier haben, denn er ist praktisch das genaue Gegenstück zu einem der Vorberge der Wind-River-Berge, wo mir die Religion offenbart wurde und ich meine ersten Visionen hatte.»

«In der Schule wird uns so wenig beigebracht», sagte Willie. «Kannst du mir etwas von den Wind-River-Bergen erzählen, Papa?»

«Wir nennen sie die Väter des Himalaja», erklärte ich bescheiden. «Der flachste Teil davon ist ungefähr so hoch wie der Berg, auf den der Sherpa Tensing voriges Jahr diesen begabten neuseeländischen Bienenzüchter getragen hat.»

«War das nicht der Everest?» fragte Willie. «Von der Sache habe ich was im *East African Standard* gelesen.»

«Richtig, Everest. Gestern, als wir in der Shamba die abendliche Unterweisungsstunde hatten, habe ich die ganze Zeit versucht, mich an den Namen zu erinnern.»

«Das war schon ein Ding, wie der alte Bienenzüchter sich so weit von zu Hause so hoch hat hinauftragen lassen», sagte Willie. «Wie ist es überhaupt dazu gekommen, Papa?»

«Das weiß keiner», sagte ich. «Davon schweigen sie alle.»

«Ich hatte immer den größten Respekt vor Bergsteigern», sagte Willie. «Aus denen bekommt kein Mensch ein Wort heraus. Die sind genauso verschlossen wie der alte G. C. oder du, Papa.»

«Und kaltblütig», sagte ich.

«Wie wir alle», sagte Willie. «Wie wär's jetzt mit dem Essen, Miss Mary? Papa und ich müssen bald los und uns ein wenig in der Gegend umsehen.»

«Lete chakula.»

«Ndio, Memsahib.»

Schließlich starteten wir, betrachteten, an der Flanke des Berges entlangfliegend, den Wald, die Lichtungen, die Hügel und das zerklüftete Gelände der Wasserscheiden und sahen die wie immer fetten Zebras in perspektivischer Verkürzung unter uns rennen; dann beschrieb das Flugzeug eine Kurve und folgte der Straße, so daß unser Gast, der neben Willie saß, sich orientieren konnte, als die Straße und das Dorf in Sicht kamen. Es war die Straße, die aus dem Sumpfland hinter uns in das Dorf führte, und man sah die Querstraßen, die Läden, die Benzinpumpe, die Bäume an der Hauptstraße und die anderen Bäume, die sich bis zu dem weißen Gebäude und dem hohen Drahtzaun der Polizei-Boma hinzogen, wo wir den Fahnenmast mit der im Wind wehenden Flagge erkennen konnten.

«Wo ist deine Shamba?» rief ich ihm ins Ohr, und als er mit der Hand in eine Richtung wies, brachte Willie das Flugzeug auf Kurs; wir überflogen die Boma und stiegen dann an der Flanke des Berges empor, auf der es zahlreiche Rodungen und kegelförmige Häuser und Maisfelder gab, die grün aus der rotbraunen Erde wuchsen.

«Kannst du deine Shamba sehen?»

«Ja.» Er wies mit dem Arm darauf.

Und schon sauste sie uns entgegen und breitete sich grün und groß und gut bewässert vor und neben uns aus.

«Hapana tembo», rief Ngui mir sehr laut ins Ohr.

«Spuren?»

«Hapana.»

«Bist du sicher, daß das deine Shamba ist?» fragte Willie den Mann.

«Ja», sagte er.

«Die sieht aber doch ganz prächtig aus, Papa», rief Willie zurück. «Das sehen wir uns noch einmal an.»

«Geh tief runter und flieg so langsam wie möglich.»

Wieder zogen die Felder unter uns dahin, aber diesmal so langsam, als könnten wir jederzeit stehenbleiben. Es waren weder Schäden noch irgendwelche Spuren zu erkennen.

«Würg bloß nicht den Motor ab.»

«Ich fliege hier, Papa. Willst du's auch von der anderen Seite sehen?»

«Ja.»

Diesmal kamen die Felder uns sanft und weich entgegen, wie ein grünes, sorgfältig hergerichtetes Tablett, das uns von einem geschickten, sanftmütigen Diener behutsam präsentiert wurde. Keine Schäden, keine Elefantenspuren. Wir stiegen schnell auf und machten kehrt, damit ich die Shamba im Verhältnis zu all den anderen begutachten konnte.

«Bist du ganz sicher, daß das deine Shamba ist?» fragte ich den Mann.

«Ja», sagte er, und es war unmöglich, keine Bewunderung für ihn zu empfinden.

Keiner von uns sagte ein Wort. Nguis Miene blieb vollkommen ausdruckslos. Er sah aus dem Plexiglasfenster und zog den rechten Zeigefinger bedächtig an seiner Kehle entlang.

«Ich finde, wir sollten zurückfliegen», sagte ich.

Ngui streckte die Hand aus und tat, als wollte er die Tür öffnen. Er lachte, als ich den Kopf schüttelte.

Als wir auf der Wiese gelandet und zu der Stelle gerollt waren, wo das Jagdauto neben dem Windsack an der schiefen Stange wartete, stieg der Mann als erster aus. Niemand sprach mit ihm.

«Behalt ihn im Auge, Ngui», sagte ich.

Dann ging ich zu Arap Meina und nahm ihn beiseite.

«Ja?» sagte er.

«Er hat bestimmt Durst», sagte ich. «Gib ihm etwas Tee.»

Dann fuhren Willie und ich im Jagdauto zu den Zelten des Lagers. Wir saßen vorne. Arap Meina und unser Gast saßen hinten. Ngui war mit meiner 30-06 als Wache beim Flugzeug geblieben.

«Ziemlich seltsame Geschichte», sagte Willie. «Wann hast du dich entschlossen, Papa?»

«Meinst du die Sache mit dem Gesetz der Schwerkraft? Bevor wir losgeflogen sind.»

«Das war sehr klug von dir. Aber schlecht für die Gesellschaft. Bringst mich aus dem Geschäft. Was meinst du: Ob Miss Mary Lust hat, heute nachmittag zu fliegen? Wir alle zusammen, das wäre ein interessanter und lehrreicher Flug. Im Rahmen deiner Pflichten. Und wir würden noch einmal fliegen, bevor ich wieder weg muß.»

«Mary wird bestimmt gern fliegen wollen.»

«Wir könnten einen Blick auf die Chulus werfen und uns die Büffel und deine anderen Tiere anschauen. G. C. wird sich freuen zu erfahren, wo genau die Elefanten jetzt sind.»

«Wir nehmen Ngui mit. Dem macht das allmählich richtig Spaß.»

«Hat Ngui einen hohen Rang in eurer Religion?»

«Sein Vater hat einmal gesehen, wie ich in eine Schlange verwandelt wurde. Eine Schlange, wie sie bis dahin hier unbekannt war. Das hat in unserem religiösen Zirkel eine enorme Bedeutung.»

«Mit Recht, Papa. Und was hattet ihr getrunken, Nguis Vater und du, als das Wunder sich ereignete?»

«Nichts, nur Tusker-Bier und eine gewisse Menge Gordon's Gin.»

«Und du weißt nicht mehr, was für eine Schlange das war?»

«Wie sollte ich? Es war doch Nguis Vater, der die Vision hatte.»

«Im Augenblick können wir nur hoffen, daß Ngui die Kiste im Auge behält», sagte Willie. «Ich will nicht, daß sie sich in eine Horde Paviane verwandelt.»

Miss Mary wollte unbedingt fliegen. Sie hatte den Gast im Jagdauto sitzen sehen und war erleichtert.

«Gab es Schäden in der Shamba, Papa?» fragte sie. «Wirst du dorthin müssen?»

«Nein. Wir haben keine Schäden bemerkt und müssen nicht dorthin.»

«Und wie kommt er wieder zurück?»

«Er fährt per Anhalter, glaube ich.»

Wir tranken Tee, und ich trank Campari mit Gordon's und einem Schuß Soda.

«Dieses exotische Leben gefällt mir», sagte Willie. «Am liebsten würde ich gleich hierbleiben. Wie schmeckt dieses Zeug, Miss Mary?»

«Sehr gut, Willie.»

«Das spar ich mir für meine alten Tage auf. Sag mir, Miss Mary, hast du mal gesehen, wie Papa sich in eine Schlange verwandelt hat?»

«Nein, Willie. Wirklich nicht.»

«Wir verpassen eben alles», sagte Willie. «Wohin möchtest du fliegen, Miss Mary?»

«Zu den Chulus.»

Also flogen wir zu den Chulus, am Lion Hill vorbei und über Miss Marys Privatwüste und weiter über das großartige Marschland mit den Sumpfvögeln und Enten, und all die trügerischen Stellen, die diese Ebene unpassierbar machten, zeigten sich uns so deutlich, daß Ngui und ich unsere Fehler erkannten und eine andere, neue Route planen konnten. Dann waren wir über der Ebene und den Herden der Elenantilopen, taubengrau mit weißen Streifen und spiralförmig gedrehten Hörnern, und die schwerfälligen Bullen rannten mit ihrer plumpen Grazie den Kühen davon, die wie als Rinder maskierte Antilopen aussahen.

«Ich hoffe, es war nicht zu langweilig, Miss Mary», sagte Willie. «Aber ich wollte G. C.s und Papas Herden nicht stören, nur um zu sehen, ob sie noch da sind. Ich wollte überhaupt keine Tiere von hier verscheuchen und auch deinen Löwen nicht erschrecken.»

«Es war herrlich, Willie.»

Dann brach er wieder auf. Sein Flugzeug rollte erst über den holprigen Fahrweg auf uns zu, wurde dann immer schneller und schoß schließlich, als die gespreizten Kranichbeine abgehoben hatten, dicht über uns hinweg, um dann in einem Winkel, bei dem einem ganz flau wurde, aufzusteigen, Kurs zu nehmen und im Licht des Nachmittags immer kleiner zu werden.

«Danke, daß du mich mitgenommen hast», sagte Mary, während wir Willie nachblickten, bis von dem Flugzeug nichts mehr zu sehen war. «Und jetzt wollen wir einfach ein Liebespaar und Freunde sein und Afrika lieben, weil es da ist. Ich liebe es über alles.»

«Ich auch.»

In der Nacht lagen wir zusammen auf der großen Pritsche; das Feuer draußen und die Laterne, die ich an den Baum gehängt hatte, sorgten für so viel Licht, daß man dabei schießen konnte. Mary machte sich keine Sorgen, aber ich. Um das Zelt waren so viele Stolperdrähte und Fußangeln gezogen, daß man sich wie in einem Spinnennetz vorkam. Wir lagen eng umschlungen, und sie sagte: «War es nicht herrlich, wie wir geflogen sind?»

«Ja. Willie ist ein guter Flieger. Und er denkt dabei auch an die Tiere.»

«Aber sein Start vorhin hat mir angst gemacht.»

«Er ist einfach stolz darauf, was seine Maschine alles kann; und außerdem hatte er keine Ladung an Bord.»

«Wir haben vergessen, ihm das Fleisch zu geben.»

«Nein. Mthuka hat es ihm gebracht.»

«Hoffentlich ist es diesmal nicht verdorben. Er muß eine reizende Frau haben, weil er immer so freundlich und zufrieden ist. Wenn Leute eine schlechte Frau haben, sieht man ihnen das immer sofort an.»

«Und was ist mit einem schlechten Ehemann?»

«Den sieht man den Frauen an. Aber nicht immer sofort, weil Frauen tapferer und loyaler sind. Liebling, können wir morgen mal einen ganz normalen Tag haben, ohne alle diese geheimnisvollen und schlimmen Dinge?»

«Was ist schon ein normaler Tag?» fragte ich, den Blick auf das Flackern des Feuers und das stetige Licht der Laterne gerichtet.

«Tja, der Löwe.»

«Ach ja, der gute normale Löwe. Ich frage mich, wo er heute nacht wohl stecken mag.»

«Laß uns schlafen. Hoffen wir, daß er so glücklich ist wie wir.»

«Ehrlich gesagt, scheint er mir keiner von der wirklich glücklichen Sorte zu sein.»

Dann war sie eingeschlafen und atmete in ruhigen Zügen, und ich drückte mein Kissen zusammen und stützte den Kopf hoch, um einen besseren Blick durch die offene Zeltklappe nach draußen zu haben. Die nächtlichen Geräusche waren alle normal, also trieb sich dort jetzt niemand herum. Nach einer Weile brauchte Mary mehr Platz, um bequem zu schlafen, und sie stand ohne wach zu werden auf und ging zu ihrem Bett, dessen Decke unter dem Moskitonetz bereits aufgeschlagen war, und als ich merkte, daß sie fest schlief, zog ich einen Pullover und Moskitostiefel und einen dicken Morgenmantel an, ging nach draußen, schürte das Feuer, setzte mich daneben und hielt Wache.

Es gab all diese technischen Probleme. Aber das Feuer und die Nacht und die Sterne ließen sie sehr klein erscheinen. Manches machte mir dennoch Sorgen, und um nicht daran zu denken, ging ich zum Eßzelt, schenkte mir ein Viertelglas Whisky ein, füllte es mit Wasser auf und ging damit zum Feuer zurück. Als ich dann mit dem Drink am Feuer saß, sehnte ich mich nach Pop; wir hatten so oft zusammen am Feuer gesessen, und das wünschte ich mir auch jetzt, weil es so viele Fragen gab. Wir hatten genug Zeug im Lager, das einen Überfall gelohnt hätte, und G. C. und ich waren beide überzeugt, daß in Laitokitok und Umgebung eine Menge Mau-Mau ihr Unwesen trieben. Als er das vor über zwei Monaten gemeldet hatte, hatte man ihm gesagt, das sei Unsinn. Ich glaubte Ngui, daß die Wakamba-Mau-Mau sich nicht in unsere Richtung bewegten. Aber die waren ohnehin unser kleinstes Problem. Es war klar, daß die Mau-Mau Aufwiegler zu den Massai geschickt hatten und die Kikuyu organisierten, die in den Sägewerken am Kilimandscharo arbeiteten. Aber wir wußten nicht, ob sie auch schon kämpfende

Einheiten aufgestellt hatten. Als stellvertretender Wildhüter besaß ich keine polizeilichen Befugnisse, und ich war mir, vielleicht zu Unrecht, ziemlich sicher, daß ich kaum mit Unterstützung rechnen konnte, falls ich in Schwierigkeiten geriet. Ich kam mir vor wie ein Sheriff im Wilden Westen, der die Aufgabe hat, eine Schar Freiwilliger zusammenzutrommeln.

G. C. kam nach dem Frühstück, die Baskenmütze über ein Auge gezogen; sein Jungengesicht war grau und rot vom Staub, und die Leute hinten in seinem Landrover wirkten so schneidig und verwegen und fröhlich wie immer.

«Guten Morgen, General», sagte er. «Wo ist die Kavallerie?»

«Sir», sagte ich. «Die ist mit dem Schutz der Hauptmacht beschäftigt. Das hier ist die Hauptmacht.»

«Die Hauptmacht ist doch wohl Miss Mary. Ich hoffe, du hast dich bei der Planung nicht überanstrengt.»

«Ich finde, du siehst ziemlich mitgenommen aus.»

«Ja, ich bin verdammt müde. Aber es gibt gute Neuigkeiten. Unsere Freunde in Laitokitok sind so gut wie geschnappt.»

«Irgendwelche Befehle, Gin Crazed?»

«Setzen Sie die Übungen fort, General. Wir trinken was Kaltes, dann sage ich Miss Mary hallo und fahre weiter.»

«Bist du die ganze Nacht gefahren?»

«Weiß ich nicht mehr. Steht Mary bald auf?»

«Ich geh sie holen.»

«Was machen ihre Schießkünste?»

«Das weiß nur Gott», sagte ich fromm.

«Ich schlage eine kurze Codemeldung vor», sagte

G. C. «Wenn die so kommen, wie wir es erwarten, gebe ich dir die Nachricht ‹Fracht eingetroffen› durch.»

«Ich tue dasselbe, wenn sie hier auftauchen.»

«Wenn sie hier durchkommen, erfahre ich das auch so», sagte er, und als das Moskitonetz zurückgeschlagen wurde: «Miss Mary. Wie reizend du wieder aussiehst.»

«Meine Güte», sagte sie. «Ich liebe Chungo. Wenn auch absolut platonisch.»

«Memsahib Miss Mary, wollte ich sagen.» Er beugte sich über ihre Hand. «Danke, daß du die Truppen inspizierst. Du bist unser Ehrenoberst. Die müssen sich doch alle sehr geehrt gefühlt haben. Kannst du eigentlich im Damensattel reiten?»

«Hast du etwa auch getrunken?»

«Ja, Miss Mary», sagte G. C. ernst. «Und darf ich hinzufügen: Das offene Eingeständnis deiner Liebe zu Wildhüter Chungo wird nicht zu einer Anklage wegen Rassenmischung führen. Der Polizeichef wird nichts davon erfahren.»

«Ihr beiden trinkt und macht euch über mich lustig.»

«Nein», sagte ich. «Wir lieben dich beide.»

«Aber ihr trinkt trotzdem», sagte Miss Mary. «Was kann ich euch anbieten?»

«Ein kleines Tusker zu dem herrlichen Frühstück», sagte G. C. «Einverstanden, General?»

«Ich lasse euch allein», sagte Miss Mary. «Falls ihr Geheimnisse zu besprechen habt. Oder Bier trinken wollt, ohne euch unbehaglich zu fühlen.»

«Schatz», sagte ich. «Ich weiß, im Krieg haben die Verantwortlichen dir alles erzählt, noch bevor es passiert ist. Aber es gibt vieles, wovon G. C. mir nichts erzählt. Und bestimmt gibt es Leute, die G. C. nichts erzählen. Außerdem hast du, als die Leute im Krieg dir alles erzählt haben, nicht mitten in einem möglicherweise feindlichen Land kampiert. Würdest du gern allein umherziehen und über alles Bescheid wissen?»

«Niemand läßt mich allein umherziehen, ständig paßt man auf mich auf, als ob ich hilflos wäre oder mir was passieren könnte. Jedenfalls kann ich deine Reden nicht mehr hören und habe es satt, wie du dich immer mit deinen Geheimnissen und Gefahren aufspielst. Du bist bloß einer, der schon am frühen Morgen Bier trinkt, du hast schlechten Einfluß auf G. C., und die Disziplin deiner Leute ist eine Schande. Ich habe vier deiner Männer gesehen, die offensichtlich die ganze Nacht durchgesoffen haben. Sie haben gelacht und herumgeblödelt und waren immer noch halb betrunken. Manchmal bist du einfach lächerlich.»

Vor dem Zelt ließ sich ein lautes Husten vernehmen. Ich ging hinaus und traf den Spitzel, der größer und würdevoller denn je wirkte. Er war ein beeindruckender Mann, wie immer in sein Tuch gehüllt und mit dem Filzhut auf dem Kopf, und er war betrunken.

«Bruder, dein Spitzel Nummer eins meldet sich zur Stelle», sagte er. «Darf ich eintreten und Miss Mary meinen Gruß entrichten und mich zu deinen Füßen setzen?»

«Bwana Game spricht gerade mit Miss Mary. Er wird gleich kommen.»

Der Spitzel verneigte sich, als Bwana Game aus dem Zelt trat. G. C.s sonst so freundliche Augen wurden zu Schlitzen wie die einer Katze und zogen dem Spitzel die schützende Haut seiner Betrunkenheit ab, als wäre er eine Zwiebel oder eine Banane.

«Was gibt es Neues, Spitzel?» fragte ich.

«Man war überrascht, daß du nicht die Hauptstraße entlanggeflogen bist oder Britanniens Ruhm in der Luft demonstriert hast.»

«Buchstabier's lieber als Britanniens Rum», sagte G. C.

«Ich weise höflich darauf hin, daß ich nicht buchstabiert habe. Ich habe die Wörter ausgesprochen», fuhr der Spitzel fort. «Das ganze Dorf wußte, daß der Bwana Mzee auf der Suche nach plündernden Elefanten war und keine Zeit für Flugkunststücke hatte. Spät am Nachmittag ist ein auf der Missionsschule aufgewachsener Shamba-Besitzer, der mit dem Ndege des Bwana geflogen war, ins Dorf zurückgekommen; seitdem beschattet ihn eins der Kinder aus der Bar und Duka, die dem bärtigen Sikh gehört. Das Kind ist intelligent, und jeder, der mit dem Mann spricht, wird notiert. In dem Dorf und den angrenzenden Bezirken leben zwischen hundertfünfzig und zweihundertzwanzig Mau-Mau. Arap Meina ist kurz nach der Rückkehr des Shamba-Besitzers im Dorf erschienen und hat sich der üblichen Trinkerei und Pflichtvergessenheit hingegeben. Er redet sehr viel von dem Bwana Mzee, in dessen Gegenwart ich gerade bin. Seine Geschichte, die von vielen geglaubt wird, ist die, daß der Bwana in Amerika einen Rang bekleidet, der dem des Aga Khan in der moslemischen Welt ähnlich ist. Er ist hier in Afrika, um eine Reihe von Gelübden zu erfüllen, die er und Memsahib Miss Mary abgelegt haben. Eines dieser Gelübde hat damit zu tun, daß Memsahib Miss Mary einen bestimmten räuberischen Löwen, den die Massai ihr gezeigt haben, vor dem Geburtstag des Jesuskindes töten muß. Man glaubt, daß ein großer Teil des Erfolgs aller bekannten Dinge davon abhängt. Ich habe gewisse Kreise davon informiert, daß der Bwana und ich nach Erfüllung dieses Gelübdes mit einem seiner Flugzeuge nach Mekka reisen werden. Man sagt, daß sich ein junges Hindumädchen vor Liebe zu Bwana Game verzehrt. Man sagt –»

«Halt den Mund», sagte G. C. «Woher hast du das Wort ‹beschatten›?»

«Ich gehe auch mal ins Kino, wenn mein kümmerlicher Lohn das zuläßt. Im Kino gibt es viel zu lernen für einen Spitzel.»

«Das kann ich als Entschuldigung fast gelten lassen», sagte G. C. «Sag mir: Hält man den Bwana Mzee im Dorf für zurechnungsfähig?»

«Mit allem Respekt, Bwanas, man hält ihn für verrückt in der großen Tradition der heiligen Männer. Man sagt auch, daß die Memsahib, die Ehrwürdige Miss Mary, wenn sie den räuberischen Löwen nicht vor dem Geburtstag des Jesuskindes tötet, Sati machen wird. Man sagt, die britischen Behörden haben bereits die Genehmigung dafür erteilt und besondere Bäume für den Scheiterhaufen fällen lassen. Es sind die gleichen Bäume, aus denen die Massai die Medizin machen, die ihr beide auch kennt, Bwanas. Man sagt, falls dieses Sati, zu dem alle Stämme eingeladen werden, tatsächlich stattfindet, wird es ein riesiges Ngoma geben, das eine ganze Woche lang dauern soll, und danach wird Bwana Mzee eine Kamba-Frau nehmen. Das Mädchen ist bereits ausgesucht.»

«Gibt es keine anderen Neuigkeiten aus der Stadt?»

«So gut wie keine», sagte der Spitzel bescheiden. «Manche reden von der rituellen Tötung eines Leoparden.»

«Du kannst gehen», erklärte G. C. dem Spitzel. Der Spitzel zog sich mit einer Verbeugung in den Schatten eines Baumes zurück.

«Tja, Ernie», sagte G. C. «Miss Mary täte sehr gut daran, diesen blöden Löwen zu töten.»

«Ja, das denke ich auch schon seit einiger Zeit.»

«Kein Wunder, daß sie ein wenig gereizt ist.»

«Kein Wunder.»

«Es geht nicht so sehr um das britische Weltreich oder das Ansehen der Weißen, schließlich scheint ihr euch im Augenblick ziemlich von uns Bleichgesichtern zurückgezogen zu haben. Inzwischen ist das wohl eher eine persönliche Sache geworden. Wir haben noch diese fünfhundert Schuß Munition, die auf nicht existierende Waffenkonzessionen eingetragen sind und die dein Ausrüster lieber uns geschickt hat – wenn man sie bei ihm gefunden hätte, wäre er dran gewesen. Die machen sich bestimmt sehr eindrucksvoll bei einem Sati, am besten ganz oben in der Mitte des Scheiterhaufens. Aber leider weiß ich nicht, wie so was abläuft.»

«Ich werde Mr. Singh fragen.»

«Jedenfalls wird Miss Mary jetzt ganz schön ins Schwitzen geraten», sagte G. C.

«Soviel ich weiß, ist das auf einem Scheiterhaufen ganz normal.»

«Sie wird den Löwen töten. Aber dräng sie nicht, sei nett zu ihr und sieh zu, daß du den Löwen in Sicherheit wiegst.»

«Das ist mein Plan.»

Ich sprach mit G. C.s Leuten und mit Tony und machte ein paar Witze, und dann fuhren sie los, in weitem Bogen um das Lager, um keinen Staub aufzuwirbeln. Keiti und ich sprachen über das Lager und den Stand der Dinge, und seine gute Laune verriet mir, daß alles in Ordnung war. Er war, als der Tau noch frisch war, an den Fluß und zur Straße gegangen und hatte keine Spuren von Menschen gefunden. Er hatte Ngui bis weit über die Wiese mit dem Landestreifen hinaus geschickt, und auch der hatte nichts gesehen. Niemand war zu einer der Shambas gekommen.

«Die werden mich für einen sorglosen Trottel halten, daß ich die Männer zwei Nächte hintereinander trinken gehen lasse», sagte er. «Aber ich habe ihnen gesagt, sie sollen erzählen, daß ich Fieber habe. Bwana, du mußt heute unbedingt schlafen.»

«Mach ich. Aber jetzt muß ich gehen und die Memsahib fragen, was sie vorhat.»

Ich fand Mary im Lager, sie saß auf ihrem Stuhl unter dem größten Baum und schrieb an ihrem Tagebuch. Sie sah zu mir auf und lächelte, und das freute mich sehr.

«Entschuldige, daß ich sauer war», sagte sie. «G. C. hat mir ein bißchen von deinen Problemen erzählt. Es tut mir leid, daß sie ausgerechnet zu Weihnachten auftauchen.»

«Mir auch. Du hast so viel ertragen, und ich will doch nur, daß es dir gutgeht.»

«Es geht mir gut. Es ist ein wunderschöner Morgen, und ich kann Vögel beobachten und bestimmen. Hast du die herrliche Racke gesehen? Ich wäre schon glücklich, wenn ich nur den Vögeln zusehen könnte.»

Es war ruhig im Lager, alles ging seinen geregelten Gang. Ich hatte ein schlechtes Gewissen, weil Mary das Gefühl hatte, niemals allein auf Jagd gehen zu dürfen; mir war schon seit langem klar, warum weiße Jäger so gut bezahlt wurden und daß sie bei der Jagd mit ihren Klienten immer wieder das Lager verlegten, um sie besser beschützen zu können. Pop hätte niemals hier mit Miss Mary gejagt und wäre kein Risiko eingegangen. Aber ich dachte daran, daß Frauen sich fast immer in ihre weißen Jäger verliebten, und ich hoffte, es würde sich irgend etwas Spektakuläres ereignen, bei dem ich mich als Held meiner Klientin erweisen und so von meiner rechtmäßig angetrauten Frau als Jäger und nicht bloß als unterbezahlter und lästiger Leibwächter geliebt werden konnte. Solche Situationen treten im wirklichen Leben nicht allzu häufig ein, und wenn sie eintreten, sind sie, da man ihnen keine Zeit läßt, sich zu entwickeln, so rasch vorbei, daß die Klientin sie für überaus leicht zu meistern hält. Daß sie mich tadelte, war nur natürlich, und mein Verhalten war auch nicht gerade das eines weißen Jägers, eines Mannes mit Nerven aus Stahl, der aus den Wünschen der Frauen Kapital schlug.

Ich schlief auf dem Stuhl unter dem großen Schattenbaum ein, und als ich aufwachte, waren die Wolken von den Chulus weitergezogen und lagen jetzt schwarz an der Flanke des Bergs. Die Sonne war noch draußen, aber man spürte bereits den Wind und den Regen dahinter. Ich rief Mwindi und Keiti Befehle zu, und als der Regen in einem dichten und wenig später zerrissenen weißen Vorhang über die Ebene und durch die Bäume auf uns zukam und schließlich losprasselte, waren bereits alle damit beschäftigt, Pflöcke einzuschlagen, Halteseile zu lockern und festzuzurren und Gräben zu ziehen. Es war ein kräftiger Regen, begleitet von stürmischem Wind. Für eine Weile sah es so aus, als würde das Hauptschlafzelt weggeweht, doch das konnten wir mit zahlreichen Pflöcken an der dem Wind zugekehrten Seite verhindern. Dann legte sich der Sturm, und nur der Regen blieb. Es regnete die ganze Nacht und fast den ganzen nächsten Tag.

Während des Regens am ersten Abend kam ein eingeborener Polizist mit einer Nachricht von G. C.: «Fracht eingetroffen.» Der Askari war durchnäßt, er hatte das letzte Stück des Wegs zu Fuß kommen müssen, weil sein Wagen steckengeblieben war. Der angeschwollene Fluß war unpassierbar.

Ich fragte mich, wie G. C. die Nachricht so schnell

hatte erfahren und weiterleiten können. Er mußte zufällig einem Wildhüter begegnet sein, der sie ihm überbracht hatte, und sie dann mit einem der Hinduwagen geschickt haben. Das war also erledigt, und ich ging im Regenmantel durch den peitschenden Regen, durch tiefen Schlamm und um strömende Bäche und riesige Pfützen herum zu den Zelten und sagte Keiti Bescheid. Er war überrascht, daß die Meldung so früh eingetroffen war, freute sich aber, daß der Alarmzustand beendet war. Es wäre ein schwieriges Unterfangen gewesen, die Übung bei diesem Regen fortzusetzen. Ich bat Keiti, Arap Meina zu sagen, er könne, wenn er käme, im Gemeinschaftszelt schlafen, worauf Keiti erwiderte, Arap Meina sei zu klug, um bei diesem Regen zu kommen und Wache bei einem Feuer zu halten.

Arap Meina tauchte dann aber doch noch auf, völlig durchnäßt, nachdem er im schlimmsten Unwetter den ganzen Weg von der Shamba zu Fuß gegangen war. Ich gab ihm einen Drink und fragte, ob er nicht bleiben wolle; er könne sich trockene Sachen anziehen und im Gemeinschaftszelt schlafen. Aber er sagte, er werde lieber zur Shamba zurückgehen, da habe er trockene Sachen, und dort sei er sowieso besser aufgehoben, denn der Regen werde noch mindestens einen, eher aber zwei Tage lang nicht aufhören. Ich fragte ihn, ob er damit gerechnet habe, und er sagte, nein, das habe er nicht, und auch niemand sonst habe damit gerechnet, und wer etwas anderes behaupte, sei ein Lügner. Eine Woche lang habe es nach Regen ausgesehen, und dann habe es ohne Vorwarnung angefangen. Ich gab ihm eine alte Strickjacke, die er sich über den nackten Oberkörper zog, und eine kurze wasserdichte Skijacke und schob ihm zwei Flaschen Bier in die Tasche; und nach einem weiteren Drink brach er dann auf. Er war ein guter Mann, und ich wünschte, ich hätte ihn schon immer gekannt und wir hätten unser ganzes Leben miteinander verbracht. Ich stellte mir vor, was für ein seltsames Leben wir an gewissen Orten geführt hätten, und dieser Gedanke machte mich glücklich.

Das lang anhaltende gute Wetter hatte uns alle verweichlicht, aber den älteren Männern machte der Regen noch mehr zu schaffen als den jungen. Als Moslems tranken sie nicht, so daß man ihnen nicht einmal einen Drink zum Aufwärmen geben konnte, wenn sie durchnäßt waren.

Die Männer hatten viel darüber debattiert, ob dieser Regen auch in ihrem Stammesgebiet in Machakos gefallen sein könnte, und zunächst war man allgemein der Ansicht, daß es dort keinen Regen gegeben hatte. Als es dann aber die ganze Nacht hindurch weiterregnete, freute man sich an der Vorstellung, daß es wohl auch im Norden regnen würde. Unter dem prasselnden Regen saß ich gemütlich im Eßzelt, las und trank ein wenig und war ganz und gar guter Dinge. Mir war alles aus der Hand genommen, und ich begrüßte diese Befreiung von jeglicher Verantwortung und die herrliche Tatenlosigkeit, diesen Zustand, in dem ich einmal nicht töten, jagen, schützen, planen, verteidigen oder mitmachen mußte; ich war einfach froh, mal wieder lesen zu können. Unser Büchervorrat ging allmählich zur Neige, aber noch hatten wir außer der Pflichtlektüre auch ein paar verborgene Schätze, darunter zwanzig Bände Simenon auf französisch, die ich noch nicht gelesen hatte. An verregneten Tagen in einem afrikanischen Lager gibt es nichts Besseres als Simenon, und solange ich den hatte, war es mir egal, wie lange es regnen würde. Von fünf Simenons sind im Schnitt höchstens drei wirklich gut, aber wenn es regnet, kann ein

Süchtiger auch die schlechten lesen, und ich sortierte sie erst einmal nach guten und schlechten; bei Simenon gibt es keine Zwischenstufen, und als ich nach Überfliegen der ersten Seiten ein halbes Dutzend klassifiziert hatte, begann ich zu lesen, zufrieden, daß ich alle meine Probleme auf Maigret übertragen konnte. Ich erlebte an seiner Seite die Begegnungen mit der Dummheit und dem Quai d'Orvèvres und erfreute mich an seinem tiefen und präzisen Verständnis der französischen Sprache, ein Verständnis, wie es nur Männer seiner Nationalität erreichen können, da die Franzosen selbst durch irgendein unergründliches Gesetz daran gehindert sind, sich *sous peine des travaux forcés à la perpétuité* zu verstehen.

Miss Mary schien sich mit dem Regen, der jetzt stetiger und nicht mehr so heftig war, abgefunden zu haben; sie schrieb keine Briefe mehr, sondern las ebenfalls etwas, das sie interessierte. Und zwar *Der Fürst* von Machiavelli. Ich fragte mich, wie es wohl wäre, wenn es noch drei oder vier Tage lang weiterregnete. Der Simenon würde mir für einen ganzen Monat reichen, wenn ich zwischen den einzelnen Büchern, Seiten oder Kapiteln Pausen zum Nachdenken einlegte. Getrieben vom anhaltenden Regen, konnte ich zwischen den einzelnen Absätzen nachdenken, nicht über Simenon, sondern über andere Dinge, und ich nahm an, daß ich mühelos und mit Gewinn einen Monat so weitermachen könnte, selbst wenn es nichts mehr zu trinken gäbe und ich gezwungen sein sollte, Arap Meinas Kautabak zu nehmen oder die diversen Getränke zu probieren, die die Männer aus den Medizinbäumen und -pflanzen herstellten. Wenn ich mir Miss Mary ansah, ihre mustergültige Haltung, ihr schönes, entspanntes Gesicht beim Lesen, fragte ich mich, was aus einer Person werden mochte, die praktisch seit ihrer

Jugend nichts anderes erlebt hatte als die Katastrophen des Tagesjournalismus, die Probleme der Chicagoer Gesellschaft, die Zerstörung der europäischen Zivilisation, die Bombardierung von Großstädten, die Berichte derjenigen, die zur Vergeltung andere Großstädte bombardiert hatten, die großen und kleinen Katastrophen und Probleme und unabsehbaren Unglücksfälle des Ehelebens, die sich nur mit einer schmerzstillenden Salbe lindern lassen, einer primitiven Arznei gegen Pocken, einem Präparat aus neueren und raffinierteren Brutalitäten, Schauplatzwechseln, Wissenserweiterungen und intensiver Beschäftigung mit den verschiedenen Künsten, Ländern, Menschen, Tieren und Sensationen; ich fragte mich, was ein sechs Wochen anhaltender Regen aus einem solchen Menschen machen mochte. Mit diesen Gedanken beschäftigt, sah ich sie ihr Buch weglegen, aufstehen und ihren Regenmantel vom Haken nehmen, ihn anziehen, ihren Schlapphut aufsetzen und in den senkrecht fallenden Regen hinaustreten, um ihre Truppen zu inspizieren.

Ich hatte am Morgen nach den Männern gesehen, und da waren sie trotz der ungemütlichen Lage recht guter Dinge gewesen. Es gab genug Zelte für alle, sie hatten Hacken und Schaufeln zum Gräbenziehen, und es war ja nicht der erste Regen, den sie erlebten. Mir schien, wenn ich versuchen würde, in einem kleinen Schutzzelt trocken zu bleiben und das Ende eines Regens abzuwarten, wäre es mir ziemlich unangenehm, wenn ständig Leute in wasserdichter Kleidung, in Mützen und hohen Stiefeln vorbeikommen und nach mir sehen würden, zumal sie ja nichts zur Verbesserung meiner Lage tun könnten, außer mir gelegentlich einen Grog zu machen. Aber dann erkannte ich, daß man so nicht denken durfte und daß man auf Reisen besser miteinander auskam, wenn man seinen

Partner nicht kritisierte, und schließlich war die Inspektion der Truppen das einzige, was Miss Mary jetzt überhaupt tun konnte.

Als sie zurückkam und den triefenden Hut ausklopfte, ihren Burberry an die Zeltstange hängte, aus den Stiefeln stieg und trockene Pantoffeln anzog, fragte ich sie nach der Moral der Truppe.

«Denen geht's gut», sagte sie. «Großartig, wie sie das Kochfeuer vor dem Regen schützen.»

«Hast du sie im Regen antreten lassen?»

«Sei nicht so boshaft», sagte sie. «Ich wollte nur sehen, wie sie bei diesem Regen kochen.»

«Und? Hast du's gesehen?»

«Bitte sei nicht so boshaft. Wir sollten froh und glücklich sein, wenn es schon mal regnet.»

«Ich bin ja froh und glücklich. Aber wir könnten doch schon daran denken, wie schön es erst sein wird, wenn der Regen wieder aufhört.»

«Das brauche ich nicht», sagte sie. «Ich freue mich, wenn ich gezwungen bin, einmal nichts zu tun. Wir haben Tag für Tag ein so wunderbar aufregendes Leben, da kann es nicht schaden, wenn man auch mal gezwungen ist, innezuhalten und dafür dankbar zu sein. Wenn es vorbei ist, werden wir uns wünschen, wir hätten noch mehr Zeit gehabt, dafür dankbar zu sein.»

«Dafür haben wir dann dein Tagebuch. Weißt du noch, wie wir es früher im Bett gelesen haben, und erinnerst du dich an die herrliche Fahrt durch die verschneite Landschaft um Montpelier und den Osten von Wyoming, damals nach dem Blizzard, die Spuren im Schnee und wie wir die Adler gesehen haben, und das Rennen mit dem Schnellzug, den wir die Gelbe Gefahr genannt haben, und wie wir, mit dir am Steuer, endlos an der

Grenze zu Texas entlanggefahren sind? Dein Tagebuch von damals war einfach großartig. Weißt du noch, wie der Adler das Opossum gefangen hat und wie das Tier so schwer war, daß er es fallen lassen mußte?»

«Hier bin ich immer nur müde und verschlafen. Damals haben wir immer früh haltgemacht, und in den Motels gab es Licht, bei dem man schreiben konnte. Jetzt ist es anstrengender: Man ist seit Tagesanbruch auf den Beinen und kann nicht im Bett schreiben, sondern muß draußen schreiben, und dauernd fliegen Scharen von unbekannten Käfern und Insekten um das Licht. Wenn ich die Namen der Insekten wüßte, die mich hier umschwirren, wäre die Sache einfacher.»

«Denk an bedauernswerte Menschen wie Thurber oder Joyce vor seinem Tod. Es muß schlimm sein, wenn man gar nicht mehr sehen kann, was man schreibt.»

«Ich kann meine Schrift manchmal auch nicht lesen, und Gott sei Dank kann kein anderer sie lesen, bei dem Zeug, das ich so hinschreibe.»

«Wir machen derbe Witze, weil wir rauhe Burschen sind.»

«Du und G. C., ihr macht sehr derbe Witze, und Pop natürlich auch. Ich weiß, auch ich mache derbe Witze. Aber nicht so schlimm wie ihr.»

«Manche Witze kann man in Afrika machen, woanders aber nicht, weil die Leute dieses Land und die Tiere nicht kennen – schließlich gehört diese Welt den Tieren, und es gibt sogar Raubtiere. Leute, die noch nie einem Raubtier begegnet sind, verstehen nicht, wovon man redet. Ebensowenig Leute, die sich ihr Fleisch noch nie selbst schießen mußten oder die sich mit einzelnen Stämmen nicht auskennen und nicht wissen, was normal und natürlich ist. Ich weiß, ich drücke mich sehr ungeschickt aus, Kleines, aber ich werde versuchen, darüber zu schreiben und mich verständlich zu machen. Aber man muß so vieles sagen, was die meisten Leute nicht verstehen, geschweige denn tun können.»

«Ich weiß», sagte Mary. «Und die Lügner schreiben die Bücher, und wie kann man mit Lügnern in Konkurrenz treten? Wie kann man mit einem Mann konkurrieren, der beschreibt, wie er einen Löwen geschossen hat und wie sie ihn mit einem Lastwagen ins Lager gebracht haben und der Löwe plötzlich wieder lebendig geworden ist? Wie kann man mit der Wahrheit gegen einen Mann konkurrieren, der behauptet, in Ruanda würde es von Krokodilen wimmeln? Aber das mußt du ja auch gar nicht.»

«Nein», sagte ich. «Und das habe ich auch nicht vor. Aber du kannst den Lügnern keine Vorwürfe machen, denn Romanschriftsteller sind ja im Grunde nichts als geborene Lügner, die aus ihren eigenen Erlebnissen oder denen anderer Menschen Geschichten machen. Ich bin ein Romanschriftsteller, und folglich bin auch ich ein Lügner und mache Geschichten aus dem, was ich weiß und was ich gehört habe. Ich bin ein Lügner.»

«Aber du würdest G. C. oder Pop oder mir keine Lügengeschichten über einen Löwen oder einen Leoparden oder einen Büffel erzählen.»

«Nein. Aber das ist ja auch privat. Meine Rechtfertigung ist die, daß ich die Wahrheit, wenn ich sie erfinde, wahrer mache, als sie ist. Das unterscheidet gute Schriftsteller von schlechten. Wenn ich in der ersten Person schreibe und die Geschichte als fiktiv bezeichne, werden die Kritiker immer noch zu beweisen versuchen, daß ich all das nie erlebt habe. Das ist genauso dumm, als würde man beweisen, daß Defoe nicht mit Robinson Crusoe identisch war, und daraus den Schluß ziehen, daß es ein schlechtes Buch sei. Entschuldige, wenn ich solche Reden schwinge. Aber an so einem Regentag kann man das schon mal machen.»

«Ich rede gern über das Schreiben und über die Dinge, an die du glaubst und die du weißt und die dir wichtig sind. Aber zu solchen Gesprächen kommen wir nur an Regentagen.»

«Du sagst es, Kleines. Das liegt daran, daß die Zeiten jetzt so seltsam sind.»

«Ich wünschte, ich wäre damals dabeigewesen, in den alten Zeiten, mit dir und Pop.»

«In den alten Zeiten bin ich nicht hier gewesen. Die kommen einem nur jetzt so alt vor. Tatsächlich ist es jetzt viel interessanter. In den alten Zeiten hätten wir niemals Freunde und Brüder sein können, wie wir es jetzt sind. Das hätte Pop nie zugelassen. Als Mcola und ich Brüder wurden, galt das als unanständig. Es wurde nur so eben geduldet. Und jetzt erzählt Pop alle möglichen Sachen, die er mir in den alten Zeiten nie erzählt hätte.»

«Ich weiß. Ich fühle mich sehr geehrt, daß er sie mir erzählt.»

«Langweilst du dich, Schatz? Ich bin rundum zufrieden, daß ich lesen kann und nicht im Regen naß werden muß. Du hast auch noch Briefe zu schreiben.»

«Nein. Ich finde es wunderbar, mit dir zu reden. Das fehlt mir immer, wenn hier soviel zu tun ist und wir niemals allein sein können, außer im Bett. Mit dir im Bett ist es immer so schön, wenn du mir nette Dinge sagst. Daran kann ich mich halten. Aber ein Gespräch wie jetzt ist etwas ganz anderes.»

Unterdessen regnete es unvermindert weiter. Der Regen hatte alle anderen Geräusche verdrängt und trommelte laut und gleichmäßig an die Zeltwand.

«Lawrence hat versucht, davon zu erzählen», sagte ich. «Aber ich konnte ihm nicht folgen, weil er mir zu intellektuell und mystisch war. Ich habe nie geglaubt, daß er mit einer Inderin geschlafen hat. Oder auch nur eine berührt hat. Er war ein einfühlsamer Journalist, der Indien als Tourist bereist hat, und er hatte seine Abneigungen und Theorien und Vorurteile. Außerdem konnte er gut schreiben. Aber nach einer gewissen Zeit mußte er wütend werden, um schreiben zu können. Er hatte einige ziemlich perfekte Sachen geschrieben, und als er all diese Theorien zu entwickeln begann, war er kurz davor, etwas zu entdecken, das den meisten Leuten immer unbekannt bleiben wird.»

«Ich kann dir ganz gut folgen», sagte Miss Mary. «Aber was hat das alles mit der Shamba zu tun? Ich mag deine Verlobte sehr, denn sie ist mir ziemlich ähnlich, und ich denke, sie könnte eine nützliche Nebenfrau sein, wenn du eine brauchen solltest. Aber du solltest sie nicht mit irgendeinem Schriftsteller rechtfertigen. Von welchem Lawrence redest du überhaupt? D. H. oder T. E.?»

«Na schön», sagte ich. «Ich finde, was du sagst, ist sehr vernünftig, und jetzt will ich meinen Simenon weiterlesen.»

«Warum gehst du nicht zur Shamba und versuchst dort im Regen zu leben?»

«Mir gefällt es hier», sagte ich.

«Sie ist ein nettes Mädchen», sagte Miss Mary. «Und sie könnte auf den Gedanken kommen, daß es nicht sehr freundlich von dir ist, sie nicht zu besuchen, nur weil es regnet.»

«Möchtest du Frieden schließen?»

«Ja», sagte sie.

«Gut. Ich schwinge keine Reden über Lawrence und

dunkle Mysterien, und solange es regnet, bleiben wir hier, und zum Teufel mit der Shamba. Ich glaube sowieso nicht, daß Lawrence allzu großen Gefallen an der Shamba gefunden hätte.»

«Ist er gern auf die Jagd gegangen?»

«Nein. Aber das spricht nicht gegen ihn, Gott sei Dank.»

«Deinem Mädchen hätte er dann aber nicht gefallen.»

«Wohl kaum. Aber auch das spricht Gott sei Dank nicht gegen ihn.»

«Hast du ihn eigentlich persönlich gekannt?»

«Nein. Ich habe ihn und seine Frau einmal im Regen vor Sylvia Beachs Buchladen in der Rue de l'Odéon gesehen. Sie haben vorm Schaufenster gestanden und miteinander geredet, sind aber nicht reingekommen. Seine Frau war ziemlich groß und dick und hatte ein Tweedkostüm an, und er war klein, mit Bart und sehr hellen Augen, und trug einen viel zu großen Mantel. Er sah nicht besonders gut aus, und er tat mir leid, weil er so naß wurde. Drinnen bei Sylvia war es schön warm und gemütlich.»

«Warum sind sie nicht reingegangen?»

«Keine Ahnung. Das war, bevor Leute mit Leuten sprachen, die sie nicht kannten, und lange bevor Leute andere Leute um Autogramme baten.»

«Und wie hast du ihn erkannt?»

«Im Laden hing ein Bild von ihm, hinter dem Ofen. Und ich mochte zwei seiner Bücher sehr; einen Erzählungsband, *Der preußische Offizier*, und den Roman *Söhne und Liebhaber*. Auch über Italien hat er sehr schön geschrieben.»

«Über Italien sollte jeder schreiben können, der schreiben kann.»

«Richtig. Aber selbst für Italiener ist das schwer.

Schwerer als für alle anderen. Ein Italiener, der auch nur halbwegs gut über Italien schreibt, ist ein echtes Phänomen. Über Mailand hat Stendhal am besten geschrieben.»

«Neulich hast du gesagt, alle Schriftsteller seien verrückt, und heute bezeichnest du sie alle als Lügner.»

«Habe ich wirklich gesagt, daß sie alle verrückt sind?»

«Ja, du und G. C., ihr beide habt das gesagt.»

«War Pop auch dabei?»

«Ja. Er hat gesagt, alle Wildhüter seien verrückt, ebenso alle weißen Jäger, und die weißen Jäger seien von den Wildhütern und den Schriftstellern verrückt gemacht worden, und von Motorfahrzeugen.»

«Pop hat immer recht.»

«Er hat mir gesagt, ich soll mich um dich und G. C. nicht kümmern, weil ihr beide verrückt wärt.»

«Das sind wir auch», sagte ich. «Aber das darfst du keinem Außenstehenden verraten.»

«Aber du meinst doch nicht im Ernst, daß alle Schriftsteller verrückt sind?»

«Nur die guten.»

«Trotzdem bist du wütend geworden, als dieser Mann dich in seinem Buch für verrückt erklärt hat.»

«Ja, weil er keine Ahnung hatte, wie das zusammenhängt. Genausowenig Ahnung wie vom Schreiben.»

«Das ist furchtbar kompliziert», sagte Miss Mary.

«Ich will auch gar nicht erst versuchen, es zu erklären. Aber ich könnte etwas schreiben, um dir zu zeigen, wie es zusammenhängt.»

Dann saß ich wieder eine Weile und las noch einmal *Das Haus am Kanal* und dachte an die Tiere, die jetzt naß wurden. Die Flußpferde hatten heute sicher Grund zur

Freude. Aber für die anderen Tiere war es kein guter Tag, besonders nicht für die Katzen. Das Wild hatte mit so vielen anderen Dingen zu kämpfen, daß der Regen nur für diejenigen Tiere schlimm sein konnte, die ihn noch nicht kannten, und das waren die, die nach dem letzten Regen geboren worden waren. Ich fragte mich, ob die großen Raubkatzen auch bei einem so starken Regen wie diesem auf die Jagd gingen. Das mußten sie wohl, wenn sie überleben wollten. Zweifellos war es jetzt sehr viel einfacher, sich an das Wild heranzuschleichen, aber den Löwen, Leoparden und Geparden war es sicher unangenehm, bei der Jagd durchnäßt zu werden. Den Geparden vielleicht nicht so sehr, weil sie etwas von Hunden an sich hatten und ihr Pelz für dieses Wetter wie geschaffen schien. Die Schlangenlöcher waren sicher längst vollgelaufen, und das hieß, daß die Schlangen jetzt unterwegs waren, und auch die fliegenden Ameisen würde der Regen ins Freie treiben.

Ich dachte daran, was für ein Glück wir diesmal in Afrika hatten: daß wir lange genug an einem Ort lebten, um die einzelnen Tiere richtig kennenlernen zu können, die Schlangenlöcher und auch die Schlangen, die sie bewohnten. Als ich das erste Mal in Afrika gewesen war, hatten wir es immer so eilig gehabt, von einem Ort zum andern zu kommen, nur um zu jagen und unsere Trophäensammlung zu vergrößern. Wenn man eine Kobra sah, war das reiner Zufall, ähnlich wie wenn man auf einer Straße in Wyoming eine Klapperschlange sehen würde. Jetzt kannten wir viele Stellen, an denen Kobras lebten. Wir entdeckten sie immer noch zufällig, aber sie lebten in dem Gebiet, in dem wir uns aufhielten, und wir konnten sie später wiederfinden, und wenn wir zufällig eine Schlange töteten, war es eine, die an einem bestimmten

Ort lebte und in ihrem Gebiet jagte, so wie wir in unserem lebten und von dort auf die Jagd gingen. Es war G. C., der uns das großartige Privileg verschafft hatte, diesen wunderbaren Teil des Landes kennenzulernen und darin zu leben und eine Arbeit zu verrichten, die unsere Anwesenheit hier rechtfertigte, und dafür war ich ihm immer zutiefst dankbar.

Die Zeit, in der ich Tiere wegen der Trophäen geschossen hatte, lag lange hinter mir. Ich liebte es immer noch, einen sauberen, tödlichen Schuß abzugeben. Aber ich schoß jetzt nur noch, wenn wir Fleisch zum Essen brauchten oder um Miss Mary zu beschützen oder um Tiere zu töten, die, weil sie Raubtiere oder sonstwie schädlich waren, abgeschossen werden mußten. In Magadi hatte ich ein Impala wegen der Trophäe und eine Oryxantilope zum Verzehr geschossen, deren Gehörn dann so schön war, daß es ebenfalls eine Trophäe abgab, und ich hatte einen einzigen Büffel geschossen, in einer Notsituation, als das Fleisch in Magadi sehr knapp geworden war; auch seine Hörner waren es wert, aufbewahrt zu werden, zumal als Erinnerung an die kleine Notlage, die Mary und ich gemeinsam durchlebt hatten. Ich war glücklich, als ich jetzt daran dachte, und ich wußte, ich würde immer glücklich sein, wenn ich daran denken würde. Es war eines dieser kleinen Dinge, an die man beim Zubettgehen denken konnte oder wenn man nachts aufwachte und an die man sich notfalls würde klammern können, wenn man gefoltert wurde.

«Erinnerst du dich an den Morgen mit dem Büffel, Kleines?» fragte ich.

Sie sah mich über den Eßtisch an und sagte: «Frag mich nicht so was. Ich denke an den Löwen.»

In dieser Nacht gingen wir nach einem kalten Abendessen früh zu Bett; Mary hatte ihr Tagebuch schon am Nachmittag geschrieben, und nun lagen wir da und lauschten dem Prasseln des Regens auf der straffgespannten Leinwand.

Aber trotz des steten Regengeräuschs schlief ich nicht gut und fuhr zweimal schweißgebadet aus Alpträumen hoch. Der letzte war besonders schlimm, und ich schob die Hand unter dem Moskitonetz hindurch und tastete nach der Wasserflasche und dem Gin. Ich nahm beides ins Bett und stopfte das Netz wieder unter der Decke und der Luftmatratze fest. Im Dunkeln klopfte ich mein Kopfkissen so zurecht, daß ich mich darauf stützen konnte, nahm das kleine Balsamkissen und schob es mir in den Nacken. Dann tastete ich nach der Pistole an meinem Bein und nach der Taschenlampe und schraubte die Ginflasche auf.

In der vom Regenprasseln untermalten Dunkelheit nahm ich einen großen Schluck Gin. Er schmeckte sauber und freundlich und stärkte mich gegen den Alptraum. Der Alptraum war einer von der ganz schlimmen Sorte gewesen, und ich hatte wahrlich schon manchen schlimmen gehabt. Natürlich durfte ich nicht trinken, solange wir Miss Marys Löwen jagten; aber angesichts der Nässe würden wir ihn morgen nicht jagen. Diese Nacht war nicht ohne Grund so schlimm. Allzu viele gute Nächte hatten mich in Sicherheit gewiegt, und ich hatte schon geglaubt, es würden keine Alpträume mehr kommen. Nun wußte ich es besser. Vielleicht lag es daran, daß das Zelt wegen des Regens geschlossen war und die Luft nicht richtig zirkulieren konnte. Vielleicht lag es daran, daß ich mich den ganzen Tag nicht richtig bewegt hatte.

Ich nahm noch einen Schluck Gin, und jetzt schmeckte er noch besser und noch mehr wie der alte

Riesentöter. So ungewöhnlich war der Alptraum gar nicht, dachte ich. Ich hatte schon viel schlimmere gehabt. Aber ich wußte, daß ich die Alpträume seit langem überwunden hatte, die echten, die einen in Schweiß badeten, und daß ich nur noch gute oder schlechte Träume hatte und meistens eigentlich gute. Dann hörte ich Mary sagen: «Papa, trinkst du?»

«Ja. Warum?»

«Kann ich auch was haben?»

Ich schob die Flasche unterm Netz durch, und sie streckte die Hand aus und nahm sie.

«Hast du Wasser?»

«Ja», sagte ich und reichte ihr auch das. «Du hast übrigens auch eine Flasche neben deinem Bett.»

«Aber du hast mir gesagt, ich soll vorsichtig sein, und ich wollte dich mit dem Licht nicht wecken.»

«Du Arme. Hast du nicht geschlafen?»

«Doch. Aber ich habe ganz schrecklich geträumt. Zu schrecklich, um vor dem Frühstück davon zu erzählen.»

«Ich hatte auch ein paar schlimme Träume.»

«Hier hast du die Jinny-Flasche wieder», sagte sie. «Falls du sie noch mal brauchst. Halt bitte meine Hand. Du bist nicht tot, und G. C. ist nicht tot, und Pop ist nicht tot.»

«Nein. Uns allen geht es gut.»

«Ich danke dir. Und jetzt schlaf du auch. Du liebst doch keine andere? Eine Weiße, meine ich?»

«Nein. Weder eine Weiße noch eine Schwarze oder Rote.»

«Schlaf, mein Geliebter», sagte sie. «Danke für den freundlichen Mitternachtstrunk.»

«Danke, daß du meine Alpträume besiegt hast.»

«Unter anderem dafür bin ich da», sagte sie.

Ich lag noch lange wach und dachte darüber nach, und ich erinnerte mich an viele Orte und manche wirklich schlimmen Zeiten und stellte mir vor, wie wunderbar es nach dem Regen sein würde; was sind schon Alpträume, dachte ich und schlief ein, nur um bald wieder schweißgebadet aufzuwachen, doch ich lauschte, hörte Marys leichte und regelmäßige Atemzüge und schloß die Augen, um es noch einmal zu versuchen.

Kapitel 5

Am Morgen war es kalt, der ganze Berg dicht von Wolken verhangen. Es ging ein starker Wind, der Regen kam in Schauern, aber der heftige Dauerregen hatte aufgehört. Ich ging zu den Zelten, um mit Keiti zu reden, und traf ihn bei sehr guter Laune an. Er trug einen Regenmantel und einen alten Filzhut. Er sagte, morgen hätten wir wahrscheinlich wieder gutes Wetter, und ich erklärte ihm, daß wir warten würden, bis Memsahib aufgewacht wäre, und erst dann die Zeltpflöcke festklopfen und die nassen Seile lockern würden. Er freute sich, daß die Gräben sich als so nützlich erwiesen hatten und daß weder das Schlafzelt noch das Küchenzelt naß geworden war. Er hatte bereits Feuer machen lassen, und alles sah viel freundlicher aus. Ich erzählte ihm, ich hätte geträumt, daß es oben im Reservat stark geregnet habe. Das war gelogen, aber ich hielt es für angebracht, eine schöne dicke Lüge aufzutischen, für den Fall, daß wir gute Nachrichten von Pop erhielten. Wenn man etwas prophezeit, sollte man darauf achten, daß man die Chancen auf seiner Seite hat.

Keiti hörte mir aufmerksam und mit geheucheltem Respekt zu. Dann erzählte er mir, er habe geträumt, daß es im ganzen Gebiet bis zum Tana, einem Fluß, der am Rand der Wüste floß, heftig geregnet habe und daß dort jetzt sechs Safaris von der Außenwelt abgeschnitten seien und wochenlang nicht von dort fortkommen könnten. Damit ließ er meinen Traum recht unbedeutend erscheinen, und das hatte er auch beabsichtigt. Ich wußte, daß er sich meinen Traum merken und ihn nachprüfen würde, hielt es aber für gut, noch eins draufzusetzen, und erzählte ihm, diesmal wahrheitsgemäß, ich hätte geträumt, daß wir den Spitzel aufgehängt hätten. Ich ließ keine Einzelheit aus: wo, wie, warum, wie er es aufgenommen habe und wie wir ihn danach im Jagdwagen weggebracht hätten, um ihn den Hyänen zum Fraß vorzuwerfen.

Keiti haßte den Spitzel, und zwar schon seit vielen Jahren, und dieser Traum gefiel ihm sehr, doch legte er Wert darauf, mich wissen zu lassen, daß er selbst ganz und gar nicht von dem Spitzel geträumt hatte. Mir war klar, das mußte so sein, aber ich erzählte ihm noch weitere Einzelheiten von der Hinrichtung. Er lauschte entzückt und sagte dann wehmütig, aber voller Einsicht: «Das darfst du nicht tun.»

«Ich kann es nicht tun. Aber vielleicht reicht ja auch schon mein Traum.»

«Du darfst kein Uchawi machen.»

«Ich mache kein Uchawi. Hast du jemals erlebt, daß ich einem Mann oder einer Frau ein Leid angetan habe?»

«Ich habe nicht gesagt, daß du ein Mchawi bist. Ich habe gesagt, daß du keiner sein darfst und daß der Spitzel nicht gehängt werden kann.»

«Wenn du ihn retten willst, kann ich den Traum ja vergessen.»

«Schöner Traum», sagte Keiti. «Aber macht zuviel Ärger.»

Der Tag nach einem starken Regen ist für die Verbreitung religiöser Lehren besonders geeignet, während die Zeit des Regens selbst die Gedanken der Menschen von der Schönheit ihres Glaubens abzulenken scheint. Der Regen hatte jetzt vollständig aufgehört, und ich saß Tee trinkend am Feuer und betrachtete die durchweichte

Landschaft. Miss Mary schlief immer noch fest, denn es gab keine Sonne, die sie geweckt hätte. Mwindi kam mit einer frischen Kanne heißen Tees an den Tisch beim Feuer und schenkte mir eine Tasse ein.

«Viel Regen», sagte er. «Jetzt vorbei.»

«Mwindi», sagte ich. «Du kennst die Worte des Mahdi: ‹Das Gesetz der Natur sieht vor, daß der Regen, wenn wir ihn brauchen, vom Himmel kommt. Das Grünen und Wachsen auf der Erde ist auf himmlischen Regen angewiesen. Wenn es eine Zeitlang nicht regnet, trocknet die obere Schicht der Erde allmählich aus. Wir sehen also, daß zwischen den himmlischen und den irdischen Wassern eine Anziehung besteht. Die Offenbarung steht zur menschlichen Vernunft im selben Verhältnis wie das himmlische Wasser zum irdischen Wasser.›»

«Zu viel Regen für das Lager. Aber gut für die Shamba», erklärte Mwindi.

«‹Wie mit dem Ausbleiben des himmlischen Wassers das irdische Wasser nach und nach verschwindet, so geht es auch der menschlichen Vernunft, welche ohne die himmlische Offenbarung ihre Reinheit und Kraft verliert.›»

«Wie kann ich wissen, ob das wirklich vom Mahdi ist?»

«Frag Charo.»

Mwindi grunzte. Er wußte, Charo war sehr fromm, aber kein Theologe.

«Wenn du den Spitzel hängst, laß auch die Polizei hängen», sagte Mwindi. «Keiti wollte, daß ich dir das sage.»

«Das war doch nur ein Traum.»

«Träume können sehr stark sein. Können töten wie Bunduki.»

«Ich werde dem Spitzel von dem Traum erzählen. Dann hat der Traum keine Macht mehr.»

«Uchawi», sagte Mwindi. «Uchawi kubwa sana.»

«Hapana uchawi.»

Mwindi brach ab und fragte beinahe schroff, ob ich noch etwas Tee haben wolle. Er wandte mir sein altes Chinesenprofil zu und sah zu den Zelten, und ich erkannte, worauf er mich hinweisen wollte. Der Spitzel war gekommen.

Er war völlig durchnäßt und nicht sehr fröhlich. Seine würdevolle Attitüde war immer noch da, wenn auch gedämpft. Er hüstelte, um keinen Zweifel daran aufkommen zu lassen, und dieses Hüsteln war echt.

«Guten Morgen, Bruder. Wie habt ihr, du und Miss Mary, das Wetter überstanden?»

«Es hat ein bißchen geregnet.»

«Bruder, ich bin krank.»

«Hast du Fieber?»

«Ja.»

Das war nicht gelogen. Er hatte einen Puls von hundertzwanzig.

«Setz dich und trink etwas, nimm ein Aspirin, und Medizin sollst du auch bekommen. Und dann geh nach Hause und leg dich ins Bett. Ist der Weg für das Jagdauto befahrbar?»

«Ja. Sandig bis zur Shamba, und um die Pfützen kann das Auto herumfahren.»

«Wie sieht's in der Shamba aus?»

«Die hätte den Regen nicht gebraucht, sie wird ja bewässert. Es ist traurig in der Shamba, wenn die Kälte von den Bergen kommt. Sogar die Hühner sind traurig. Ich habe ein Mädchen mitgebracht. Ihr Vater braucht Medizin für die Brust. Du kennst sie.»

«Ich werde ihm Medizin schicken.»

«Sie ist unglücklich, weil du nicht gekommen bist.»

«Ich habe meine Pflichten. Geht es ihr gut?»

«Es geht ihr gut, aber sie ist traurig.»

«Sag ihr, ich werde zur Shamba kommen, wenn mich die Pflicht ruft.»

«Bruder, was ist mit diesem Traum, daß ich gehängt werden soll?»

«Das habe ich geträumt, wollte es dir aber erst erzählen, wenn ich gefrühstückt habe.»

«Aber anderen hast du es schon erzählt.»

«Es wäre besser, du würdest gar nichts davon hören. Es war kein offizieller Traum.»

«Ich könnte es nicht ertragen, gehängt zu werden», sagte der Spitzel.

«Ich werde dich niemals hängen lassen.»

«Aber andere könnten meine Aktivitäten mißverstehen.»

«Niemand wird dich hängen, solange du dich nicht mit den anderen einläßt.»

«Aber ich muß mich doch ständig mit den anderen einlassen.»

«Du weißt schon, wie ich das meine. Jetzt geh zum Lagerfeuer und wärm dich auf, und ich mache dir deine Medizin.»

«Du bist mein Bruder.»

«Nein», sagte ich. «Ich bin dein Freund.»

Er ging zum Feuer, und ich machte die Medizinkiste auf, nahm Atabrin, Aspirin, Salbe, etwas Sulfonamid und ein paar Hustenpastillen heraus und hoffte, einen kleinen Schlag gegen Uchawi gelandet zu haben. Aber ich konnte mich an alle Einzelheiten der Hinrichtung des Spitzels erinnern, die etwa ein Drittel meiner Alpträume ausgemacht hatten, und ich schämte mich meiner nächtlichen Phantasien. Ich erklärte ihm, welche Medikamente er nehmen und welche er dem Vater des Mädchens geben sollte. Dann gingen wir gemeinsam zu den Zelten, und ich gab dem Mädchen zwei Dosen Fisch und ein Glas mit Bonbons und bat Mthuka, die beiden zur Shamba zu fahren und dann sofort zurückzukommen. Sie hatte vier Maiskolben für mich mitgebracht und blickte nie auf, wenn ich mit ihr sprach. Sie legte den Kopf an meine Brust wie ein Kind, und als sie in den Wagen stieg, an der Fahrerseite, damit niemand sie sehen konnte, ließ sie den Arm sinken und umfaßte mit der ganzen Hand meinen Oberschenkel. Ich tat dasselbe, als sie im Auto saß, aber sie blickte nicht auf. Dann dachte ich, was soll der Quatsch, und gab ihr einen Kuß auf den Kopf, worauf sie so schamlos lachte wie immer und Mthuka lächelnd mit ihr davonfuhr. Die sandige Fahrspur stand ein wenig unter Wasser, aber der Boden darunter war fest, und das Jagdauto verschwand zwischen den Bäumen, ohne daß jemand zurücksah.

Ich sagte Ngui und Charo, wir würden eine Routinefahrt nach Norden machen und uns so weit wie möglich umsehen, sobald Miss Mary aufgewacht sei und gefrühstückt habe. Sie sollten die Gewehre holen und jetzt, da der Regen vorbei war, reinigen. Ich sagte ihnen, sie sollten vor allem das Öl aus den Läufen wischen. Es war kalt und windig. Vor der Sonne hingen Wolken. Aber der Regen war vorbei, es konnte höchstens noch Schauer geben. Alle waren sehr rührig und es wurde nicht herumgealbert.

Beim Frühstück wirkte Mary sehr glücklich. Sie hatte, nachdem sie in der Nacht aufgewacht war, gut geschlafen und schön geträumt. In ihrem bösen Traum waren Pop,

G. C. und ich getötet worden. An Einzelheiten konnte sie sich nicht mehr erinnern. Jemand hatte ihr die Nachricht überbracht. Sie meinte, wir seien in einen Hinterhalt geraten. Ich wollte sie fragen, ob sie auch von der Erhängung des Spitzels geträumt habe, dachte aber, das würde nur stören; wichtig war nur, daß sie glücklich aufgewacht war und sich auf den Tag freute. Ich fand, ich selbst sei robust und nichtsnutzig genug, um in Afrika in Dinge zu geraten, die ich nicht verstand, aber Miss Mary wollte ich da nicht hineinziehen. Sie ließ sich schon ein, indem sie zu den Zelten ging und sich die Musik, die Trommelrhythmen und Lieder, beibringen ließ und zu jedermann so gut und freundlich war, daß alle sich in sie verliebten. In den alten Zeiten hätte Pop so etwas niemals zugelassen. Aber die alten Zeiten waren vorbei. Niemand wußte das besser als Pop.

Als wir gefrühstückt hatten und das Jagdauto aus der Shamba zurückgekehrt war, machten Mary und ich einen Ausflug, so weit, wie das Gelände überhaupt befahrbar war. Der Boden trocknete schnell, war aber immer noch trügerisch, und die Räder drehten durch und wühlten sich in den Sand, wo sie morgen problemlos weiterrollen würden. Das war selbst auf hartem Boden so und auch dort, wo der Fahrweg befestigt war. Auf dem glitschigen Lehmboden nach Norden zu war überhaupt kein Fortkommen.

In der Ebene sah man hellgrün das frische Gras, das Wild stand verstreut und achtete kaum auf uns. Noch war nicht sonderlich viel Wild gekommen, aber wir sahen die Spuren von Elefanten, die nach dem Ende des Regens frühmorgens den Weg überquert hatten, um zum Sumpf zu gelangen. Es waren dieselben, die wir vom Flugzeug aus gesehen hatten, und der Bulle hatte gewaltige Fußstapfen hinterlassen, selbst wenn man berücksichtigte, daß sie in dem feuchten Matsch noch größer aussahen.

Es war grau und kalt und windig, und überall in der Ebene und auf und neben der Fahrspur liefen eifrig pikkende Kiebitze umher und stießen spitze Schreie aus, wenn sie davonflogen. Es gab drei verschiedene Arten, und nur eine war genießbar. Aber die Männer wollten sie nicht essen und meinten, ich würde nur Munition verschwenden. Ich wußte, weiter draußen konnte es Brachvögel geben, aber die würden wir uns ein andermal vornehmen.

«Wir können noch ein Stück weiter. Da kommt bald eine Anhöhe mit ziemlich festem Boden, wo wir wenden können», sagte ich zu Mary.

«Also weiter.»

Aber dann begann es zu regnen, und ich dachte, wir sollten lieber so bald wie möglich kehrtmachen und zum Lager zurückfahren, bevor wir noch irgendwo im Schlamm steckenblieben.

In der Nähe des Lagers, das sich mit dem aufsteigenden Rauch der Feuerstellen und den gemütlich und anheimelnd aussehenden weißen und grünen Zelten freundlich vor den Bäumen und dem grauen Nebel abzeichnete, tranken Flughühner an den kleinen Wasserpfützen der offenen Steppe. Ich stieg mit Ngui aus, um uns ein paar davon zu schießen, während Mary schon ins Lager vorausging. Die Vögel duckten sich über die Pfützen oder liefen verstreut im niedrigen Gras umher, wo auch vereinzelte Kletten wuchsen. Sie flogen lärmend auf und waren nicht schwer zu treffen, wenn man sie noch im Aufsteigen erwischte. Es waren die mittelgroßen Flughühner; sie glichen dicken kleinen Wüstentauben, die sich als Rebhühner maskierten. Ich mochte ihren seltsamen Flugstil, der dem von Tauben oder Turmfalken ähnelte, und die wunderbare Art, wie sie ihre langen, nach hinten geschwungenen Flügel benutzten, wenn sie einmal richtig im Flug waren. Sie auf diese Weise aufzuscheuchen war ganz anders, als sie zu schießen, wenn sie in der Trockenzeit morgens in riesigen Schwärmen ans Wasser kamen und G. C. und ich nur die am höchsten fliegenden Vögel aufs Korn nahmen und jedesmal einen Shilling Strafe zahlten, wenn wir mit einem Schuß mehr als einen Vogel erwischt hatten. Beim Aufscheuchen hörte man nicht die gutturalen Kicherlaute, mit denen sie sich verständigten. Und da ich ohnehin nicht gern so nahe am Lager schoß, erlegte ich nur vier Paare, die mindestens zwei Mahlzeiten für uns beide ergaben, oder eine ordentliche Mahlzeit, falls noch jemand dazukam.

Die Safarihelfer aßen sie nicht gern, und auch mir waren kleine Trappen, Krickenten, Schnepfen oder Spornkiebitze lieber. Aber sie schmeckten nicht schlecht und würden ein gutes Abendessen abgeben. Der leichte Regen hatte wieder aufgehört, doch Nebel und Wolken zogen bis an den Fuß des Bergs herab.

Mary saß mit einem Glas Campari und Soda im Eßzelt.

«Hast du viele erwischt?»

«Acht Stück. Es war ein bißchen wie beim Taubenschießen im Club de Cazadores del Cerro.»

«Aber sie fliegen viel schneller auf als Tauben.»

«Ich glaube, das scheint nur so, weil sie einen solchen Lärm dabei machen und weil sie kleiner sind. Nichts fliegt schneller auf als eine gut trainierte Renntaube.»

«Ich bin froh, daß wir hier sind und nicht in diesem Club.»

«Ich auch. Ich frage mich, ob ich dort noch einmal hinkomme.»

«Doch, bestimmt.»

«Ich weiß nicht», sagte ich. «Ich glaube nicht so recht daran.»

«Es gibt schrecklich viel, von dem ich nicht weiß, ob ich noch einmal dort hinkommen werde.»

«Ich wünschte, wir müßten überhaupt nicht mehr zurück. Ich wünschte, wir hätten weder ein Haus noch irgendwelchen Besitz oder irgendwelche Verpflichtungen. Ich wünschte, wir hätten nur eine Safariausrüstung, ein gutes Jagdauto und zwei gute Lastwagen.»

«Ich wäre die beste Zeltgastgeberin der Welt. Ich kann mir das gut vorstellen. Die Leute würden mit ihren Privatflugzeugen kommen, der Pilot würde aussteigen und dem Mann die Tür aufmachen, und der Mann würde sagen: ‹Ich wette, Sie wissen nicht, wer ich bin. Ich wette, Sie erinnern sich nicht mehr an mich. Wer bin ich?› Irgendwann einmal wird das jemand sagen, und dann werde ich Charo um meine Bunduki bitten und dem Mann genau zwischen die Augen schießen.»

«Und Charo kann den rituellen Schnitt machen.»

«Das sind keine Menschenfresser.»

«Die Wakamba früher schon. In der guten alten Zeit, wie du und Pop das immer nennt.»

«Du bist ja ein halber Kamba. Würdest du Menschenfleisch essen?»

«Nein.»

«Weißt du eigentlich, daß ich in meinem ganzen Leben noch keinen Menschen getötet habe? Erinnerst du dich, wie ich alles mit dir teilen wollte und mich so schlecht fühlte, weil ich nie einen Deutschen getötet hatte, und was für Sorgen ihr euch alle gemacht habt?»

«Ich erinnere mich sehr gut daran.»

«Willst du jetzt die Rede hören, die ich halten werde, bevor ich die Frau töte, die mir deine Liebe gestohlen hat?»

«Wenn du mir auch einen Campari mit Soda machst.»

«Gut, aber dann halte ich meine Rede.»

Sie goß Campari in ein Glas, dann etwas Gordon's, und gab Soda aus dem Siphon hinzu.

«Der Gin ist die Belohnung dafür, daß du mir zuhörst. Ich weiß, du hast die Rede schon oft gehört. Aber ich halte sie gern. Das tut mir gut, und dir tut es gut, dir das anzuhören.»

«Na schön. Fang an.»

«Soso», sagte Miss Mary. «Du bildest dir also ein, du könntest meinem Mann eine bessere Frau sein als ich. Soso. Du bildest dir also ein, ihr beide wärt das ideale Paar und du wärst besser für ihn als ich. Soso. Du bildest dir also ein, ihr beide, du und er, ihr würdet ein perfektes Leben miteinander führen, und er hätte dann wenigstens die Liebe einer Frau, die sich mit Kommunismus und Psychoanalyse auskennt und weiß, was das Wort Liebe bedeutet? Was weißt du denn schon von Liebe, du Schlampe? Was weißt du schon von meinem Mann und von den Dingen, die wir erlebt haben und die wir gemeinsam haben?»

«Hört, hört.»

«Ich bin noch nicht fertig. Hör zu, du Schlampe: Du bist dünn, wo du kräftig sein solltest, und du schwabbelst vor Fett, wo du ein bißchen Grazie und gute Herkunft zeigen solltest. Hör zu, Frau. Ich habe aus einer Entfernung von schätzungsweise dreihundertvierzig Metern einen unschuldigen Rehbock getötet und sein Fleisch ohne Gewissensbisse gegessen. Ich habe Kongonis und Gnus geschossen, deine Ebenbilder. Ich habe einen großen, wunderschönen Spießbock geschossen, und der ist schöner als jede Frau und hat hübschere Hörner als jeder Mann. Ich habe mehr Wesen getötet, als du Annäherungsversuche gemacht hast, und ich sage dir, hör auf, meinem Mann süße Versprechen ins Ohr zu flüstern, und verschwinde von hier, oder ich werde dich töten.»

«Eine wunderbare Rede. Aber auf kisuaheli würdest du die nicht halten, oder?»

«Sie auf kisuaheli zu halten ist nicht nötig», sagte Miss Mary. Nach dieser Rede fühlte sie sich immer ein wenig wie Napoleon bei Austerlitz. «Die Rede ist nur für weiße Frauen gedacht. Auf deine Verlobte trifft sie ja gar nicht zu. Seit wann hat ein guter, liebevoller Ehemann nicht das Recht auf eine Verlobte, zumal wenn sie nur eine Nebenfrau sein möchte? Das ist eine ehrenhafte Stellung. Die Rede richtet sich gegen jede miese weiße Frau, die sich einbildet, sie könnte dich glücklicher machen als ich. Emporkömmlinge.»

«Eine entzückende Rede, und sie gelingt dir jedesmal klarer und überzeugender.»

«Es ist eine aufrichtige Rede», sagte Miss Mary. «Ich meine jedes einzelne Wort ernst. Aber ich habe mir Mühe gegeben, keine Verbitterung oder Vulgarität darin aufkommen zu lassen. Das mit der Schlampe ist mir nur so rausgerutscht.»

«Dachte ich mir.»

«Gut. Das ist guter Mais, den sie dir da mitgebracht hat. Meinst du, wir können ihn in der Asche rösten? So esse ich ihn am liebsten.»

«Natürlich können wir das.»

«Hat es was Bestimmtes zu bedeuten, daß sie dir vier davon mitgebracht hat?»

«Nein. Zwei für dich und zwei für mich.»

«Ich wollte, jemand wäre in mich verliebt und würde mir Geschenke bringen.»

«Alle bringen dir jeden Tag Geschenke, das weißt du ganz genau. Das halbe Lager schneidet dir Zahnbürsten zurecht.»

«Das stimmt. Ich habe jede Menge Zahnbürsten. Ich habe sogar noch eine Menge aus Magadi übrig. Auf jeden Fall freut es mich, daß du so eine nette Verlobte hast. Ich wollte, alles wäre immer so einfach, wie es hier am Fuß des Berges ist.»

«Hier ist überhaupt nichts einfach. Wir haben bloß Glück.»

«Ich weiß. Und wir müssen gut und freundlich zueinander sein, damit wir unser Glück auch verdienen. Ach, ich hoffe, daß mein Löwe kommt und daß ich groß genug bin, ihn zu sehen, wenn es soweit ist. Weißt du eigentlich, wieviel mir dieser Löwe bedeutet?»

«Ich glaube schon. Jeder weiß das.»

«Natürlich halten mich manche Leute für verrückt. Aber in den alten Zeiten sind die Menschen auf die Suche nach dem Heiligen Gral oder dem Goldenen Vlies gegangen, und die hat man auch nicht für dumm gehalten. Ein großer Löwe ist etwas Besseres und Ernsteres als irgendwelche Trinkschalen oder Schafshäute, und es ist mir egal, wie heilig oder golden die waren. Jeder hat etwas, wonach er ehrlich strebt, und mein Löwe bedeutet alles für mich. Ich weiß, wie geduldig du gewesen bist, wie geduldig alle gewesen sind. Aber jetzt bin ich mir sicher, nach diesem Regen werde ich ihm begegnen. Ich kann es kaum erwarten bis zu der ersten Nacht, in der ich sein Gebrüll hören werde.»

«Sein Gebrüll ist wunderbar, und du wirst ihn bald sehen.»

«Außenstehende werden das nie verstehen. Aber er wird mich für alles entschädigen.»

«Ich weiß. Aber du empfindest doch keinen Haß auf ihn, oder?»

«Nein. Nur Liebe. Er ist wunderbar, er ist klug, und dir brauche ich nicht zu erklären, warum ich ihn töten muß.»

«Nein. Bestimmt nicht.»

«Pop versteht das auch. Und er hat mir manches erklärt. Er hat mir auch von dieser schrecklichen Frau erzählt, auf deren Löwen alle zweiundvierzigmal geschossen haben. Ich rede besser nicht davon, weil das sowieso niemand versteht.»

Wir verstanden das, weil wir die Spuren des ersten großen Löwen damals gemeinsam entdeckt hatten. Sie waren zweimal so groß wie normale Löwenspuren gewesen. Wir hatten sie in hellem Staub gefunden, den der Regen gerade so viel angefeuchtet hatte, daß die Abdrücke in Originalgröße zurückgeblieben waren. Ich hatte ein Kongoni schießen wollen, um Fleisch für das Lager zu besorgen, und als Ngui und ich die Spuren entdeckten, zeigten wir mit Grashalmen darauf, und ich sah, wie ihm der Schweiß auf die Stirn trat. Ohne uns zu bewegen, warteten wir auf Mary, und als sie die Spuren erblickte, holte sie tief Luft. Sie hatte schon viele Löwenspuren gesehen und mehrere Löwen geschossen, aber diese Spuren waren unglaublich. Ngui schüttelte immer wieder den Kopf, und ich spürte Schweiß unter den Achseln und zwischen den Beinen. Wir folgten den Spuren wie Jagdhunde und sahen, wo er an einer schlammigen Quelle getrunken hatte und wie er dort das Steilufer hinaufgegangen war. Solche Spuren hatte ich noch nie gesehen, und im Schlamm neben der Quelle waren sie sogar noch deutlicher.

Ich wußte nicht, ob ich zurückgehen und das Kongoni aufspüren und einen Schuß riskieren sollte, der den Löwen womöglich aus dieser Gegend vertrieb. Aber wir brauchten Fleisch, und in dieser Gegend gab es nicht allzu viel davon; obendrein war das Wild ohnehin sehr nervös, wegen der vielen Raubtiere, die es dort gab. Alle Zebras, die wir erlegten, hatten lange schwarze Narben von Löwenklauen, und sie waren so scheu und schreckhaft wie Spießböcke. In dieser Gegend lebten vornehmlich Büffel, Nashörner, Löwen und Leoparden. Außer G. C. und Pop ging dort niemand gern auf die Jagd, und auch Pop fühlte sich nicht wohl dabei. G. C. hatte so viele Nerven, daß er am Ende gar keine mehr hatte, und daß irgendwo Gefahren lauerten, gab er erst zu, wenn er sich herausgeschossen hatte. Aber Pop hatte gesagt, er habe in dieser Gegend immer Schwierigkeiten gehabt, und er hatte viele Jahre bevor G. C. hierhergekommen war oder Automobile nach Ostafrika gebracht worden waren, hier gejagt und die Ebene bei Nacht durchquert, um den mörderischen Temperaturen zu entgehen, die dort auf fünfzig Grad im Schatten steigen konnten.

An all das dachte ich, als wir die Fährte des Löwen sahen, aber als wir dann später dem Kongoni nachstellten, versuchte ich mich nur darauf zu konzentrieren. Doch die Löwenfährte ließ mich nicht los, sie war in meine Gedanken eingebrannt, und ich wußte, daß Mary, die auch schon anderen Löwen begegnet war, sich ausgemalt hatte, wie er ausgesehen haben mußte, als er diesen Weg gegangen war. Wir erlegten das sehr schmackhafte, pferdegesichtige, unbeholfene hellbraune Kongoni, ein argloses Tier, argloser als alle anderen, das heißt, Mary erlegte es mit einem Schuß in die Halswirbelsäule. Sie tat das, um ihre Treffsicherheit zu verbessern und weil es nötig war und jemand es tun mußte.

Im Zelt kam mir der Gedanke, wie abscheulich dergleichen für echte Vegetarier sein mußte, aber jeder, der jemals Fleisch gegessen hat, muß sich im klaren darüber sein, daß jemand das Tier zuvor getötet hat, und da Mary, nachdem sie sich auf das Töten eingelassen hatte, nur töten wollte, ohne Leid zuzufügen, mußte sie sich notwendigerweise darin üben. Leute, die niemals Fische fangen, nicht einmal eine Sardinenbüchse, und die ihr Auto anhalten, wenn vor ihnen auf der Straße eine Heuschrecke sitzt, Leute, die niemals auch nur Fleischbrühe getrunken haben, sollten nicht diejenigen verurteilen, die töten, um zu essen, und denen das Fleisch gehört hat, bevor ihnen ihr Land vom weißen Mann gestohlen wurde. Wer weiß, was die Karotte empfindet oder der schlanke junge Rettich oder die gebrauchte Glühbirne oder die zerkratzte Grammophonplatte oder der Apfelbaum im Winter. Wer kennt die Gefühle des überalterten Flugzeugs, des Kaugummis, der Zigarettenkippe oder des achtlos fortgeworfenen Buchs, das die Würmer fressen? Mein Exemplar der Vorschriften der Jagdaufsichtsbehörde ging auf diese Fragen nicht ein, und es fand sich dort auch kein Hinweis, wie man Frambösie oder irgendwelche Geschlechtskrankheiten zu behandeln hatte, obwohl dies zu meinen täglichen Aufgaben zählte. Es gab keine Einträge über abgebrochene Äste oder Staub oder Stechfliegen, von Tsetsefliegen abgesehen: siehe Fliegengebiete. Die Jäger, die sich Jagdkonzessionen besorgten und mit gültigen Genehmigungen eine begrenzte Zeit in bestimmten Massai-Gebieten, die früher Reservate gewesen und jetzt überwachte Gebiete waren, auf die Jagd gehen durften, führten Buch über die Tiere, die sie töten durften, und zahlten dafür eine sehr geringe Gebühr, die dann wieder an die Massai ausgezahlt wurde. Den Wakamba dagegen, die mit großem persönlichem Risiko ihr Fleisch im Massai-Gebiet jagten, war das inzwischen nicht mehr gestattet. Sie wurden wegen Wilddiebstahls von Wildhütern verfolgt, die meist ebenfalls Wakamba waren. G. C. und Mary glaubten, Wildhüter seien beliebter, als sie es tatsächlich waren.

Die Wildhüter waren fast alle recht hochgestellte Soldaten aus den Reihen der jagenden Wakamba. Aber die Lage wurde im Ukambani immer schwieriger. Sie hatten ihr Land auf ihre eigene althergebrachte Weise bewirtschaftet; aber die Brachen, die eine Generation lang hätten vorhalten sollen, waren immer kleiner geworden, denn die Zahl der Wakamba nahm zu, nicht aber die Größe ihres Landes, das, wie ganz Afrika, erodiert war. Ihre Krieger hatten in allen Kriegen auf der Seite der Briten gekämpft, die Massai hingegen hatten sich stets herausgehalten. Die Massai hatte man verhätschelt und gehegt und mit einer Ängstlichkeit behandelt, die eigentlich immer unbegründet war, und sie waren Gegenstand der Bewunderung von Homosexuellen wie Thessinger gewesen, die in Kenia oder Tanganjika für das Empire gearbeitet hatten, weil die Männer dort so schön waren. Die Männer waren in der Tat sehr schön und außerordentlich reich; sie waren Krieger, die nun lange nicht mehr kämpfen würden. Drogensüchtig waren sie schon immer gewesen, und jetzt wurden sie auch noch zu Alkoholikern.

Die Massai jagten kein Wild, sondern kümmerten sich

nur um ihr Vieh. Streit zwischen Massai und Wakamba gab es stets nur wegen Viehdiebstählen, niemals wegen Wild.

Die Wakamba haßten die Massai als reiche Angeber, die von der Regierung beschützt wurden. Sie verachteten sie, weil ihre Frauen absolut treulos waren und fast ausnahmslos Syphilis hatten, weil sie keine Fährten lesen konnten, weil ihre Augen durch Infektionskrankheiten, die von Fliegen übertragen wurden, ruiniert worden waren, weil ihre Speere nach nur einmaliger Benutzung krumm wurden und vor allem, weil sie nur unter dem Einfluß von Drogen tapfer waren.

Die Wakamba, die gerne kämpften, richtig kämpften, nicht wie die Massai, deren Kampfart eher einer Massenhysterie glich und ohne Unterstützung durch Drogen verpuffte, lebten praktisch unterhalb des Existenzminimums. Sie hatten immer ihre Jäger gehabt, doch jetzt gab es kein Land mehr, wo sie jagen konnten. Sie tranken gern, und das Trinken war durch Stammesgesetze streng reglementiert. Sie waren keine Trunkenbolde, und Betrunkenheit wurde hart bestraft. Fleisch war eins ihrer Hauptnahrungsmittel gewesen, doch das gab es jetzt nicht mehr, nachdem ihnen das Jagen verboten worden war. Wilddiebe waren so populär wie die Schmuggler im alten England oder wie die Leute, die zur Zeit der Prohibition guten Schnaps in die Vereinigten Staaten gebracht hatten.

Als ich vor vielen Jahren dort gewesen war, war es noch nicht so schlimm gewesen. Aber auch nicht gut. Die Wakamba waren den Briten gegenüber absolut loyal. Selbst die jungen Männer und die Schurken waren loyal. Aber die jungen Männer waren aufgebracht, und die Situation war alles andere als einfach. Die Mau-Mau waren ihnen suspekt, weil sie eine Kikuyu-Organisation waren und die Wakamba keine Schwüre leisteten. Doch man hatte sie bereits infiltriert. Davon stand in der Verordnung zum Schutz der Wildtiere kein Wort. G. C. hatte mir geraten, ich solle meinen gesunden Menschenverstand benutzen; nur Arschlöcher würden in Schwierigkeiten kommen, hatte er gesagt. Und da ich wußte, daß mein Verhalten mich manchmal für diese Kategorie qualifizierte, gab ich mir Mühe, meinen gesunden Menschenverstand so gut wie möglich einzusetzen und, soweit es in meinen Kräften stand, jedes arschlochhafte Verhalten zu vermeiden. Lange Zeit hatte ich mich mit den Wakamba identifiziert, und nun hatte ich auch die letzte wichtige Grenze überschritten, so daß die Identifikation vollständig war. Anders kann diese Identifikation nicht zustande kommen. Jede Verbrüderung zwischen irgendwelchen Stämmen muß auf diese Weise besiegelt werden.

Jetzt, nachdem es geregnet hatte, machten sich alle weniger Sorgen um ihre Familien, und wenn wir etwas Fleisch auftreiben konnten, würden sie alle froh und glücklich sein. Fleisch machte Männer stark; selbst die alten Männer glaubten das. Von den alten Männern im Lager hielt ich Charo für den einzigen, der womöglich impotent war, aber sicher konnte ich mir da auch nicht sein. Ich hätte Ngui fragen können, er hätte es mir erzählt. Aber es war nicht gut, solche Fragen zu stellen, und Charo und ich waren schon lange miteinander befreundet. Wenn Kamba-Männer Fleisch zu essen hatten, behielten sie ihre Potenz bis weit übers siebzigste Lebensjahr hinaus. Aber für Männer waren manche Sorten Fleisch besser als andere. Ich wußte nicht, warum ich auf einmal daran denken mußte. Angefangen hatte es mit der Jagd auf das Kongoni an dem Tag, an dem wir im Rift

Valley zum erstenmal die Fährte dieses gewaltigen Löwen gesehen hatten, und dann hatte es sich immer weiter gesponnen wie die Geschichte eines alten Mannes.

«Wie wär's, wollen wir los und etwas Fleisch besorgen, Miss Mary?»

«Wir brauchen also welches?»

«Ja.»

«An was hast du eben gedacht?»

«An Kamba-Probleme und Fleisch.»

«Schlimme Kamba-Probleme?»

«Nein. Nur so allgemeine.»

«Gut. Und zu welchem Schluß bist du gekommen?»

«Daß wir Fleisch brauchen.»

«Wollen wir gleich los?»

«Die Zeit ist günstig. Wenn du nichts dagegen hast, zu Fuß zu gehen.»

«Ich gehe gern zu Fuß. Wenn wir zurückkommen, nehmen wir ein Bad und ziehen uns um und setzen uns ans Feuer.»

Wir fanden die Impalaherde, die sich gewöhnlich in der Nähe des Fahrwegs aufhielt, wo dieser den Fluß kreuzte, und Mary schoß einen alten Bock. Der Bock hatte nur ein Horn und war sehr fett und in guter Verfassung, und ich hatte ein reines Gewissen, weil wir ihn getötet hatten, um ihn zu essen, denn er hätte der Jagdbehörde ohnehin keine Trophäe geliefert, und da er aus der Herde ausgestoßen worden war, konnte er auch nichts mehr zur Fortpflanzung beitragen. Mary hatte ihn mit einem perfekten Schuß in die Schulter getötet, genau dort, wo sie hingezielt hatte. Charo war sehr stolz auf sie und konnte das Tier nach allen Vorschriften seiner Religion ausbluten lassen. Marys Schießkünste lagen vollständig in Gottes Hand, und da wir verschiedene Götter hatten, nahm Charo das Verdienst für diesen Schuß ganz für sich allein in Anspruch. Pop, G. C. und ich hatten gesehen, wie Miss Mary sich zur perfekten Schützin entwickelt hatte und was für erstaunliche Treffer sie landen konnte. Jetzt war Charo an der Reihe.

«Memsahib piga mzuri sana», sagte Charo.

«Mzuri. Mzuri», sagte Ngui zu ihr.

«Danke», sagte Mary. «Das sind jetzt drei», sagte sie zu mir. «Mit meinem Selbstvertrauen wird es immer besser. Das Schießen ist schon eine seltsame Sache, oder?»

Ich dachte daran, wie seltsam es war, und vergaß zu antworten.

«Es ist schlimm, etwas zu töten. Aber es ist wunderbar, gutes Fleisch im Lager zu haben. Wann ist Fleisch eigentlich so wichtig geworden?»

«Das war es schon immer. Es ist eins der ältesten und wichtigsten Nahrungsmittel. Die Afrikaner hungern danach. Aber wenn sie das Wild so töten würden, wie es die Holländer in Südafrika getan haben, gäb's schon lange keins mehr.»

«Aber hüten wir das Wild für die Eingeborenen? Für wen tun wir das eigentlich wirklich?»

«Für das Wild selbst und damit die Jagdaufsichtsbehörde Geld verdient, und damit die weißen Hobbyjäger weiterschießen können, und damit die Massai eine zusätzliche Einnahmequelle haben.»

«Das Wild um seiner selbst willen zu schützen, das tue ich gern», sagte Mary. «Aber die anderen Gründe kommen mir schäbig vor.»

«Es ist schon ziemlich wirr», sagte ich. «Aber hast du jemals ein wirreres Land erlebt?»

«Nein. Aber du und deine Leute, ihr seid auch alle ganz schön wirr.»

«Das weiß ich selbst.»

«Hast du's wenigstens in deinem Kopf entwirrt?»

«Noch nicht. Wir hangeln uns von Tag zu Tag.»

«Na, mir gefällt es trotzdem», sagte Mary. «Und schließlich sind wir nicht hier, um in Afrika Ordnung herzustellen.»

«Nein. Wir sind hier, weil wir ein paar Fotos machen und kurze Texte dazu schreiben wollen und weil wir uns amüsieren und möglichst viel lernen wollen.»

«Aber jetzt stecken wir mittendrin.»

«Allerdings. Gefällt es dir trotzdem?»

«Ich bin niemals glücklicher gewesen.»

Ngui war stehengeblieben und zeigte nach rechts. «Simba.»

Wieder die riesigen Fußstapfen, unglaublich groß.

An der linken Hinterpfote war deutlich die alte Narbe zu erkennen. Er war in aller Ruhe über den Fahrweg gegangen, ungefähr zu der Zeit, als Mary den Bock geschossen hatte. Die Spur führte in das Buschland.

«Das ist er», sagte Ngui. Daran bestand nicht der leiseste Zweifel. Mit etwas Glück hätten wir ihm auf dem Fahrweg begegnen können. Aber er wäre vorsichtig gewesen und hätte uns vorbeigelassen. Er war ein sehr kluges und bedachtsames Tier. Die Sonne war schon fast untergegangen, der Himmel bewölkt, und in fünf Minuten würde es mit dem Büchsenlicht vorbei sein.

«Jetzt ist es einfacher», sagte Mary überglücklich.

«Geh zum Lager und hol das Auto», sagte ich zu Ngui. «Wir gehen zu Charo zurück und warten mit ihm bei dem Fleisch.»

Als wir in dieser Nacht in unseren Betten lagen, hörten wir den Löwen brüllen. Er befand sich nördlich des Lagers, und das Gebrüll begann leise, schwoll dann mächtig an und endete schließlich mit einem Seufzen.

«Ich leg mich zu dir», sagte Mary.

Ich nahm sie in den Arm, und dann lagen wir eng umschlungen im Dunkeln unter dem Moskitonetz und hörten ihn wieder brüllen.

«Das ist er, ganz unverkennbar», sagte Mary. «Ich bin froh, daß wir zusammen im Bett liegen, wenn wir ihn hören.»

Er bewegte sich nach Nordwesten und stieß immer wieder sein tiefes Grunzen und Brüllen aus.

«Ruft er die Löwinnen oder ist er wütend? Was treibt er da eigentlich?»

«Ich weiß es nicht, Schatz. Vielleicht ist er verärgert, weil es so feucht ist.»

«Aber er hat auch gebrüllt, als es trocken war und wir ihn im Buschland verfolgt haben.»

«Das sollte auch nur ein Scherz sein. Ich höre nur sein Gebrüll. Ich stelle mir vor, wie er sich niederläßt, und morgen wirst du sehen, wo er den Boden aufgerissen hat.»

«Er ist zu groß für irgendwelche Scherze.»

«Ich scherze auch nur, um dir Mut zu machen. Oder soll ich etwa anfangen, mir seinetwegen Sorgen zu machen?»

«Hör ihm lieber zu», sagte Mary.

Wir lagen nebeneinander und hörten ihm zu. Man kann das Gebrüll eines wilden Löwen nicht beschreiben. Man kann nur sagen, daß man zugehört hat und daß der Löwe gebrüllt hat. Es klingt ganz anders als das, was der Metro-Goldwyn-Mayer-Löwe im Kino von sich gibt. Wenn man es hört, spürt man es zuerst im Skrotum, und dann läuft es einem durch den ganzen Körper.

«Ich fühle mich ganz leer, wenn ich das höre», sagte Mary. «Er ist wirklich der König der Nacht.»

Wir lauschten, und wieder brüllte er, immer noch in Richtung Nordwesten unterwegs. Diesmal endete das Gebrüll mit einem Fauchen.

«Hoffentlich reißt er was», sagte ich. «Denk nicht zuviel an ihn und schlaf gut.»

«Ich muß aber an ihn denken, und ich will an ihn denken. Das ist mein Löwe, ich liebe und achte ihn, und ich muß ihn töten. Er bedeutet mir mehr als alles andere, von dir und unseren Leuten abgesehen. Du weißt, was er mir bedeutet.»

«Nur zu gut», sagte ich. «Aber du solltest jetzt wirklich schlafen, Schatz. Vielleicht brüllt er, um dich wach zu halten.»

«Dann soll er mich eben wach halten», sagte Mary. «Wenn ich ihn töten will, hat er das Recht, mich wach zu halten. Ich mag alles, was er tut, ich mag alles an ihm.»

«Aber du solltest wirklich ein bißchen schlafen, Schatz. Er möchte bestimmt nicht, daß du nicht schläfst.»

«Ich bin ihm doch vollkommen gleichgültig. Aber er ist mir nicht gleichgültig, und deshalb werde ich ihn töten. Das müßtest du doch verstehen.»

«Ich verstehe es ja. Aber du solltest jetzt ordentlich schlafen, mein Kleines. Denn morgen, ganz in der Frühe, geht es los.»

«Na schön. Aber einmal noch will ich ihn hören.»

Sie war sehr müde, und ich dachte, daß diese junge Frau, die niemals in ihrem Leben den Wunsch verspürt hatte, irgend etwas zu töten, bis sie im Krieg an schlechte Menschen geraten war, allzu lange auf allzu unbekümmerte Weise Löwen gejagt hatte, was ohne professionelle Absicherung kein solides Handwerk oder Vorgehen war und, wie sich in diesem Augenblick zeigte, sehr schlecht für einen Menschen sein konnte. Dann brüllte der Löwe wieder und hustete dreimal. Das Husten kam über die Erde, auf der er ging, direkt ins Zelt.

«Jetzt kann ich schlafen», sagte Miss Mary. «Hoffentlich hat das Husten nichts zu bedeuten. Kann ein Löwe sich erkälten?»

«Keine Ahnung, Schatz. Wirst du jetzt gut schlafen können?»

«Ich schlafe schon. Aber du mußt mich lange vor Tagesanbruch wecken, egal, wie fest ich dann schlafe. Versprichst du mir das?»

«Ich verspreche es dir.» Dann war sie eingeschlafen, und ich lag von ihr abgerückt an der Zeltwand und lauschte ihrem Schlaf, und als mein linker Arm zu schmerzen begann, zog ich ihn unter ihrem Kopf hervor und überzeugte mich davon, daß sie bequem lag, und dann machte ich mich auf der großen Pritsche ganz klein und lauschte, aber der Löwe blieb still, bis er gegen drei Uhr ein Tier riß. Danach kamen von überall her die Schreie der Hyänen, und der Löwe stieß beim Fressen knurrende, drohende Laute aus. Von den Löwinnen war nichts zu hören. Eine, das wußte ich, würde in nächster Zeit Junge bekommen und nichts mit ihm zu tun haben wollen, und die andere war ihre Freundin. Ich dachte, es sei immer noch zu feucht, um ihn zu finden, wenn es hell genug war. Aber eine Chance gab es natürlich.

Kapitel 6

Lange bevor es hell wurde, weckte uns Mwindi mit dem Tee. Er sagte «Hodi!» und stellte den Tee auf den Tisch vor dem Zelteingang. Ich brachte Mary eine Tasse hinein und zog mich draußen an. Es war bewölkt, und man konnte keine Sterne sehen.

Charo und Ngui kamen im Dunkeln, um Gewehre und Munition zu holen, und ich ging mit meinem Tee zu dem Tisch, neben dem einer der Jungen, die im Küchenzelt aushalfen, gerade Feuer machte. Mary wusch sich und zog sich an, sie hing noch zwischen Schlaf und Wachen. Ich ging zu dem freien Gelände hinter dem Elefantenschädel und den drei großen Büschen und fand den Boden immer noch ziemlich feucht. Er war in der Nacht getrocknet, das heißt, er war jedenfalls viel trockener als am Tag zuvor. Aber ich bezweifelte noch immer, daß wir mit dem Auto über die Stelle hinauskommen würden, wo der Löwe gefressen hatte, und ich war mir sicher, daß es jenseits davon und zwischen dort und dem Sumpf immer noch viel zu naß sein würde.

Sumpf war eigentlich der falsche Ausdruck. Im Grunde war das zunächst einmal ein etwa anderthalb mal vier Meilen großes Gebiet, auf dem Papyrusstauden wuchsen und das von zahlreichen Wasserläufen durchschnitten war. Außerdem aber gehörte zu der Gegend, die wir als Sumpf bezeichneten, ein mit großen Bäumen bewachsener Streifen festeren Landes, der dieses Gebiet umgab. Viele dieser Bäume standen auf etwas erhöhtem Boden, und manche waren sehr schön. Dieser Waldstreifen um das eigentliche Sumpfland war recht schmal, teilweise jedoch von Elefanten so verwüstet, daß er fast undurchdringlich war. Außer mehreren Nashörnern lebten dort auch fast ständig einige Elefanten, manchmal sogar eine ganze Herde. Es gab dort auch zwei Büffelherden. Im dichteren Teil dieses Waldes lebten Leoparden, die von dort aus auf Jagd gingen, und dort befand sich auch die Zuflucht unseres Löwen, wenn er vom Berg in die Ebene kam, um zu jagen.

Dieser Wald aus großen und gestürzten Bäumen bildete die Westgrenze der offenen und baumbestandenen Ebene mit ihren schönen Lichtungen, die im Norden von der Salzebene und dem zerklüfteten Gebiet aus Lavafelsen begrenzt wurde, hinter denen der andere große Sumpf zwischen unserem Land und den Chulu-Hügeln lag. Im Osten war die Miniwüste, das sogenannte Gerenuk-Land, und noch weiter östlich gab es mit Büschen bewachsene Hügel, die sich allmählich zu den Flanken des Kilimandscharo anhoben. Ganz so einfach war es in Wirklichkeit nicht, aber so stellte es sich auf der Landkarte dar oder wenn man sich in der Mitte der Ebene befand.

Der Löwe jagte nachts, holte sich das Wild in der Ebene oder im Sumpf, und wenn er gefressen hatte, zog er sich wieder in den Waldgürtel zurück. Wir hatten vor, ihn bei der Jagd aufzuspüren und dann zu verfolgen; vielleicht hatten wir auch Glück und konnten ihm den Weg zum Wald abschneiden. Wenn er sich so sicher fühlte, daß er sich nicht tief in den Wald zurückzog, konnten wir ihm von dort, wo er gefressen hatte, dorthin folgen, wo er sich nach dem Trinken ausruhte.

Während Mary sich anzog und dann den Weg über die Wiese zu dem Baumgürtel ging, in dem das grüne Latrinenzelt versteckt war, dachte ich über den Löwen nach. Wenn wir überhaupt eine Chance auf Erfolg haben wollten, mußten wir uns ihm direkt stellen. Mary hatte gut geschossen und besaß genug Selbstvertrauen. Aber wenn auch nur ein kleines Risiko bestand, daß wir ihn aufschreckten und in hohes Gras oder schwieriges Gelände verscheuchten, wo Miss Mary ihn wegen ihrer geringen Größe nicht sehen konnte, sollten wir ihn lieber noch in Ruhe lassen, um ihn in Sicherheit zu wiegen. Ich hoffte, daß er sich nach dem Fressen zurückgezogen hatte, daß er an den Pfützen, die immer noch in den schlammigen Senken der Ebene standen, getrunken und sich dann in einer der Buschinseln oder im Gehölz um den Sumpf schlafen gelegt hatte.

Das Auto stand bereit; Mthuka saß am Steuer, und ich hatte alle Gewehre überprüft, als Mary zurückkam. Inzwischen war es hell, aber noch nicht hell genug zum Schießen. Die Wolken hingen immer noch an den Hängen des Bergs, und von der Sonne war nichts zu sehen, doch es wurde zunehmend heller. Ich zielte durch das Visier meiner Büchse auf den Elefantenschädel, aber es war immer noch zu dunkel zum Schießen. Charo und Ngui waren beide sehr ernst und formell.

«Wie fühlst du dich, Kleines?» fragte ich Mary.

«Wunderbar. Was hast du denn gedacht, wie ich mich fühle?»

«Hast du die Augentropfen genommen?»

«Ja, sicher», sagte sie. «Und du?»

«Auch. Wir warten nur noch, bis es etwas heller ist.»

«Für mich ist es hell genug.»

«Für mich aber nicht.»

«Du solltest mal was für deine Augen tun.»

«Ich habe gesagt, daß wir zum Frühstück zurück sind.»

«Dann krieg ich bestimmt wieder Kopfschmerzen.»

«Wir haben was eingepackt. Liegt hinten in einer Kiste.»

«Hat Charo genug Munition für mich mitgenommen?»

«Frag ihn selbst.»

Mary sprach mit Charo, der sagte, er habe «Mingi risasi».

«Willst du dir nicht die Ärmel aufkrempeln?» fragte ich. «Du hast mich gebeten, dich daran zu erinnern.»

«Ich habe dich nicht gebeten, mich schlecht gelaunt daran zu erinnern.»

«Warum richtest du deine Wut nicht auf den Löwen statt auf mich?»

«Weil ich auf den Löwen überhaupt nicht wütend bin. Meinst du, jetzt ist es hell genug, daß man was sehen kann?»

«Kwenda na Simba», sagte ich zu Mthuka. Dann zu Ngui: «Stell dich hinten rein und paß auf.»

Wir fuhren los; die Reifen griffen gut auf dem trockenen Fahrweg; ich saß nach draußen gebeugt, beide Füße auf dem Trittbrett der herausgenommenen Tür; die Morgenluft strich kalt vom Berg; das Gewehr im Arm fühlte sich gut an. Ich legte es an die Schulter und zielte ein paarmal. Selbst wenn ich das Visier mit den großen gelben, lichtstarken Gläsern zu Hilfe nahm, reichte das Licht noch lange nicht für einen sicheren Schuß. Aber bis zu unserem Ziel hatten wir noch zwanzig Minuten, und es wurde mit jeder Minute heller.

«Wenn wir da sind, ist es hell genug», sagte ich.

«Das dachte ich mir auch», sagte Mary. Ich drehte mich zu ihr um. Sie saß mit großer Würde da und kaute Kaugummi.

Wir fuhren an dem improvisierten Landestreifen vorbei. Überall war Wild zu sehen, und das neue Gras schien seit gestern früh ein paar Fingerbreit gewachsen zu sein. Auch weiße Blüten waren aufgegangen, und zwar in solcher Zahl, daß der Boden streckenweise ganz weiß war. In manchen abgesunkenen Stellen der Fahrspur stand immer noch Wasser, und ich wies Mthuka an, links daran vorbeizufahren. Auf dem mit Blüten durchsetzten Gras war es schlüpfrig. Das Licht wurde zunehmend besser.

Rechter Hand, jenseits der beiden nächsten Lichtungen, sah Mthuka die Geier dichtgedrängt in zwei Bäumen hocken und zeigte auf sie. Solange sie dort saßen, mußte der Löwe noch auf Jagd sein. Ngui schlug mit der Handfläche aufs Wagendach, und wir hielten an. Ich weiß noch, wie ich dachte, seltsam, daß Mthuka die Vögel vor Ngui bemerkt hat, der doch viel höher steht. Ngui sprang hinunter und kam geduckt, um den Umriß des Wagens nicht zu verändern, an meine Seite. Er packte mich am Fuß und zeigte nach links auf den Baumgürtel.

Der große schwarzmähnige Löwe mit dem in diesem Licht fast schwarzen Körper trottete mit schwingenden Bewegungen von Kopf und Schultern ins hohe Gras.

«Siehst du ihn?» fragte ich Mary leise.

«Ich sehe ihn.»

Er befand sich jetzt im Gras, und nur noch Kopf und Schultern waren zu sehen; das Gras schwankte und schloß sich hinter ihm. Offenbar hatte er das Auto gehört, oder aber er war schon früher zum Wald aufgebrochen und hatte uns kommen sehen.

«Sinnlos, ihm dahinein zu folgen», sagte ich zu Mary.

«Das weiß ich selbst», sagte sie. «Wären wir früher losgefahren, hätten wir ihn erwischt.»

«Es war nicht hell genug. Wenn du ihn verwundet hättest, hätte ich ihm dahinein folgen müssen.»

«Wir hätten ihm folgen müssen.»

«Wir? Von wegen.»

«Wie soll man ihn denn deiner Meinung nach erwischen?» Sie war wütend, wenn auch nur, weil sie so jäh ihrer Hoffnung beraubt worden war; die Wut trieb sie nicht zu der Dummheit, allen Ernstes zu erwarten, daß man ihr erlauben würde, einem verwundeten Löwen durch Gras zu folgen, das ihr bis über den Kopf reichte.

«Ich nehme an, wir können ihn in Sicherheit wiegen, wenn er sieht, daß wir jetzt weiterfahren, ohne uns seine Beute anzusehen.» Ich unterbrach mich und sagte zu Ngui: «Steig ein. Und fahr poli poli, Mthuka.» Als dann Ngui wieder neben mir saß und das Auto langsam mit meinen zwei Freunden und Brüdern, die die Geier in den Bäumen beobachteten, den Weg zurückfuhr, sagte ich: «Was glaubst du, was hätte Pop getan? Ihn ins Gras und Unterholz verfolgt und dich da reingeführt, wo du nichts sehen kannst? Was willst du eigentlich? Deinen Tod oder den des Löwen?»

«Schrei nicht so, das ist Charo peinlich.»

«Ich schreie nicht.»

«Du müßtest dich mal hören.»

«Bitte», flüsterte ich.

«Sag nicht bitte und flüstere nicht. Und sprich nicht von Bewährung im Augenblick der Wahrheit.»

«Mit dir auf Löwenjagd zu gehen kann wirklich entzückend sein. Wie viele Leute haben dich bis jetzt dabei betrogen?»

«Pop und du und ich weiß nicht wer sonst noch. G. C. wird's wahrscheinlich auch tun. Wenn du so viel weißt, du allwissender General der Löwenjagd, warum sind die

Geier nicht runtergekommen, als der Löwe seine Beute verlassen hat?»

«Weil eine oder beide Löwinnen noch davon fressen oder in der Nähe geblieben sind.»

«Wollen wir uns das nicht ansehen?»

«Doch, aber aus größerer Entfernung, um keins der Tiere zu verscheuchen. Ich will sie alle in Sicherheit wiegen.»

«Du gehst mir allmählich auf die Nerven mit deinem ewigen ‹Ich will sie in Sicherheit wiegen›. Wenn du schon deine Gedanken nicht variieren kannst, versuch wenigstens deine Ausdrucksweise zu variieren.»

«Wie lange bist du schon hinter diesem Löwen her, Schatz?»

«Kommt mir vor wie eine Ewigkeit, und ich hätte ihn schon vor drei Monaten töten können, wenn du und G. C. mich gelassen hättet. Da hatte ich eine gute Gelegenheit, und ihr habt mich nicht gelassen.»

«Weil wir nicht wußten, ob es wirklich dieser Löwe war. Es hätte ein Löwe vom Amboseli sein können, den die Dürre dorthin getrieben hatte. G. C. ist da sehr gewissenhaft.»

«Ihr beide habt die Gewissenhaftigkeit von Strauchdieben», sagte Miss Mary. «Wann werden wir die Löwinnen sehen?»

«Nach etwa dreihundert Metern im Winkel von fünfundvierzig Grad auf der rechten Seite.»

«Und bei welcher Windstärke?»

«Etwa Windstärke zwei», sagte ich. «Schatz, der Löwe hat dir ein bißchen den Kopf verdreht.»

«Und das mit Recht! Natürlich hat er mir den Kopf verdreht. Trotzdem nehme ich Löwen ernst.»

«Ich auch, wirklich. Und ich glaube, mir liegen sie genauso am Herzen wie dir, auch wenn ich nicht ständig davon rede.»

«Du redest oft genug davon. Keine Sorge. Aber du und G. C., ihr seid doch bloß Mörder, die das Gewissen plagt. Verurteilt alles mögliche zum Tode und vollzieht die Strafe selbst. Und G. C. hat ein viel besseres Gewissen als du, und seine Leute sind viel disziplinierter als deine.»

Ich berührte Mthuka am Oberschenkel und gab ihm zu verstehen, daß er anhalten sollte. «Da, sieh hin, Schatz. Das ist von dem Zebra noch übrig, und dort sind die zwei Löwinnen. Können wir wieder Freunde sein?»

«Ich bin immer dein Freund», sagte sie. «Du verstehst mich nur falsch. Kann ich bitte das Fernglas haben?»

Ich gab ihr den guten Feldstecher, und sie beobachtete die beiden Löwinnen. Die eine war von der Schwangerschaft so dick, daß sie wie ein männlicher Löwe ohne Mähne aussah. Die andere war vermutlich ihre erwachsene Tochter oder eine anhängliche Freundin. Sie lagen im Schutz einer Buschinsel; die eine ruhig, würdevoll, ganz die werdende Mutter, mit hellbraunen, blutverschmierten Lefzen, die andere jung und geschmeidig und ebenfalls mit blutigem Maul. Von dem Zebra war nicht mehr viel übrig, aber sie wachten über ihr Eigentum. Die Geräusche, die ich in der Nacht gehört hatte, hatten nicht erkennen lassen, ob sie selbst das Zebra gerissen hatten oder ob er es gewesen war und sie dann zu ihm gestoßen waren.

Die Geier hockten dichtgedrängt in den beiden kleinen Bäumen, und in dem größten Baum in einer der grünen Buschinseln hockten sicher noch hundert mehr. Sie waren plump und bucklig und hielten sich zum Anflug bereit, aber die Löwinnen waren dem Kadaver des Zebras einfach zu nahe. Am Rand einer der Buschinseln sah ich einen Schakal, dann noch einen, schön und stattlich wie Füchse. Hyänen waren nicht zu sehen.

«Wir sollten sie nicht aufschrecken», sagte ich. «Ich bin dafür, ihnen auf keinen Fall zu nahe zu kommen.»

Mary war jetzt wieder besänftigt. Der Anblick von Löwen erregte und erfreute sie immer. Sie sagte: «Was meinst du, wer hat das Zebra gerissen? Die beiden oder er selbst?»

«Ich nehme an, er hat es getötet und soviel davon gefressen, wie er wollte, und die beiden sind erst viel später dazugekommen.»

«Kommen die Geier auch, wenn es dunkel ist?»

«Nein.»

«Es sind so ungeheuer viele. Sieh dir die an, die ihre Flügel zum Trocknen ausbreiten wie bei uns zu Hause die Bussarde.»

«Für königliches Wild sind sie eigentlich zu häßlich, und wahrscheinlich verbreiten sie mit ihrem Kot die Rinderpest oder andere Viehkrankheiten überallhin. Es sind mit Sicherheit zuviel von ihnen für diese Gegend. Die Insekten und die Hyänen und Schakale könnten jedes hier gerissene Tier beseitigen, und die Hyänen können kranke oder zu alte Tiere töten und an Ort und Stelle fressen, so daß die Krankheiten nicht gleich übers ganze Land ausgebreitet werden.»

Der Anblick der Löwinnen an ihrem Ruheort und der wahrlich scheußlichen Geier, die scharenweise in den Bäumen hockten, hatte mich geschwätzig werden lassen – das und die Tatsache, daß wir wieder Freunde waren und daß ich meine geliebte Miss Mary frühestens am nächsten Tag gegen den Löwen würde schicken müssen. Außerdem waren mir Geier zuwider, und ich fand, daß ihre Nützlichkeit als Aasfresser maßlos überschätzt wurde. Irgend jemand hatte die Behauptung in die Welt gesetzt, sie wären die großen Müllschlucker Afrikas, worauf sie zu königlichem Wild erklärt und somit unter Schutz gestellt worden waren und ihr Bestand nicht mehr kontrolliert werden konnte; wer auf ihre Rolle bei der Verbreitung von Krankheiten hinwies, stand gegen jenes magische Wort «königliches Wild» auf verlorenem Posten. Die Wakamba fanden diesen Ausdruck sehr komisch, und wir nannten sie immer die Königsvögel.

Jetzt, obszön über den Resten des Zebras kauernd, sahen sie aber gar nicht komisch aus, und als die große Löwin gähnend aufstand und sich wieder zum Aas begab, schwebten, kaum daß sie das Zebra erreicht hatte, zwei große Geier herbei. Die junge Löwin schlug einmal drohend mit dem Schwanz, und als sie tapsig wie ein Kätzchen nach ihnen ausholte, liefen sie davon und schwangen sich mit schweren Flügelschlägen in die Luft. Dann legte sie sich neben die große Löwin und begann zu fressen; die Vögel blieben in den Bäumen, aber die am nächsten hockenden beugten sich so gierig vor, daß sie fast von den Ästen fielen.

Die Löwinnen würden nicht lange brauchen, den Rest des Zebras zu fressen, und ich sagte Mary, es sei wahrscheinlich besser, sie nicht dabei zu stören und einfach weiterzufahren, als ob wir sie nicht gesehen hätten. Weiter vor uns stand eine kleine Gruppe Zebras, und dahinter grasten Gnus und noch viel mehr Zebras.

«Ich sehe ihnen so gerne zu», sagte Mary. «Aber wenn du es für besser hältst, fahren wir jetzt weiter und schauen in der Salzebene nach, ob wir da vielleicht ein paar Büffel finden.»

Also fuhren wir bis an den Rand der Salzebene, sahen aber weder Büffel noch auch nur Spuren von ihnen. Die

Ebene war noch zu matschig zum Fahren, und dasselbe galt für das Gelände in Richtung Osten. Immerhin entdeckten wir am Rand der Salzebene die Spuren der zwei Löwinnen, die von dort schnurstracks zur Beute gegangen waren. Die Spuren waren frisch, und es war unmöglich, zu sagen, wann sie auf die Beute gestoßen waren. Aber ich war der Meinung, daß der Löwe das Tier gerissen hatte, und Ngui und Charo stimmten mir zu. «Wenn wir noch mal denselben Weg zurückfahren, gewöhnt er sich vielleicht an den Anblick des Autos», sagte Mary. «Ich habe keine Kopfschmerzen, aber es wäre schön, wenn ich bald frühstücken könnte.»

Genau auf diesen Vorschlag hatte ich gewartet.

«Wenn wir nicht schießen –» Ich unterbrach mich, weil ich schon wieder hatte sagen wollen, daß wir ihn in Sicherheit wiegen müßten.

«– denkt er vielleicht, das ist ein Auto, das bloß so hin und her fährt», beendete Mary den Satz für mich. «Wir werden schön frühstücken, und ich kann endlich meine ganze Post erledigen, und wir werden geduldig warten.»

«Du bist brav, Kleines.»

«Wir fahren wie Touristen zum Lager zurück und sehen die wunderbar frischen grünen Wiesen und freuen uns auf das Frühstück.»

Doch als wir zum Frühstück ins Lager kamen, wartete dort auf uns der junge Polizist in seinem schlammbespritzten Landrover. Das Auto stand unter einem Baum, und seine zwei Askaris waren hinten bei den Zelten. Als wir herankamen, stieg er aus; sein junges Gesicht war von großer Sorge und Verantwortung zerfurcht.

«Guten Morgen, Bwana», sagte er. «Guten Morgen, Memsahib. Schon früh auf Patrouille gewesen, wie ich sehe.»

«Möchten Sie mit uns frühstücken?» fragte ich.

«Wenn ich nicht störe. Was Interessantes entdeckt, Chef?»

«Es war nur eine kleine Inspektionsfahrt. Was gibt's Neues aus dem Boma?»

«Man hat sie geschnappt, Chef. Drüben auf der anderen Seite. Nördlich von Namanga. Sie können Ihre Leute zurückrufen.»

«War's schwierig?»

«Ich weiß noch nichts Genaues.»

«Ein Jammer, daß wir nicht hier haben kämpfen können.»

Miss Mary warf mir einen mahnenden Blick zu. Sie sah es nicht gern, daß der junge Polizist mit uns frühstückte, aber sie wußte, daß er einsam war, und wenn sie auch Narren gegenüber wenig Toleranz besaß, war sie doch gut gelaunt gewesen, bis wir den erschöpften Polizisten in seinem schlammbedeckten Fahrzeug gesehen hatten.

«Ja, das hätte auch mir viel bedeutet. Wir hatten praktisch den perfekten Plan, Chef. Vielleicht war es der perfekte Plan. Das einzige, was mir Sorgen gemacht hat, war unsere kleine Memsahib hier. Wenn Sie gestatten, Ma'am, daß ich das sage, aber so etwas ist nichts für eine Frau.»

«Ich war doch gar nicht beteiligt», sagte Mary. «Möchten Sie noch etwas Nieren und Speck?»

«Sie waren beteiligt», sagte er. «Sie waren ein Teil der Tarnung. Ich erwähne Sie in meinem Bericht. Das ist vielleicht nicht dasselbe wie eine Erwähnung in einem Kriegsbericht. Aber es gehört alles dazu. Eines Tages werden alle, die in Kenia gekämpft haben, sehr stolz sein.»

«Ich finde, nach Kriegen sind die Leute eigentlich allesamt furchtbar langweilig», sagte Miss Mary.

«Nur die, die nicht gekämpft haben», sagte der junge Harry. «Kämpfer und, wenn Sie gestatten, auch Kämpferinnen haben einen Ehrenkodex.»

«Nehmen Sie sich ein Bier, Harry», sagte ich. «Wissen Sie schon, wann wir wieder kämpfen werden?»

«Wenn es soweit ist, Chef, werden Sie es als erster erfahren.»

«Zu freundlich von Ihnen», sagte ich. «Aber ich nehme an, es gibt Ruhm genug für uns alle.»

«Wohl wahr», sagte der junge Polizist. «In gewisser Weise sind wir die letzten Erbauer des Empires, Chef. In gewisser Weise sind wir wie Rhodes und Dr. Livingstone.»

«In gewisser Weise», sagte ich.

Am Nachmittag fuhr ich zur Shamba. Es war kalt, da die Wolke am Berg die Sonne verbarg und ein heftiger Wind von dort oben kam, wo das, was wir als Regen abbekommen hatten, wohl als Schnee gefallen war. Die Shamba lag in knapp zweitausend Meter Höhe, und der Berg war über dreitausend Meter hoch. Die dort nach Schneefall auftretenden kalten Winde setzen den in der Hochebene lebenden Menschen sehr zu. Weiter oben in den Ausläufern des Berges waren die Häuser – wir nannten sie nicht Hütten – zum Schutz vor dem Wind in Bodensenken gebaut. Aber diese Shamba war dem Wind ungeschützt ausgesetzt, und an diesem Nachmittag war es dort sehr kalt, der Gestank von halbgefrorenem Mist hing in der Luft, und alle Vögel und Tiere hatten sich vor dem Wind in Sicherheit gebracht.

Der Mann, den Miss Mary als meinen Schwiegervater bezeichnete, hatte eine Erkältung und starke rheumatische Rückenschmerzen. Ich gab ihm Medikamente und rieb ihn mit Sloan's Tinktur ein. Keiner von uns Kamba betrachtete ihn als den Vater seiner Tochter, aber nach den Gesetzen und Bräuchen des Stammes war er es, und darum war ich ihm Respekt schuldig. Wir behandelten ihn im Windschatten des Hauses, und seine Tochter sah uns dabei zu. Sie trug das Kind ihrer Schwester auf der Hüfte und hatte meinen letzten guten Wollpullover an und eine Fischermütze auf, die ich von einem Freund bekommen hatte. Dieser Freund hatte meine Initialen auf die Vorderseite der Mütze sticken lassen, und das hatte für uns alle eine gewisse Bedeutung. Bis sie die Mütze hatte haben wollen, waren mir die Initialen immer peinlich gewesen. Unter dem Wollpullover trug sie das letzte und zu oft gewaschene Kleid aus Laitokitok. Es verstieß gegen die Etikette, daß ich mit ihr sprach, solange sie das Kind ihrer Schwester auf dem Arm hatte, und eigentlich hätte sie auch nicht zusehen dürfen, wie ihr Vater behandelt wurde. Sie umging dieses Verbot, indem sie zu Boden sah.

Der Mann, dessen Name so etwas wie potentieller Schwiegervater bedeutete, ertrug die Behandlung mit der brennenden Flüssigkeit nicht besonders tapfer. Ngui, der die Wirkung von Sloan's Tinktur gut kannte und wenig Achtung vor den Männern dieser Shamba hatte, wollte, daß ich die Behandlung gründlich vornahm, und gab mir durch Zeichen zu verstehen, daß ich ein paar Tropfen an Stellen gelangen lassen sollte, wo sie eigentlich nicht hingehörten. Mthuka mit seinen schönen Stammesnarben auf beiden Wangen war rundum glücklich in seiner Schwerhörigkeit, ihn erfreute das Schauspiel, einen nichtsnutzigen Kamba für eine gute Sache leiden zu sehen. Zur Enttäuschung aller, einschließlich der Tochter, ging ich aber sehr sorgsam mit der Tinktur um, und bald verloren sie das Interesse.

«Jambo tu», sagte ich, als wir gingen, zu der Tochter; sie antwortete mit gesenktem Blick und geschwellter Brust: *«No hay remedio.»*

Wir stiegen ins Auto. Niemand winkte. Die Kälte verstärkte die Förmlichkeit – es war zuviel von beidem da, und wir alle fühlten uns unbehaglich angesichts einer so armseligen Shamba.

«Ngui», fragte ich. «Wie kommt es, daß sie in dieser Shamba so jämmerliche Männer und so wunderbare Frauen haben?»

«Große Männer sind durch die Shamba gekommen», sagte Ngui. «Früher war dies der Weg nach Süden, bis der neue Weg gebaut wurde.» Er ärgerte sich über die Männer der Shamba, weil sie nichtsnutzige Kamba waren.

«Meinst du, wir sollten diese Shamba einnehmen?»

«Ja», sagte er. «Du und ich und Mthuka und die jungen Männer.»

Wir traten in die afrikanische Welt der Unwirklichkeit, die von einer Wirklichkeit jenseits aller wahren Wirklichkeit gestützt und gesteigert wurde. Es war keine Welt für Fluchten oder Tagträume. Es war eine gnadenlose, wirkliche Welt, die aus der Unwirklichkeit des Wirklichen entstand. Wenn es dort noch immer Nashörner gab und wir sie tagtäglich sahen, obwohl es doch eigentlich unmöglich war, daß solche Tiere lebten, dann war alles möglich. Wenn Ngui und ich mit einem Nashorn, einem an sich schon unglaublichen Tier, so gut in seiner eigenen Sprache reden konnten, daß es uns widersprach, und wenn ich es auf spanisch beschimpfen und beleidigen konnte, bis es schließlich gedemütigt davonschlich, dann war die Unwirklichkeit im Vergleich zur Wirklichkeit vernünftig und logisch. Das Spanische galt als Marys und meine Stammessprache, als Allzwecksprache des Landes Kuba, aus dem wir kamen. Sie wußten, daß wir auch eine private oder geheime Stammessprache hatten. Man nahm an, daß uns mit den Briten nur die Hautfarbe und eine gewisse gegenseitige Toleranz verband. Als Mayito Menocal bei uns war, wurde er sehr bewundert: wegen seiner tiefen Stimme, seines Geruchs, seiner Höflichkeit und weil er Spanisch und Kisuaheli sprach. Auch seine Narben betrachtete man mit Ehrfurcht, und da er Kisuaheli mit starkem Camaguey-Akzent sprach und aussah wie ein Stier, brachte man ihm tatsächlich fast so etwas wie Verehrung entgegen.

Ich hatte erklärt, er sei damals, als es in seinem Land noch große Könige gegeben habe, der Sohn des Königs gewesen, und ich hatte seine ausgedehnten Ländereien und ihre Qualität beschrieben, hatte erzählt, wieviel Stück Vieh er besaß und wieviel Zucker er produzierte. Weil Zucker, nach Fleisch, ein von den Wakamba stets begehrtes Lebensmittel war, weil Pop das alles Keiti gegenüber bestätigt hatte, weil Mayito offenkundig ein Experte im Umgang mit Vieh war, der genau wußte, wovon er sprach, und, wenn er davon sprach, dies mit einer Stimme tat, die der eines Löwen sehr ähnlich war, und weil sein Verhalten niemals ungerecht, unhöflich, verächtlich oder angeberhaft war, war er bei den Leuten sehr beliebt. In der Zeit, die er in Afrika verbrachte, habe ich nur eine einzige Lüge über Mayito erzählt. Sie bezog sich auf seine Frauen.

Mwindi, der Mayito aufrichtig bewunderte, fragte mich geradeheraus, wie viele Frauen Mayito habe. Alle wollten das wissen, und dergleichen zählte nicht zu den Informationen, die man von Pop erhalten konnte. Mwindi hatte mal wieder einen seiner melancholischen Tage, und anscheinend hatte man über diese Frage debattiert. Ich wußte nicht, auf welche Seite er sich geschlagen hatte, doch man hatte ihn offenbar gebeten, diese Frage zu klären.

Ich erwog die Frage und die kulturellen Unterschiede und sagte: «In seinem Land würde niemand sie zählen wollen.»

«Ndio», sagte Mwindi. Das war die angemessene Ausdrucksweise von Mzees.

Tatsächlich hatte Mayito eine Frau. Sie war sehr schön. Mwindi ging so melancholisch davon, wie er gekommen war.

Als Ngui und ich nun von der Shamba zurückfuhren, gaben wir uns einer typischen Männerbeschäftigung hin: Wir schmiedeten Pläne, die nie verwirklicht werden würden.

«In Ordnung», sagte ich. «Wir nehmen die Shamba ein.»

«Gut.»

«Wer nimmt Debba?»

«Sie gehört dir. Sie ist deine Verlobte.»

«Gut. Wenn wir sie eingenommen haben, wie halten wir sie, wenn man uns eine Kompanie K. A. R. auf den Hals schickt?»

«Du läßt dir von Mayito Soldaten schicken.»

«Mayito ist jetzt in Hongkong. In China.»

«Wir haben Flugzeuge.»

«Aber nicht die richtigen. Wie kommen wir ohne Mayito zurecht?»

«Wir verziehen uns auf den Berg.»

«Zu kalt. Verdammt kalt jetzt da oben. Außerdem verlieren wir dann die Shamba.»

«Krieg ist Scheiße», sagte Ngui.

«Das kann ich dir schriftlich geben», sagte ich. Wir

waren jetzt beide glücklich. «Nein. Wir nehmen die Shamba langsam ein, Tag für Tag. Der Tag ist unsere Maßeinheit. Wir haben jetzt schon, was die alten Männer, wie sie glauben, erst bekommen, wenn sie sterben. Wir haben gute Jagd. Wir essen gutes Fleisch. Wir trinken ordentlich, wenn die Memsahib ihren Löwen getötet hat, und wir sind in den ewigen Jagdgründen, obwohl wir noch am Leben sind.»

Mthuka, schwerhörig, wie er war, bekam von alldem nichts mit. Er glich einem Motor, der reibungslos funktionierte, wenn auch nach eigenen Gesetzen. Es war wie eine Szene in einem Traum. Mthuka hatte die schärfsten Augen von uns allen, er war der beste Geländefahrer und besaß, falls es denn so etwas gab, die Gabe außersinnlicher Wahrnehmung. Als wir das Lager erreichten und anhielten, wußten Ngui und ich genau, daß er von unserem Gespräch kein Wort mitbekommen hatte, und dennoch sagte er: «Es ist besser, viel, viel besser.»

Sein teilnehmender, freundlicher Blick sagte mir, daß er ein besserer und freundlicherer Mensch war, als ich jemals sein konnte. Er bot mir von seinem Kautabak an. Es war halbwegs normaler Tabak ohne die seltsamen Zusätze, die Arap Meinas Tabak enthielt, schmeckte aber sehr gut, und ich schob mir einen dicken Batzen davon unter die Oberlippe.

Keiner von uns hatte getrunken. Mthuka sah mit seinen hochgezogenen Schultern immer wie ein Kranich bei kaltem Wetter aus. Der Himmel war bedeckt, die Wolken hingen jetzt über der Ebene, und als ich ihm die Tabaksdose zurückgab, sagte er: «Wakamba tu.»

Das wußten wir beide, und es war nichts daran zu ändern. Er zog die Plane über den Wagen, und ich ging zum Zelt.

«War in der Shamba alles in Ordnung?» fragte Miss Mary.

«Alles bestens. Nur ein bißchen kalt und unfreundlich.»

«Kann ich irgendwas für irgendwen dort tun?»

Wie lieb und gut du bist, Kleines, dachte ich und sagte: «Nein. Ich glaube, es geht ihnen allen gut. Ich werde der Witwe eine Kiste mit Medikamenten besorgen und ihr erklären, wie man damit umgeht. Es ist schlimm, wenn die Augen der Kinder nicht behandelt werden, weil sie Wakamba sind.»

«Wenn sie überhaupt irgendwas sind», sagte Miss Mary.

«Ich werde mit Arap Meina reden. Würdest du Mwindi bitte sagen, daß er mich rufen soll, wenn das Bad fertig ist?»

Arap Meina glaubte nicht, daß der Löwe in dieser Nacht auf Jagd gehen würde. Ich erzählte ihm, am Morgen, als er in den Wald gegangen sei, habe er sehr schwerfällig gewirkt. Arap Meina bezweifelte auch, daß die Löwinnen in dieser Nacht jagen würden, aber es war natürlich möglich, und vielleicht würde der Löwe dann zu ihnen stoßen. Ich fragte ihn, ob es gut gewesen wäre, wenn ich einen Köder besorgt und unter Zweigen versteckt hätte, um den Löwen in der Gegend zu halten. Er sagte, dafür sei dieser Löwe viel zu klug.

In Afrika wird ein großer Teil der Zeit mit Gesprächen verbracht. Das ist überall so, wo Analphabeten leben. Doch sobald die Jagd beginnt, wird kaum noch gesprochen. Man versteht sich auch ohne Worte, und bei heißem Wetter klebt einem die Zunge ohnehin trocken am Gaumen. Aber bei den abendlichen Planungen für eine Jagd wird immer viel geredet, und es kommt ziemlich selten vor, daß etwas so läuft wie geplant, besonders wenn die Pläne zu kompliziert sind.

Als wir dann nachts im Bett lagen, zeigte sich, daß wir alle den Löwen falsch eingeschätzt hatten. Wir hörten ihn nördlich des Geländes brüllen, auf dem wir den Landestreifen angelegt hatten. Dann entfernte er sich unter gelegentlichem Brüllen. Danach ließ sich ein anderer Löwe vernehmen, dessen Stimme nicht so beeindruckend war. Lange Zeit war es still. Dann ertönten die Schreie von Hyänen, und aus der Art ihrer Schreie und den schrillen vibrierenden, kichernden Tönen, die sie ausstießen, zog ich den Schluß, daß irgendein Löwe Beute gemacht hatte. Schließlich hörten wir die Geräusche von kämpfenden Löwen. Als diese sich legten, setzten das Jaulen und Kichern der Hyänen wieder ein.

«Du und Arap Meina, ihr habt gesagt, die Nacht würde ruhig sein», sagte Mary sehr schläfrig.

«Irgendwer hat Beute gemacht», sagte ich.

«Darüber kannst du dich morgen mit Arap Meina unterhalten. Ich muß jetzt schlafen, weil ich früh aufstehen will. Ich möchte gut schlafen, damit ich nicht wieder so schlecht gelaunt bin.»

Kapitel 7

Ich setzte mich zum Frühstück: Eier und Speck, Toast, Marmelade und Kaffee. Mary trank die zweite Tasse Kaffee und wirkte recht zufrieden. «Kommen wir wirklich weiter?»

«Ja.»

«Aber er trickst uns jeden Morgen aus, und das kann er doch nicht ewig so weitermachen.»

«Nein, das kann er nicht. Wir werden ihn dazu bringen, daß er es ein wenig übertreibt, und wenn er dann einen Fehler macht, kannst du ihn töten.»

Nach dem Mittagessen jagten wir Paviane. Es war unsere Aufgabe, ihre Zahl zum Schutz der Shambas niedrig zu halten, aber bisher waren wir dabei ziemlich dumm vorgegangen, indem wir versucht hatten, die Horden im freien Gelände zu erwischen und auf sie zu schießen, wenn sie dann in Richtung Wald flohen. Um Pavianfreunden Trauer oder Wut zu ersparen, gehe ich nicht in die Einzelheiten. Jedenfalls wurden wir nicht angegriffen, und als ich sie einsammelte, waren ihre furchterregenden Eckzähne im Tod erstarrt. Wir kehrten mit den vier abscheulichen Kadavern ins Lager zurück. G. C. war bereits eingetroffen.

Er war schmutzig und wirkte erschöpft, aber glücklich.

«Guten Tag, General», sagte er. Er sah auf die Ladefläche des Jagdautos und lächelte. «Aha. Paviane gejagt. Zwei Paar. Ausgezeichnet. Hast du vor, sie von Roland Ward ausstopfen zu lassen?»

«Ja, G. C., ich dachte an ein Ensemble mit uns beiden in der Mitte.»

«Wie geht's dir, Papa, und wie geht's Miss Mary?»

«Ist sie nicht hier?»

«Nein. Man hat mir gesagt, daß sie mit Charo einen Spaziergang macht.»

«Es geht ihr gut. Der Löwe beschäftigt sie ziemlich. Aber ihre Stimmung ist ausgezeichnet.»

«Meine nicht», sagte G. C. «Wie wär's mit einem Drink?»

«Nach der Pavianjagd trinke ich immer gerne was.»

«Wir werden eine Pavianjagd in ganz großem Maßstab aufziehen», sagte G. C. Er nahm das Barett ab, griff in seine Jackentasche und zog einen braunen Umschlag hervor. «Lies das und präg dir unsere Rolle ein.»

Er rief Ngui zu, er solle uns was zu trinken bringen, und ich las die Anweisungen.

«Klingt vernünftig», sagte ich. Ich las weiter, überschlug die Stellen, die nichts mit uns zu tun hatten und die ich auf der Landkarte würde nachsehen müssen, und suchte nach den Passagen, die sich auf uns bezogen.

«Ja, sehr vernünftig», sagte G. C. «Deswegen ist meine Stimmung auch nicht schlecht. Im Gegenteil, das ist das einzige, was mich zuversichtlich macht.»

«Was ist denn mit deiner Stimmung? Hast du moralische Bedenken?»

«Nein. Probleme mit meinem Verhalten.»

«Du mußt ein echtes Problemkind gewesen sein. Du hast mehr Probleme als jemand in einem Buch von Henry James.»

«Schon eher Hamlet», sagte G. C. «Und ich war kein Problemkind. Ich war ein sehr glückliches und hübsches Kind, nur ein bißchen zu dick.»

«Mary hat noch heute mittag gesagt, sie hätte dich gern wieder bei uns.»

«Vernünftiges Mädchen», sagte G. C.

Wir sahen sie über das frische hellgrüne Gras der Wiese zurückkommen; beide waren gleich groß. Charo war so schwarz, wie ein Mensch nur sein konnte, und trug einen blauen Umhang und seinen alten schmutzigen Turban, Marys Haar leuchtete hellblond in der Sonne, und ihre grüne Jagdkleidung war dunkel vor dem hellen Grün der Wiese. Sie unterhielten sich angeregt, und Charo trug Marys Gewehr und ihr großes Vogelbuch. Nebeneinander wirkten die beiden wie eine Nummer des alten Cirque Medrano.

G. C. hatte sich gewaschen und trat ohne Hemd aus dem Zelt. Der bleiche Oberkörper bildete einen eigenartigen Kontrast zu seinem gebräunten Hals und Gesicht.

«Sieh sie dir an», sagte er. «Was für ein reizendes Paar.»

«Stell dir vor, du hast sie noch nie gesehen, und dann laufen sie dir über den Weg.»

«In einer Woche ist das Gras höher als sie. Jetzt reicht es ihnen nur bis zu den Knien.»

«Das Gras kann nichts dafür. Es ist erst drei Tage alt.»

«Hallo, Miss Mary», rief G. C. «Was habt ihr beide denn getrieben?»

Mary reckte sich stolz empor.

«Ich habe ein Gnu getötet.»

«Und wer hat dir das erlaubt?»

«Charo. Charo hat gesagt, ich soll es töten. Es hatte ein Bein gebrochen. Ganz schlimmer Bruch.»

Charo nahm das große Buch in die andere Hand und demonstrierte mit dem freien Arm, wie das Bein ausgesehen hatte.

«Wir dachten, du könntest einen Köder gebrauchen», sagte Mary. «Brauchst du doch, oder? Es liegt nicht weit vom Weg entfernt. Danach haben wir dich vorbeikommen hören, G. C. Aber wir konnten dich nicht sehen.»

«Du hast recht daran getan, es zu töten. Ja, wir brauchen einen Köder. Aber wie kommst du dazu, allein auf die Jagd zu gehen?»

«Ich wollte nicht jagen. Ich wollte Vögel bestimmen, ich hatte die Liste dabei. Charo würde mich niemals irgendwohin führen, wo es gefährliche Tiere gibt. Dann habe ich das Gnu gesehen, es wirkte so traurig, und das Bein sah so schrecklich aus – der Knochen ragte heraus. Charo hat gesagt, ich soll es töten, und das habe ich getan.»

«Memsahib piga. Kufa!»

«Ein Schuß, genau hinters Ohr.»

«Piga! Kufa!» sagte Charo, und er und Miss Mary sahen einander stolz an.

«Das war das erste Mal, daß ich jemals auf eigene Verantwortung getötet habe, ohne daß Papa oder Pop dabei waren.»

«Darf ich dir einen Kuß geben?» fragte G. C.

«Natürlich darfst du. Aber ich bin furchtbar verschwitzt.»

Die beiden tauschten Küsse aus, dann gab Mary mir einen Kuß und sagte: «Ich würde auch Charo gern einen Kuß geben, aber darauf muß ich wohl verzichten. Wißt ihr was? Die Impalas haben mich angebellt wie Hunde. Nichts hat Angst vor Charo und mir.»

Sie schüttelte Charo die Hand, und er brachte ihr Buch und ihr Gewehr zu unserem Zelt. «Ich geh mich jetzt auch lieber waschen. Danke, daß ihr's so freundlich aufgenommen habt, daß ich das Tier getötet habe.»

«Wir lassen es mit dem Wagen holen und legen es dann da aus, wo es hingehört.»

Ich ging zu unserem Zelt, und G. C. ging zu seinem, um sich anzuziehen. Mary wusch sich und wechselte das Hemd und roch an dem frischen Hemd, das mit einer anderen Seife gewaschen und in der Sonne getrocknet war. Wir sahen einander gern beim Baden zu, aber ich sah ihr niemals zu, wenn G. C. da war, weil das für ihn vielleicht irgendwie schwer gewesen wäre. Ich saß auf einem Stuhl vor dem Zelt und las, und sie kam zu mir und schlang mir die Arme um den Hals.

«Alles in Ordnung, Schatz?»

«Nein», sagte sie. «Ich war so stolz, und Charo war so stolz, und es war nur ein einziger Schuß, patsch, wie ein Pelotaball, der an die Wand knallt. Das Tier kann ihn nicht mal gehört haben, und Charo und ich haben uns danach die Hand gegeben. Du weißt, wie das ist, wenn man etwas zum erstenmal allein macht und die ganze Verantwortung trägt. Du und G. C., ihr wißt das, und deshalb hat er mir einen Kuß gegeben.»

«Alle würden dir jederzeit gern einen Kuß geben.»

«Kann sein. Wenn ich sie lassen würde. Oder sie dazu verführen würde. Aber das eben war etwas anderes.»

«Und warum fühlst du dich schlecht?»

«Das weißt du genau. Tu doch nicht so, als ob du das nicht wüßtest.»

«Aber ich weiß es wirklich nicht», log ich.

«Ich habe genau auf die Schulter gezielt. Ein großes Tier mit schwarzglänzendem Fell, etwa zwanzig Meter von mir entfernt. Es war mir halb zugewandt und sah uns an. Mit so traurigen Augen, als ob es am liebsten weinen würde. So etwas Trauriges habe ich noch nie gesehen, und dazu das furchtbar zugerichtete Bein. Was für ein langes trauriges Gesicht. Das muß ich G. C. doch nicht erzählen, oder?»

«Nein.»

«Dir muß ich es auch nicht erzählen. Aber wir sind gemeinsam hinter dem Löwen her, und jetzt ist mein ganzes verdammtes Selbstvertrauen wieder weg.»

«Du schießt ganz ausgezeichnet. Ich bin stolz, mit dir gemeinsam den Löwen zu jagen.»

«Das Schlimme dabei ist, daß ich doch eigentlich ganz gut schießen kann. Das weißt du.»

«Ich erinnere mich an jeden guten Schuß, den du getan hast. An die wunderbare Zeit im Escondido, als du besser als alle anderen geschossen hast.»

«Du mußt mir einfach helfen, mein Selbstvertrauen wiederzufinden. Aber es ist nur sowenig Zeit.»

«Du wirst es schon wiederfinden. Und G. C. erzählen wir nichts davon.»

Wir schickten den Wagen, um das Gnu zu holen. Als es gebracht wurde, kletterten G. C. und ich auf die Ladefläche und sahen es uns an. Gnus sind keine schönen Tiere, wenn sie tot sind. Da lag es mit seinem dicken Wanst, staubbedeckt, ganz und gar nicht mehr eindrucksvoll, die Hörner grau und unscheinbar. «Das war ein erstklassiger Schuß», sagte G. C. Die Augen des Gnus waren glasig, und die Zunge hing ihm aus dem Maul. Auch die Zunge war staubbedeckt. Das Einschußloch befand sich hinter dem Ohr, direkt an der Schädelbasis.

«Was glaubst du, wohin sie gezielt hat?»

«Sie hat aus nur zwanzig Meter Entfernung geschossen. Sie durfte auf den Kopf zielen, wenn sie es für richtig hielt, aber ich hätte gedacht, daß sie auf die Schulter zielen würde», sagte G. C.

Ich sagte nichts. Es hatte keinen Zweck, zu versuchen,

ihn zum Narren zu halten, und eine Lüge hätte G. C. mir niemals verziehen.

«Was hältst du von dem Bein?» fragte ich.

«Vielleicht jemand, der das Tier nachts mit dem Auto gejagt hat. Oder irgendwas anderes.»

«Und wie lange mag das hersein?»

«Zwei Tage. Es sind schon Maden drin.»

«Dann muß es auf dem Hügel passiert sein. Wir haben nachts keine Autos gehört. Jedenfalls kann das Tier mit diesem Bein nur bergab gelaufen sein. Hinaufgeklettert wäre es damit bestimmt nicht.»

«Du darfst uns nicht zum Maßstab nehmen», sagte G. C. «Das hier ist ein Gnu.»

Wir hatten unter dem Köderbaum angehalten und stiegen aus. G. C. und ich gingen zu dem Lastwagen, auf dem noch immer das Gnu lag, und er erklärte seinem Oberwildhüter und den anderen Wildhütern, die dazugekommen waren, wie er den Köder aufgehängt haben wollte. Das Gnu mußte nur von der Straße zu dem Baum geschleift und dann außer Reichweite der Hyänen hochgezogen und angebunden werden. Die Löwen würden es herunterreißen, wenn sie kämen. Es mußte an der Stelle vorbeigeschleift werden, wo sie gestern nacht Beute gemacht hatten. Die Männer sollten auf den Baum klettern, das Gnu so schnell wie möglich hinaufziehen und dann zum Lager zurückkehren. Meine Leute hatten überall Pavianköder aufgehängt, und ich sagte Mthuka, er solle den Wagen gut auswaschen. Er sagte, er habe bereits am Bach angehalten und ihn gewaschen.

Wir nahmen alle ein Bad, Mary als erste, und ich half ihr mit einem großen Handtuch beim Abtrocknen und hielt ihr die Moskitostiefel hin. Sie zog einen Bademantel über ihren Pyjama und ging nach draußen ans Feuer, um mit G. C. etwas zu trinken, bevor die Leute mit dem Kochen begannen. Ich blieb bei ihnen, bis Mwindi aus dem Zelt kam und sagte: «Bathi, Bwana»; ich nahm meinen Drink mit ins Zelt, zog mich aus, legte mich in die Segeltuchwanne, seifte mich ein und entspannte mich in dem heißen Wasser.

«Was sagen die alten Männer – was wird der Löwe heute nacht tun?» fragte ich Mwindi, der meine Kleider faltete und mir den Pyjama, den Morgenmantel und die Moskitostiefel zurechtlegte.

«Keiti sagt, Memsahibs Löwe frißt vielleicht von dem Köder, vielleicht auch nicht. Was sagt Bwana?»

«Dasselbe wie Keiti.»

«Keiti sagt, du Mganga mit dem Löwen.»

«Nein. Nur ein bißchen gute Medizin, um herauszufinden, wann er stirbt.»

«Wann stirbt er?»

«Innerhalb von drei Tagen. An welchem Tag, konnte ich nicht herausfinden.»

«Mzuri. Vielleicht stirbt er morgen.»

«Das glaube ich nicht. Aber möglich ist es.»

«Keiti glaubt es auch nicht.»

«Was glaubt er denn?»

«In drei Tagen.»

«Mzuri. Bitte bring mir das Handtuch.»

«Handtuch liegt neben dir. Ich bringe es, wenn du willst.»

«Entschuldigung», sagte ich. Es gibt in Kisuaheli kein Wort für Entschuldigung.

«Hapana Entschuldigung. Ich sage nur, wo es ist. Soll ich den Rücken abtrocknen?»

«Nein danke.»

«Geht es dir gut?»

«Ja. Warum?»

«Hapana warum. Ich frage, weil ich es wissen will.»

«Mir geht es sehr gut.» Ich stand auf, stieg aus der Wanne und begann mich abzutrocknen. Ich wollte sagen, daß es mir gutging, daß ich sehr entspannt und ein wenig schläfrig war und nicht viel Lust zum Reden hatte und lieber frisches Fleisch als Spaghetti gegessen hätte, aber keine Lust gehabt hatte, etwas zu töten, und daß ich mir aus verschiedenen Gründen Sorgen um meine drei Kinder machte, daß ich mir Sorgen um die Shamba machte, daß ich mir ein wenig Sorgen um G. C. und ziemlich große Sorgen um Mary machte, daß ich als Zauberdoktor ein Schwindler war, aber kein größerer Schwindler als die anderen, daß ich wünschte, Mr. Singh würde sich aus brenzligen Sachen heraushalten, daß ich hoffte, die Operation, zu der wir uns nach Weihnachten verpflichtet hatten, werde gut ablaufen, daß ich wünschte, ich hätte noch einige .22er Patronen mehr und Simenon würde weniger und dafür bessere Bücher schreiben. Ich wußte nicht alles, worüber Pop mit Keiti sprach, wenn er ein Bad nahm, aber ich wußte, daß Mwindi freundlich sein wollte, und das wollte ich auch. Aber heute abend war ich grundlos müde, und er spürte es und machte sich Sorgen.

«Frag mich nach Wakamba-Wörtern», sagte er.

Also fragte ich ihn nach Wakamba-Wörtern und versuchte sie mir einzuprägen, und dann dankte ich ihm und ging nach draußen ans Feuer, setzte mich in einem alten Pyjama aus Idaho dazu, versehen mit einem Paar warmen Moskitostiefeln made in Hongkong und einem warmen Wollmantel aus Pendleton in Oregon, und trank Whisky mit Soda; der Whisky kam aus einer Flasche, die Mr. Singh mir zu Weihnachten geschenkt hatte, und das abgekochte Wasser kam aus dem Bach, der vom Berg herabfloß, und wurde von einer in Nairobi hergestellten Siphonpatrone mit Kohlensäure versetzt.

Ich bin ein Fremder hier, dachte ich. Aber der Whisky sagte nein, und zu dieser Tageszeit hatte der Whisky immer recht. Whisky kann ebenso recht wie unrecht haben, und als er sagte, daß ich kein Fremder sei, wußte ich, daß er zu dieser Abendstunde recht hatte. Auf jeden Fall waren meine Stiefel wieder in dem Land, aus dem sie stammten, denn sie waren aus Straußenleder, und ich erinnerte mich an den Schuster in Hongkong, bei dem ich das Leder entdeckt hatte. Nein, ich hatte das Leder ja gar nicht entdeckt. Das war jemand anders gewesen, und dann überlegte ich, wer das Leder entdeckt hatte, und dachte an jene Zeiten, und dann dachte ich an verschiedene Frauen und wie es ihnen in Afrika ergehen würde und was für ein Glück ich gehabt hatte, gute Frauen kennenzulernen, die Afrika liebten. Ich hatte auch einige ganz schreckliche kennengelernt, die nur dorthin gereist waren, um dagewesen zu sein, und ich hatte ein paar richtige Miststücke und mehrere Alkoholikerinnen kennengelernt, für die Afrika nur irgendein Land war, wo sie sich noch ekelhafter benehmen und noch heftiger betrinken konnten.

Afrika hatte sie alle gepackt und in irgendeiner Weise verändert. Und wenn sie sich nicht ändern konnten, fanden sie es abstoßend.

Ich war jedenfalls sehr froh, daß G. C. wieder im Lager war, und auch Mary war froh. Er selbst freute sich ebenfalls, denn wir waren so etwas wie eine Familie und vermißten einander immer sehr, wenn wir getrennt waren. Er liebte seine Arbeit und war von ihr und ihrer

Bedeutung geradezu fanatisch überzeugt. Er liebte das Wild und wollte es hegen und beschützen, und das war so ziemlich das einzige, was ihm wichtig war, nehme ich an, außer einem sehr strengen und komplizierten Moralkodex.

Er war etwas jünger als mein ältester Sohn, und wenn ich Mitte der dreißiger Jahre wie geplant für ein Jahr nach Addis Abeba gegangen wäre, um dort zu schreiben, hätte ich ihn bereits als Zwölfjährigen kennengelernt, denn sein bester Freund damals war der Sohn der Leute, bei denen ich dann gewohnt hätte. Aber dazu war es nicht gekommen, weil Mussolini seine Soldaten dorthin geschickt hatte und mein Freund, in dessen Haus ich gewohnt hätte, auf einen anderen Posten im diplomatischen Dienst versetzt worden war, und so hatte ich die Gelegenheit verpaßt, G. C. schon als Zwölfjährigen kennenzulernen. Als ich ihm schließlich begegnete, hatte er einen langen, sehr aufreibenden und wenig lohnenden Krieg hinter sich, und das britische Protektorat, in dem er den Grundstein für eine glänzende Karriere gelegt hatte, war aufgegeben worden. Er hatte irreguläre Soldaten kommandiert, und das ist, wenn man ehrlich ist, die am wenigsten lohnende Art und Weise, einen Krieg zu führen. Gelingt es, einen Einsatz perfekt zu organisieren, so daß man selbst praktisch keine Verluste hat und dem Feind starke Verluste zufügt, wird das vom Hauptquartier als ungerechtfertigtes und verwerfliches Massaker eingestuft. Ist man gezwungen, unter ungünstigen Umständen und erheblichen Risiken zu kämpfen, und erringt den Sieg nur um den Preis zahlreicher Opfer, lautet der Kommentar: «Er schickt zu viele Leute in den Tod.»

Ein anständiger Mann, der irreguläre Soldaten kommandiert, kann nur in Schwierigkeiten geraten. Es ist zu bezweifeln, ob irgendein wirklich anständiger und talentierter Soldat jemals etwas anderes hoffen kann, als vernichtet zu werden.

Als ich G. C. kennenlernte, hatte er in einer anderen britischen Kolonie eine neue Karriere begonnen. Er war nicht verbittert und blickte niemals zurück. Bei Spaghetti und Wein erzählte er uns, wie irgendein frisch eingetroffener Kolonialbeamter ihn wegen eines unanständigen Ausdrucks getadelt hatte, den die Frau dieses jungen Mannes womöglich hätte mitbekommen können. Ich fand es furchtbar, daß G. C. sich mit solch langweiligen Leuten herumplagen mußte. Die alten Pukka Sahibs sind oft genug beschrieben und karikiert worden. Aber niemand hat sich bisher sonderlich mit diesem neuen Typus befaßt, außer vielleicht Waugh am Ende von *Schwarzes Unheil* und Orwell in *Tage in Burma*. Ich wünschte, Orwell wäre noch am Leben, und erzählte G. C. von unserer letzten Begegnung in Paris; das war 1945, nach der Ardennenoffensive. Orwell kam damals zu mir ins Zimmer 117 des Ritz, wo es noch immer ein kleines Waffenlager gab; er trug eine Art Zivil und wollte sich eine Pistole borgen, weil «sie» hinter ihm her seien. Er wollte eine kleine Pistole, die sich leicht verbergen ließ, und ich suchte ihm eine raus, warnte ihn aber, daß jemand, auf den er damit schießen würde, zwar wahrscheinlich irgendwann sterben würde, dies aber einige Zeit in Anspruch nehmen könnte. Aber für ihn war eine Pistole eine Pistole, und ich nahm an, daß er das Ding eher als Talisman denn als Waffe brauchte.

Er war sehr hager und sah schlecht aus, und ich fragte ihn, ob er nicht zum Essen bleiben wolle, doch er sagte, er müsse weiter. Ich bot ihm an, ihm ein paar Leute mitzugeben, die auf ihn aufpassen würden, wenn «sie» hinter ihm her wären. Meine Leute seien vertraut mit den hiesigen «sie» und würden ihm auf keine Weise zur Last fallen. Er sagte nein, die Pistole sei alles, was er brauche. Wir sprachen noch kurz über gemeinsame Bekannte, und dann ging er. Ich schickte ihm zwei Männer nach, die ihn beschatten und darauf achten sollten, ob ihn jemand verfolgte. Am nächsten Tag berichteten sie: «Niemand ist hinter ihm her, Papa. Er ist ein sehr eleganter Typ und kennt sich in Paris bestens aus. Wir haben uns bei Soundsos Bruder erkundigt, und der sagt, daß niemand ihm nachstellt. Er steht in Kontakt zur Britischen Botschaft, arbeitet aber nicht für sie. Das sind nur Gerüchte. Willst du eine genaue Aufstellung, was er alles getan hat?»

«Nein. Hat er sich amüsiert?»

«Ja, Papa.»

«Das freut mich. Wir brauchen uns keine Sorgen um ihn zu machen. Er hat ja die Pistole.»

«Die taugt doch nichts», sagte einer der beiden. «Aber du hast ihn doch gewarnt, Papa?»

«Ja. Er hätte auch jede andere Pistole haben können.»

«Vielleicht wäre er mit einer Stinger besser dran gewesen.»

«Nein», sagte der andere. «Eine Stinger ist zu auffällig. Er war zufrieden mit dieser Pistole.»

Und damit ließen wir es bewenden.

G. C. hatte einen schlechten Schlaf und verbrachte oft halbe Nächte mit Lesen. Er hatte eine sehr gute Bibliothek in seinem Haus in Kadjiado, und ich hatte einen Seesack mit Büchern dabei, die wir in leeren Kisten im Eßzelt aufgestellt hatten. Im New Stanley Hotel in Nairobi gab es eine ausgezeichnete Buchhandlung und ganz in der Nähe noch eine weitere, und immer wenn ich in die Stadt fuhr, kaufte ich mir die meisten der Neuerscheinungen, die irgendwie lesenswert aussahen. Lesen war das beste Palliativ gegen G. C.s Schlaflosigkeit. Aber ein Heilmittel war es nicht, und oft sah ich die ganze Nacht Licht in seinem Zelt. Da er nicht nur an seine Karriere denken mußte, sondern auch eine anständige Erziehung genossen hatte, konnte er sich mit Afrikanerinnen nicht einlassen. Er hielt sie weder für schön noch für reizvoll, und diejenigen, die ich kannte und am liebsten hatte, machten sich ihrerseits nichts aus ihm. Aber es gab da eine kleine ismailische Inderin; sie war eine der nettesten Frauen, die ich je kennengelernt habe, und sie war vollkommen hoffnungslos in G. C. verliebt. Sie hatte ihm weisgemacht, daß nicht sie selbst, sondern ihre Schwester, die in strenger Abgeschlossenheit lebte, in ihn verliebt sei, und ließ ihm im Namen dieser Schwester Geschenke und Botschaften zukommen. Eine traurige, aber auch unschuldige und komische Geschichte, die uns allen gefiel. G. C. hatte kein Interesse an der Frau, er unterhielt sich nur freundlich mit ihr, wenn er im Laden ihrer Familie war. Es gab in Nairobi einige weiße Mädchen, die es ihm angetan hatten und nach denen ich ihn nicht fragte. Das überließ ich Mary. Doch wir drei klatschten untereinander nicht über ernste persönliche Angelegenheiten.

In der Shamba war das anders. Dort und in den Zelten gab es keine Bücher, kein Radio, und dort wurde viel geredet. Ich fragte die Witwe und das Mädchen, das beschlossen hatte, meine Frau zu werden, was ihnen an G. C. nicht gefiele, und zunächst wollten sie nicht antworten. Schließlich erklärte die Witwe, es sei nicht höflich, das zu sagen. Wie sich herausstellte, hatte es mit seinem Körpergeruch zu tun. Alle Menschen meiner Hautfarbe rochen gewöhnlich sehr schlecht.

Wir saßen unter einem Baum am Ufer eines Flusses,

und ich wartete auf ein paar Paviane, die sich ihrem Palaver nach zu urteilen in unsere Richtung bewegten.

«Bwana Game riecht gut», sagte ich. «Ich rieche ihn die ganze Zeit. Er hat einen guten Geruch.»

«Hapana», sagte die Witwe. «Du riechst wie Shamba. Du riechst wie geräuchertes Fell. Du riechst wie Pombe.» Ich mochte den Geruch von Pombe nicht und war mir nicht sicher, ob es mir gefiel, so zu riechen.

Das Mädchen legte seinen Kopf an den Rücken meines Buschhemdes, das von getrocknetem Schweiß ganz salzig sein mußte. Sie rieb den Kopf an meinen Schultern und an meinem Hals und hockte sich dann vor mich hin, damit ich ihr einen Kuß auf den Kopf geben konnte.

«Siehst du?» fragte die Witwe. «Du riechst genau wie Ngui.»

«Ngui, haben wir denselben Geruch?»

«Ich weiß nicht, wie ich rieche. Niemand weiß das. Aber du riechst genau wie Mthuka.»

Ngui saß an die andere Seite des Baums gelehnt und blickte flußabwärts. Er hatte die Beine angezogen und den Kopf an den Baum gelehnt. Neben ihm lag mein neuer Speer.

«Witwe, sprich du mit Ngui.»

«Nein», sagte sie. «Ich kümmere mich um das Mädchen.»

Das Mädchen hatte den Kopf in meinen Schoß gelegt und betastete das Pistolenhalfter. Ich wußte, sie wollte, daß ich ihr mit den Fingern um Nase und Lippen strich und dann ganz leicht ihr Kinn berührte und die Linie ihres an Stirn und Schläfen schnurgerade geschnittenen Haaransatzes nachzog, und dann sollte ich ihre Ohren und den Hinterkopf streicheln. Mehr als diese taktvollen Zärtlichkeiten waren in Gegenwart der Witwe nicht möglich. Aber auch sie durfte mich zärtlich betasten, wenn sie wollte.

«Du hast so schöne kräftige Hände.»

«Ich gute Frau.»

«Sag der Witwe, sie soll gehen.»

«Nein.»

«Warum?»

Sie erklärte es mir, und ich küßte sie wieder auf den Hinterkopf. Sie streichelte mich sehr sanft, nahm dann meine rechte Hand und legte sie dorthin, wo sie sie haben wollte. Ich nahm sie fest in die Arme und legte die andere Hand dorthin, wo sie sein sollte.

«Nein», sagte die Witwe.

«Hapana tu», sagte das Mädchen. Sie drehte sich um und legte den Kopf mit dem Gesicht nach unten dorthin, wo er gewesen war, und dann sagte sie etwas auf kamba, das ich nicht verstand. Ngui blickte flußabwärts, ich in die Gegenrichtung, und die Witwe hatte sich hinter den Baum verzogen und lag dort zu unserem gemeinsamen großen Kummer, und ich langte nach oben in den Baum, nahm das Gewehr und legte es neben mein rechtes Bein.

«Schlaf ein wenig, tu», sagte ich.

«Nein. Ich schlafe nachts.»

«Schlaf jetzt.»

«Nein. Darf ich dich anfassen?»

«Ja.»

«Als letzte Ehefrau.»

«Als meine Frau mit den kräftigen Händen.»

Wieder sagte sie etwas auf kamba, das ich nicht verstand, und Ngui antwortete: «Kwenda na campi.»

«Ich muß bleiben», sagte die Witwe. Aber als Ngui mit seinem unbekümmerten Gang davonschritt und einen langen Schatten durch die Bäume warf, begleitete sie ihn ein Stück und sprach kamba mit ihm. Dann bezog sie vier Bäume weiter wieder ihren Posten und blickte flußabwärts.

«Sind sie weg?» fragte das Mädchen.

Ich sagte ja, und sie richtete sich halb auf, und dann lagen wir eng umschlungen; sie drückte ihren Mund auf meinen, und wir küßten uns sehr behutsam. Sie war verspielt und neugierig und hatte Freude an meinen Reaktionen und meinen Narben, und sie nahm mein Ohrläppchen zwischen Daumen und Zeigefinger und befühlte die Stellen, die sie gern durchstochen hätte. Ihre Ohrläppchen waren noch nicht durchstochen, und sie wollte, daß ich fühlte, wo sie bei ihr für mich durchstochen werden würden, und ich tat es behutsam und küßte sie und biß auch ganz zärtlich hinein.

«Beiß richtig rein, mit den Eckzähnen.»

«Nein.»

Sie biß mir leicht ins Ohrläppchen, um mir die Stelle zu zeigen, und das war ein sehr angenehmes Gefühl.

«Warum hast du das vorher noch nie getan?»

«Das weiß ich nicht. Bei uns tun wir das nicht.»

«Aber das ist doch etwas Schönes. Es ist schöner und ehrlicher.»

«Wir werden viele schöne Dinge tun. Wir haben schon schöne Dinge getan. Aber ich will eine nützliche Ehefrau sein. Nicht eine zum Spielen oder zum Verlassen.»

«Wer sollte dich verlassen?»

«Du», sagte sie.

Es gibt, wie gesagt, in Kikamba kein Wort für Liebe und kein Wort für Entschuldigung. Aber ich sagte ihr auf spanisch, daß ich sie liebte, daß ich alles an ihr liebte, von den Füßen bis zum Kopf, und dann zählten wir alles auf, was ich an ihr liebte, und sie war glücklich und zufrieden, und auch ich war glücklich, denn nichts in meiner Aufzählung war gelogen.

Wir lagen unter dem Baum, und ich hörte, wie die Paviane sich auf den Fluß zubewegten; wir schliefen eine Weile, und dann war die Witwe wieder zu unserem Baum zurückgekommen und flüsterte mir ins Ohr: «Nyanyi.»

Der Wind wehte flußabwärts in unsere Richtung, und ein Trupp Paviane überquerte den Fluß; sie kamen aus dem Busch, sprangen über die Steine der Furt und näherten sich der Umzäunung der Shamba, in der die Maispflanzen vier bis fünf Meter hoch standen. Die Paviane konnten uns nicht wittern, und da wir im Schatten des Baumes lagen, konnten sie uns auch nicht sehen. Die Paviane kamen leise aus dem Busch und überquerten den Fluß wie ein Stoßtrupp. Vorneweg gingen sehr vorsichtig drei sehr große alte Männchen, eines größer als das andere. Ihre flachen Schädel mit den langen Schnauzen und starken Kiefern schwangen unablässig hin und her. Ich sah ihre kräftigen Muskeln, die breiten Schultern und dicken Hinterteile und die nach unten gekrümmten Schwänze und die großen starken Körper, und hinter ihnen kam der ganze Stamm, die Weibchen und die Jungen, eins nach dem anderen kamen sie aus dem Busch.

Das Mädchen löste sich ganz langsam von mir, damit ich die Hände zum Schießen frei hatte; ich hob das Gewehr vorsichtig an und legte es mir, immer noch im Liegen, übers Bein; dann zog ich den Hahn nach hinten und spannte ihn, den Finger am Abzug, ganz behutsam, um das Klicken zu vermeiden.

Immer noch im Liegen, zielte ich auf die Schulter des größten männlichen Pavians und drückte sachte ab. Ich hörte den Knall, sah aber nicht nach, wie ich ihn getroffen hatte, sondern sprang sofort auf und schoß nach den anderen beiden großen Pavianen. Sie waren schon auf dem Rückzug über die Flußsteine in den Busch, und ich traf erst den dritten und dann den zweiten, als dieser über ihn hinwegsprang. Dann sah ich mich nach dem ersten um, der bäuchlings im Wasser lag. Der letzte, den ich getroffen hatte, kreischte noch, und ich erledigte ihn mit einem weiteren Schuß. Die anderen waren außer Sicht. Während ich die Waffe im Gebüsch neu lud, fragte Debba, ob sie das Gewehr halten dürfe. Arap Meina nachahmend, ging sie damit in Habtachtstellung. «Es war so kalt», sagte sie. «Jetzt ist es so warm.»

Die Schüsse hatten die Leute aus der Shamba gelockt. Der Spitzel war auch unter ihnen, und Ngui kam mit dem Speer. Er war nicht zum Lager gegangen, sondern in die Shamba, und ich wußte, wie er roch. Er roch nach Pombe.

«Drei Tote», sagte er. «Drei wichtige Generale. General Burma. General Korea. General Malaya. *Buona notte.*»

«Buona notte» hatte er in Abessinien bei den K. A. R. gelernt. Er nahm das Gewehr von Debba entgegen, die es jetzt sehr schüchtern in der Hand hielt und die Paviane auf den Flußsteinen und im Wasser betrachtete. Sie boten keinen schönen Anblick, und ich bat den Spitzel, den Männern und Jungen zu sagen, sie sollten sie aus dem Fluß holen und mit im Schoß gekreuzten Händen an den Zaun der Maisplantage setzen. Später würde ich Seile schicken, mit denen wir sie entweder zur Abschreckung der anderen oder als Köder am Zaun aufhängen könnten.

Der Spitzel gab den Befehl weiter, und Debba sah mit scheuer, ernster, distanzierter Miene zu, wie die großen Paviane mit ihren langen Armen, obszönen Bäuchen, bösen Gesichtern und gefährlichen Zähnen aus dem Wasser ans Ufer gezogen und dann am Zaun aufgereiht wurden. Der eine hatte seinen Kopf nachdenklich nach hinten geneigt. Die Köpfe der beiden anderen waren wie in tiefem Grübeln nach vorn gesunken. Wir kehrten zur Shamba zurück, wo das Auto geparkt war. Ngui und ich gingen nebeneinander; ich trug wieder das Gewehr; der Spitzel ging nebenher, und Debba und die Witwe folgten am Schluß.

«Große Generale. Wichtige Generale», sagte Ngui. «Kwenda na campi?»

«Wie fühlst du dich, Spitzel?» fragte ich.

«Ich habe keine Gefühle, Bruder. Ich bin verzweifelt.»

«Worum geht's denn?»

«Die Witwe.»

«Das ist doch eine sehr gute Frau.»

«Ja. Aber jetzt will sie dich zum Beschützer haben und beachtet mich gar nicht mehr. Sie möchte mit dir und dem kleinen Jungen, für den ich wie ein Vater gesorgt habe, ins Land von Mayito gehen. Sie möchte für Debba sorgen, die den Wunsch hat, Miss Marys Nebenfrau zu werden. Alle denken nur noch an solche Dinge, und sie erzählt mir die ganze Nacht lang davon.»

«Das ist schlimm.»

«Debba hätte dein Gewehr nicht tragen dürfen.» Ich sah, wie Ngui ihm einen Blick zuwarf.

«Sie hat es nicht getragen. Sie hat es nur in der Hand gehalten.»

«Sie darf es auch nicht in der Hand halten.»

«Du sagst das?»

«Nein. Natürlich nicht, Bruder. Das Dorf sagt das.»

«Sorg dafür, daß das Dorf den Mund hält, sonst entziehe ich ihm meinen Schutz.»

Natürlich war es nutzlos, so etwas zu sagen. Aber der Spitzel war auch ziemlich nutzlos.

«Außerdem hattest du gar keine Zeit, irgend etwas aus dem Dorf zu hören, weil es erst vor einer halben Stunde passiert ist. Willst du jetzt anfangen, den Intriganten zu spielen?» Oder als einer enden? dachte ich.

Wir hatten jetzt die Shamba mit ihrem roten Erdboden, dem großen heiligen Baum und den solide gebauten Hütten erreicht. Der Sohn der Witwe drückte mir seinen Kopf an den Bauch und wartete, daß ich ihm einen Kuß auf die Schädeldecke gab. Ich tätschelte ihn aber nur und gab ihm einen Shilling. Dann fiel mir ein, daß der Spitzel nur achtundsechzig Shilling im Monat verdiente und daß ein Shilling fast ein halber Tageslohn war, also reichlich viel für einen so kleinen Jungen, und so nahm ich den Spitzel beiseite, griff in die Tasche meines Buschhemdes und zog ein paar schweißverklebte Zehn-Shilling-Scheine hervor.

Ich nahm zwei davon und gab sie dem Spitzel.

«Keine blöde Bemerkung mehr darüber, wer mein Gewehr hält. In dieser Shamba gibt es keinen, der auch nur einen Pißpott halten könnte.»

«Habe ich das jemals behauptet, Bruder?»

«Kauf der Witwe ein Geschenk und laß mich wissen, was in der Stadt los ist.»

«Heute abend ist es zu spät, noch da hinzugehen.»

«Geh die Straße entlang und warte auf den Lastwagen des Anglo-Massai.»

«Und wenn er nicht kommt, Bruder?»

Normalerweise hätte er gesagt: «Ja, Bruder.» Und am nächsten Tag: «Er ist nicht gekommen, Bruder.» Darum gefiel mir seine Offenheit.

«Dann geh morgen früh.»

«Ja, Bruder.»

Die Shamba und der Spitzel, die Witwe und jedermanns Hoffnungen und Pläne, das alles machte mir große Sorgen, und als wir davonfuhren, sahen wir nicht zurück.

Das hatte sich vor einigen Tagen abgespielt, noch vor dem Regen, noch bevor der Löwe zurückgekommen war, und es gab jetzt keinen Grund, daran zu denken, außer daß ich heute abend Mitleid mit G. C. empfand, den Sitten und Gebräuche und vielleicht auch freie Entscheidung zwangen, allein auf Safari zu gehen und die ganze Nacht zu lesen.

Eins der Bücher, die wir mitgenommen hatten, war Alan Patons *Aber das Wort sagte ich nicht.* Der übertrieben biblische Stil und die dick aufgetragene Frömmigkeit machten es für mich nahezu unlesbar. Die Frömmigkeit wirkte, als wäre sie in einem Betonmischer angerührt und dann in Trögen herbeigeschleppt worden, und die Frömmigkeit duftete nicht, sondern stank wie das Öl, das nach dem Untergang eines Tankers auf dem Meer zurückbleibt. Aber da G. C. erklärte, es sei ein gutes Buch, las ich weiter, bis ich das Gefühl hatte, es sei Zeitverschwendung, sich mit so dummen, bigotten, gräßlichen Leuten zu beschäftigen, wie Paton sie mit ihrem entsetzlichen Sündenbewußtsein schilderte, das sie aufgrund eines 1927 verabschiedeten Gesetzes entwickelt hatten. Aber als ich dann endlich damit fertig war, wußte ich, daß G. C. recht gehabt hatte, denn genau diese Art der Schilderung war Patons Absicht gewesen; da er jedoch selbst außerordentlich fromm war, hatte er sich die größte Mühe gegeben, seine Protagonisten zu verstehen – jedenfalls hatte er sie nicht verurteilen können, es sei denn durch noch mehr Bibelzitate. Nur dank seines großen

Herzens konnte er sie schließlich billigen. Ich verstand, was G. C. an dem Buch gefiel, aber es war doch eine traurige Angelegenheit.

G. C. und Mary unterhielten sich gutgelaunt über eine Stadt namens London, die ich hauptsächlich vom Hörensagen kannte, so daß ich ihnen zuhören und gleichzeitig an Paris denken konnte. Das war eine Stadt, die ich in nahezu jeder Lebenslage kennengelernt hatte. Ich kannte und liebte sie so sehr, daß ich nur ungern darüber sprach, außer mit Freunden aus den alten Zeiten. In den alten Zeiten hatten wir alle unsere Cafés, die wir allein besuchten und in denen wir außer den Kellnern niemanden kannten. Diese Cafés waren geheime Orte, und in den alten Zeiten hatte jeder, der Paris liebte, ein solches eigenes Café. Sie waren besser als Clubs, und man ließ sich dorthin die Post schicken, die man nicht in seine Wohnung geschickt haben wollte. Gewöhnlich hatte man zwei oder drei heimliche Cafés. Eins, das man zum Arbeiten und Zeitunglesen aufsuchte. Die Adresse dieses Cafés nannte man keiner Menschenseele, und dort ging man morgens hin und frühstückte draußen erst einmal Café crême und Brioches; sobald dann drinnen ein Eckchen saubergemacht worden war, setzte man sich an einen Fenstertisch und arbeitete, während rings um einen her der Rest des Cafés geschrubbt und gesäubert wurde. Es war schön, andere arbeiten zu sehen, das half einem selbst bei der Arbeit. Wenn dann allmählich auch andere Gäste kamen, bezahlte man seine halbe Flasche Vichy, ging hinaus und schlenderte zum Kai, wo man einen Aperitif trank und dann zu Mittag aß. Es gab heimliche Lokale, wo man zu Mittag aß, und Restaurants, wo man sich mit Bekannten traf.

Die besten geheimen Lokale wurden immer von Mike

Ward entdeckt. Er kannte Paris besser und liebte die Stadt mehr als jeder andere, den ich kannte. Sobald ein Franzose ein geheimes Lokal entdeckte, veranstaltete er dort zur Feier des Geheimnisses eine große Party. Mike und ich suchten geheime Lokale, die ein paar billige, aber gute Weine hatten und dazu einen guten Koch, der gewöhnlich ein Säufer war, und wo man sich gerade ein letztes Mal bemühte, den Laden in Schwung zu bringen, bevor man ihn verkaufen oder Konkurs anmelden mußte. Geheime Lokale, die erfolgreich waren oder Furore machten, interessierten uns nicht. Das geschah immer mit den geheimen Lokalen, die Charley Sweeny entdeckte. Wenn er einen dorthin führte, war das Geheimnis schon so offenbar, daß man sich anstellen mußte, um einen Platz zu bekommen.

Aber Charley war sehr gut, was geheime Cafés betraf, und besaß ein wunderbares Gefühl für Diskretion. Das waren natürlich unsere Zweitcafés für nachmittags oder abends. Zu dieser Tageszeit hatte man Lust, mit jemandem zu reden, und manchmal besuchte ich sein Zweitcafé oder er kam in meines. Zuweilen sagte er, er wolle ein Mädchen mitbringen, das ich kennenlernen sollte, oder ich sagte, ich wolle ein Mädchen mitbringen. Die Mädchen hatten eine Arbeit, sonst waren sie nicht ernst zu nehmen. Kein Mensch, von Idioten abgesehen, hielt ein Mädchen aus. Tagsüber konnte man mit ihnen und den Problemen, die sie mitbrachten, nichts anfangen. Wenn eine dein Mädchen sein wollte und wenn sie arbeiten ging, dann war sie in Ordnung, dann gehörten ihr die Nächte, in denen man sie brauchte, und abends führte man sie zum Essen aus und machte ihr Geschenke. Ich habe niemals viele Mädchen mitgebracht, um vor Charley mit ihnen anzugeben – Charley hatte immer schöne und fügsame Mädchen, die Arbeit hatten und überaus diszipliniert waren –, denn zu jener Zeit war meine Concierge mein Mädchen. Ich hatte bis dahin noch nie eine junge Concierge gekannt, und das war schon eine recht inspirierende Erfahrung. Ihr größter Vorteil war, daß sie niemals ausgehen konnte, nicht nur in Gesellschaft, sondern überhaupt nicht. Als ich sie kennenlernte, als Mieter, war sie in einen Soldaten der Garde républicaine verliebt. Das war ein Bursche mit Federhut, Orden und Schnauzbart, und seine Kaserne befand sich ganz in der Nähe im selben Viertel. Er hatte regelmäßige Dienstzeiten und war ein schneidiger Mann, und wir redeten einander stets förmlich mit «Monsieur» an.

Ich war in meine Concierge nicht verliebt, aber nachts war ich in jener Zeit sehr einsam, und als sie das erste Mal die Treppe heraufkam und durch die Tür trat, in der der Schlüssel steckte, als sie auf die Leiter stieg, die zu dem Dachboden führte, wo mein Bett unter dem Fenster stand, von dem man eine so herrliche Aussicht auf den Friedhof von Montparnasse hatte, als sie ihre Filzschuhe abstreifte und sich aufs Bett legte und mich fragte, ob ich sie liebte, antwortete ich treu ergeben: «Aber natürlich.»

«Das wußte ich», sagte sie. «Das habe ich die ganze Zeit gewußt.»

Während sie sich eilig entkleidete, sah ich auf den mondbeschienenen Friedhof hinaus. Sie roch nicht wie die Leute in der Shamba, sondern war sauber und von zierlicher Statur, weil sie zwar Hausmannskost aß, aber zuwenig. Wir erwiesen der Aussicht, die wir beide nicht sahen, die mir jedoch vor Augen stand, unsere Reverenz, und als sie sagte, daß der letzte Mieter ins Haus gekommen sei, und wir uns hinlegten und sie mir erzählte, daß sie für ein Mitglied der Garde républicaine niemals wahre Liebe empfinden könne, sagte ich, ich hielte Monsieur für einen guten Menschen, wörtlich sagte ich *un brave homme et très gentil*, und auf einem Pferd nehme er sich bestimmt sehr gut aus. Sie aber sagte, sie sei kein Pferd, und überhaupt gebe es da einige Unannehmlichkeiten.

Während sie von London sprachen, war ich also in Gedanken in Paris, und ich dachte, daß wir alle unterschiedlich aufgewachsen waren und es reines Glück war, daß wir so gut miteinander auskamen, und ich wünschte, G. C. wäre in den Nächten nicht einsam; ich hatte schon verdammtes Glück, mit einer so reizenden Frau wie Mary verheiratet zu sein, und in der Shamba würde ich einiges klarstellen und mich dann wieder bemühen, ein wirklich guter Ehemann zu sein.

«Du bist so schweigsam, General», sagte G. C. «Langweilen wir dich?»

«Junge Leute langweilen mich nie. Ich mag ihr sorgloses Geplauder. Das bewahrt mich davor, mich alt und überflüssig zu fühlen.»

«Quatschkopf», sagte G. C. «Du hast so pseudotiefsinnig dreingeblickt. Was geht dir durch den Kopf? Sorgst du dich, was der Morgen bringen wird?»

«Wenn ich anfange, mich zu sorgen, was der Morgen bringen wird, wirst du spätnachts Licht in meinem Zelt sehen.»

«Du bist wirklich ein Quatschkopf», sagte G. C.

«Hüte deine Zunge, G. C.», sagte Mary. «Mein Mann ist ein empfindsamer und feinfühliger Mensch und findet deine Ausdrucksweise schändlich.»

«Wie gut, daß es Dinge gibt, die er schändlich findet», sagte G. C. «Ich freue mich, die gute Seite seines Charakters zu sehen.»

«Die verbirgt er sorgfältig. Woran hast du gedacht, Liebling?»

«An einen Soldaten der Garde républicaine.»

«Siehst du?» sagte G. C. «Ich habe schon immer gesagt, daß er eine empfindsame Seite hat. Die zeigt sich jedesmal vollkommen unerwartet. Seine proustische Seite. Sag, war er sehr attraktiv? Ich will mich um Toleranz bemühen.»

«Papa und Proust haben mal im selben Hotel gelebt», sagte Miss Mary. «Aber Papa behauptet immer, das sei zu verschiedenen Zeiten gewesen.»

«Weiß der Himmel, was da wirklich gelaufen ist», sagte G. C. Heute abend war er sehr gut gelaunt und kein bißchen angespannt, und auch Mary mit ihrer wunderbaren Fähigkeit, das Vergessen nicht zu vergessen, war gut gelaunt und wie befreit von allen Problemen. Niemand, den ich kannte, konnte so schön und vollständig vergessen wie sie. Sie konnte einen abends begonnenen Streit am nächsten Morgen fortsetzen, aber nach einer Woche hatte sie ihn vollständig vergessen. Sie verfügte über ein eingebautes selektives Gedächtnis, und das war durchaus nicht immer von Vorteil für sie. In der Erinnerung verzieh sie sich selbst wie den anderen. Sie war eine sehr seltsame Frau, und ich liebte sie sehr. Zur Zeit hatte sie nur zwei Fehler: Sie war eigentlich nicht groß genug für eine richtige Löwenjagd, und sie hatte ein zu gutes Herz, das heißt, sie besaß keinen Tötungsinstinkt, und das, war mir schließlich klargeworden, ließ sie zucken oder den Schuß verziehen, wenn sie ein Tier töten wollte. Auf mich wirkte das eher attraktiv als ärgerlich. Aber sie ärgerte sich darüber, denn sie begriff, warum wir töteten und warum das sein mußte, und hatte ja auch Gefallen daran gefunden, auch wenn sie früher gedacht hatte, daß sie niemals ein so schönes Tier wie ein Impala töten würde, sondern nur häßliche und gefährliche Tiere. In sechs Monaten täglichen Jagens war sie auf den Geschmack gekommen, so verwerflich es im Grunde auch war, und sowenig verwerflich es war, wenn man es richtig machte, aber etwas in ihr war einfach zu gut, und das wirkte sich unbewußt aus und ließ sie das Ziel verfehlen. Ich liebte sie dafür genau so, wie ich eine Frau nicht lieben könnte, die im Schlachthof arbeitet oder Hunde und Katzen von ihrem Leiden erlöst oder Pferde tötet, die sich beim Rennen die Beine gebrochen haben.

«Wie hieß der Soldat», fragte G. C. «Albertine?»

«Nein. Monsieur.»

«Er gibt uns Rätsel auf, Miss Mary», sagte G. C.

Die beiden sprachen weiter über London. Und da begann auch ich an London zu denken, eine Stadt, die nicht direkt unerfreulich war, aber viel zu laut und irgendwie abartig. Als ich merkte, daß ich von London gar nichts wußte, begann ich wieder an Paris zu denken, diesmal noch detaillierter als zuvor. Marys Löwe machte mir Sorgen, und bei G. C. war es nicht anders, nur daß wir auf verschiedene Weise damit umgingen. Wenn die Situation wirklich eintrat, war es immer ganz einfach. Aber die Sache mit Marys Löwen zog sich schon sehr lange hin, und ich wollte es endlich hinter mich bringen.

Schließlich, als die Dudus – der Sammelbegriff für Insekten und Getier – den Boden des Eßzeltes so dick bedeckten, daß man beim Gehen ein leises Knirschen erzeugte, gingen wir zu Bett.

«Sorge dich nicht, was der Morgen bringen wird», sagte ich zu G. C., als er zu seinem Zelt ging.

«Komm mal kurz her», sagte er. Wir standen auf halbem Weg zu seinem Zelt, und Mary war schon zu unserem vorgegangen. «Wohin hat sie gezielt, als sie das arme Gnu erschossen hat?»

«Hat sie dir das nicht erzählt?»

«Nein.»

«Leg dich schlafen», sagte ich. «Unser Auftritt kommt sowieso erst im zweiten Akt.»

«Das alte Mann-und-Frau-Spiel habt ihr nicht treiben können?»

«Nein. Charo rät mir schon seit einem Monat dazu.»

«Sie ist wirklich eine höchst admirable Person», sagte G. C. «Und du bist auch ein bißchen admirabel.»

«Ganz schön viele Admirale.»

«Gute Nacht, Admiral.»

«Gib mir das Fernrohr für mein blindes Auge und leck mich am Arsch, Hardy.»

«Ich glaube, du verwechselst da was.»

In diesem Augenblick brüllte der Löwe. G. C. und ich gaben uns die Hand.

«Wahrscheinlich hat er dein falsches Nelson-Zitat gehört», sagte G. C.

«Nein, er hat es satt, dich und Mary über London reden zu hören.»

«Er ist gut bei Stimme», sagte G. C. «Leg dich hin, Admiral, und schlaf ein bißchen.»

In der Nacht hörte ich den Löwen noch einige Male brüllen. Dann schlief ich ein, und Mwindi zog an der Decke am Fußende der Pritsche.

«Chai, Bwana.»

Draußen war es sehr dunkel, aber jemand hatte das Feuer angefacht. Ich weckte Mary mit ihrem Tee, doch ihr war nicht gut. Sie fühlte sich krank und hatte schlimme Krämpfe.

«Willst du die Sache abblasen, Schatz?»

«Nein. Ich fühle mich nicht gut, aber nach dem Tee geht's mir vielleicht besser.»

«Wir könnten's verschieben. Vielleicht sollten wir ihm noch einen Tag Ruhe lassen.»

«Nein. Ich will los. Mal sehen, ob's mir nicht gleich bessergeht.»

Ich ging hinaus, wusch mich mit kaltem Wasser in der Schüssel, spülte mir die Augen mit Borwasser, zog mich an und ging zum Feuer. G. C. rasierte sich vor seinem Zelt. Als er fertig war, zog er sich an und kam herüber.

«Mary fühlt sich schwach auf den Beinen», sagte ich.

«Die Arme.»

«Sie will aber trotzdem los.»

«Natürlich.»

«Wie hast du geschlafen?»

«Gut. Und du?»

«Sehr gut. Was meinst du, was hat er diese Nacht getan?»

«Ich nehme an, er ist einfach nur spazierengegangen. Und hat große Töne gespuckt.»

«Er redet sehr viel. Sollen wir uns eine Flasche Bier teilen?»

«Kann nicht schaden.»

Ich holte das Bier und zwei Gläser und wartete auf Mary. Sie trat aus dem Zelt, ging zum Latrinenzelt, kam zurück und ging gleich wieder hin.

«Wie geht es dir, Schatz?» fragte ich, als sie mit ihrem Tee an den Tisch beim Feuer kam. Charo und Ngui holten die Gewehre und Feldstecher und Patronentaschen aus den Zelten und brachten sie zum Jagdauto.

«Ich fühle mich gar nicht gut. Haben wir Medikamente dagegen?»

«Ja. Aber die machen dich benebelt. Wir haben auch

Terramycin. Das soll gegen beide Arten von Unwohlsein helfen, aber auch davon kannst du ein komisches Gefühl kriegen.»

«Warum muß ich krank werden, wenn endlich mein Löwe gekommen ist?»

«Keine Sorge, Miss Mary», sagte G. C. «Wir kriegen dich wieder hin und wiegen den Löwen in Sicherheit.»

«Aber ich will jetzt auf die Jagd.»

Sie hatte offensichtlich Schmerzen, und ich sah, wie es sie schon wieder überkam.

«Schatz, heute morgen lassen wir ihn in Ruhe. Das ist sowieso das beste. Kümmer dich erst mal um dich selbst. G. C. kann auch noch ein paar Tage länger bleiben.»

G. C. bewegte verneinend die Hand, die Handflächen nach unten. Aber das sah Mary nicht.

«Es ist dein Löwe. Laß dir Zeit, sieh zu, daß du wieder gesund wirst. Je länger wir ihn in Ruhe lassen, desto mehr wird er in Sicherheit gewiegt. Wenn wir heute morgen gar nicht erst losziehen, um so besser.»

Ich ging zum Auto und sagte, wir würden nicht fahren. Dann trat ich an das Feuer, an dem Keiti saß. Er schien schon alles zu wissen, war aber sehr taktvoll und höflich.

«Memsahib ist krank.»

«Ich weiß.»

«Vielleicht die Spaghetti. Vielleicht Ruhr.»

«Ja», sagte Keiti. «Eher die Spaghetti.»

«Zu altes Fleisch.»

«Ja. Vielleicht ein kleines Stück. Im Dunkeln zubereitet.»

«Der Löwe wird schon für Memsahib sorgen. Der Löwe wiegt sich in Sicherheit.»

«Mzuri», sagte Keiti. «Poli poli. Du kannst Kwali

oder Kanga schießen. Mbebia macht Brühe für Memsahib.»

Nachdem wir uns davon überzeugt hatten, daß der Löwe den Köder nicht angerührt hatte, falls er überhaupt dagewesen war, machten G. C. und ich eine Runde mit dem Landrover.

Ich bat Ngui um eine Flasche. Sie war in einen nassen Sack gewickelt und noch kalt von der Nacht; wir saßen im Schatten eines Baums im Wagen, tranken aus der Flasche, blickten über die getrocknete Ebene und beobachteten die kleinen Thompsongazellen, die schwarzen Gnus und die in diesem Licht grauweiß wirkenden Zebras, die allesamt in Richtung der Chulu-Hügel, zu den Weiden auf der anderen Seite der Ebene, zogen. Die Hügel waren an diesem Morgen dunkelblau und wirkten sehr weit entfernt. Als ich mich umwandte und nach dem großen Berg sah, schien er sehr nah, als würde er gleich hinter dem Lager aufragen, und der Schnee glänzte hell und schwer in der Sonne.

«Wir könnten Miss Mary auf Stelzen jagen lassen», sagte ich. «Dann könnte sie ihn in dem hohen Gras sehen.»

«Es gibt keine Vorschrift, die dagegen spricht.»

«Oder Charo könnte eine Trittleiter mitnehmen, wie man sie in Bibliotheken für die höheren Regale hat.»

«Brillante Idee», sagte G. C. «Wenn wir die Sprossen polstern, kann sie sich zwischendurch ausruhen und das Gewehr auch mal ablegen.»

«Du meinst nicht, das wäre zu unhandlich?»

«Dafür wäre ja Charo zuständig.»

«Das wäre ein wunderschöner Anblick», sagte ich. «Wir könnten auch einen elektrischen Ventilator daran befestigen.»

«Wir könnten das ganze Ding in Form eines elektrischen Ventilators bauen», meinte G. C. verzückt. «Aber das wäre dann wahrscheinlich ein genehmigungspflichtiges Fahrzeug.»

«Wäre es auch genehmigungspflichtig, wenn wir es vor uns her rollen und Miss Mary wie ein Hamster darin laufen lassen würden?»

«Alles, was rollt, ist ein Fahrzeug», sagte G. C. in richterlichem Ton.

«Ich rolle auch ein bißchen beim Gehen.»

«Dann bist du ein Fahrzeug. Wenn ich dich anzeige, kriegst du sechs Monate und wirst anschließend aus der Kolonie ausgewiesen.»

«Wir müssen uns in acht nehmen, G. C.»

«Sorgfalt und Mäßigung. Lautet so nicht unsere Parole?»

«Ist noch was in der Flasche?»

«Wir können uns den Rest teilen.»

Kapitel 8

Der Tag, an dem Miss Mary ihren Löwen schoß, war ein sehr schöner Tag. Das war so ziemlich alles, was schön daran war. In der Nacht waren überall weiße Blüten aufgeblüht, und vor Sonnenaufgang hatten die Wiesen ausgesehen, als schiene der Vollmond durch Nebel auf frischen Schnee. Mary war schon lange vor Tagesanbruch aufgestanden und hatte sich angekleidet. Sie hatte den rechten Ärmel ihres Buschhemds hochgekrempelt und nach den Patronen in ihrer Mannlicher .256 gesehen. Sie sagte, es gehe ihr nicht gut, und ich glaubte ihr. Sie erwiderte wortkarg G. C.s und meine Morgengrüße, und wir vermieden es, Witze zu machen. Ich wußte nicht, was sie gegen G. C. hatte, außer daß er dazu neigte, angesichts unbestreitbar ernster Arbeit ein wenig zu unbekümmert zu sein. Daß sie auf mich wütend war, hielt ich für eine gesunde Reaktion. Ich dachte, wenn sie schlecht gelaunt war, war sie vielleicht böse genug, um so sicher zu schießen, wie sie es im Grunde ja konnte. Das paßte zu meiner neuesten und besten Theorie, nach der sie einfach ein zu gutes Herz hatte, um Tiere zu töten. Manche Menschen schießen einfach drauflos; andere sind ungeheuer schnell, dabei aber so beherrscht, daß sie jede Menge Zeit haben, die Kugel so präzise zu plazieren wie ein Chirurg den ersten Schnitt; wieder andere schießen ganz mechanisch und sehr treffsicher, falls nicht irgend etwas Unvorhergesehenes sie stört. An diesem Morgen sah es aus, als sei Miss Mary grimmig entschlossen, auf die Jagd zu gehen. Sie schien alle zu verachten, die nicht mit dem angemessenen Ernst an die Sache herangingen, wappnete sich mit ihrem schlechten Gesundheitszustand, der ihr, wenn sie danebenschoß, immerhin eine Rechtfertigung bot, und strahlte eine unbeugsame, konzentrierte, zum Äußersten entschlossene Kälte aus. Mir schien das vielversprechend. Ein neuer Ansatz.

Als wir beim Jagdauto darauf warteten, daß es hell genug zum Losfahren wurde, waren wir alle ernst und still. Ngui, der frühmorgens fast immer schlechte Laune hatte, war ernst, still und mißmutig. Charo war ernst und still, aber etwas aufgekratzt. Er glich einem Gast bei einer Beerdigung, der dem Verstorbenen nicht allzusehr nachtrauert. Der schwerhörige Mthuka war glücklich wie immer und suchte mit seinen wunderbaren Augen den Himmel nach den ersten Anzeichen für Tageslicht ab.

Wir alle waren Jäger, und bald würde diese wunderbare Sache, die Jagd, beginnen. Man hat viel mystischen Unsinn über die Jagd geschrieben, dabei ist sie wahrscheinlich viel älter als jede Religion. Manche Menschen sind Jäger, andere sind es nicht. Miss Mary war eine Jägerin, und zwar eine mutige und ganz reizende, aber sie war es spät und nicht schon als Kind geworden, und vieles von dem, was sie beim Jagen erlebte, kam für sie so unerwartet wie die erste Brunst für ein Kätzchen, wenn es zur Katze wird. Sie betrachtete all diese neuen Erfahrungen und Veränderungen als Dinge, die wir kannten und andere nicht.

Wir vier, die wir Zeugen dieser Veränderungen waren und sie jetzt seit Monaten ernst und verbissen und trotz aller Widrigkeiten auf Löwenjagd gehen sahen, waren wie die Cuadrilla eines sehr jungen Matadors. Wenn der Matador ernst war, war es die Cuadrilla auch. Sie kannten alle Fehler des Matadors und wurden alle mehr oder weniger gut bezahlt. Alle hatten das Vertrauen zu dem Matador schon oft verloren und wiedergefunden. Während wir im Auto saßen oder auf und ab gingen und darauf warteten, daß es hell genug wurde und wir aufbrechen konnten, fühlte ich mich daran erinnert, wie es vor einem Stierkampf zuging. Unser Matador war ernst; also waren auch wir ernst, denn wir liebten unseren Matador, auch wenn das ungewöhnlich war. Unser Matador war nicht ganz gesund. Um so notwendiger war es, ihn zu beschützen und ihm in allem zu helfen. Aber während wir dort herumsaßen und spürten, wie der Schlaf allmählich von uns wich, waren wir glücklich wie Jäger. Wahrscheinlich ist niemand so glücklich, wie Jäger es sind, wenn der immer neue, frische, noch unbekannte Tag vor ihnen liegt, und auch Mary war eine Jägerin. Aber sie hatte sich diese Aufgabe gestellt, und Pop hatte sie angeleitet und ausgebildet und zu absoluter Reinheit und Aufrichtigkeit beim Töten eines Löwen erzogen – Pop, der sie zu seiner letzten Schülerin gemacht und ihr ein Ethos eingeimpft hatte, wie er es keiner anderen Frau jemals hatte beibringen können, damit sie ihren Löwen nicht so tötete, wie es gewöhnlich getan wurde, sondern so, wie es im Idealfall getan werden sollte. In Mary hatte Pop endlich den Geist eines Kampfhahns im Körper einer Frau gefunden, einer reizenden Frau mit spät erwachtem Tötungsinstinkt, die nur den einen Fehler hatte, daß niemand sagen konnte, wohin der Schuß gehen würde. Pop hatte ihr das Ethos gegeben, und dann hatte er sie allein lassen müssen. Jetzt besaß sie das Ethos, aber zur Unterstützung hatte sie nur G. C. und mich, und keinem von uns konnte sie so vertrauen wie Pop. Nun trat sie also wieder einmal zu der Corrida an, die ständig verschoben worden war.

Mthuka bedeutete mir durch ein Nicken, das Licht sei jetzt allmählich annehmbar, und wir fuhren durch die mit weißen Blüten übersäten Wiesen, die gestern noch vollständig grün gewesen waren. Als wir die Höhe des Waldes erreichten, das hohe abgestorbene Gras zu unserer Linken, brachte Mthuka den Wagen leise zum Stehen. Er wandte sich um, und ich sah die pfeilförmige Narbe auf seiner Wange und die schrägen Schnitte. Er sagte nichts, und ich folgte seinem Blick. Der große schwarzmähnige Löwe kam direkt auf uns zu, sein gewaltiger Kopf schwebte über dem harten, hohen gelben Gras. Nur sein Kopf war zu sehen.

«Was meinst du: Sollen wir wieder zum Lager zurückfahren?» flüsterte ich G. C. ins Ohr.

«Ja, unbedingt», flüsterte er.

Noch während wir sprachen, machte der Löwe kehrt und bewegte sich wieder auf den Wald zu. Man sah nur das Erzittern des hohen Grases.

Als wir wenig später im Lager frühstückten, begriff Mary, warum wir das getan hatten, und fand es ebenfalls richtig und notwendig. Aber die Corrida war wieder einmal abgesagt worden, als sie voll und ganz darauf eingestellt gewesen war, und damit hatten wir uns nicht beliebt gemacht. Es tat mir so leid, daß sie krank war, und ich wollte ihr helfen, die Spannung abzubauen. Es hatte keinen Zweck, weiter darüber zu reden, daß der Löwe schließlich einen Fehler gemacht hatte. G. C. und ich waren beide davon überzeugt, daß wir ihn jetzt hatten. Er hatte in der Nacht nicht gefressen und sich am Morgen dem Köder genähert. Er hatte sich wieder in den Wald zurückgezogen. Er würde Hunger bekommen, und wenn er nicht gestört wurde, würde er am frühen Abend wieder herauskommen, so jedenfalls stellten wir es uns vor. Wenn nicht, würde G. C. morgen weiterfahren müssen, egal, was passierte, und der Löwe würde es allein mit Mary und mir zu tun haben. Aber er hatte sein Verhaltensmuster geändert und einen sehr schweren Fehler begangen, und ich war zuversichtlich, daß wir ihn erwischen würden. Vielleicht wäre ich glücklicher gewesen, ihn nur mit Mary und ohne G. C. zu jagen, aber ich ging auch sehr gern mit G. C. auf die Jagd und war nicht so dumm, mir zu wünschen, irgend etwas möge schiefgehen, wenn ich mit Mary allein jagte. G. C. hatte nur zu gut dargelegt, was alles passieren konnte. Ich hatte immer die große Hoffnung, Mary würde den Löwen genau an der richtigen Stelle treffen, und der Löwe würde umfallen wie alles andere, das ich schon hatte umfallen sehen, und einfach tot sein, wie nur ein Löwe tot sein konnte. Sollte er lebendig umfallen, würde ich ihm zwei Kugeln verpassen, und das wär's dann. Miss Mary hätte ihren Löwen getötet und wäre für alle Zeiten zufrieden damit, und ich hätte ihm nur die Puntilla gegeben, und ihr wäre das bewußt, und sie würde mich lieben bis in alle Ewigkeit, amen. Wir sahen dem jetzt seit sechs Monaten entgegen. Ein neuer Landrover, eins der neuen, größeren und schnelleren Modelle, die wir noch nie gesehen hatten, näherte sich in diesem Augenblick dem Lager durch das wunderbare Meer aus weißen Blüten, das vor einem Monat nur staubige Erde und bis vor einer Woche nur Matsch gewesen war. Der Fahrer, mittelgroß und mit rotem Gesicht, trug eine verblichene Khakiuniform, die ihn als Beamten der kenianischen Polizei auswies. Er war mit einer Schicht von Straßenstaub bedeckt, die in den Augenwinkeln aufgesprungen war, so daß seine weißen Lachfältchen leuchteten.

«Jemand zu Hause?» fragte er, als er ins Eßzelt trat und die Mütze abnahm. Ich hatte das Auto durch die mit

Musselin verhängte Zeltöffnung, die zum Berg ging, heranfahren sehen.

«Alle zu Hause», sagte ich. «Wie geht's Ihnen, Harry?»

«Ganz gut.»

«Setzen Sie sich und lassen Sie mich Ihnen was bringen. Sie können doch über Nacht bleiben?»

Er setzte sich, streckte die Beine aus und bewegte die Schultern so wohlig wie eine Katze.

«Kann jetzt nichts trinken. Anständige Leute trinken zu dieser Stunde nicht.»

«Was möchten Sie?»

«Sollen wir uns ein Bier teilen?»

Ich machte eine Flasche auf, schenkte zwei Gläser ein und sah, wie seine todmüden Augen sich lächelnd entspannten, als wir die Gläser hoben.

«Wir lassen Ihre Sachen in das Zelt des jungen Pat bringen. Das ist das grüne, es ist leer.»

Harry Dunn war schüchtern, überarbeitet, freundlich und rigoros. Er mochte Afrikaner gern und verstand sie, und er wurde dafür bezahlt, für die Einhaltung der Gesetze zu sorgen und Befehle auszuführen. Er war ebenso sanftmütig wie hart, er war nicht rachsüchtig, er haßte niemanden, und er war weder dumm noch sentimental. Er lebte in einem nachtragenden Land und war selbst nicht nachtragend, und ich habe ihn nie kleinlich erlebt. Er vertrat das Gesetz in einer Zeit, die von Korruption, Haß, Sadismus und beträchtlicher Hysterie geprägt war, und arbeitete Tag für Tag mehr, als ein Mann überhaupt schaffen kann, allerdings nicht, um befördert zu werden, sondern weil er wußte, was seine Arbeit wert war. Miss Mary hatte einmal gesagt, er gleiche einer transportablen Festung.

«Macht es Spaß hier?»

«Und wie.»

«Ich habe dies und das gehört. Was hat es damit auf sich, daß Sie vor dem Geburtstag des Jesuskindes diesen Leoparden töten müssen?»

«Das ist für diesen Fotoartikel in der Zeitschrift, für die wir im September die Bilder gemacht haben. Bevor wir uns kennengelernt haben. Wir hatten einen Fotografen, und der hat Tausende von Bildern gemacht, und ich habe einen kurzen Artikel und ein paar Bildunterschriften geschrieben. Unter anderem gibt es da ein schönes Bild von einem Leoparden, den ich geschossen habe, der aber nicht mir gehört.»

«Wie geht das?»

«Wir waren hinter einem großen, sehr schlauen Löwen her. Drüben auf der anderen Seite des Ewaso Ngiro hinter Magadi, unter dem Steilhang.»

«Nicht mehr mein Gebiet.»

«Wir versuchten an den Löwen heranzukommen, und ein Freund von mir kletterte mit seinem Gewehrträger auf einen kleinen Felsvorsprung, um zu sehen, ob der Löwe sich gezeigt hatte. Der Löwe war für Mary bestimmt, denn er und ich hatten schon Löwen geschossen. Und deshalb wußten wir nicht, was passiert war, als wir ihn schießen hörten und dann irgendwas brüllend im Staub lag. Es war ein Leopard, und der Staub war so tief, daß er in einer dicken Wolke aufstieg; der Leopard brüllte immer weiter, und niemand wußte, wo er aus dem Staub auftauchen würde. Mein Freund, Mayito heißt er, hatte ihn zweimal getroffen, und ich schoß einmal in die Staubwolke, wo sie sich am heftigsten bewegte, und rannte dann geduckt nach rechts, wo er wohl am ehesten herauskommen würde. Einmal kam sein Kopf ganz kurz aus dem Staub, er brüllte noch immer ziemlich böse; ich traf ihn in den Hals, und dann legte sich der Staub allmählich. Es war wie eine Schießerei im Staub vor einem Saloon im Wilden Westen. Nur daß der Leopard kein Schießeisen hatte. Aber er war nah genug, daß er jeden hätte zerfleischen können, und er war ungeheuer wütend. Der Fotograf machte Bilder von Mayito und ihm, von uns allen und ihm und von mir und ihm. Der Leopard gehörte Mayito, weil er ihn zuerst und dann noch einmal getroffen hatte. Aber das beste Bild von ihm war das mit mir, und als die Zeitschrift es verwenden wollte, sagte ich, das ginge nicht, das könnten sie nur machen, wenn ich einen guten Leoparden ganz allein getötet hätte. Und bis jetzt ist mir das dreimal mißlungen.»

«Ich habe gar nicht gewußt, daß es da so strenge Regeln gibt.»

«Leider ist es aber so. Und so will es auch das Gesetz. Nach dem ersten Treffer verfolgen bis zum Gnadenschuß.»

Arap Meina und der oberste Wildhüter hatten gemeldet, daß die zwei Löwinnen und der junge Löwe oben am Rand der Salzebene Beute gemacht hätten. Der Köder sei lediglich an einer Stelle, wo die Hyänen ihn doch erreicht hätten, angefressen, und die beiden Wildhüter hätten diese Stelle mit Zweigen abgedeckt. In den umstehenden Bäumen säßen Geier, aber sie kämen nicht an die Überreste des Gnus heran, die schon so stark angegangen seien, daß sie den Löwen mit Sicherheit anlocken würden. Er habe in der Nacht weder gefressen noch Beute gemacht, und da er keinen Hunger habe und nicht gestört worden sei, würden wir ihn abends höchstwahrscheinlich im offenen Gelände antreffen.

Schließlich aßen wir zu Mittag, und Mary war bester

Laune und sehr freundlich zu uns allen; ich glaube, sie fragte mich sogar, ob ich noch etwas von dem kalten Fleisch haben wolle. Als ich sagte, nein danke, ich hätte genug, sagte sie, es werde mir aber guttun; wer viel trinke, müsse auch viel essen. Das war nicht nur eine sehr alte Weisheit, sondern auch die Grundaussage eines Artikels im *Reader's Digest*, den wir alle gelesen hatten. Inzwischen war diese Ausgabe des *Digest* in der Latrine gelandet. Ich sagte, ich hätte beschlossen, mein Wahlprogramm auf ehrliches Säufertum zu gründen und keinen meiner Wähler zu enttäuschen. Churchill trinke, wenn man den Zeitungen glauben könne, doppelt soviel wie ich und habe soeben den Nobelpreis für Literatur bekommen. Ich wolle lediglich versuchen, meinen Alkoholkonsum auf ein angemessenes Quantum zu steigern; vielleicht bekäme ich den Preis dann ja auch. Man könne ja nie wissen.

G. C. sagte, der Preis sei mir schon so gut wie sicher, ich müsse ihn allein schon für meine Prahlerei erhalten, denn auch Churchill habe ihn, zumindest teilweise, für seine Redekunst bekommen. Er sagte, er habe die Preisverleihungen nicht so genau verfolgt, wie er hätte sollen, doch habe er das Gefühl, man könne mir den Preis ohne weiteres für meine Arbeit auf religiösem Gebiet und für meine Dienste an den Eingeborenen verleihen. Miss Mary meinte, wenn ich gelegentlich einmal versuchen würde, etwas zu schreiben, könne ich ihn sogar fürs Schreiben bekommen. Dies bewegte mich sehr, und ich sagte, sobald sie den Löwen erwischt habe, würde ich nur ihr zu Gefallen nichts anderes mehr tun als schreiben. Sie sagte, es würde ihr schon gefallen, wenn ich nur ein bißchen schreiben würde. G. C. fragte mich, ob ich plante, etwas über das geheimnisvolle Afrika zu schreiben, und falls ich vorhätte, auf kisuaheli zu schreiben, könne er mir ein Buch über diese Sprache besorgen, das mir unschätzbare Dienste leisten werde. Miss Mary sagte, trotz dieser Hilfe solle ich lieber versuchen, auf englisch zu schreiben. Ich schlug vor, ich könne ja Teile des Buchs abschreiben, um ein wenig innerafrikanisches Lokalkolorit einzufangen. Miss Mary sagte, ich könne keinen einzigen Satz korrekt auf kisuaheli schreiben oder sprechen, und zu meinem größten Leidwesen mußte ich ihr recht geben.

«Pop spricht die Sprache so gut, und G. C. auch, und du bist eine Schande. Ich weiß gar nicht, wie man eine Sprache so schlecht sprechen kann wie du.»

Ich wollte antworten, daß es vor Jahren einmal so ausgesehen hatte, als würde ich die Sprache ganz gut lernen können, daß ich aber so dumm gewesen war, nicht in Afrika zu bleiben, sondern zurück nach Amerika zu gehen, wo ich mein Heimweh nach Afrika auf diese und jene Weise abgetötet hatte. Und dann, bevor ich nach Afrika zurückkehren konnte, begann der Spanische Bürgerkrieg, und ich wurde in die Weltereignisse hineingezogen, hielt bis zum bitteren Ende darin aus und konnte erst danach endlich wieder hierherkommen. Es war nicht einfach gewesen, zurückzukehren und die Ketten der Verantwortung zu sprengen, die scheinbar zart wie Spinnweben sind, einen tatsächlich aber wie Stahltrossen fesseln.

Sie waren jetzt alle vergnügt, scherzten und machten sich übereinander lustig, und auch ich scherzte ein bißchen, achtete aber darauf, sehr bescheiden und reumütig aufzutreten, um Miss Marys Gunst zurückzugewinnen und sie bei guter Laune zu halten, falls der Löwe sich wieder zeigen sollte. Ich hatte Bulwer's Dry Cider getrunken, ein Zeug, das mir ganz ausgezeichnet bekam. G. C. hatte es aus Kadjiado mitgebracht. Es war sehr leicht und erfrischend und machte einen beim Schießen in keiner Weise langsam. Es wurde in Literflaschen mit Schraubverschluß verkauft, und wenn ich nachts aufwachte, trank ich es lieber als Wasser. Marys außerordentlich netter Cousin hatte uns zwei kleine rechteckige Kissen aus Sackleinwand geschenkt, die mit Balsamnadeln gefüllt waren. Ich hatte meins beim Schlafen immer unter dem Hals liegen beziehungsweise, wenn ich auf der Seite schlief, unter dem Ohr. Es verströmte den Geruch von Michigan, den ich aus meiner Kindheit kannte, und am liebsten hätte ich ein duftendes Graskörbchen gehabt, in dem ich es auf Reisen hätte aufbewahren und nachts mit unter das Moskitonetz ins Bett nehmen können. Auch der Cider schmeckte nach Michigan und erinnerte mich immer an die Cider-Fabrik und an die Tür, die nie abgeschlossen, sondern nur mit einem Holzzapfen gesichert war, und an den Geruch der Säcke, die zum Auspressen gebraucht und später zum Trocknen ausgebreitet und dann über die tiefen Bottiche gespannt wurden, in welche die Männer, die ihre Wagenladungen von Äpfeln zum Zerkleinern anlieferten, den für die Fabrik bestimmten Anteil kippten. Unterhalb des Wehrs der Cider-Fabrik gab es einen tiefen Teich, in dem der vom herabstürzenden Wasser gebildete Strudel am Damm eine Gegenströmung erzeugte. Dort konnte man mit etwas Geduld gut Forellen angeln, und wenn ich eine fing, tötete ich sie und warf sie in den großen Weidenkorb, der im Schatten stand, und legte eine Schicht Farnblätter darüber, und dann ging ich in die Cider-Fabrik, nahm den Blechbecher vom Nagel an der Wand über den Bottichen, zog das schwere Sackleinen von einem der Bottiche, schöpfte mir einen Becher Cider und trank ihn aus. Der Cider, den wir jetzt hatten, erinnerte mich an Michigan, besonders in Verbindung mit dem Kissen.

Als ich jetzt am Tisch saß, freute ich mich, daß es Mary anscheinend besserging, und ich hoffte, daß sich der Löwe am Nachmittag zeigen würde und daß sie ihn endlich töten und dann für alle Zeiten zufrieden sein würde. Nach dem Mittagessen waren wir alle guter Dinge und sagten, wir würden uns etwas hinlegen, und ich versprach Miss Mary, sie zu wecken, wenn es Zeit war, den Löwen zu suchen.

Kaum hatte Mary sich auf ihre Pritsche gelegt, schlief sie ein. Die Rückwand des Zeltes war aufgeschlagen, und eine angenehm kühle Brise wehte vom Berg her hindurch. Normalerweise schliefen wir mit dem Gesicht zum offenen Eingang des Zelts, aber jetzt nahm ich die Kopfkissen und legte sie ans andere Ende der Pritsche, zwei übereinander und darauf das Balsamkissen; dann zog ich Stiefel und Hose aus, legte mich hin und hatte zum Lesen das Licht von hinten. Ich las ein sehr gutes Buch von Gerald Hanley, der noch ein anderes gutes Buch geschrieben hatte, das *The Consul at Sunset* hieß. Das Buch handelt von einem Löwen, der viel Ärger machte und praktisch alle in dem Buch auftretenden Personen tötete. G. C. und ich lasen dieses Buch morgens auf der Latrine, um uns inspirieren zu lassen. Einige wenige Gestalten wurden von dem Löwen nicht getötet, aber sie gingen allesamt irgendeinem bösen Schicksal entgegen, und das war auch in Ordnung. Hanley schrieb sehr gut, und es war ein ausgezeichnetes und sehr anregendes Buch, wenn man sich mit der Löwenjagd befaßte. Ich hatte einmal einen Löwen in vollem Tempo auf mich zurennen sehen, und das hatte mich sehr beeindruckt und beeindruckte mich noch immer. An diesem Nachmittag las ich das Buch sehr langsam, weil es ein so gutes Buch war und ich es nicht so schnell auslesen wollte. Ich hoffte, der Löwe würde den Helden oder den alten Major töten, weil sie beide sehr noble und liebenswerte Menschen waren und ich den Löwen ins Herz geschlossen hatte und es ihm gönnte, auch mal jemanden aus der Oberschicht zu töten. Dem Löwen ging es prächtig, und er hatte gerade eine andere sehr sympathische und wichtige Figur getötet, als ich beschloß, mir den Rest für später aufzusparen; ich stand auf, zog die Hose an, stieg in die Stiefel, ohne die Reißverschlüsse hochzuziehen, und ging nachsehen, ob G. C. wach war. Vor seinem Zelt hüstelte ich, wie es der Spitzel immer vor dem Eßzelt tat.

«Komm rein, General», sagte G. C.

«Nein», sagte ich. «Des Menschen Heim ist seine Burg. Fühlst du dich gerüstet für die Begegnung mit lebensgefährlichen Tieren?»

«Es ist noch zu früh. Hat Mary geschlafen?»

«Sie schläft immer noch. Was liest du gerade?»

«Lindbergh. Verdammt gutes Buch. Und du?»

«*The Year of the Lion.* Ich schwitze den Löwen aus.»

«Daran liest du schon einen ganzen Monat.»

«Sechs Wochen. Wie bekommt dir die Mystik des Fliegens?»

In diesem Jahr begeisterten wir beide uns – etwas verspätet – für die Mystik des Fliegens. Ich hatte es aufgegeben, die Mystik des Fliegens zu ergründen, als ich 1945 mit einer überalterten, ungewarteten, flugmüden B-17 nach Hause geflogen war.

Als es soweit war, weckte ich Mary, und während sie aufstand, holten die Gewehrträger ihre Büchse und mein großes Gewehr unter den Betten hervor und kontrollierten die Voll- und Teilmantelgeschosse.

«Er ist da, Schatz. Er ist da, heute erwischst du ihn.»

«Es ist schon spät.»

«Denk an gar nichts. Steig einfach in den Wagen.»

«Aber ich muß noch meine Stiefel anziehen, das weißt du.»

Ich half ihr dabei.

«Wo ist mein verdammter Hut?»

«Hier ist dein verdammter Hut. Geh jetzt langsam zum nächsten Landrover. Denk an gar nichts, stell dir nur vor, wie du ihn abschießt.»

«Red nicht soviel. Laß mich allein.»

Mthuka steuerte den Wagen, Mary und G. C. saßen vorn neben ihm. Ngui, Charo und ich hockten mit dem Wildhüter auf der offenen Ladefläche. Ich prüfte die Patronen im Lauf und das Magazin der 30-06, ich prüfte die in meinen Taschen und prüfte die Kimme und reinigte sie mit einem Zahnstocher von allen Staubpartikeln. Marys Büchse stand aufrecht neben ihr, und ich hatte eine schöne Aussicht auf den frisch polierten dunklen Lauf, das Klebeband, das die Visierklappen unten hielt, ihren Hinterkopf und ihren unansehnlichen Hut. Die Sonne stand jetzt dicht über den Hügeln, und wir hatten die Blumenwiesen hinter uns und fuhren nordwärts auf dem alten Weg, der parallel zum Waldrand verlief. Irgendwo rechts mußte der Löwe sein. Das Auto hielt an, und alle stiegen aus; nur Mthuka blieb am Steuer sitzen. Die Spur des Löwen führte nach rechts in Richtung einer Busch- und Baumgruppe diesseits des einzelnen Baums, an dem der Köder aufgehängt war. Er war aber nicht bei dem Köder, und die Vögel auch nicht. Sie hockten alle oben in den Bäumen. Ich sah mich nach der Sonne um, die in spätestens zehn Minuten hinter den fernen Bergen im Westen verschwinden würde. Ngui war auf den Ameisenhügel geklettert und spähte vorsichtig hinüber. Er zeigte so verstohlen, daß man die Bewegung kaum sehen konnte, und kam dann schnell wieder herunter.

«Hiko huko», sagte er. «Er ist da draußen. Mzuri motocah.»

G. C. und ich sahen beide wieder nach der Sonne, und G. C. winkte Mthuka mit dem Wagen heran. Wir stiegen ein, und G. C. sagte Mthuka, wie er fahren solle.

«Aber wo ist er?» fragte Mary G. C.

G. C. berührte Mthuka am Arm, und der hielt den Wagen an.

«Wir lassen den Wagen hier», sagte G. C. zu Mary. «Er muß dahinten zwischen den Büschen und Bäumen sein. Papa nimmt die linke Seite und schneidet ihm den Rückweg in den Wald ab. Und wir beide gehen ihm direkt entgegen.»

Die Sonne stand noch über den Bergen, als wir uns auf die Stelle zubewegten, wo der Löwe sein mußte. Ngui hielt sich hinter mir, und rechts von uns schritt Mary, dicht gefolgt von G. C., dem wiederum Charo folgte. Sie gingen geradewegs auf die Bäume zu, zu deren Füßen schütteres Buschwerk wuchs. Ich konnte den Löwen jetzt sehen und hielt mich, abwechselnd seitwärts und vorwärts gehend, weiter nach links. Im Abendlicht erschien der Löwe riesenhaft und schwarz und braun-grau-golden, und er beobachtete uns. Er beobachtete uns, und ich dachte daran, in was für eine üble Lage er sich gebracht hatte. Mit jedem Schritt versperrte ich ihm ein wenig mehr den Weg in die sichere Deckung, in die er sich so oft gerettet hatte. Jetzt blieb ihm keine andere Wahl, als entweder mich anzugreifen oder Mary und G. C. entgegenzustürmen, was er, außer im Fall einer Verwundung, niemals tun würde, oder aber in Richtung der nächsten

Deckung loszurennen, einer Buschinsel, die vierhundertfünfzig Meter weiter nördlich lag. Um dorthin zu gelangen, mußte er völlig offenes Gelände überqueren.

Ich nahm an, daß ich weit genug nach links gegangen war, und bewegte mich jetzt langsam auf den Löwen zu. Er stand bis zu den Oberschenkeln im Gestrüpp, und ich sah, wie er den Kopf in meine Richtung drehte; dann wandte er sich wieder um und beobachtete Mary und G. C. Der Kopf war gewaltig und dunkel, doch als er ihn bewegte, wirkte er durchaus nicht zu groß für seinen Körper, der massig, groß und langgestreckt war. Ich wußte nicht, wie nahe G. C. Mary an ihn heranführen würde. Ich beobachtete nicht sie, sondern den Löwen, und ich wartete auf den Schuß. Ich war ihm so nahe wie nötig, um noch Zeit zu haben, ihn zu erwischen, falls er in meine Richtung kam, und ich war mir sicher, daß er, wenn er verwundet würde, genau auf mich zulaufen würde, da seine natürliche Dekkung hinter mir lag. Mary muß bald schießen, dachte ich. Noch näher kann sie nicht heran. Aber vielleicht will G. C., daß sie näher herangeht. Den Kopf gesenkt, sah ich aus den Augenwinkeln nach den beiden, ohne meinen Blick von dem Löwen abzuwenden. Ich sah, daß Mary schießen wollte und daß G. C. sie davon abhielt. Da sie nicht versuchten, näher heranzugehen, nahm ich an, daß sich zwischen Mary und dem Löwen irgendwelche Äste befanden, die ich nicht sehen konnte. Ich beobachtete den Löwen und bemerkte die Veränderung seiner Farbe, als die Sonne den ersten Gipfel der Hügelkette berührte. Das Büchsenlicht war noch gut, würde jetzt aber schnell schwinden. Ich beobachtete den Löwen, der sich ganz langsam nach rechts bewegte und dann zu Mary und G. C. hinübersah. Ich konnte seine Augen sehen. Mary schoß immer noch nicht. Wieder bewegte sich der Löwe ganz langsam, und dann hörte ich Marys Büchse knallen und den trockenen Einschlag der Kugel. Sie hatte ihn getroffen. Der Löwe machte einen Satz ins Unterholz und kam auf der anderen Seite heraus, um die gute Deckung im Norden zu erreichen. Mary schoß noch einmal, und ich war mir sicher, daß sie ihn getroffen hatte. Den großen Kopf hin und her schwingend, sprang er in weiten Sätzen davon. Ich schoß und wirbelte eine Staubwolke hinter ihm auf. Ich schwenkte mit, und als er im Visier auftauchte, verzog ich den Schuß, der wieder nur hinter ihm einschlug. Ich hörte G. C.s Doppelflinte krachen und sah Erde aufspritzen. Ich zielte und schoß noch einmal, aber zu weit nach vorn, so daß der Staub diesmal vor ihm aufwirbelte. Er lief jetzt schwerfällig und verzweifelt, sah aber im Visier schon ziemlich klein aus, und es war fast sicher, daß er die Dekkung erreichen würde, als ich ihn wieder, noch kleiner und sich schnell entfernend, ins Visier bekam und vorsichtig mitschwenkte und auf eine Stelle etwas vor und über ihn zielte und, als er hindurchlief, abdrückte. Diesmal wirbelte kein Staub auf, und ich sah seine Vorderbeine einknicken und seinen großen Kopf zu Boden sinken, noch bevor wir den Einschlag der Kugel hörten. Ngui schlug mir auf den Rücken und legte mir einen Arm um die Schultern. Der Löwe versuchte, noch einmal hochzukommen, aber G. C. traf ihn, und er sank auf die Seite.

Ich ging zu Mary und gab ihr einen Kuß. Sie war glücklich, aber irgend etwas stimmte nicht.

«Du hast vor mir geschossen», sagte sie.

«Sag nicht so was, Schatz. Du hast geschossen, du hast ihn getroffen. Wie hätte ich vor dir schießen können, nachdem wir all diese Zeit gewartet haben?»

«Ndio. Memsahib piga», sagte Charo. Er hatte unmittelbar hinter Mary gestanden.

«Natürlich hast du ihn getroffen. Mit dem ersten Schuß hast du ihn in den Fuß getroffen, glaube ich. Und dann hast du ihn noch einmal getroffen.»

«Aber du hast ihn getötet.»

«Wir mußten dafür sorgen, daß er nicht in diesem Dickicht verschwindet, nachdem er getroffen war.»

«Aber du hast zuerst geschossen. Das weißt du ganz genau.»

«Nein, hab ich nicht. Frag G. C.»

Wir bewegten uns jetzt auf den Löwen zu. Es war ein weiter Weg, und der Löwe wurde, je näher wir ihm kamen, immer größer und toter. Die Sonne war nicht mehr zu sehen, und es wurde rasch dunkel. Zum Schießen wäre jetzt kein Licht mehr gewesen. Ich fühlte mich innerlich ausgelaugt und völlig erschöpft. G. C. und ich waren schweißnaß.

«Natürlich hast du ihn getroffen, Mary», sagte G. C. «Papa hat erst geschossen, als er im freien Gelände war. Du hast ihn zweimal getroffen.»

«Warum durfte ich nicht schießen, als ich wollte, als er einfach da gestanden und mich angesehen hat?»

«Weil da Äste im Weg waren, die die Kugel womöglich abgelenkt oder aufgehalten hätten. Deswegen habe ich gesagt, daß du warten sollst.»

«Dann hat er sich bewegt.»

«Er mußte sich erst bewegen, bevor du auf ihn schießen konntest.»

«Aber habe ich ihn wirklich als erste getroffen?»

«Natürlich hast du das. Niemand hätte vor dir auf ihn geschossen.»

«Du lügst nicht, nur damit ich zufrieden bin?»

Eine solche Szene hatte Charo schon einmal erlebt.

«Piga!» sagte er heftig. «Piga, Memsahib. PIGA!»

Ich stieß Ngui verstohlen an und sah zu Charo hinüber. Ngui ging zu ihm.

«Piga», sagte er rauh. «Piga Memsahib. Piga bili.»

G. C. trat zu mir, und ich sagte: «Weshalb schwitzt du so?»

«Wie weit hast du über ihn gezielt, du Mistkerl?»

«Anderthalb Fuß. Zwei Fuß. Wie beim Bogenschießen.»

«Auf dem Rückweg messen wir die Strecke ab.»

«Das glaubt natürlich wieder keiner.»

«Doch, wir glauben es. Alles andere zählt nicht.»

«Geh zu ihr und mach ihr klar, daß sie ihn getroffen hat.»

«Sie glaubt den Jungs. Du hast das Rückgrat erwischt.»

«Ich weiß.»

«Hast du gemerkt, wie lange es gedauert hat, bis man das Geräusch des Einschlags gehört hat?»

«Ja. Geh zu ihr und rede mit ihr.»

Der Landrover fuhr hinter uns vor.

Wir waren jetzt bei dem Löwen, und es war Marys Löwe, das wußte sie jetzt, und jetzt sah sie, wie herrlich und groß und dunkel und schön er war. Seine gelben Augen waren noch nicht stumpf, und Kamelfliegen krochen auf ihm herum. Ich fuhr mit der Hand durch die dicke schwarze Mähne. Mthuka war aus dem Landrover gestiegen und hatte Mary die Hand geschüttelt. Sie kniete neben ihm.

Dann sahen wir vom Lager her den Lastwagen über die Ebene kommen. Man hatte die Schüsse gehört, und Keiti war mit allen Leuten, bis auf zwei Wachen, die er im Lager gelassen hatte, losgefahren. Sie sangen das Löwenlied, und als sie vom Lastwagen sprangen, hatte Mary keine Zweifel mehr, wessen Löwe es war. Ich hatte schon viele erlegte Löwen gesehen und manche Feier miterlebt, aber noch keine wie diese. Und ich gönnte sie Mary von Herzen. Ich war mir sicher, daß Mary jetzt zufrieden war, und ging zu der Busch- und Bauminsel, auf die der Löwe zugelaufen war. Er hatte sie beinahe erreicht, und ich stellte mir vor, wie es gewesen wäre, wenn G. C. und ich dort hätten hineingehen müssen, um ihn herauszutreiben. Ich wollte mir das ansehen, bevor das Licht geschwunden war. Noch sechzig Meter, und er wäre dort verschwunden, und bis zu unserem Eintreffen wäre es dunkel gewesen. Ich malte mir aus, was hätte passieren können, und ging zu den Feiernden zurück, die jetzt schon Fotos machten. Die Scheinwerfer des Lastwagens und des Landrovers waren auf Mary und den Löwen gerichtet, und G. C. hielt den Fotoapparat. Ngui brachte mir vom Landrover die Jinny-Flasche aus der Patronentasche, und ich nahm einen kleinen Schluck und gab sie Ngui. Auch er nahm einen Schluck und reichte sie mir kopfschüttelnd zurück.

«Piga», sagte er, und wir lachten. Ich nahm einen großen Schluck und spürte, wie er mich wärmte und wie ich die Anspannung abstreifte wie eine Schlange ihre Haut. Bis zu diesem Augenblick war mir gar nicht wirklich bewußt geworden, daß wir den Löwen endlich erwischt hatten. Theoretisch war es mir schon klar gewesen, als der unglaublich weite Schuß ins Ziel gegangen war und ihn niedergestreckt hatte und Ngui mir auf die Schulter geklopft hatte. Aber dann waren Marys Besorgnis und Verärgerung dazwischengekommen, und auf dem Weg zu dem Löwen waren wir so emotionslos und betäubt gewesen, als hätten wir gerade einen Angriff überlebt. Jetzt, mit dem Alkohol und der Feier und der Fotografiererei, der verhaßten und notwendigen Fotografiererei, für die es schon zu dunkel war, ohne Blitzlicht und ohne Profis, die dieses Handwerk beherrschten und Miss Marys Löwen hätten unsterblich machen können, jetzt, da ich ihr glückstrahlendes Gesicht im Licht der Scheinwerfer sah und den großen Kopf des Löwen, so schwer, daß sie ihn nicht anheben konnte, da ich stolz auf sie war und voller Liebe für den Löwen und mich innerlich so leer fühlte wie ein leeres Zimmer, jetzt, da ich Keitis schiefes Lächeln sah, als er sich über Mary beugte, um die unglaubliche schwarze Mähne des Löwen zu berühren, und alle auf kikamba plapperten wie Vögel und jeder einzelne stolz auf diesen unseren Löwen war, der uns allen gehörte, vor allem aber Mary, die ihn seit Monaten gejagt und ihn nun geschossen und sich, wie der unerwünschte Satz lautete, im Augenblick der Wahrheit bewährt hatte und die jetzt strahlend und glücklich im Licht der Scheinwerfer stand und wie ein kleiner, nicht direkt tödlicher, leuchtender Engel aussah, jetzt, da alle Miss Mary und diesen unseren Löwen bewunderten, wich die Anspannung von mir, und ich begann mich wohl zu fühlen.

Charo und Ngui hatten Keiti erzählt, wie die Sache abgelaufen war, und er kam zu mir, schüttelte mir die Hand und sagte: «Mzuri sana Bwana. Uchawi tu.»

«Es war ein Glückstreffer», sagte ich, und das war es weiß Gott gewesen.

«Kein Glückstreffer», sagte Keiti. «Mzuri. Mzuri. Uchawi kuba sana.»

Dann fiel mir ein, daß ich diesen Nachmittag dem Tod des Löwen gewidmet hatte und daß jetzt alles vorbei war und daß Mary gewonnen hatte, und ich sprach mit Ngui und Mthuka und Pops Gewehrträger und den anderen über unsere Religion, und wir alle schüttelten lachend die

Köpfe, und Ngui drängte mich, noch einen Schluck aus der Jinny-Flasche zu nehmen. Sie wollten warten, bis wir im Lager wären und Bier trinken könnten, aber jetzt wollten sie erst einmal, daß ich mit ihnen trank. Sie berührten die Flasche nur mit den Lippen. Die Fotos waren gemacht, und als Mary aufstand und uns trinken sah, bat sie um die Flasche und trank daraus und reichte sie G. C. Sie gaben sie mir zurück, ich nahm einen Schluck und legte mich dann neben den Löwen und sprach sehr leise auf spanisch mit ihm und bat ihn um Verzeihung, daß wir ihn getötet hatten, und dann tastete ich nach seinen Wunden. Es waren vier. Mary hatte ihn am Fuß und an einer Hinterbacke getroffen. Als ich seinen Rücken streichelte, entdeckte ich die Stelle, wo ich das Rückgrat getroffen hatte, und dann weit vorne in der Flanke, hinter der Schulter, das größere Loch, das von G. C.s Kugel stammte. Ich streichelte ihn immer weiter und sprach auf spanisch mit ihm, aber nun begannen die aufsässigen Kamelfliegen von ihm auf mich überzuwechseln, und so zeichnete ich mit dem Zeigefinger einen Fisch vor ihm in den Boden und wischte ihn dann mit der Handfläche wieder aus.

Auf dem Weg zum Lager wechselten Ngui, Charo und ich kein Wort. Einmal hörte ich Mary G. C. fragen, ob ich wirklich nicht vor ihr geschossen habe, und er antwortete ihr, nein, der Löwe gehöre ihr allein. Sie habe ihn zuerst getroffen, aber so etwas laufe nun einmal nicht immer ideal, und wenn ein Tier verletzt sei, müsse es getötet werden; wir hätten verdammtes Glück gehabt und sie solle zufrieden sein. Aber ich wußte, daß ihre Zufriedenheit kam und ging, weil es nicht so gelaufen war, wie sie es sechs Monate lang gehofft und geträumt und befürchtet und erwartet hatte. Es tat mir schrecklich leid, daß sie sich so fühlte; ihr selbst war es so wichtig, und allen anderen war es vollkommen gleichgültig. Aber auch wenn wir es noch einmal tun müßten, würden wir es unmöglich anders machen können. G. C. hatte sie näher herangeführt als jeden anderen, aber ein guter Schütze durfte das. Hätte der Löwe angegriffen, nachdem sie ihn getroffen hatte, dann wäre G. C. höchstens Zeit für einen einzigen Schuß geblieben, bevor der Löwe sie erreicht hätte. Sein großes Gewehr war eine tödliche und wirksame Waffe, wenn der Löwe angriff, und es war von Nachteil, wenn er auf zwei- oder dreihundert Meter damit schießen mußte. Das wußten wir beide, und wir hatten nicht mal Witze darüber gemacht. Den Löwen aus so kurzer Distanz zu schießen, wie Mary es getan hatte, war sehr gefährlich gewesen, und G. C. und ich wußten, daß sie erst kürzlich, als sie das Gnu geschossen hatte, aus einer solchen Entfernung das anvisierte Ziel um fast einen halben Meter verfehlt hatte. Jetzt war nicht die Zeit, darüber zu sprechen, aber Ngui und Charo wußten es auch, und mich hatte es lange bis in den Schlaf verfolgt. Die Entscheidung des Löwen, Zuflucht in dem dichten Gebüsch zu suchen, wo er sehr gute Chancen hatte, einen von uns zu erwischen, hatte ihm um ein Haar den Sieg eingebracht. Er war nicht dumm gewesen, und feige schon gar nicht. Er hatte dort kämpfen wollen, wo er die größten Vorteile hatte.

Wir gelangten ins Lager, setzten uns ans Feuer, streckten die Beine aus und genehmigten uns einen großen Drink. Jetzt hätten wir Pop gebraucht, aber der war nicht da. Ich hatte Keiti gebeten, etwas Bier zu den Zelten zu bringen, und dann wartete ich, daß es losging. Es kam so plötzlich wie die hoch aufschäumenden Fluten in einem sonst trockenen Bachbett nach einem Wolkenbruch. Sie hatten sich gerade noch einigen können, wer Miss Mary tragen sollte, als auch schon hinter den Zelten der wild tanzende Pulk der Wakamba hervorbrach und das Löwenlied anstimmte. Der große Küchenjunge und der Lastwagenfahrer brachten den Stuhl und stellten ihn ab, und nachdem Keiti Miss Mary tänzelnd und klatschend dorthin geführt hatte, hob man sie hoch und begann mit ihr um das Feuer zu tanzen und dann hinaus zu den Zelten und um den Löwen herum, der außerhalb des Lagers auf dem Boden lag, und dann wieder an den Zelten vorbei und um das Kochfeuer und das Lagerfeuer und die Autos und den Holzlieferwagen und immer so weiter. Die Wildhüter hatten sich bis auf die Shorts ausgezogen, und alle anderen auch, die alten Männer ausgenommen. Ich beobachtete Marys strahlendes Gesicht und die kräftigen, schönen schwarzen Körper, die sie und den Stuhl trugen und sich dabei stampfend und tanzend verbeugten und aufrichteten und immer wieder die Hände reckten, um sie zu berühren. Es war ein schöner wilder Löwentanz, und als er beendet war, stellten sie Mary mitsamt dem Stuhl neben ihrem Klappstuhl am Feuer ab; dann gaben sie ihr alle die Hand, und damit war es vorbei. Sie war glücklich, und nach einer vergnügten Mahlzeit gingen wir zu Bett.

In der Nacht wachte ich auf und konnte nicht mehr einschlafen. Ich erwachte sehr plötzlich, und es war vollkommen still. Dann hörte ich Marys regelmäßige, ruhige Atemzüge und war erleichtert, daß wir sie nicht jeden Morgen gegen einen Löwen antreten lassen mußten. Dann empfand ich Bedauern, daß der Tod des Löwen nicht so gekommen war, wie sie es gehofft und geplant hatte. Die Feier und der wilde Tanz und die Liebe und Anhänglichkeit aller ihrer Freunde hatten ihre Enttäuschung betäubt. Aber sie hatte ihn seit mehr als hundert Tagen gejagt, und ich war mir sicher, daß die Enttäuschung wiederkehren würde. Sie wußte gar nicht, in welche Gefahr sie sich begeben hatte. Vielleicht wußte sie es auch, und nur ich wußte es nicht. G. C. und ich wollten es ihr nicht sagen, weil wir beide zu viel riskiert hatten und nicht umsonst trotz der Kühle des Abends in Schweiß gebadet gewesen waren. Ich erinnerte mich an die Augen des Löwen, als er mich angesehen und dann den Blick gesenkt und Mary und G. C. angesehen hatte, und wie er sie dann nicht mehr aus den Augen gelassen hatte. Ich lag im Bett und dachte daran, daß ein Löwe hundert Meter in gut drei Sekunden zurücklegen kann. Er rennt tief geduckt und schneller als ein Windhund und setzt erst zum Sprung an, wenn er die Beute erreicht hat. Marys Löwe wog gut über vierhundert Pfund und war stark genug gewesen, mit einer Kuh im Maul über einen hohen Dornenzaun zu springen. Er war seit vielen Jahren gejagt worden, und er war sehr klug gewesen, doch unsere Taktik hatte ihn zu einem Fehler verleitet. Ich war froh, daß er, bevor er starb, ganz entspannt, die mächtigen Tatzen bequem vor sich, auf dem hohen gelben Grashügel gelegen und über sein Land geblickt hatte, bis zu dem blauen Wald und dem weißen Schnee hoch oben auf dem großen Berg. G. C. und ich hatten uns gewünscht, daß Mary ihn mit dem ersten Schuß töten würde oder daß er, verwundet, angreifen würde. Aber er hatte einen eigenen Plan verfolgt. Der erste Schuß konnte für ihn nur ein heftiger kurzer Stich gewesen sein. Der zweite, der ihn oben in einem Beinmuskel getroffen hatte, während er auf das Gebüsch zugerannt war, in dessen Deckung er uns zum Kampf herausfordern wollte, hatte sich schlimmstenfalls wie ein harter Schlag angefühlt. Ich stellte mir nicht gerne vor, wie sich mein Weitschuß, mit dem ich ihn nur irgendwie hatte treffen und von den Beinen holen wollen, angefühlt haben mußte, als der ihm zufällig ins Rückgrat gegangen war. Das Geschoß war ein .22er Vollmantelgeschoß, und ich brauchte mir nicht auszumalen, wie sich das angefühlt hatte. Ich hatte mir noch nie das Rückgrat gebrochen und wußte es einfach nicht. Ich war froh, daß G. C.s wunderbarer Weitschuß ihn auf der Stelle getötet hatte. Jetzt war er tot, und auch uns würde es fehlen, daß wir ihn nicht mehr jagen konnten.

Ich versuchte einzuschlafen, mußte aber weiter an den Löwen denken und daran, was hätte geschehen können, wenn er die Deckung erreicht hätte; ich dachte daran, was andere Leute unter ähnlichen Umständen erlebt hatten, und schob es dann beiseite. Es war besser, über solche Dinge mit G. C. oder mit Pop zu reden. Ich wünschte, Mary würde aufwachen und sagen: «Ich bin so froh, daß ich meinen Löwen erwischt habe.» Aber das war zuviel erwartet, zumal um drei Uhr morgens. Ich erinnerte mich, wie Scott Fitzgerald geschrieben hatte, daß es im Soundso des Seelensoundso immer drei Uhr morgens ist. Seit vielen Monaten hatte drei Uhr morgens für mich zwei Stunden gedauert, oder anderthalb Stunden, bevor ich dann aufstand, mich anzog und in die Stiefel stieg, um Miss Marys Löwen zu jagen. Ich machte das Moskitonetz los und tastete nach der Cider-Flasche. Sie war kühl von der Nacht, und ich legte die beiden Kopfkissen übereinander, lehnte mich daran, schob mir das rauhe Balsamkissen unter den Nacken und dachte über die Seele nach. Als erstes mußte ich dieses Fitzgerald-Zitat richtig hinbekommen. Es war in einer Artikelserie erschienen, in der er sich von dieser Welt und seinen früheren, extrem kitschigen Idealen losgesagt und sich zum erstenmal mit einem gesprungenen Teller verglichen hatte. Ich kramte in meinem Gedächtnis, und das Zitat fiel mir wieder ein: «In einer wirklich dunklen Nacht der Seele ist es immer drei Uhr morgens.»

Und während ich hellwach in der afrikanischen Nacht saß, wurde mir klar, daß ich von der Seele überhaupt nichts wußte. Die Leute redeten und schrieben ständig davon, aber wer wußte schon etwas darüber? Ich kannte niemanden, der etwas darüber wußte oder hätte sagen können, ob es so etwas überhaupt gab. Der Glaube daran kam mir sehr seltsam vor, und ich wußte, daß ich, selbst wenn ich etwas davon wüßte, sehr große Schwierigkeiten haben würde, es Ngui und Mthuka und den anderen zu erklären. Bevor ich aufgewacht war, hatte ich geträumt; und in dem Traum hatte ich den Körper eines Pferdes, aber Kopf und Schultern eines Menschen, und ich hatte mich gefragt, warum das noch niemandem aufgefallen war. Es war ein sehr logischer Traum, und er handelte von dem Augenblick, in dem die Veränderung mit dem Körper vor sich geht, so daß es ein menschlicher Körper wird. Es schien mir ein sehr vernünftiger und guter Traum zu sein, und ich fragte mich, was die anderen davon halten würden, wenn ich ihnen davon erzählte. Ich war jetzt ganz wach, und der Cider war kühl und frisch, aber ich spürte noch immer die Muskeln, die ich im Traum gehabt hatte, als mein Körper der eines Pferdes gewesen war. Das half mir bei der Seele nicht weiter, und so versuchte ich darüber nachzudenken, was die Seele nach meinen Überzeugungen eigentlich sein konnte. Eine Quelle mit frischem, klarem Wasser, die auch in Dürrezeiten nicht versiegte und im Winter nicht einfror, kam wohl dem am nächsten, was wir anstelle der Seele hatten, von der alle redeten. Ich erinnerte mich, daß die Chicago White Sox, als ich ein Junge war, einen Third-Baseman namens Harry Lord hatten, der jeden Wurf an der dritten Baseline entlang abwehren konnte, bis der gegnerische Werfer vollkommen erschöpft war oder es dunkel wurde und das Spiel abgebrochen werden mußte. Damals war ich noch sehr jung, und alles wurde übertrieben, aber ich kann mich erinnern, wie es langsam dunkel wurde – damals gab es in Baseballstadien noch kein Flutlicht – und Harry immer weitermachte und die Menge schrie: «Lord, Lord, erlöse unsere Seele!» Näher war ich der Seele noch nie gekommen. Früher hatte ich einmal gedacht, meine Seele sei mir als kleiner Junge ausgeblasen worden, und später hatte ich gedacht, sie sei wieder zurückgekehrt. Aber damals war ich sehr egoistisch gewesen und hatte so viel über die Seele gehört und gelesen, daß ich annahm, ich hätte eine. Dann fragte ich mich, ob unsere Seelen irgendwohin geflogen wären, wenn Miss Mary oder G. C. oder Ngui oder Charo oder ich von dem Löwen getötet worden wären. Ich konnte es nicht glauben und dachte nur, daß wir dann eben tot gewesen wären, toter vielleicht als der Löwe, und über dessen Seele machte sich niemand Gedanken. Die Fahrt nach Nairobi und die Nachforschungen wären das Schlimmste daran gewesen. Aber im Grunde wußte ich nur, daß es G. C.s Karriere sehr geschadet hätte, wenn Mary oder ich getötet worden wären. Weder Charo noch ich wären gern getötet worden, und wäre Miss Mary getötet worden, würde es sie bestimmt sehr überrascht haben. So etwas mußte vermieden werden, und es war schon gut, daß wir uns nicht in eine Situation begeben hatten, in der uns das jeden Tag passieren konnte.

Aber was hatte das mit «In einer wirklich dunklen Nacht der Seele ist es immer drei Uhr morgens» zu tun?

Hatten Miss Mary oder G. C. eine Seele? Soweit ich wußte, hatten sie keine religiösen Überzeugungen. Aber die mußte ein Mensch haben, wenn er eine Seele hatte. Charo war ein sehr frommer Moslem, also mußten wir ihm eine Seele zugestehen. Damit blieben nur noch Ngui und ich und der Löwe übrig.

Hier war es drei Uhr morgens, und ich streckte meine Beine, die eben noch Pferdebeine gewesen waren, und beschloß aufzustehen. Ich wollte ins Freie, mich an die Reste des Feuers setzen und die letzten Stunden der Nacht und das erste Morgenlicht genießen. Ich zog die Moskitostiefel und den Morgenmantel an, schnallte den Pistolengürtel darüber und ging zum Feuer. G. C. saß auf einem Stuhl daneben.

«Weswegen sind wir wach?» fragte er sehr leise.

«Ich habe geträumt, ich sei ein Pferd. Ein sehr lebhafter Traum.» Ich erzählte G. C. von Scott Fitzgerald und dem Zitat und fragte ihn, was er davon hielte.

«Jede Stunde kann schlimm sein, wenn man wach ist», sagte er. «Ich verstehe nicht, warum es ausgerechnet drei Uhr morgens sein muß. Klingt aber trotzdem ganz gut.»

«Ich glaube, es geht nur um Angst und Sorgen und Reue.»

«Davon hatten wir beide reichlich, stimmt's?»

«Allerdings. Mehr als genug. Aber ich nehme an, er hat damit auf sein Gewissen und seine Verzweiflung angespielt.»

«Du bist niemals verzweifelt, stimmt's, Ernie?»

«Noch nicht.»

«Wahrscheinlich wärst du es inzwischen, wenn du es überhaupt sein könntest.»

«Ich bin schon sehr nah dran gewesen, aber ich habe es jedesmal abwehren können.»

«Apropos abwehren. Sollen wir uns ein Bier teilen?»

«Ich hol eins.»

Die große Flasche Tusker in dem Wasserbeutel war ebenfalls kalt, und ich goß uns zwei Gläser ein und stellte die Flasche auf den Tisch.

«Wirklich schade, daß ich weg muß, Ernie», sagte G. C. «Glaubst du, sie wird es mir sehr übel nehmen?»

«Ja.»

«Du wirst es ertragen müssen. Aber vielleicht macht es ihr ja auch gar nichts aus.»

Kapitel 9

Ich ging ins Zelt, um nachzusehen, ob Mary schon wach war, doch sie schlief immer noch fest. Einmal war sie aufgewacht und hatte etwas Tee getrunken, war dann aber wieder eingeschlafen.

«Wir lassen sie schlafen», sagte ich zu G. C. «Es macht nichts, wenn wir erst nach halb zehn aufbrechen. Sie sollte so lange schlafen wie möglich.»

G. C. las das Buch von Lindbergh, aber mir stand an diesem Morgen nicht der Sinn nach *The Year of the Lion*, also nahm ich mir das Vogelbuch. Es war ein gutes neues Buch von Praed und Grant; ich wußte, daß mir eine ganze Menge entgangen war, weil ich mich allzusehr auf die Jagd auf ein einziges Tier konzentriert und dabei das Beobachten der Vögel vernachlässigt hatte. Hätte es die anderen Tiere nicht gegeben, hätten wir uns ohne weiteres damit begnügen können, die Vögel zu beobachten, aber das hatte ich, wie gesagt, wirklich sehr vernachlässigt. Mary war da viel konsequenter gewesen. Sie bemerkte ständig Vögel, die mir entgingen, und sie beobachtete sie, während ich auf meinem Klappstuhl saß und einfach in die Landschaft hinausschaute. Als ich das Vogelbuch las, wurde mir klar, wie dumm ich gewesen war und wieviel Zeit ich vergeudet hatte.

Wenn ich zu Hause im Schatten am Teich saß, machte es mich glücklich zu beobachten, wie die Königsvögel dort eintauchten und Insekten aus dem Wasser holten und wie ihre grauweiße Brust im Widerschein des Teichs grün aufleuchtete. Ich beobachtete auch gern die Tauben, die in den Pappeln nisteten, und die Spottdrosseln, wenn sie sangen. Wenn im Herbst und Frühling die Zugvögel durchzogen, war ich regelrecht aufgeregt und verbrachte glückliche Nachmittage damit, die kleinen Rohrdommeln zu beobachten, wenn sie zum Trinken an den Teich kamen und die Gräben nach Baumfröschen absuchten. Hier in Afrika gab es um das Lager immer viele schöne Vögel. Sie hockten in den Bäumen und Dornbüschen oder gingen auf dem Boden umher, und ich nahm sie nur beiläufig als wandelnde Farbkleckse wahr, während Mary sie liebte und alle beim Namen nannte. Ich konnte mir gar nicht erklären, wie ich so dumm und den Vögeln gegenüber so gleichgültig geworden war, und ich schämte mich deswegen.

Lange Zeit hatte ich mich nur mit Raubvögeln beschäftigt, mit Aasfressern und solchen Vögeln, die man essen konnte oder die irgendwie mit der Jagd zu tun hatten. Als ich dann darüber nachdachte, auf welche Vögel ich achtete, wurde die Liste so lang, daß ich mich nicht mehr ganz so schlecht fühlte; dennoch faßte ich den Entschluß, die Vögel um unser Lager genauer zu beobachten und Miss Mary über alle auszufragen, die ich nicht kannte, und vor allem, sie bewußt wahrzunehmen und nicht an ihnen vorbeizuschauen.

Dieses Sehen und doch nicht Sehen war eine große Sünde, dachte ich, und eine, die man leicht beging. Es war immer der Anfang von etwas Schlechtem, und ich dachte, daß wir es nicht verdienten, in der Welt zu leben, wenn wir sie nicht wahrnahmen. Ich versuchte zu ergründen, wie ich dazu gekommen war, die kleinen Vögel beim Lager nicht wahrzunehmen. Teils mochte es daran gelegen haben, daß ich zu viel gelesen und mich im übrigen auf die Jagd konzentriert hatte, teils aber auch sicherlich daran, daß ich im Lager trank, um mich zu entspannen, wenn wir von der Jagd zurückkamen. Ich bewunderte Mayito, der fast gar nicht trank, weil er alles, was er in Afrika erlebte, im Gedächtnis behalten wollte. Aber G. C. und ich waren Trinker, und ich wußte, das war nicht bloß eine Angewohnheit oder ein Fluchtmittel. Es war die absichtliche Trübung einer Wahrnehmung, die so hochempfindlich wie manche Filme war, so daß es, wenn man die Wahrnehmung immer in dieser Intensität behalten hätte, schlichtweg unerträglich gewesen wäre. Du argumentierst mal wieder gut zu deiner Verteidigung, dachte ich, dabei weißt du auch, daß ihr trinkt, weil es euch Spaß macht, und Mary macht es genauso Spaß, und es ist immer sehr schön, wenn wir trinken. Und jetzt geh besser rein und sieh nach, ob sie wach ist, dachte ich.

Also ging ich rein, aber sie schlief immer noch. Im Schlaf sah sie immer sehr schön aus. Im Schlaf war ihr Gesicht weder glücklich noch unglücklich. Es war einfach da. Aber heute waren die Konturen zu fein gezogen. Ich wünschte, sie glücklich machen zu können, aber das einzige, was mir dazu einfiel, war, sie weiterschlafen zu lassen.

Ich ging wieder mit dem Vogelbuch hinaus und bestimmte einen Würger, einen Star und einen Bienenfresser, und dann vernahm ich eine Bewegung im Zelt, und als ich reinging, sah ich Mary auf dem Rand ihrer Pritsche sitzen und sich die Mokassins anziehen.

«Wie fühlst du dich, Schatz?»

«Schrecklich. Und du hast zuerst auf meinen Löwen geschossen, und ich will dich gar nicht sehen.»

«Dann werde ich dir eine Zeitlang aus dem Weg gehen.»

Draußen bei den Zelten erzählte mir Keiti, daß die Wildhüter ein richtig großes Ngoma planten, alle im Lager würden tanzen, und die ganze Shamba käme auch. Keiti sagte, wir hätten zu wenig Bier und Coca-Cola, und ich sagte, ich würde das Jagdauto nehmen und mit Mthuka und Arap Meina und allen anderen, die irgend etwas im Dorf kaufen wollten, nach Laitokitok fahren. Keiti brauchte auch noch etwas Posho, und ich würde versuchen, einen Sack oder ein paar Säcke davon aufzutreiben, und dazu noch etwas Zucker. Die Wakamba mochten das Maismehl, das über Kadjiado geliefert und von dem indischen Duka verkauft wurde, dessen Besitzer ein Anhänger des Aga Khan war. Die Sorte, die in anderen indischen Läden zu haben war, aßen sie nicht so gern. Ich hatte gelernt, die Sorte, die sie mochten, an Farbe, Beschaffenheit und Geschmack zu erkennen, aber dabei konnte mir immer ein Fehler unterlaufen, und deshalb prüfte Mthuka das lieber noch mal nach. Die Coca-Cola war für die Moslems, die kein Bier trinken durften, und für die Mädchen und Frauen, die zu dem Ngoma kommen würden. Ich würde Arap Meina bei der ersten Massai-Manyatta absetzen, und er würde die Massai auffordern, sich den Löwen anzusehen, damit sie sich davon überzeugen konnten, daß er auch wirklich tot war. Zu dem Ngoma, das ausschließlich für die Wakamba gedacht war, wurden sie nicht eingeladen.

Wir hielten vor den Benzinpumpen und dem Duka, bei dem wir immer einkauften, und Keiti stieg aus. Ich gab mein Gewehr Mwengi, Pops Gewehrträger, der es in die an der Rückseite der Vorderbank angebrachte Halterung schloß. Dann sagte ich Keiti, ich würde zu Mr. Singh gehen und Bier und andere Getränke bestellen, und Mthuka sagte ich, er solle den Wagen volltanken und dann damit zu Mr. Singh kommen und ihn dort im Schatten abstellen. Ich begleitete Keiti nicht in den großen Laden, sondern ging zu Fuß im Schatten der Bäume zu Mr. Singh.

Drinnen war es kühl, es roch nach Essen aus der Küche im Wohntrakt und nach Sägemehl aus der Sägemühle. Mr. Singh hatte nur drei Kisten Bier, meinte aber, er könne in einem Laden auf der anderen Straßenseite zwei weitere besorgen. Drei Massai-Älteste kamen von der verrufenen Kneipe nebenan herein. Wir waren Freunde, und als wir einander würdig begrüßten, konnte ich riechen, daß sie bereits Golden-Jeep-Sherry getrunken hatten, woraus sich der Überschwang erklärte, der sich in ihre Würde mischte. Mr. Singh hatte nur sechs Flaschen Bier kalt gestellt, also spendierte ich den dreien zwei davon und nahm selbst eine und erzählte ihnen, daß Miss Mary den großen Löwen getötet habe. Wir tranken uns zu, dann tranken wir auf Miss Mary und den Löwen, und dann entschuldigte ich mich, weil ich mit Mr. Singh im Hinterzimmer etwas Geschäftliches zu besprechen hatte.

Es war nichts wirklich Geschäftliches. Mr. Singh wollte nur, daß ich mit ihm aß und einen Whisky mit Wasser trank. Er hatte mir etwas zu sagen, aber ich verstand ihn nicht und ging hinaus, um einen in der Missionsstation aufgewachsenen Jungen als Dolmetscher zu holen. Der junge Mann trug eine lange Hose, ein weißes, ordentlich eingestecktes Hemd und klobige schwarze Stiefel, die das Abzeichen seiner Bildung und Zivilisiertheit waren.

«Sir», sagte er. «Mr. Singh bittet mich, Ihnen zu sagen, daß diese Massai-Häuptlinge Sie, was das Bier betrifft, ständig ausnutzen. Sie treffen sich in der Bierwirtschaft nebenan, die sich als Tea-Room bezeichnet, und wenn sie Sie hier hineingehen sehen, kommen sie einzig zu dem Zweck hierher, Sie auszunutzen.»

«Ich kenne diese drei Ältesten, das sind keine Häuptlinge.»

«Ich habe die Bezeichnung Häuptlinge so benutzt, wie sie gegenüber Europäern gebräuchlich ist», sagte der Missionsjunge. «Aber die Beobachtung von Mr. Singh ist zutreffend. Diese Männer mißbrauchen Ihre Freundschaft, was das Bier betrifft.»

Mr. Singh nickte ernst und reichte mir die Flasche White Heather. Zwei Worte des Missions-Englisch hatte er verstanden: Freundschaft und Bier.

«Eins will ich mal klarstellen. Ich bin kein Europäer. Wir sind Amerikaner.»

«Aber diese Unterscheidung wird hier nicht gemacht. Sie gelten als Europäer.»

«Das wird man korrigieren müssen. Ich bin kein Europäer. Mr. Singh und ich sind Brüder.»

Ich goß Wasser in mein Glas, Mr. Singh schenkte sich ebenfalls etwas ein. Wir prosteten einander zu und umarmten uns. Dann standen wir auf und betrachteten den Öldruck, der Gobina Singh beim Löwenerwürgen zeigte. Wir waren beide tief bewegt.

«Du bist ein Anhänger des Jesuskindes, nehme ich an?» fragte ich den Missionsjungen.

«Ich bin Christ», sagte er würdevoll.

Mr. Singh und ich sahen einander traurig an und schüttelten die Köpfe. Dann sagte Mr. Singh etwas zu dem Dolmetscher.

«Mr. Singh sagt, er will die drei kalten Flaschen für Sie und Ihre Leute aufheben. Wenn die Massai-Mzees zurückkommen, will er ihnen Wein servieren.»

«Ausgezeichnet», sagte ich. «Könntest du nachsehen, ob inzwischen meine Leute mit dem Automobil gekommen sind?»

Er ging hinaus, und Mr. Singh tippte sich mit dem Zeigefinger an die Stirn und bot mir noch etwas von dem White Heather aus der eckigen Flasche an. Er sagte, er bedaure es, daß wir keine Zeit hätten, um gemeinsam zu essen. Ich sagte ihm, er solle sich nachts von den verdammten Straßen fernhalten. Er fragte, was ich von dem Dolmetscher hielte. Ich sagte, er sei fabelhaft, und sein solides schwarzes Schuhwerk lege Zeugnis ab von seinem Christentum.

«Zwei von Ihren Leuten warten draußen mit dem Automobilwagen», sagte der Dolmetscher, als er wieder eintrat.

«Automobil reicht», sagte ich und ging, um Mthuka hereinzuwinken. Er trug ein kariertes Hemd und war groß und gebeugt und hatte wulstige Lippen und die schönen pfeilförmigen Narben der Kamba auf den Wangen. Er grüßte Mrs. Singh, die hinter dem Ladentisch stand, auf dem die Tuchballen, Perlen, Medikamente und Trödelwaren ausgebreitet lagen, und sah sie bewundernd an. Sein Großvater war Kannibale gewesen. Keiti war sein Vater, und er selbst war mindestens fünfunddreißig Jahre alt. Mr. Singh gab ihm eine der kalten Bierflaschen und reichte mir meine, die schon geöffnet war. Er trank ein Drittel aus seiner und sagte: «Ich bringe sie Mwengi nach draußen.»

«Nein. Er kann auch hier drin ein kaltes haben.»

«Ich bringe ihm diese, und wir halten Wache.»

«Zwei sind noch übrig», sagte Mr. Singh. Mthuka nickte.

«Gib dem Dolmetscher einen Orangensaft», sagte ich.

Der Dolmetscher nahm das Getränk und sagte: «Darf ich Ihnen, bevor Ihre Freunde, die Massai, zurückkommen, ein paar Fragen stellen, Sir?»

«Ja, nur zu.»

«Sir, wie viele Flugzeuge haben Sie?»

«Acht.»

«Da müssen Sie einer der reichsten Männer der Welt sein.»

«Das bin ich auch», sagte ich bescheiden.

«Warum kommen Sie dann hierher und arbeiten als Wildhüter, Sir?»

«Warum gehen manche Leute nach Mekka? Warum geht irgendwer irgendwohin? Warum würdest du nach Rom gehen?»

«Ich hänge nicht dem katholischen Glauben an. Ich würde nicht nach Rom gehen.»

«Daß du nicht diesem Glauben anhängst, habe ich schon an deinen Schuhen gemerkt.»

«Wir haben zwar manches mit dem katholischen Glauben gemeinsam, aber wir beten keine Bilder an.»

«Schade. Es gibt so viele großartige Bilder.»

«Ich wäre gerne Wildhüter und bei Ihnen, Sir, oder bei Bwana Game angestellt.»

In diesem Augenblick kamen die Massai-Ältesten zurück und brachten zwei neue Kameraden mit. Die hatte ich noch nie gesehen, aber mein ältester Freund unter den drei Ältesten erzählte mir, daß sie viele Probleme mit Löwen hätten, die nicht nur Vieh aus den Bomas stahlen, sondern auch Esel, Morani, Mtotos, Frauen und Ziegen. Sie wünschten, Miss Mary und ich könnten sie von dieser Plage befreien. Sie alle waren inzwischen ziemlich betrunken, und einer wurde schon ein wenig unverschämt.

Wir kannten auch viele prächtige und großartige und unverdorbene Massai, aber das Trinken war den Massai so ungewohnt, wie es für die Wakamba natürlich war; der Alkohol zerstörte sie, und manche der Älteren konnten sich noch erinnern, daß sie einmal ein großer, mächtiger Stamm von Kriegern und Kämpfern gewesen waren und nicht dieser seltsame Haufen von syphilitischen, ihr Vieh verehrenden Jammergestalten, die nur noch von anthropologischem Interesse waren. Dieser eine Massai war schon um elf Uhr morgens betrunken und wurde ausfallend. Das zeigte sich schon an seiner ersten Frage, und ich beschloß, den Dolmetscher als Barriere zwischen uns zu benutzen, zumal die fünf Ältesten Speere von Morani-Länge trugen, was auf schlechte Stammesdisziplin hinwies. Außerdem würde er es sein, den sie als erstes durchbohrten, denn irgendwelche provozierenden Worte würden ja aus seinem Mund kommen. Wenn es in einem so kleinen Verkaufsraum zum Streit mit fünf betrunkenen, speertragenden Massai kam, mußte man damit rechnen, daß jemand aufgespießt wurde. Aber solange der Dolmetscher dabei war, hatte man eine Chance, mit der Pistole nicht nur einen oder zwei dieser betrunkenen Freunde, sondern mindestens drei zu erwischen. Ich zog das Halfter so herum, daß es vorn auf meinem Oberschenkel lag, bemerkte erfreut, daß die Schnalle nicht ganz geschlossen war, und löste sie mit dem kleinen Finger.

«Dolmetsche, Großschuh», sagte ich. «Aber bitte korrekt.»

«Er sagt, Sir, er habe gehört, daß eine Ihrer Frauen – er sagte ‹Weiber› – einen Löwen getötet hat und daß er sich fragt, ob in Ihrem Stamm das Töten von Löwen den Frauen überlassen ist.»

«Sag dem großen Häuptling, den ich noch nie gesehen habe, daß wir manchmal eine Frau einen Löwen töten lassen, so wie er die jungen Krieger Golden-Jeep-Sherry trinken läßt. Es gibt junge Krieger, die ihre ganze Zeit mit

Trinken zubringen und noch nie einen Löwen getötet haben.»

Der Dolmetscher geriet schon ins Schwitzen, und auch sonst wurde die Sache nicht besser. Der Massai, ein gutaussehender alter Mann, etwa so alt wie ich oder vielleicht etwas älter, antwortete etwas, und der Dolmetscher sagte: «Er sagt, Sir, wenn Sie Höflichkeit besäßen und mit ihm sprechen wollten, wie es einem Häuptling gebührt, hätten Sie seine Sprache gelernt, damit Sie und er von Mann zu Mann miteinander reden könnten.»

Damit war die Sache glimpflich genug erledigt, und ich sagte: «Sag diesem Häuptling, den ich bis jetzt gar nicht gekannt habe, daß ich mich schäme, seine Sprache nicht richtig gelernt zu haben. Daß ich Löwen jage, zählt zu meinen Pflichten. Die Frau, die ich mitgebracht habe, hat ebenfalls die Pflicht, Löwen zu jagen. Sie hat gestern einen getötet, und es sind hier noch zwei kalte Flaschen Bier übrig, die ich eigentlich für meine Leute aufsparen wollte, aber ich möchte nun eine davon mit diesem Häuptling trinken, und zwar nur mit ihm. Die anderen Häuptlinge wird Mr. Singh mit Wein versorgen.»

Der Dolmetscher gab das weiter, worauf der Massai vortrat und mir die Hand schüttelte. Ich schloß den Gurt des Halfters und schob die Pistole wieder nach hinten, wo sie hingehörte.

«Einen Orangensaft für den Dolmetscher», sagte ich zu Mr. Singh. Der Dolmetscher nahm ihn, aber der Massai, der Streit gesucht hatte, sprach leise und eindringlich auf ihn ein. Der Dolmetscher nahm einen Schluck, um sich den Hals freizuspülen, und sagte dann zu mir: «Der Häuptling fragt in strengstem Vertrauen, wieviel Sie für diese Frau, die Löwen tötet, bezahlt haben. Er sagt, eine solche Frau könnte zur Zucht genausoviel wert sein wie ein guter Bulle.»

«Sag dem Häuptling, den ich als einen Mann von hoher Intelligenz erkenne, daß ich für diese Frau zwei kleine Flugzeuge, ein größeres Flugzeug und einhundert Stück Vieh bezahlt habe.»

Der Massai-Älteste und ich tranken uns zu, und dann redete er wieder hastig und eindringlich auf mich ein.

«Er sagt, das sei ein sehr hoher Preis für eine Frau, keine Frau könne so viel wert sein. Er sagt, Sie hätten von Vieh gesprochen. Waren das nur Kühe, oder waren auch Bullen dabei?»

Ich erklärte, die Ndege seien keine neuen Flugzeuge gewesen, sondern gebrauchte aus dem Krieg. Bei dem Vieh habe es sich ausschließlich um Kühe gehandelt.

Der alte Massai sagte, dies sei zwar schon verständlicher, dennoch könne keine Frau so viel Geld wert sein.

Ich sagte, ja, das ist ein hoher Preis, aber die Frau sei ihn wert. Und nun müsse ich ins Lager zurück. Ich bestellte noch eine Runde Wein und überließ die große Bierflasche dem Ältesten. Wir hatten aus Gläsern getrunken, und jetzt stellte ich meins auf den Ladentisch. Er drängte mich, noch ein Glas zu trinken, also goß ich mir eins halb voll und trank es aus. Wir gaben uns die Hände, und ich roch jene nicht unangenehme Mischung aus Leder, Rauch, getrocknetem Dung und Schweiß; dann trat ich ins grelle Licht der Straße hinaus, wo das Jagdauto im Halbschatten eines Baums wartete. Mr. Singh hatte fünf Kisten Bier aufgeladen, und sein Junge brachte die letzte kalte Flasche, eingewickelt in Zeitungspapier. Er hatte das Bier und die Flasche Wein für die Massai auf einen Zettel notiert; ich bezahlte und gab dem Dolmetscher einen Fünf-Shilling-Schein.

«Richtige Arbeit wäre mir lieber, Sir.»

«Ich kann dir keine Arbeit geben, außer als Dolmetscher. Die habe ich dir gegeben und dich dafür bezahlt.»

«Ich würde Sie gern als Dolmetscher begleiten.»

«Willst du zwischen mir und den Tieren dolmetschen?»

«Ich könnte lernen, Sir. Ich spreche Kisuaheli, Massai, Chagga und natürlich Englisch, wie Sie sehen.»

«Sprichst du Kamba?»

«Nein, Sir.»

«Wir sprechen Kamba.»

«Das könnte ich ohne weiteres lernen, Sir. Ich könnte Ihnen beibringen, richtig Kisuaheli zu sprechen, und Sie könnten mich das Jagen und die Sprache der Tiere lehren. Haben Sie bitte keine Vorurteile gegen mich, nur weil ich Christ bin. Es waren meine Eltern, die mich auf die Missionsschule geschickt haben.»

«Hat es dir auf der Missionsschule nicht gefallen? Vergiß nicht, daß Gott dir zuhört. Er hört jedes Wort.»

«Nein, Sir. Ich habe die Missionsschule gehaßt. Ich bin Christ durch Unterweisung und Unwissenheit.»

«Wir werden dich mal zum Jagen mitnehmen. Aber dazu mußt du barfuß und in Shorts kommen.»

«Ich hasse meine Schuhe, Sir. Ich muß sie tragen, weil Bwana McCrea es so will. Wenn man ihm melden würde, daß ich ohne meine Schuhe herumlaufe oder daß ich mit Ihnen bei Mr. Singh war, würde er mich bestrafen. Auch wenn ich dort nur Coca-Cola getrunken hätte. Mit Coca-Cola fängt es an, sagt Bwana McCrea.»

«Wir werden dich mal mit auf die Jagd nehmen. Aber du kommst nicht aus einem Stamm von Jägern. Was soll dir das nützen? Du wirst Angst haben, und du wirst unglücklich sein.»

«Sir, wenn Sie mich mitnehmen, werde ich mich beweisen. Mit diesen fünf Shilling werde ich in Benjis Laden einen Speer anzahlen. Und nachts werde ich ohne die Schuhe gehen, um meine Füße abzuhärten wie die von Jägern. Wenn Sie einen Beweis von mir verlangen, werde ich einen Beweis bringen.»

«Du bist ein guter Junge, aber ich möchte mich nicht in deine Religion einmischen, und ich habe dir nichts zu bieten.»

«Ich werde Ihnen einen Beweis bringen», sagte er.

«Kwisha», sagte ich. Und dann zu Mthuka: «Kwenda na duka.»

In dem Duka war es sehr voll; viele Massai kauften dort ein oder sahen anderen beim Einkaufen zu. Die Frauen musterten einen ungeniert von Kopf bis Fuß, und die jungen Krieger mit ihren dicken, ockergefärbten Zöpfen und Ponys waren frech und aufgekratzt. Massai riechen gut, und die Frauen haben kalte Hände, und wenn man ihre Hand nimmt, ziehen sie sie nicht weg, sondern genießen reglos die Wärme dieser anderen Hand. In Benjis Laden ging es so munter und geschäftig zu wie bei uns zu Hause in einem indianischen Handelsposten an einem Samstagnachmittag oder an einem monatlichen Zahltag. Keiti hatte gutes Posho und Coca-Cola und andere nichtalkoholische Getränke gefunden, die wir für das Ngoma brauchten, und er verlangte einige überflüssige Dinge aus den höheren Regalen, damit wir der reizenden und intelligenten jungen Inderin zusehen konnten, wie sie die Sachen herunterholte und ihm brachte. Sie liebt G. C. von ferne, und wir alle bewunderten sie und hätten uns in sie verliebt, wenn es nicht so sinnlos gewesen wäre. Es war das erste Mal, daß ich bemerkte, wie gern Keiti dieses Mädchen beobachtete, und es freute mich, daß uns das ihm gegenüber einen leichten Vorteil verschaffte. Sie fragte mich mit ihrer reizenden Stimme nach Miss Mary, und ich erzählte, wie glücklich sie wegen des Löwen sei, und während ich ihren Anblick, ihre Stimme und unser Händeschütteln auskostete, bemerkte ich unwillkürlich, wie sehr Keiti in sie verliebt war. Erst da fiel mir auf, wie elegant und adrett und gut gebügelt seine Kleider waren und daß er seinen besten Safarianzug und den guten Turban trug.

Die Duka-Leute begannen mit Mthukas Hilfe die Säcke mit Maismehl und die Getränkekisten hinauszuschaffen, und ich bezahlte und kaufte für das Ngoma noch ein halbes Dutzend Trillerpfeifen. Da das Duka wenig Personal hatte, ging ich hinaus, um das Gewehr zu bewachen, während Keiti beim Aufladen der Kisten half. Ich hätte gern mit angefaßt, aber das hätte man nicht für schicklich gehalten. Wenn wir allein auf Jagd waren, arbeiteten wir immer zusammen, aber in der Öffentlichkeit hätte man das mißverstanden, und so saß ich mit dem Gewehr zwischen den Beinen auf dem Vordersitz und hörte mir die Bitten der Massai an, die in die Ebene mitfahren wollten. Das Chevrolet-Lkw-Fahrgestell, auf das die Karosserie des Jagdautos montiert war, hatte gute Bremsen, aber mit der jetzigen Ladung konnten wir nicht mehr als sechs zusätzliche Leute mitnehmen. Manchmal hatten wir ein Dutzend oder mehr mitgenommen, aber das war eigentlich zu gefährlich, zumal in den Kurven, in denen es den Massai-Frauen gelegentlich übel wurde. Krieger ließen wir nie bergab mitfahren, nur bergauf nahmen wir oft welche mit. Das hatte anfangs zu einiger Verstimmung geführt, aber inzwischen wurde es akzeptiert, und die Männer, die wir hatten mitfahren lassen, erklärten es den anderen.

Schließlich war alles verstaut, und auf der Ladefläche saßen vier Frauen mit ihren Säcken, Bündeln, Kalebassen und diversen anderen Einkäufen; drei weitere saßen auf der Rückbank links neben Keiti, und ich selbst, Mwengi und Mthuka saßen vorne. Als wir losfuhren, winkten uns die Massai nach, und ich öffnete die noch in Zeitungspapier gewickelte Bierflasche und bot sie Mwengi an. Er forderte mich durch Zeichen auf, selbst zu trinken, und sank tiefer in seinen Sitz, damit Keiti ihn nicht sehen konnte. Ich trank und gab sie ihm, und er setzte die große Literflasche an den Mundwinkel, damit sie nicht in Keitis Blickfeld geriet, und nahm einen langen Zug. Dann gab er sie mir zurück, und ich bot sie Mthuka an.

«Später», sagte er.

«Wenn einer Frau schlecht wird», sagte Mwengi.

Mthuka fuhr sehr vorsichtig, um an den steilen Abwärtskurven ein Gefühl für die Ladung zu bekommen. Normalerweise hätte zwischen Mthuka und mir eine Massai-Frau gesessen; wir kannten eine, der vom Fahren nicht schlecht wurde, und zwei weitere wurden noch zwischen Ngui und Mwengi auf der Rückbank getestet. Jetzt hatten wir alle das Gefühl, die drei hinter uns seien für Keiti eigentlich zu schade. Eine davon war eine bekannte Schönheit. Sie war so groß wie ich, hatte eine wunderschöne Figur und besaß die kältesten und beharrlichsten Hände, die ich je erlebt hatte. Gewöhnlich saß sie zwischen mir und Mthuka auf dem Vordersitz und hielt meine Hand, während sie mit der anderen Hand leicht und mit Bedacht Mthuka streichelte und zwischen uns beiden hin und her sah und lachte, wenn wir auf ihre Berührungen reagierten. Sie war eine geradezu klassische Schönheit mit einer ganz wunderbaren Haut, und sie kannte keinerlei Scham. Ich wußte, daß Ngui und

Mthuka ihr beide ihre Gunst gewährten. Ich selbst war für sie eher ein Gegenstand der Neugier, und sie liebte es, erkennbare Reaktionen hervorzurufen, und wenn wir sie in der Nähe ihrer Manyatta absetzten, stieg fast immer jemand mit ihr aus und kam dann später zu Fuß ins Lager nach.

Aber als wir heute den Berg hinabfuhren und über unser Land blickten, konnte Mthuka nicht einmal einen Schluck Bier trinken, weil sein Vater Keiti direkt hinter ihm saß, und ich dachte über Moral nach und trank mit Mwengi Bier; wir hatten in die Zeitung, die die Flasche umhüllte, eine Markierung gerissen, von der ab das restliche Bier Mthuka gehörte. Im Licht der hier herrschenden Moral war nichts dagegen einzuwenden, daß zwei meiner besten Freunde sich mit dieser Massai-Frau einließen, doch wenn ich das getan hätte, während ich noch Mkamba zur Probe und mit Debba ganz ernstlich verlobt war, hätte mich das als unverantwortlichen, lasterhaften und wenig ernstzunehmenden Menschen ausgewiesen. Wenn ich andererseits bei einer ungewollten oder absichtlichen Berührung nicht erkennbar reagiert hätte, wäre das ebenso schlecht gewesen. Dergleichen einfache Beobachtungen unserer Stammessitten machten die Ausflüge nach Laitokitok immer angenehm und lehrreich, obgleich es gelegentlich, solange man es noch nicht begriffen hatte, frustrierend und verwirrend sein konnte – auch wenn einem dabei natürlich bewußt war, daß man als guter Mkamba niemals frustriert sein sollte und niemals zugeben durfte, daß man verwirrt war.

Irgendwann rief jemand von hinten, einer Frau sei schlecht geworden, und ich gab Mthuka das Zeichen zum Anhalten. Uns war klar, daß Keiti diesen Stopp ausnutzen und zum Pinkeln ins Gebüsch gehen würde, und als er genau dies mit großer Würde und Nonchalance tat, reichte ich Mthuka die Literflasche, und er trank seinen Anteil rasch hinunter und ließ noch etwas für Mwengi und mich übrig.

«Trinkt, bevor es warm wird.»

Die Passagiere stiegen wieder auf, und nach drei weiteren Halten hatten wir sie alle abgesetzt und den Fluß überquert und fuhren durch die Savanne auf das Lager zu. Wir sahen eine Impalaherde durch den Wald ziehen, und ich stieg mit Keiti aus dem Wagen, um ihr den Weg abzuschneiden. Sie hoben sich rot von dem dichten Grün ab, und als ich ganz leise pfiff, drehte sich ein junger Bock nach uns um. Ich hielt die Luft an, drückte behutsam ab und traf ihn ins Genick; Keiti lief sofort los, um ihn vorschriftsmäßig zu schlachten, während die anderen Impalas mit weiten Sätzen im Unterholz verschwanden.

Ich ging nicht mit, um Keiti beim Schlachten zuzusehen; auf diese Weise konnte er seinem eigenen Gewissen folgen, das, wie ich wußte, nicht so streng war wie das von Charo. Aber ich wollte nicht, daß der Bock den Moslems verlorenging, schließlich hatte ich ja auch so geschossen, daß das Fleisch nicht verdorben wurde; also schritt ich langsam über das federnde Gras voran, und als ich ihn erreichte, hatte er dem Impala bereits die Kehle aufgeschnitten und lächelte mich an.

«Piga mzuri», sagte er.

«Warum nicht?» sagte ich. «Uchawi.»

«Hapana uchawi. Piga mzuri sana.»

Kapitel 10

Überall unter den Bäumen und jenseits der Zelte waren Leute, Frauen mit schönen braunen Köpfen und Gesichtern und bunten Tüchern und hübschen breiten Perlenketten und Armreifen. Man hatte die große Trommel aus der Shamba gebracht, und die Wildhüter hatten drei weitere Trommeln. Es war noch früh, aber das Ngoma nahm schon Gestalt an. Wir fuhren an den geschäftigen Menschen vorbei und hielten im Schatten. Ich gab Ngui das Gewehr zum Reinigen und ging zum Eßzelt. Der Wind wehte jetzt ziemlich heftig vom Berg her, und im Eßzelt war es angenehm kühl.

«Du hast unser ganzes kaltes Bier getrunken», sagte Miss Mary. Sie sah viel besser und ausgeruhter aus.

«Ich habe dir eine Flasche mitgebracht. Kommt gleich. Wie geht's dir, Schatz?»

«G. C. und mir geht es viel besser. Wir haben deine Kugel nicht gefunden. Nur die von G. C. Wie schön und edel mein Löwe aussieht, wenn er weiß und nackt ist. Wieder so würdevoll wie zu Lebzeiten. War's schön in Laitokitok?»

«Ja. Wir haben alles erledigt.»

«Empfange ihn freundlich, Miss Mary», sagte G. C., «und sorg dafür, daß er sich wohl fühlt. Sie haben doch schon mal ein Ngoma erlebt, mein Freund?»

«Allerdings, Sir», sagte ich. «So was gibt es auch in meiner Heimat. Wir mögen so etwas sehr.»

«Nennt man das in Amerika nicht ‹Baseball›? Ich habe das immer für eine Art Schlagball gehalten.»

«Die Ngomas bei uns zu Hause, Sir, sind eine Art Erntedankfest mit volkstümlichen Tänzen. Das gleicht eher Ihrem Cricket, glaube ich.»

«Ganz recht», sagte G. C. «Aber dieses Ngoma ist etwas Neues. Diesmal werden ausschließlich Eingeborene tanzen.»

«Wie schön, Sir», sagte ich. «Darf ich Miss Mary, wie Sie diese reizende junge Dame zu nennen belieben, zum Ngoma begleiten?»

«Ich bin bereits versprochen», sagte Miss Mary. «Ich besuche das Ngoma mit Mr. Chungo von der Jagdaufsicht.»

«Du wirst den Teufel tun, Miss Mary», sagte G. C.

«Ist Mr. Chungo dieser sehr gut gebaute junge Mann mit Schnurrbart und Shorts, der sich vorhin Straußenfedern ans Haupt gesteckt hat, Sir? Er sieht tatsächlich recht gut aus. Ist er ein Kollege von Ihnen bei der Jagdaufsicht? Ich muß sagen, Sir, Sie haben Männer mit prächtiger Statur.»

«Ich bin in Mr. Chungo verliebt, er ist mein Held», sagte Miss Mary. «Er hat mir erzählt, daß du ein Lügner bist und daß du den Löwen überhaupt nicht getroffen hast. Er sagt, alle hier wissen, daß du ein Lügner bist, und Ngui und die anderen tun nur so, als ob sie deine Freunde seien, weil du ihnen dauernd Geschenke machst und keine Disziplin hast. Er sagt, denk nur daran, wie Ngui an dem Tag, als ihr betrunken nach Hause gekommen seid, dein bestes Messer zerbrochen hat, für das du in Paris so viel Geld bezahlt hast.»

«Ja, ja», sagte ich. «Ich erinnere mich, Chungo in Paris gesehen zu haben. Ja. Ja. Ich erinnere mich. Ja. Ja.»

«Nein. Nein», sagte G. C. abwesend. «Nein, nein. Nicht Mr. Chungo. Der gehört nicht dazu.»

«Doch, doch», sagte ich. «Ich fürchte doch, Sir.»

«Mr. Chungo hat mir noch etwas Interessantes erzählt. Er sagt, du hättest deine Patronen mit Kamba-Pfeilgift präpariert, das Ngui für dich zubereiten würde, und daß der ganze Trick mit dem einen tödlichen Schuß bloß auf der Wirkung dieses Pfeilgiftes beruht. Er hat mir angeboten zu zeigen, wie schnell das Pfeilgift von einer Wunde in seinem eigenen Bein vorankommt.»

«Du liebe Zeit. Wollen Sie sie wirklich mit Ihrem Kollegen Mr. Chungo zu dem Ngoma gehen lassen, Sir? Das mag ja absolut in Ordnung sein, aber sie ist doch immer noch eine Memsahib, Sir. Sie wissen schon: die Bürde des weißen Mannes und so weiter.»

«Sie besucht das Ngoma mit mir», sagte G. C. «Mach uns einen Drink, Miss Mary. Oder nein, ich mach schon.»

«Als ob ich nicht selbst Drinks machen könnte», sagte Miss Mary. «Schaut nicht so finster drein, ihr beiden. Das mit Mr. Chungo habe ich mir nur ausgedacht. Manchmal müssen hier auch andere Leute Witze machen, nicht immer nur Papa und seine Heiden; du und Papa, ihr mit eurem wüsten lasterhaften Nachtleben. Wann seid ihr heute morgen aufgestanden?»

«Nicht sehr früh. Haben wir immer noch denselben Tag?»

«Die Tage laufen ineinander, sie laufen alle ineinander», sagte Miss Mary. «Das habe ich in meinem Gedicht über Afrika geschrieben.»

Miss Mary schrieb tatsächlich ein großes Gedicht über Afrika; das Dumme daran war aber, daß sie sich manches davon nur im Kopf zurechtlegte, ohne es aufzuschreiben, und es dann wie einen Traum vergaß. Manchmal schrieb sie auch etwas auf, aber das zeigte sie niemandem. Wir alle glaubten unerschütterlich an ihr Gedicht über Afrika, und ich selbst glaube noch heute daran, aber besser würde es mir gefallen, wenn sie es wirklich einmal aufschreiben würde. Wir lasen damals gemeinsam die *Georgica* in C. Day Lewis' Übersetzung. Wir hatten zwei Exemplare, aber die gingen beide dauernd verloren oder wurden verlegt, und ich kenne kein anderes Buch, das leichter zu verlegen ist als dieses. Das einzige, was ich dem Mann aus Mantua vorwerfen kann, ist, daß er allen normal intelligenten Menschen das Gefühl gibt, auch sie könnten große Gedichte schreiben. Dante gibt nur Verrückten das Gefühl, sie könnten große Gedichte schreiben. Das ist natürlich nicht wahr, aber andererseits ist fast nichts wahr, und schon gar nicht in Afrika. In Afrika ist etwas im Morgenlicht wahr und mittags eine Lüge, und man gibt nicht mehr darauf als auf den reizenden, von hohem Gras gesäumten See am anderen Ende der sonnenversengten Salzebene. Man hat diese Ebene am Vormittag durchquert, und man weiß, es gibt dort keinen solchen See. Und doch ist er jetzt unbestreitbar wahr, schön und glaubhaft.

«Steht das wirklich in deinem Gedicht?» fragte ich.

«Ja, natürlich.»

«Dann schreib es auf, bevor es sich anhört wie ein Verkehrsunfall.»

«Die Gedichte anderer Leute zu verreißen ist ebenso unfein, wie ihre Löwen zu schießen.»

G. C. sah zu mir auf wie ein müder Schuljunge, und ich sagte: «Ich habe meine *Georgica* gefunden, falls du sie haben willst. Es ist die ohne die Einführung von Louis Bromfield. Daran kann man sie erkennen.»

«Meine erkennt man daran, daß mein Name drinsteht.»

«Und an der Einführung von Louis Bromfield.»

«Wer ist dieser Bromfield?» fragte G. C. «Der Name hört sich an wie eine Kampfparole.»

«Das ist ein Schriftsteller, der in Amerika eine bekannte Farm besitzt, in Ohio. Da er durch seine Farm so bekannt ist, hat die Oxford University ihn gebeten, eine Einführung zu schreiben. Beim Blättern in der *Georgica* sieht er alles vor sich: Vergils Farm und Vergils Tiere und Vergils Menschen und sogar seine strengen und derben Gewalten oder Gestalten, ich weiß nicht mehr genau. Müssen derbe Gestalten sein, wenn er Farmer ist. Jedenfalls sieht Louis ihn vor sich, und er sagt, das Ganze ist ein großes und ewiges Gedicht oder Dichtwerk für alle Leser.»

«Dann habe ich wohl doch die Ausgabe ohne Bromfield», sagte G. C. «Ich glaube, die hast du in Kadjiado liegenlassen.»

«In meiner steht mein Name drin», sagte Miss Mary.

«Gut», sagte ich. «Und in deinem Kisuaheli-Lehrbuch steht auch dein Name drin, und das steckt zur Zeit in meiner Gesäßtasche und ist durchgeschwitzt und völlig verklebt. Ich hol dir meins, dann kannst du deinen Namen da reinschreiben.»

«Deins will ich nicht. Ich will meins. Warum hast du es mit deinem Schweiß ruinieren müssen?»

«Keine Ahnung. Gehört wahrscheinlich zu meinem Plan, ganz Afrika zu ruinieren. Aber hier hast du's. Ich rate dir, das saubere zu nehmen.»

«Aber in meins hatte ich mir Wörter und Anmerkungen notiert, die im Original gefehlt haben.»

«Tut mir leid. Anscheinend habe ich es mir morgens im Dunkeln aus Versehen in die Tasche gesteckt.»

«Du tust nie etwas aus Versehen», sagte Miss Mary. «Das wissen wir doch alle. Und du wärst viel besser dran, wenn du endlich mal richtig Kisuaheli lernen würdest, statt immerzu unverständliches Zeug zu reden und nichts als französische Bücher zu lesen. Wir wissen ja, daß du Französisch lesen kannst. Mußtest du nach Afrika reisen, um hier französische Bücher zu lesen?»

«Möglich. Keine Ahnung. Es ist das erste Mal, daß ich eine komplette Simenon-Ausgabe habe. Die Buchhändlerin in der langen Passage beim Ritz war so freundlich, sie für mich zu bestellen.»

«Und dann hast du die Bücher bei Patrick in Tanganjika gelassen. Alle bis auf ein paar. Meinst du, daß die sie da lesen werden?»

«Keine Ahnung. Pat ist in mancher Hinsicht genauso rätselhaft wie ich. Vielleicht liest er sie, vielleicht auch nicht. Aber einer seiner Nachbarn hat eine Frau, die Französin ist, und die könnte sie lesen. Nein. Pat wird sie selbst lesen.»

«Hast du eigentlich mal richtig Französisch gelernt, mit Grammatik und so?»

«Nein.»

«Du bist ein hoffnungsloser Fall.»

G. C. sah mich stirnrunzelnd an.

«Nein», sagte ich. «Ich bin kein hoffnungsloser Fall, weil ich immer noch Hoffnung habe. Wenn mir die mal ausgeht, wirst du's verdammt schnell merken.»

«Und worauf hoffst du? Auf geistige Schlamperei? Darauf, daß du es schaffst, anderen Leuten Bücher wegzunehmen? Oder Lügen über Löwen zu verbreiten?»

«Die Alliteration ist übertrieben. Lügen reicht schon.

Nun will ich mich schlafen legen.
Konjugiere das Verb ‹schlafen›, und mit wem,
Und wie reizend das sein kann.

Konjugiere mich jeden Morgen und jede Nacht
Und Feuer, kein Schnee, kein Kerzenlicht,
Kalt und nah ist der Berg, wenn du schläfst.

Die dunklen Bäume sind keine Eiben,
Aber der Schnee ist immer noch Schnee.
Konjugiere mich, wenn der Schnee

Und warum der Berg uns näher rückt
Und sich doch entfernt.

Konjugiere mich, konjugierbare Liebe.
Was für Maismehl bringst du mir?»

Es war nicht wohlerzogen, so zu reden, zumal mit Leuten, die Vergil im Kopf hatten, aber dann kam das Mittagessen, und da herrschte bei allen Verstimmungen immer Waffenruhe, und die Beteiligten und die vorzügliche Qualität des Essens waren so ungefährdet wie früher angeblich irgendwelche von der Polizei verfolgten Missetäter in der Kirche, auch wenn ich selbst an diese Zuflucht nie so recht geglaubt habe. Jedenfalls aßen wir alles auf, und dann legte sich Miss Mary zu einem Mittagsschläfchen hin, und ich ging zum Ngoma.

Es war eigentlich wie jedes andere Ngoma auch, nur daß es ganz besonders angenehm und nett war und die Wildhüter sich gewaltige Mühe gaben. Sie tanzten in Shorts und hatten, zumindest anfangs, jeder vier Straußenfedern auf dem Kopf, zwei weiße und zwei rosa gefärbte Federn, die sie mit Lederstreifen oder Riemen umgebunden oder im Haar befestigt hatten. Sie trugen Fußringe mit Glöckchen und tanzten sehr schön und mit wunderbarer Beherrschung und Disziplin. Außer drei

Trommeln wurden auch Blechdosen und leere Benzinfässer bearbeitet. Es gab vier klassische Tänze und drei oder vier improvisierte. Die jungen Frauen und Mädchen und Kinder durften erst bei den späteren Tänzen mitmachen. Sie alle tanzten, aber an den Formationen und Doppelreihen beteiligten sie sich erst am späten Nachmittag. An der Art, wie die Kinder und die jungen Mädchen tanzten, konnte man sehen, daß sie in der Shamba weit wildere Ngomas gewöhnt waren.

Miss Mary und G. C. kamen heraus und machten Farbfotos, dann wurde Miss Mary von allen beglückwünscht und gab jedem einzelnen die Hand.

Die Wildhüter führten artistische Kunststücke vor. Einer sollte über eine Münze, die hochkant halb im Boden steckte, ein Rad schlagen, jedoch, wenn er die Beine senkrecht in der Luft hatte, in der Bewegung innehalten, die Arme beugen, die Münze mit den Zähnen fassen, sich wieder hochstemmen und dann mit einem einzigen Schwung wieder auf die Füße kommen. Eine sehr schwierige Übung, die Denge, der kräftigste und behendeste, der freundlichste und liebenswürdigste Wildhüter, perfekt beherrschte.

Die meiste Zeit saß ich im Schatten, schlug mit dem Handballen auf einem der leeren Benzinfässer den Grundrhythmus und sah den Tänzern zu. Der Spitzel kam rüber und setzte sich zu mir; wie immer trug er das Schultertuch mit dem imitierten Paisley-Muster und den Filzhut.

«Warum bist du traurig, Bruder?» fragte er.

«Ich bin nicht traurig.»

«Jeder weiß, daß du traurig bist. Du mußt fröhlich sein. Sieh dir deine Verlobte an. Sie ist die Königin des Ngoma.»

«Nimm die Hand von meiner Trommel. Sonst klingt sie nicht.»

«Du trommelst sehr gut, Bruder.»

«Blödsinn. Ich kann überhaupt nicht trommeln. Bestenfalls halte ich den Rhythmus. Und warum bist du traurig?»

«Der Bwana Game hat sehr unfreundlich mit mir gesprochen und will mich wegschicken. Nachdem wir so großartig gearbeitet haben, behauptet er jetzt, ich würde nichts tun, und will mich an einen Ort schicken, wo ich aller Voraussicht nach getötet werde.»

«Du kannst überall getötet werden.»

«Ja. Aber hier kann ich dir nützlich sein und sterbe zufrieden.»

Der Tanz wurde allmählich wilder. Ich sah Debba gern tanzen, andererseits aber auch wieder nicht. So einfach war das, und ich dachte, daß es wohl allen Anhängern dieser Art von Ballett so erging. Sie wollte sich vor mir zur Geltung bringen, denn sie tanzte am Ende der Reihe gleich neben der Benzinfaßtrommel.

«Was für ein schönes junges Mädchen», sagte der Spitzel. «Die Königin des Ngoma.»

Ich trommelte bis zum Ende des Tanzes weiter, dann stand ich auf und ging zu Nguili, der seinen grünen Umhang anhatte, und bat ihn dafür zu sorgen, daß die Mädchen Coca-Cola bekamen.

«Komm mit zum Zelt», sagte ich zu dem Spitzel. «Du bist krank, stimmt's?»

«Bruder, ich habe Fieber, wirklich. Du kannst meine Temperatur messen, dann siehst du's.»

«Ich geb dir etwas Atabrin.»

Mary machte immer noch Fotos, und die Mädchen standen steif und gerade und reckten die Brüste aus den

Schultertüchern, die wie Tischdecken aussahen. Mthuka stellte einige der Mädchen zu einer Gruppe zusammen, und ich merkte, daß er ein gutes Bild von Debba bekommen wollte. Ich beobachtete sie und sah, wie schüchtern Debba die Augen gesenkt hielt, als sie vor Miss Mary stand, und wie aufrecht sie sich dabei hielt. Sie zeigte nichts von dem schamlosen Gebaren wie sonst mir gegenüber, sondern stand kerzengerade da wie ein Soldat.

Die Zunge des Spitzels war weiß wie Kreide, und als ich sie mit einem Löffelstiel niederdrückte, sah ich hinten in seinem Rachen einen üblen gelben Fleck und daneben einen weißlich-gelben Fleck. Ich schob ihm das Thermometer unter die Zunge und maß eine Temperatur von achtunddreißig fünf.

«Du bist krank, alter Spitzelfreund», sagte ich. «Ich gebe dir jetzt Penicillin und ein paar Tabletten und lasse dich mit dem Jagdauto nach Hause bringen.»

«Ich sage ja, daß ich krank bin, Bruder. Aber keiner kümmert sich darum. Darf ich was trinken, Bruder?»

«Mir hat es mit Penicillin nie geschadet. Das könnte deinem Hals guttun.»

«Ganz bestimmt, Bruder. Meinst du, Bwana Game läßt mich hierbleiben und unter dir dienen, wo du jetzt bestätigen kannst, daß ich krank bin?»

«Solange du krank bist, wirst du keine große Hilfe sein. Vielleicht sollte ich dich ins Krankenhaus nach Kadjiado schicken.»

«Nein, bitte nicht, Bruder. Du kannst mich auch hier heilen, dann bin ich im Notfall verfügbar und kann dir im Kampf mit Augen und Ohren und Händen behilflich sein.»

Gott steh uns bei, dachte ich, aber immerhin hat er diese Ideen ohne Schnaps im Schädel, ohne Drogen oder sonstwas und mit eitrigem Hals und vermutlich Mandelentzündung. Ziemlich gute Einstellung, auch wenn sie nur aus dem Mund kommt.

Ich mixte ihm ein halbes Wasserglas Limonensaft und Whisky zu gleichen Teilen; das würde seinem Hals guttun. Danach sollte er das Penicillin und die Tabletten bekommen, und dann würde ich ihn nach Hause fahren.

Die Mixtur linderte seine Halsschmerzen, und der Schnaps machte ihn noch tapferer.

«Bruder, ich bin ein Massai. Ich habe keine Angst vor dem Tod. Ich verachte den Tod. Die Bwanas und eine Somali-Frau haben mich zugrunde gerichtet. Sie hat mir alles genommen; meinen ganzen Besitz, meine Kinder und meine Ehre.»

«Das hast du mir bereits erzählt.»

«Ja, aber nachdem du mir jetzt den Speer gekauft hast, fange ich wieder an zu leben. Hast du die Medizin bestellt, die einem die Jugend zurückgibt?»

«Die kommt bald. Aber sie kann Jugend nur zurückbringen, wenn noch etwas davon übrig ist.»

«Es ist noch was übrig. Ganz bestimmt, Bruder. Ich fühle sie in mir.»

«Das ist der Schnaps.»

«Möglich. Aber ich fühle auch Jugend.»

«Du bekommst jetzt deine Medizin, und dann fahre ich dich nach Hause.»

«Nein. Bitte, Bruder. Ich bin mit der Witwe gekommen, und sie muß auch wieder mit mir zurück. Es ist aber noch zu früh für sie. Beim letzten Ngoma habe ich sie für drei Tage verloren. Ich will warten und sie begleiten, wenn der Lastwagen abfährt.»

«Du solltest dich ins Bett legen.»

«Es ist besser, wenn ich auf die Witwe warte. Bruder,

du weißt ja gar nicht, was für Gefahren einer Frau auf einem Ngoma drohen.»

Ich konnte mir schon denken, welche Gefahren er meinte, und wollte nicht, daß er mit seinem entzündeten Hals soviel redete, aber er fragte: «Könnte ich vor der Medizin noch einen letzten Drink haben?»

«Na schön. Vom medizinischen Standpunkt ist wohl nichts dagegen einzuwenden.»

Diesmal tat ich etwas Zucker in den Limonensaft und mixte ihm einen ordentlichen, starken Drink. Wenn er auf die Witwe warten mußte, konnte das noch lange dauern, und bald würde die Sonne untergehen, und es würde kalt werden.

«Gemeinsam werden wir große Taten vollbringen, Bruder», sagte der Spitzel.

«Na, ich weiß nicht. Meinst du nicht, wir sollten zum Aufwärmen erst mal jeder für sich ein paar große Taten vollbringen?»

«Sag mir eine große Tat, und ich vollbringe sie.»

«Sobald dein Hals wieder gesund ist, werde ich mir eine große Tat für dich ausdenken. Fürs erste stehen eine Menge kleiner Taten an, die ich allein zu vollbringen habe.»

«Kann ich dir bei einer kleinen Tat helfen, Bruder?»

«Bei diesen nicht. Damit muß ich allein fertig werden.»

«Bruder, wenn wir zusammen große Taten vollbringen, nimmst du mich dann mit nach Mekka?»

«Dieses Jahr werde ich wohl nicht nach Mekka fahren.»

«Aber nächstes Jahr?»

«Wenn es Allahs Wille ist.»

«Bruder, erinnerst du dich an Bwana Blixen?»

«Nur zu gut.»

«Bruder, viele sagen, es ist nicht wahr, daß Bwana Blix tot ist. Man sagt, er ist untergetaucht, um den Tod seiner Gläubiger abzuwarten, und danach kommt er wieder zurück, wie das Jesuskind. Das ist natürlich nur bildlich gemeint. Nicht daß er wie das echte Jesuskind erscheinen wird. Könnte daran etwas Wahres sein?»

«Daran kann meiner Ansicht nach nichts Wahres sein. Bwana Blix ist wirklich tot. Freunde von mir haben ihn mit eingeschlagenem Schädel tot im Schnee liegen sehen.»

«Zu viele große Männer sind tot. Nur wenige von uns sind noch da. Erzähl mir, Bruder, von deinem Glauben, von dem ich gehört habe. Wer ist dieser große Herr, der deinen Glauben anführt?»

«Wir nennen ihn Gitchy Manitou den Mächtigen. Aber das ist nicht sein richtiger Name.»

«Ich verstehe. Ist auch er in Mekka gewesen?»

«Er geht nach Mekka, wie du oder ich zum Basar oder in einen Duka gehen.»

«Bist du sein direkter Vertreter, wie ich gehört habe?»

«Insoweit, als ich es wert bin.»

«Aber du besitzt seine Autorität?»

«Eine solche Frage steht dir nicht zu.»

«Verzeih mir meine Unwissenheit, Bruder. Aber spricht er durch dich?»

«Wenn er es will, spricht er durch mich.»

«Können Menschen, die keine –»

«Frag nicht.»

«Können –»

«Du bekommst jetzt dein Penicillin, und dann kannst du gehen», sagte ich. «Es ziemt sich nicht, im Eßzelt von religiösen Dingen zu reden.»

Der Penicillinsaft machte den Spitzel nicht so zuversichtlich, wie ich es mir von einem potentiellen Vollbringer großer Taten erhofft hatte, aber vielleicht lag das an der Enttäuschung darüber, daß er mir auf diese Weise nicht seine Tapferkeit vor der großen Spritze beweisen konnte. Doch der angenehme Geschmack sagte ihm zu, und er schluckte die zwei Eßlöffel mit Genuß. Ich nahm ebenfalls zwei Eßlöffel, nur für den Fall, daß er mich angesteckt hatte, und außerdem wußte man ja nie, was auf einem Ngoma alles passieren konnte.

«Es schmeckt sehr gut, aber meinst du, daß es wirklich hilft, Bruder?»

«Gitchy Manitou nimmt das Zeug auch», sagte ich.

«Allahs Wille geschehe», sagte der Spitzel. «Wann bekomme ich den Rest der Flasche?»

«Morgen früh nach dem Aufstehen. Falls du nachts aufwachst, lutsch eine von diesen Tabletten.»

«Es geht mir schon besser, Bruder.»

«Geh jetzt und kümmere dich um die Witwe.»

«In Ordnung.»

Währenddessen hatten wir die ganze Zeit das Trommeln und das dünne Klingeln der Fußglöckchen und die schrillen Pfiffe der Trillerpfeifen gehört. Mir war noch immer nicht nach Feiern und Tanzen zumute, und als der Spitzel gegangen war, mixte ich mir einen Gordon's Gin mit Campari und spritzte etwas Soda aus dem Siphon dazu. Wenn sich das mit der Doppelportion Penicillin vertrug, wäre immerhin etwas erwiesen, wenn auch vielleicht nicht im Reich der reinen Wissenschaft. Arznei und Alkohol schienen sich harmonisch zu vereinigen und allenfalls die Trommeln härter klingen zu lassen. Ich hörte genau hin, ob auch die Polizeipfeifen schriller klangen, aber da schien sich nichts geändert zu haben. Ich fand, das war ein gutes Zeichen, nahm mir eine kühle Literflasche Bier aus dem tröpfelnden Wasserbeutel und begab mich wieder zum Schauplatz des Ngoma. Meine Trommel wurde inzwischen von jemand anderem bearbeitet, also setzte ich mich unter einen schönen Baum, wo sich mein Freund Tony zu mir gesellte.

Tony war ein guter Mann und einer meiner besten Freunde. Er war Massai, hatte als Sergeant bei der Panzertruppe gedient und war ein sehr tapferer und fähiger Soldat gewesen, zwar nicht der einzige Massai in der britischen Armee, aber zumindest der einzige Massai-Sergeant. Er arbeitete für G. C. bei der Jagdaufsicht, und ich beneidete G. C. um ihn, denn er war ein guter Mechaniker, treu, eifrig und stets gut gelaunt, und er sprach nicht nur gut Englisch, sondern selbstverständlich auch perfekt Massai, Kisuaheli und etwas Chagga und Kamba. Seine Statur war sehr untypisch für einen Massai: Die Beine waren kurz und ziemlich krumm, Brust, Arme und Hals waren breit und kräftig. Ich hatte ihm Boxen beigebracht, und wir trafen uns häufig zum Sparring und waren sehr gute Freunde und Gefährten.

«Das ist ein sehr schönes Ngoma, Sir», sagte Tony.

«Ja», sagte ich. «Möchtest du nicht tanzen, Tony?»

«Nein, Sir. Das ist ein Kamba-Ngoma.»

Sie tanzten jetzt einen sehr komplizierten Tanz, und die Bewegungen der jungen Mädchen erinnerten stark an Kopulation.

«Da sind einige sehr hübsche Mädchen dabei. Welche gefällt dir am besten, Tony?»

«Welche gefällt Ihnen, Sir?»

«Ich kann mich nicht entscheiden. Da sind vier wirklich schöne Mädchen.»

«Aber eine ist die Schönste. Sehen Sie, welche ich meine, Sir?»

«Sie ist reizend, Tony. Wo ist die her?»

«Aus der Kamba-Shamba, Sir.»

Sie war wirklich die Schönste, schöner als die Schönsten. Wir sahen ihr zu.

«Hast du Miss Mary und den Captain gesehen?»

«Ja, Sir. Sie waren eben hier. Ich bin wirklich glücklich, daß Miss Mary ihren Löwen getötet hat. Erinnern Sie sich noch an früher, wie der Kaugummi-Massai mit dem Speer auf Löwenjagd gegangen ist, Sir? Erinnern Sie sich an das Feigenbaum-Lager? Es hat lange gedauert, Sir, bis sie den Löwen erlegt hat. Ich habe ihr heute morgen ein Massai-Sprichwort gesagt. Hat sie Ihnen davon erzählt?»

«Nein, Tony. Ich glaube nicht.»

«Das Sprichwort geht so: ‹Es ist immer sehr still, wenn ein großer Bulle stirbt.›»

«Das ist wohl wahr. Auch jetzt, bei all dem Lärm des Ngoma, ist es sehr still.»

«Ist Ihnen das auch aufgefallen, Sir?»

«Ja. Innerlich bin ich den ganzen Tag still gewesen. Möchtest du ein Bier?»

«Nein danke, Sir. Wollen wir heute abend boxen?»

«Hast du Lust?»

«Wenn Sie Lust haben, Sir. Aber jetzt sind viele junge Burschen da, die vielleicht mitmachen wollen. Morgen, wenn das Ngoma vorbei ist, ist es bestimmt besser.»

«Wir können auch heute abend, wenn du willst.»

«Morgen wäre vielleicht besser. Der eine Junge ist ziemlich unfreundlich. Nicht schlecht. Aber nicht freundlich. Sie wissen schon.»

«Ein Stadtjunge?»

«Ein bißchen, Sir.»

«Kann er boxen?»

«Nicht richtig, Sir. Aber schnell.»

«Zuschlagen?»

«Ja, Sir.»

«Was ist das jetzt für ein Tanz?»

«Der neue Boxtanz. Sehen Sie? Sie machen jetzt Nahkampf und linke Haken, wie Sie es ihnen beigebracht haben.»

«Besser, als ich es ihnen beigebracht habe.»

«Morgen wäre jedenfalls günstiger.»

«Aber morgen bist du nicht mehr da.»

«Das hatte ich vergessen, Sir. Entschuldigen Sie. Ich bin vergeßlich, seit der große Bulle gestorben ist. Dann machen wir es, wenn wir zurückkommen. Ich sehe mal nach dem Lastwagen.»

Ich suchte Keiti und fand ihn im Kreis um die Tanzenden. Er wirkte bestens gelaunt und schien sehr stolz zu sein.

«Schick die Leute bitte mit dem Lastwagen nach Hause, wenn es dunkel wird», sagte ich. «Mthuka kann auch noch einige im Jagdauto mitnehmen. Memsahib ist müde, und wir sollten heute früh zu Abend essen und ins Bett gehen.»

«Ndio.»

Ich ging zu Ngui und fragte: «Warum hast du nicht getanzt?»

«Zu viele Vorschriften», sagte er. «Ich kann heute nicht tanzen.»

«Ich auch nicht.»

Beim Abendessen herrschte gute Stimmung. Unser Koch Mbebia hatte panierte Löwenschnitzel aus der Lende zubereitet, die ganz ausgezeichnet schmeckten. Als wir im September zum erstenmal Löwenschnitzel gegessen hatten, war das noch ein Diskussionsthema gewesen und als exzentrisch oder barbarisch betrachtet worden. Jetzt aßen alle davon und hielten es für eine große Delikatesse. Das Fleisch war hell wie Kalb, zart und schmackhaft und hatte keinerlei Wildgeschmack.

«Ich glaube nicht, daß irgendwer das von einer *costoletta alla milanese* in einem guten italienischen Restaurant unterscheiden könnte, nur daß dieses Fleisch hier besser ist», sagte Mary.

Daß Löwenfleisch gut schmeckte, war mir schon klar gewesen, als ich zum erstenmal einen enthäuteten Löwen gesehen hatte. Mcola, der in jener Zeit mein Gewehrträger gewesen war, hatte mir erzählt, die Lende sei das Beste. Aber damals hatte uns Pop an der Kandare gehabt und sich bemüht, wenigstens einen halben Pukka Sahib aus mir zu machen, und ich hatte nie den Mut aufgebracht, einem Löwen ein Stück aus der Lende zu schneiden und den Koch zu bitten, es zuzubereiten. Als wir jedoch diesmal den ersten Löwen getötet hatten und ich Ngui gebeten hatte, die zwei Lendenstücke herauszuschneiden, war es anders gewesen. Pop hatte behauptet, das sei barbarisch, kein Mensch esse Löwenfleisch. Aber es war mit einiger Sicherheit die letzte Safari, die wir gemeinsam unternahmen, und wir waren längst so weit, daß wir beide eher all das bedauerten, was wir nicht getan hatten, als das, was wir getan hatten, und so leistete er nur pro forma Widerstand. Und als Mary Mbebia zeigte, wie er die Schnitzel zubereiten sollte, und uns der herrliche Duft in die Nase stieg, und Pop dann sah, daß sich das Fleisch wie Kalb schneiden ließ und uns sehr gut schmeckte, probierte er auch etwas davon, und ihm schmeckte es ebenfalls.

«Auf der Jagd in den amerikanischen Rockies hast du Bärenfleisch gegessen. Das schmeckt wie Schwein, nur kräftiger. Schweinefleisch ißt du ohne weiteres, dabei ernährt sich ein Schwein von viel ekelhafterem Zeug als ein Bär oder ein Löwe.»

«Laß mich in Ruhe», hatte Pop gesagt. «Ich esse das verdammte Zeug ja.»

«Schmeckt's etwa nicht?»

«Doch. Verdammt. Sehr gut sogar. Aber laß mich in Ruhe.»

«Nehmen Sie doch nach, Mr. P. Bitte bedienen Sie sich», sagte Mary.

«Na schön. Ich nehm noch was», hatte er mit hoher, klagender Falsettstimme gesagt. «Aber starrt mir nicht dauernd beim Essen auf den Mund.»

Es war schön, von Pop zu reden, den Mary und ich beide sehr gern hatten und der mir mehr ans Herz gewachsen war als jeder andere Mann, den ich je gekannt hatte. Mary erzählte mir einiges, was Pop ihr auf ihrer gemeinsamen langen Fahrt durch Tanganjika erzählt hatte, als wir im Gebiet des Ruaha und in der Bohara-Ebene auf die Jagd gegangen waren. Als ich diese Geschichten hörte und mir die Dinge vorstellte, die er mir nicht erzählt hatte, war es fast so, als wäre Pop anwesend, und ich dachte, daß er selbst in seiner Abwesenheit zur Lösung schwieriger Probleme beitragen konnte.

Und es war natürlich auch wunderbar, den Löwen zu essen und ihm ein letztes Mal so nahe zu sein und seinen köstlichen Geschmack zu spüren.

Am Abend sagte Mary, sie sei sehr müde, und legte sich in ihrem eigenen Bett schlafen. Ich lag eine Zeitlang wach, dann ging ich hinaus und setzte mich ans Feuer. Ich saß auf dem Stuhl, blickte in die Flammen und dachte an

Pop und wie traurig es war, daß er nicht unsterblich war, und was für ein Glück ich gehabt hatte, daß er so lange bei uns hatte sein können, und daß wir immerhin drei oder vier Dinge gemeinsam hatten, die wie in den alten Zeiten waren, und daß wir obendrein noch das Glück hatten, uns gefunden zu haben, und während ich in Gedanken mit ihm redete und scherzte, schlief ich ein.

Kapitel 11

Am frühen Morgen brach ich mit Ngui auf, und als ich ihn so leichtfüßig durch das Gras gehen sah und daran dachte, daß wir Brüder waren, erschien es mir dumm, in Afrika weiß zu sein, und ich erinnerte mich daran, wie man mich zwanzig Jahre zuvor zu dem moslemischen Missionar mitgenommen hatte, der uns, seinen Zuhörern, die Vorteile einer dunklen Haut und die Nachteile der Pigmentierung des weißen Mannes erklärt hatte. Damals war ich so braungebrannt gewesen, daß ich als Mischling hatte durchgehen können.

«Seht euch den weißen Mann an», hatte der Missionar gesagt. «Er geht in die Sonne, und die Sonne bringt ihn um. Wenn er seinen Körper der Sonne aussetzt, verbrennt er, bis er Blasen bekommt und verfault. Der arme Mensch muß im Schatten bleiben und sich mit Alkohol und Stinghas und Chutta-Stäbchen zerstören, weil er das entsetzliche Aufgehen der Sonne am nächsten Tag nicht ertragen kann. Seht euch den weißen Mann und seine Mwanamuki, seine Memsahib, an. Die Frau ist mit braunen Flecken bedeckt, wenn sie in die Sonne geht; die braunen Flecken sehen aus wie die ersten Anzeichen von Lepra. Wenn sie draußen bleibt, schält die Sonne ihr die Haut ab wie bei einem Menschen, der durch Feuer gegangen ist.»

An diesem herrlichen Morgen versuchte ich, mir weitere Gedanken an diese Predigt gegen den weißen Mann aus dem Kopf zu schlagen. Das war schon lange her, und ich hatte manche der feurigeren Passagen vergessen. Was ich allerdings nicht vergessen hatte, war das Paradies des weißen Mannes; sein abscheulicher Glaube an dieses Paradies, hatte der Missionar erklärt, bringe den weißen Mann dazu, kleine weiße Bälle mit Stöcken über den Boden zu treiben oder andere, größere Bälle über Netze zu schlagen, wie man sie auf den großen Seen zum Fischen verwende, und das tue er so lange, bis die Sonne ihn übermanne und er sich ins Clubhaus zurückziehen müsse, um sich mit Alkohol zu zerstören und auf das Jesuskind zu fluchen, jedenfalls wenn keine Wanawaki anwesend seien.

Ngui und ich kamen durch eine weitere Buschinsel, in der eine Kobra ihr Loch hatte. Die Kobra war entweder noch unterwegs oder hatte sich aus dem Staub gemacht, ohne eine Anschrift zu hinterlassen. Wir waren beide keine großartigen Schlangenjäger. Das war etwas für Weiße, und es war etwas Nützliches, denn Schlangen bissen das Vieh und die Pferde, und auf Pops Farm gab es einen festen Geldbetrag für jede, die man erlegte; das galt für Kobras und Puffottern. Wenn ein Mann für Geld Schlangen jagte, konnte er nicht mehr tiefer sinken. Wir kannten Kobras als flinke, geschmeidige Wesen, die in Löchern lebten, die so klein waren, daß es schien, als würden sie gar nicht hineinpassen, worüber wir gelegentlich Witze rissen. Es gab Schauermärchen von bösartigen Mambas, die hoch aufgerichtet hilflose Siedler oder unerschrockene Wildhüter selbst dann verfolgten, wenn sie auf Pferden saßen, aber diese Geschichten ließen uns kalt, da sie aus dem Süden kamen, wo angeblich auch Flußpferde, die sogar eigene Namen hatten, auf der Suche nach Wasser hundert Meilen weit durch ausgetrocknete Landstriche zogen und Schlangen geradezu biblische Taten vollbrachten. Das alles mußte wahr sein, denn ehrbare Männer hatten schriftlich davon berichtet, aber die Schlangen dort waren anders als unsere, und in Afrika zählten immer nur die eigenen Schlangen.

Unsere Schlangen waren scheu oder dumm oder rätselhaft und mächtig. Ich gebärdete mich als leidenschaftlicher Schlangenjäger, täuschte damit aber niemanden, außer vielleicht Miss Mary, und Speikobras konnten wir am wenigsten leiden, weil G. C. angespuckt worden war. An diesem Morgen jedenfalls war die Kobra nicht da, sie war nicht in ihr Loch zurückgekehrt, und ich sagte zu Ngui, wahrscheinlich sei sie ohnehin Tonys Großvater, und wir sollten sie respektieren.

Ngui freute sich über diese Bemerkung, denn die Schlangen sind die Vorfahren aller Massai. Ich sagte, die Schlange könnte auch die Vorfahrin seines Mädchens in der Massai-Manyatta gewesen sein. Sie sei ein großes, schönes Mädchen und habe etwas Schlangenhaftes an sich. Das freute ihn, aber er war auch ein wenig erschrokken über die mögliche Abstammung seiner verbotenen Liebschaft. Ich fragte ihn, ob die kalten Hände der Massai-Frauen und die noch seltsamere gelegentliche Kälte gewisser anderer Teile ihrer Körper auf das Schlangenblut zurückzuführen sein könnten. Zuerst sagte er, das sei unmöglich; die Massai seien schon immer so gewesen. Dann, als wir nun Seite an Seite auf die hohen Bäume des Lagers zuschritten, die sich gelb und grün vor dem gefurchten braunen Fuß und dem beschneiten Gipfel des Berges abhoben – das Lager selbst war nicht zu sehen, nur die hohen Bäume zeigten an, wo es war –, sagte er, es könne doch etwas Wahres daran sein. Italienerinnen, sagte er, hätten kalte und warme Hände. Wie Wasser könnten ihre Hände kalt oder warm sein, und in anderer Hinsicht seien sie tatsächlich so heiß wie eine heiße

Quelle, sofern man dergleichen kannte. Sie hätten nicht mehr Krankheiten – die Strafe für unerlaubte Beziehungen – als die Massai. Vielleicht hätten die Massai wirklich Schlangenblut in ihren Adern. Ich sagte, wenn wir das nächste Mal eine Schlange getötet hätten, könnten wir ja mal die Temperatur des Blutes prüfen. Ich hatte noch nie das ausströmende Blut einer Schlange gefühlt, weil Schlangen mir widerwärtig waren, und ich wußte, Ngui ging es ebenso. Aber wir waren uns einig, daß wir die Bluttemperatur prüfen würden und auch andere dazu veranlassen wollten, falls sie ihren Ekel überwinden konnten. Das alles würde im Interesse unserer anthropologischen Studien geschehen, mit denen wir uns täglich befaßten, und im Weitergehen dachten wir über diese Probleme nach und über unsere eigenen kleinen Probleme, die wir in die wichtigeren Interessen der Anthropologie zu integrieren versuchten, bis die Zelte des Lagers unter den gelben und grünen Bäumen auftauchten, die vom ersten Licht der Sonne jetzt strahlend dunkelgrün und leuchtendgold gefärbt wurden, und wir den grauen Rauch der Feuer bei den Zelten und den Aufbruch der Wildhüter sehen konnten und, am Feuer unter den Bäumen und im Licht der jungen Morgensonne, die Gestalt von G. C., der lesend, eine Flasche Bier in der Hand, auf einem Klappstuhl am Holztisch saß.

Ngui nahm mein Gewehr und schulterte es zusammen mit der alten Schrotflinte, und ich ging zum Lagerfeuer.

«Guten Morgen, General», sagte G. C. «Schon so früh aufgestanden?»

«Wir Jäger haben ein schweres Los», sagte ich. «Wir müssen uns im Augenblick der Wahrheit bewähren.»

«Und uns den Augenblick der Wahrheit bewahren. Nimm dir ein Bier.»

Er goß mir sehr sorgfältig ein Glas ein, ließ den Schaum erst hochsteigen, so daß er beinahe überlief, und das Bier dann langsam aus der Flasche rinnen, bis das Glas voll war.

«Der Teufel findet immer Arbeit für müßige Hände», sagte ich und hob das Glas, das so gut gefüllt war, daß sich das bernsteinfarbene Bier über den Rand wölbte wie der Saum einer Lawine, führte es behutsam und ohne zu kleckern an den Mund und saugte den ersten Schluck mit der Oberlippe ein.

«Nicht schlecht für einen erfolglosen Jäger», sagte G. C. «Solch ruhige Hände und rotgeränderte, blutunterlaufene Augen haben England groß gemacht.»

«In Kugelhagel und Trümmermeeren saufen wir alles Gott zu Ehren. Bist du schon über den Atlantik?»

«Ich habe schon Irland hinter mir», sagte G. C. «Entsetzlich grün. Ich sehe praktisch schon die Lichter von Le Bourget. Ich werde schon noch fliegen lernen, General.»

«Das haben schon viele gesagt. Fragt sich nur, wie du fliegen wirst.»

«Ich werde mich bessern und ein guter Flieger werden», sagte G. C.

«Und dich bewähren im Augenblick der Wahrheit?»

«Nein. Im Flugzeug.»

«Das ist wahrscheinlich vernünftiger. Und wirst du diese Prinzipien auch in dein Leben hineinnehmen, mein Sohn?»

«Trink dein Bier, Billy Graham», sagte G. C. «Was wird aus dir, wenn ich weg bin, General? Du wirst doch hoffentlich keine Nervenzusammenbrüche haben? Oder irgendein Trauma? Du bist dem allen hier doch hoffentlich gewachsen? Noch ist es nicht zu spät, den Flankenschutz zu verweigern.»

«Was für einen Flankenschutz?»

«Irgendeinen Flankenschutz. Das ist einer der wenigen militärischen Ausdrücke, die ich behalten habe. Ich habe schon immer mal den Flankenschutz verweigern wollen. Im wirklichen Leben werden doch immer schützende Flankenpositionen bezogen und befestigt. Solange man keinen Flankenschutz verweigert hat, ist man nur ein halber Mensch.»

«Mon flanc gauche est protégé par une colline», sagte ich. Ich konnte mich nur zu gut erinnern. *«J'ai les mitrailleuses bien placées. Je me trouve très bien ici et je reste.»*

«Du flüchtest dich in eine fremde Sprache», sagte G. C. «Schenk dir noch eins ein, und dann gehen wir und bringen die Messung hinter uns, während meine schwer angeschlagenen Jungs tun, was immer sie heute morgen tun, bevor sie in die Stadt gehen, um sich was zusammenzubetteln.»

«Hast du mal *Sergeant Shakespeare* gelesen?»

«Nein.»

«Dann besorg ich's dir. Duff Cooper hat's mir geschenkt. Er hat es geschrieben.»

«Das sind aber nicht die Erinnerungen?»

«Nein.»

Die *Erinnerungen* hatten wir gelesen; sie waren als Fortsetzungen in der Dünndruck-Luftpostausgabe einer Zeitung erschienen, die von den Comets, die in Entebbe landeten, nach Nairobi gebracht wurden. Als Fortsetzungen hatten sie mir nicht sonderlich gefallen. Aber *Sergeant Shakespeare* hatte mir sehr gefallen, und Duff Cooper hatte mir ohne seine Frau auch gefallen. In den *Erinnerungen* kam sie so oft vor, daß G. C. und ich verärgert gewesen waren.

«Wann schreibst du denn deine Erinnerungen, G. C.?» fragte ich. «Weißt du nicht, daß alte Männer vergeßlich werden?»

«Ich habe noch nicht ernstlich daran gedacht, sie zu schreiben.»

«Das mußt du aber. Von den echten alten Veteranen sind nicht mehr allzu viele übrig. Du könntest jetzt mit den frühen Lebensabschnitten anfangen. Mach dich an die ersten Bände. *Vor langer Zeit im fernen Abessinien* wäre für den Anfang ein guter Titel. Dein Studium und das Künstlerleben in London und auf dem Kontinent kannst du überspringen und gleich mit *Ein Jüngling unter Krausköpfen* weitermachen; schreib über deine Anfänge als Wildhüter, solange du dich noch daran erinnern kannst.»

«Darf ich dabei Anleihen bei dem unnachahmlichen, markigen Stil machen, den du in *Eine ledige Mutter an der italienischen Front* verwendet hast?» fragte G. C. «Das war immer mein Lieblingsbuch von dir, von *Unter zwei Fahnen* einmal abgesehen. Das war doch auch von dir, oder?»

«Nein. Meins hieß *Tod eines Gardisten.*»

«Auch ein gutes Buch», sagte G. C. «Ich habe dir das nie erzählt, aber ich habe mein ganzes Leben nach diesem Buch ausgerichtet. Mama hat es mir geschenkt, als ich auf die Schule gekommen bin.»

«Du willst doch jetzt nicht wirklich diese blöde Messung vornehmen?» fragte ich hoffnungsvoll.

«Doch, will ich.»

«Sollen wir neutrale Zeugen mitnehmen?»

«Es gibt keine. Das machen wir allein.»

«Na, dann los. Ich seh nur noch mal nach, ob Miss Mary noch schläft.»

Sie schlief, sie hatte ihren Tee getrunken und sah aus, als würde sie noch zwei Stunden weiterschlafen. Ihre Lippen waren geschlossen, und ihr Gesicht auf dem Kissen war glatt wie Elfenbein. Ihr Atem ging leicht, doch als sie den Kopf bewegte, merkte ich, daß sie träumte.

Ich nahm das Gewehr vom Baum, wo Ngui es hingehängt hatte, und stieg zu G. C. in den Landrover. Wir fuhren los, erreichten schließlich die alte Fahrspur und fanden die Stelle, wo Miss Mary den Löwen geschossen hatte. Wie auf jedem alten Schlachtfeld hatte sich vieles verändert, aber wir fanden noch ihre Patronenhülsen und die von G. C. und etwas weiter links auch die von mir. Ich steckte mir eine in die Tasche.

«Ich fahre jetzt zu der Stelle, wo du ihn getroffen hast, und du schreitest die Strecke in gerader Linie ab.»

Ich sah ihn im Wagen davonfahren, sein braunes Haar glänzte in der Morgensonne; der große Hund drehte sich nach mir um und blickte wieder nach vorn. Als der Landrover einen Bogen beschrieb und diesseits der dichten Buschinsel haltmachte, setzte ich meine Fußspitze einen Schritt links von der am weitesten westlich gelandeten Patronenhülse, dann ging ich auf das Fahrzeug zu und zählte meine Schritte. Das Gewehr trug ich auf der Schulter und hielt es mit der rechten Hand am Lauf, und als ich losging, sah der Landrover sehr klein und verkürzt aus. Der große Hund war hinausgesprungen, und G. C. ging umher. Auch die beiden sahen sehr klein aus, und manchmal konnte ich von dem Hund nur Kopf und Hals sehen. Als ich den Landrover erreichte, blieb ich stehen, wo der Löwe das Gras niedergedrückt hatte.

«Wie viele?» fragte G. C., und ich sagte es ihm. Er schüttelte den Kopf und fragte: «Hast du die Jinny-Flasche mitgebracht?»

«Ja.»

Wir nahmen jeder einen Schluck.

«Das dürfen wir keinem erzählen, keinem», sagte G. C. «Weder betrunken noch nüchtern, weder Arschlöchern noch anständigen Leuten.»

«Keinem.»

«Jetzt stellen wir den Tachometer ein, und dann fährst du in gerader Linie zurück, und ich zähle die Schritte.»

Unsere Zählungen wichen ein paar Schritte voneinander ab, und es ergab sich eine geringe Diskrepanz zwischen der Angabe des Tachometers und den Schritten, also zogen wir vier Schritte ab. Auf der Rückfahrt zum Lager sahen wir den Berg und waren traurig, weil wir bis Weihnachten nicht mehr gemeinsam auf Jagd gehen würden.

Nachdem G. C. und seine Leute gegangen waren, war ich mit Miss Marys Kummer allein. Ich war nicht wirklich allein, denn es gab ja noch Miss Mary und das Lager und unsere Leute und den großen Berg Kilimandscharo, den hier alle Kibo nannten, und all die Tiere und Vögel und die aufgeblühten Blumen und die Würmer, die aus dem Boden schlüpften, um zu fressen. Und es gab die braunen Adler, die die Würmer fraßen und darum so gewöhnlich wie Hühner waren, es gab Adler mit langen Beinkleidern aus braunen Federn und andere Adler mit weißen Köpfen, die zusammen mit den Perlhühnern eifrig Würmer fraßen. Die Würmer sorgten für einen Waffenstillstand zwischen allen Vögeln, und sie alle fraßen gemeinsam. Dann kamen auch riesige Schwärme von europäischen Störchen und fraßen die Würmer, und man sah zahllose Störche auf einem einzigen Stück der von weißen Blüten bedeckten Ebene. Miss Marys Kummer widerstand den Adlern, weil Adler ihr nicht soviel bedeuteten wie mir.

Sie hatte nie in unseren heimischen Bergen oberhalb der Baumgrenze am höchsten Punkt eines Passes mit einer .22er unter einem Wacholderbusch gelegen und darauf gewartet, daß Adler zu einem toten Pferd kamen, das dort als Bärenköder gedient hatte, bis der Bär getötet worden war. Jetzt war es ein Adlerköder, und später würde es wieder ein Bärenköder sein. Wenn man die Adler zum erstenmal erblickte, kreisten sie sehr hoch oben. Man hatte sich unter dem Busch versteckt, als es noch dunkel war, und man hatte die Adler aus der Sonne kommen sehen, als sie über den gegenüberliegenden Gipfel des Passes gestiegen war. Dieser Gipfel war nur eine mit Gras bewachsene Kuppe, gekrönt von einigen Felsen und mit vereinzelten Wacholderbüschen an den Hängen. Es war ein Hochland, in dem man sehr leicht vorankam, wenn man erst einmal diese Höhe erreicht hatte, und die Adler waren von weit her aus dem Schneegebirge gekommen, das man hätte sehen können, wenn man nicht unter dem Busch gelegen, sondern aufrecht gestanden hätte. Es waren drei Adler, und sie kreisten und schwebten und ließen sich von den Luftströmungen treiben, und man beobachtete sie, bis die Sonne einem in die Augen stach. Dann schloß man die Augen und sah durch das Rot noch immer die Sonne. Man machte sie wieder auf und sah an der blendenden Sonne vorbei und erblickte die ausgebreiteten Schwingen und die weit gespreizten Schwanzfedern und spürte geradezu, wie die Augen in den großen Köpfen hinabstarrten. Am Morgen war es kalt gewesen, und man sah zu dem Pferd und seinen zu alten und jetzt freigelegten Zähnen, die man früher nur hatte sehen können, wenn man ihm die Lippe hochschob. Es hatte eine sanfte, gummiartige Lippe gehabt, und als man es zu der Stelle geführt hatte, wo es sterben sollte, und ihm das Halfter abgenommen hatte, war es stehengeblieben, wie man es gelehrt hatte, und als man die Blesse an seinem schwarzen Kopf gestreichelt hatte, da, wo sich die grauen Haare zeigten, hatte es den Kopf gesenkt und einem mit den Lippen in den Hals gekniffen. Es hatte bergab nach dem gesattelten Pferd geblickt, das man am oberen Waldrand zurückgelassen hatte, als fragte es sich, was es dort machte und ob das ein neues Spiel sei. Man hatte sich daran erinnert, wie erstaunlich gut es im Dunkeln gesehen hatte und wie man sich, ein Bärenfell auf dem Sattel, an seinem Schwanz festgehalten hatte, um Pfade hinunterzusteigen, die an der Felskante entlang durch den Wald hinabführten und auf denen man vor Dunkelheit gar nichts mehr sehen konnte. Das Pferd hatte sich nie geirrt und jedes neue Spiel sofort verstanden.

Jedenfalls war man mit ihm vor fünf Tagen dort hinaufgegangen, weil irgend jemand das tun mußte und man es tun konnte, wenn auch nicht sanft, so doch ohne es leiden zu lassen, und was danach passierte, war ohnehin gleichgültig. Das Dumme war nur, daß es das Ganze für ein neues Spiel hielt, das es lernen wollte. Es gab mir einen sanften, gummiweichen Kuß und sah dann zu dem anderen Pferd. Es wußte, daß man es mit seinem kaputten Huf nicht reiten konnte, aber das alles war neu, und das Pferd wollte es lernen.

«Mach's gut, mein alter Kite», sagte ich und streichelte das Pferd am Ansatz des rechten Ohrs. «Ich weiß, du würdest dasselbe auch für mich tun.»

Es verstand mich natürlich nicht und wollte mir noch einen Kuß geben, um zu zeigen, daß alles in Ordnung war; aber dann sah es plötzlich das Gewehr auf sich gerichtet. Ich dachte, ich könnte es vor ihm verbergen, aber es sah das Gewehr, und seine Augen wußten, was das war, und es stand ganz still und zitternd da, und ich schoß ihm in die Stirn, dort, wo sich die Diagonalen zwischen Augen und Ohren kreuzten. Sofort knickten die Beine unter ihm weg, und es brach zusammen und war ein Bärenköder.

Als ich jetzt unter dem Wacholder lag, hatte ich meinen Kummer noch nicht überwunden. Meine Gefühle für den alten Kite würden mein Leben lang so bleiben, dachte ich damals, doch ich sah seine Lippen, die nicht mehr da waren, weil die Adler sie gefressen hatten, und seine Augen, die auch nicht mehr da waren, und die Stelle, wo der Bär ihn aufgerissen hatte, so daß der Körper jetzt ganz eingesunken war, und die Stelle, an der der Bär gefressen hatte, bevor er von mir dabei gestört worden war, und ich wartete auf die Adler.

Schließlich kam einer, sauste herab mit dem Geräusch einer Granate, bremste mit nach vorn geworfenen Schwingen, stieß die befiederten Beine und die Klauen vor und stürzte sich auf den alten Kite, als wollte er ihn töten. Dann schritt er aufgeplustert umher und begann an der offenen Stelle zu fressen. Die anderen kamen gemächlicher und mit schweren Flügelschlägen, aber mit den gleichen lang befiederten Schwingen und den gleichen dicken Hälsen, großen Köpfen und gebogenen Schnäbeln und goldenen Augen.

Als ich dort lag und ihnen zusah, wie sie vom Leichnam meines Freundes und Partners fraßen, den ich getötet hatte, dachte ich, daß sie in der Luft schöner aussahen. Da sie zum Tode verurteilt waren, ließ ich sie eine Zeitlang fressen und sich streiten und auf und ab gehen und an den Fetzen der Eingeweide herumhacken. Ich wünschte, ich hätte eine Schrotflinte, aber ich hatte keine. Also nahm ich schließlich die .22er Winchester und schoß einem in den

Kopf und einem anderen zweimal in den Körper. Er flog auf, kam aber nicht weit und sank mit ausgebreiteten Flügeln wieder zu Boden, und ich mußte ihm den Hang hinauf nachlaufen. Fast alle anderen Vögel oder Tiere fliehen bergab, wenn sie verwundet sind, doch Adler fliehen bergauf, und als ich diesen eingeholt hatte und an den Beinen über den tödlichen Klauen packte, ihm einen Mokassin auf den Hals stellte und seine Flügel zusammenfaltete, starrte er mich mit Haß und Verachtung an, und ich hatte noch niemals ein Lebewesen gesehen, das mich so anblickte wie dieser Adler. Es war ein Goldadler, voll ausgewachsen und groß genug, um ein junges Dickhornschaf davonzutragen. Es war ein mächtiger Vogel, und als ich jetzt die Adler zwischen den Perlhühnern umhergehen sah und daran dachte, daß diese Vögel sich nicht mit anderen abgeben, hatte ich ein schlechtes Gewissen wegen Miss Marys Kummer, konnte ihr aber nicht erzählen, was die Adler mir bedeuteten und warum ich diese beiden getötet hatte –, den letzten, indem ich unten im Wald seinen Kopf an einen Baum geschmettert hatte –, und auch nicht, was ich in Lame Deer im Reservat für ihre Bälge bekommen hatte.

Wir waren mit dem Jagdauto unterwegs, als wir die Adler und Perlhühner zusammen sahen, und zwar auf gelichteten Flächen in dem Wald, der so zerstört worden war, als Anfang dieses Jahres die gewaltige Herde von mehr als zweihundert Elefanten dort durchgezogen war und die Bäume niedergerissen und umgestoßen hatte. Wir waren dort hingefahren, um nach der Büffelherde zu sehen und womöglich einen Leoparden aufzustöbern, der, wie ich wußte, dort in dem Wald aus großen, unbeschädigten Bäumen in der Nähe des Papyrussumpfes lebte. Wir bemerkten jedoch nichts Ungewöhnliches außer Unmengen von Raupen und den seltsamen Waffenstillstand zwischen den Vögeln. Mary entdeckte noch ein paar mögliche Weihnachtsbäume, und ich dachte zuviel über Adler und die alten Zeiten nach. In den alten Zeiten war angeblich alles einfacher gewesen, aber das stimmte nicht; damals ging es nur rauher zu. In dem Reservat war es rauher zugegangen als in der Shamba. Vielleicht auch nicht. Ich wußte es nicht so genau, ich wußte nur, daß die Weißen immer den anderen das Land wegnahmen und sie in ein Reservat steckten, wo sie vor die Hunde gehen oder verrecken mochten wie in einem Konzentrationslager. Hier nannte man die Reservate Nationalparks, und es wurden viele große Reden geschwungen, wie die Eingeborenen, die man jetzt Afrikaner nannte, verwaltet werden sollten. Aber die Jäger durften nicht jagen, und die Krieger durften nicht Krieg führen. G. C. verabscheute Wilderer, weil er an irgend etwas glauben mußte, und so glaubte er eben an seine Arbeit. Natürlich beteuerte er immer wieder, daß er diese Arbeit nie übernommen hätte, wenn er nicht daran glauben würde, und das stimmte ja auch. Selbst Pop legte, wenn es um einen der größten Schwindel überhaupt, den Safari-Schwindel, ging, sehr strenge Maßstäbe an – unbeugsam strenge. Der Kunde mußte für alles aufkommen, aber er mußte auch etwas geboten bekommen. Alle großen weißen Jäger waren rührend, was ihre Liebe zum Wild und ihren Haß auf das Töten betraf, aber gewöhnlich dachten sie immer nur daran, wie sie das Wild für den nächsten Kunden, der ihnen über den Weg lief, schonen konnten. Sie wollten es nicht durch unnötige Schüsse vertreiben, sie wollten einen Landstrich so zurücklassen, daß sie auch noch andere Kunden und ihre Frauen dorthin bringen, ihnen das unverdorbene, noch nie bejagte, ursprüngliche Afrika vorführen und sie mit den besten Ergebnissen hindurchhetzen konnten.

Pop hatte mir das alles einmal vor vielen Jahren erklärt, und als wir nach der Safari zum Fischen an die Küste gefahren waren, hatte er gesagt: «Keiner von denen kann es mit seinem Gewissen vereinbaren, so etwas mit irgendwem zweimal zu machen. Das heißt, wenn der Betreffende ihnen sympathisch ist. Wenn du das nächste Mal kommst und ein Fahrzeug auftreiben kannst, bring es mit, und ich besorge dir die Leute, und dann kannst du überall jagen, wo du schon mal gewesen bist, oder neue Gegenden erkunden, und es wird dich nicht mehr kosten als die Jagd zu Hause.»

Aber wie sich herausstellte, hatten reiche Leute gerade Gefallen daran, daß es so viel kostete; sie kamen immer und immer wieder, und jedesmal kostete es sie mehr, und da es etwas war, das andere sich nicht leisten konnten, wurde es für sie zunehmend attraktiver. Alte reiche Leute starben, und es rückten immer neue nach; und je höher die Börsenkurse stiegen, desto mehr nahm die Zahl der Tiere ab. Auch der Kolonie selbst brachte dieses Gewerbe hohe Einnahmen, und so entwickelte die Jagdaufsichtsbehörde, die eigentlich zur Kontrolle dieses Gewerbes da war, neue Grundsätze, mit denen sich so gut wie alles rechtfertigen ließ.

Es hatte keinen Sinn, jetzt über Moral nachzudenken, und noch weniger Sinn, an Lame Deer zu denken, wo man auf einem Maultierfell vor einem Tipi hockte, vor sich ausgebreitet die Schwanzfedern der zwei Adler, mit den Unterseiten nach oben, so daß die schönen weißen Spitzen und der weiche Flaum zu sehen waren, und schweigend verfolgte, wie sie begutachtet wurden, und sich mit keinem Wort an dem Handel beteiligte. Der Cheyenne, der das größte Interesse an ihnen zeigte, hatte nur noch Schwanzfedern im Sinn. Alles andere hatte er hinter sich gelassen oder es hatte ihn hinter sich gelassen. Für ihn waren Adler im Gebiet des Reservats, wenn sie sich auf einem Haufen grauer Steine niederließen und das Land beobachteten, ebenso unerreichbar, wie wenn sie hoch am Himmel kreisten. Manchmal fand man welche, die im Blizzard umgekommen waren, wenn sie vor dem peitschenden Schnee hinter einem Felsen Schutz gesucht hatten. Aber dieser Mann kam mit Blizzards nicht mehr zurecht. Das schafften nur die jungen Männer, und die waren alle weg.

Man saß also schweigend da und faßte nur manchmal die Federn an und strich ganz leise darüber hin. Man dachte an sein Pferd und an den zweiten Bären, der nach den Schüssen auf die Adler über den Paß zu dem Pferd gekommen war, als das Pferd wieder ein Bärenköder gewesen war, und wie man ihn, vom Waldrand aus, wo der Wind günstig war, bei schlechtem Büchsenlicht ein wenig zu tief getroffen hatte und wie er sich auf dem Boden gewälzt und sich dann aufgerichtet und gebrüllt und mit den mächtigen Vordertatzen um sich geschlagen hatte, als ob er etwas töten wollte, das ihn biß, und wie er dann auf allen vieren wie ein Lastwagen den Berg hinunter auf einen zugerast war und man zwei Schüsse auf ihn hatte abgeben müssen, den letzten aus solcher Nähe, daß man den Brandgeruch seines Pelzes hatte riechen können. Man dachte an ihn und an den ersten Bären. Das Fell hatte sich schon gelöst, und man holte die langen getrockneten Grizzlykrallen aus der Hemdtasche und legte sie hinter den Adlerfedern aus. Man sprach immer noch kein Wort, und dann begann der Handel. Es hatte seit vielen Jahren keine Grizzlykrallen mehr gegeben, und man machte ein gutes Geschäft.

An diesem Morgen wurden überhaupt keine Geschäfte gemacht, aber das Beste waren die Störche. Mary hatte sie bisher nur zweimal in Spanien gesehen. Das erste Mal in einem Dorf in Kastilien, als wir durch das Hochland nach Segovia gefahren waren. Es gab dort einen sehr schönen Dorfplatz, und wir machten in der Hitze des Tages dort halt und gingen aus dem grellen Licht ins kühle Dunkel des Gasthauses, um unsere Weinschläuche füllen zu lassen. In dem Gasthaus war es sehr kühl und angenehm, und es gab dort sehr kaltes Bier, und auf dem reizenden Marktplatz dieses Orts wurde alljährlich ein offener Stierkampf abgehalten, bei dem jeder, der wollte, mit den drei Stieren kämpfen konnte, die aus ihren Verschlägen gelassen wurden. Fast immer gab es dabei Tote oder Verletzte, und es war das große gesellschaftliche Ereignis des Jahres.

An diesem besonders heißen Tag in Kastilien entdeckte Miss Mary auf dem Turm der Kirche das Storchennest, das schon auf so viele Stierkämpfe hinabgesehen hatte. Die Frau des Gastwirts führte sie in ein Zimmer in der oberen Etage, von wo aus sie die Störche fotografieren konnte, und ich sprach am Tresen mit dem Besitzer der örtlichen Spedition. Wir unterhielten uns über die verschiedenen kastilischen Dörfer, in denen es überall Storchennester auf den Kirchen gab, und nach allem, was ich von dem Spediteur erfahren konnte, waren sie noch immer so zahlreich wie eh und je. Störche wurden in Spanien von niemandem behelligt. Sie gehörten zu den wenigen Vogelarten, die man aufrichtig respektierte und die man natürlich als Glücksbringer des Dorfes betrachtete.

Der Gastwirt erzählte mir von einem Landsmann von

mir, irgendeinem Ingles; man hielt ihn für einen Kanadier. Er war seit einiger Zeit mit seinem kaputten Motorrad und ohne Geld hier. Zweifellos würde irgendwann Geld für ihn eintreffen, und er hatte das benötigte Ersatzteil für sein Motorrad in Madrid bestellt, aber das war noch nicht gekommen. Alle im Dorf mochten ihn, und sie wünschten, er wäre jetzt da, dann könnte ich einen Landsmann treffen, der vielleicht sogar aus derselben Stadt wie ich stammte. Er sei irgendwo unterwegs und male, sagten sie, aber sie könnten jemanden schicken und ihn holen lassen. Interessant sei, sagte der Gastwirt, daß mein Landsmann kein Spanisch spreche, bis auf ein einziges Wort: *joder*. Daher nenne man ihn auch nur Mister Joder, und wenn ich ihm eine Nachricht hinterlassen wolle, könne ich sie dem Gastwirt anvertrauen. Ich fragte mich, was ich einem Landsmann mit einem so krassen Namen ausrichten sollte, und entschied mich schließlich, ihm einen 50-Peseten-Schein dazulassen, den ich auf eine bestimmte Art faltete, die alten Spanienreisenden bekannt sein dürfte. Alle waren begeistert und prophezeiten, daß Mister Joder die zehn Duros an diesem Abend garantiert am Tresen vertrinken werde, daß aber der Gastwirt und seine Frau ihm auch etwas zu essen vorsetzen würden.

Ich fragte sie, wie es um Mister Joders Malkünste bestellt sei, und der Spediteur sagte: «Hombre, er ist weder Velazquez noch Goya noch Martínez de León. Soviel ist sicher. Aber die Zeiten ändern sich, und Kritik steht uns nicht zu.» Miss Mary kam von oben, wo sie fotografiert hatte, und sagte, sie habe ein paar gute Bilder von den Störchen gemacht, auch wenn sie wohl nichts taugen würden, weil sie kein Teleobjektiv habe. Wir bezahlten, tranken ein kaltes Bier auf Kosten des Hauses, verabschiedeten uns und fuhren los; die Straße führte im grellen Licht vom Dorfplatz steil ins Hochland hinauf und dann weiter in Richtung Segovia. Oberhalb des Dorfes hielt ich an, und als ich zurückblickte, sah ich das Storchenmännchen in herrlichem Flug das Nest auf der Kirchturmspitze ansteuern. Es war unten am Fluß gewesen, wo die Frauen die Wäsche klopften. Später sahen wir einen Schwarm Rebhühner über die Straße fliegen und dann, in derselben einsamen Farnlandschaft, einen Wolf.

Das war in diesem Jahr gewesen, als wir auf dem Weg nach Afrika in Spanien gewesen waren, und jetzt waren wir in einem gelbgrünen Wald, der ungefähr zu der Zeit, als wir durch das Hochland nach Segovia gefahren waren, von Elefanten zerstört worden war. In einer Welt, in der so etwas passieren konnte, hatte ich wenig Zeit für Kummer. Ich war mir sicher gewesen, daß ich Spanien nie mehr wiedersehen würde, und ich war nur dorthin zurückgekehrt, um Mary den Prado zu zeigen. Da ich mich an alle Bilder, die ich liebte und in mir trug, als gehörten sie mir, erinnern konnte, mußte ich sie nicht noch einmal sehen, bevor ich starb. Aber es lag mir sehr viel daran, sie zusammen mit Mary zu sehen, falls das irgendwie möglich war und sich ohne Zugeständnisse und Demütigungen verwirklichen ließ. Auch wollte ich ihr Navarra und Alt- und Neukastilien zeigen, und sie sollte im Hochland einen Wolf sehen und nistende Störche in einem Dorf. Ich wollte ihr die in Barco de Avila an die Kirchentür genagelte Bärentatze zeigen – aber daß sie noch dort hing, war denn wohl doch zuviel erwartet. Die Störche jedoch fanden wir ohne Mühe und in größerer Zahl als erwartet, und wir sahen einen Wolf und genossen die Aussicht auf Segovia von einer lieblichen Anhöhe aus; dorthin gelangte man auf einer von Touristen kaum benutzten Straße, die jedoch für Reisende wie geschaffen war. Rings um Toledo gab es solche Straßen nicht mehr, aber Segovia konnte man immer noch sehen wie früher, als man über das Hochland gewandert war, und wir betrachteten die Stadt, als wären wir die ersten, die sie erblickten, als hätten wir gar nicht gewußt, daß es sie gab, und sie doch unser ganzes Leben lang sehen wollten.

Es gibt eine Unschuld, mit der man, wie die Theorie besagt, einer schönen Stadt oder einem großartigen Gemälde nur ein einziges Mal begegnen kann. Das ist nur eine Theorie, und ich glaube nicht, daß sie stimmt. Ich begegne allen Dingen, die ich einmal geliebt habe, jedesmal wieder mit derselben Unschuld, aber es ist auch schön, sie jemand anderem zu zeigen – das hilft gegen die Einsamkeit. Mary liebte Spanien und Afrika, und sie hatte die Geheimnisse dieser Länder ganz natürlich und mühelos gelernt, ohne zu wissen, daß sie lernte. Ich erklärte ihr nicht die Geheimnisse, nur die praktischen oder komischen Dinge, und das größte Vergnügen machte es mir, wenn sie von selbst etwas entdeckte. Es ist dumm, zu erwarten oder zu hoffen, daß eine Frau, die man liebt, all das liebt, was man selbst liebt. Aber Mary liebte das Meer und das Leben auf einem kleinen Schiff, und sie liebte das Fischen. Sie liebte Bilder, und sie hatte den Westen der Vereinigten Staaten geliebt, als wir zum erstenmal gemeinsam dorthin gefahren waren. Sie verstellte sich nie, und das war wahrlich ein großes Geschenk; denn zuvor war ich mit einer Frau zusammengewesen, die sich immerzu verstellte, und das Leben mit einem solchen Menschen rückt vieles in ein sehr ungünstiges Licht, bis man die Einsamkeit höher zu schätzen lernt als den Wunsch nach gemeinsamen Erlebnissen.

An diesem Morgen, der ein heißer Tag zu werden versprach, weil der kühle Wind vom Berg ausgeblieben war, schlugen wir einen neuen Weg zu dem Wald ein, den die Elefanten zerstört hatten. Zunächst mußten wir ein paar schwierige Stellen überwinden, und als wir dann in die offene Savanne kamen, erblickten wir die erste große Storchenschar. Es waren echte europäische Störche, schwarzweiß und mit roten Beinen, und sie machten sich über die Raupen her, als wären sie deutsche Störche und hätten ihre Befehle. Miss Mary mochte diese Vögel und sah sie sehr gern, denn wir waren beunruhigt durch einen Artikel, in dem behauptet worden war, die Störche befänden sich kurz vor dem Aussterben; jetzt sahen wir, daß sie lediglich so vernünftig gewesen waren, wie wir nach Afrika zu kommen. Aber sie linderten nicht Miss Marys Kummer, und wir fuhren zum Lager zurück. Ich wußte nicht, wie ich Miss Marys Kummer mildern konnte. Er war gefeit gegen Adler und Störche, gegen die ich selbst vollkommen wehrlos war, und langsam wurde mir klar, was für ein großer Kummer es sein mußte.

«Woran hast du den ganzen Morgen gedacht, als du so ungewöhnlich still gewesen bist?»

«An Vögel, an gewisse Orte und daran, wie nett du bist.»

«Das war aber nett von dir.»

«Ich habe es nicht als spirituelle Übung getan.»

«Ich komme schon wieder hoch: Aber wer in einen tiefen Brunnen gefallen ist, springt nicht so einfach wieder heraus.»

«Das wird die neueste Disziplin bei den nächsten Olympischen Spielen sein.»

«Da wirst du wahrscheinlich gewinnen.»

«Ich habe meine Helfer.»

«Deine Helfer sind alle so tot wie mein Löwe. Wahrscheinlich hast du sie erschossen, als du dich besonders gut gefühlt hast.»

«Sieh mal, da sind schon wieder Störche.»

Afrika ist ein gefährlicher Ort, wenn man dort lange Zeit großen Kummer leidet; besonders wenn man nur zu zweit in einem Lager lebt und es abends kurz nach sechs Uhr dunkel wird. Wir sprachen nicht mehr von Löwen und dachten auch nicht mehr an sie, und die Leere, in der Marys Kummer gewesen war, füllte sich wieder mit der Routine und dem fremden schönen Leben und der nahenden Nacht. Als das Feuer herunterbrannte, zog ich einen langen, schweren toten Stamm von dem Holzhaufen, den der Lastwagen am Nachmittag geliefert hatte, und warf ihn auf die glühende Asche; wir setzten uns daneben und sahen zu, wie der Abendwind die Glut anfachte und das Holz Feuer fing. Dieser milde Abendwind kam vom Schnee des Berges. Er war so sanft, daß man seine Kühle nur gerade eben spürte, aber im Flackern des Feuers konnte man ihn sehen. Man kann den Wind auf verschiedene Weisen sehen, aber am schönsten sieht man ihn abends im Aufleuchten, im Ersterben und Aufflakkern der Flammen eines Feuers.

«Mit unserem Feuer sind wir nie allein», sagte Mary. «Jetzt bin ich froh, daß nur wir beide und unser Feuer hier sind. Ob dieser Stamm bis zum Morgen brennt?»

«Ich denke schon», sagte ich. «Falls der Wind nicht stärker wird.»

«Es ist seltsam jetzt, wenn ich mich morgens nicht mehr auf den Löwen freuen kann und du keine Probleme und Sorgen mehr hast. Oder hast du welche?»

«Nein. Alles ist in Ordnung», log ich.

«Fehlen dir die Probleme, die du und G. C. hattet?»

«Nein.»

«Vielleicht können wir jetzt ein paar richtig gute Bilder von den Büffeln und andere gute Farbfotos machen. Was meinst du, wohin sind die Büffel gezogen?»

«Ich nehme an, in Richtung der Chulus. Das finden wir heraus, wenn Willie mit der Cessna kommt.»

«Ist es nicht komisch, daß nur weil der Berg vor vielen hundert Jahren all diese Steine ausgespuckt hat, jetzt ein ganzer Landstrich unzugänglich ist, vollkommen abgeschlossen und seit der Erfindung des Rades unerreichbar für die Menschen?»

«Heute sind sie hilflos ohne ihre Räder. Die Eingeborenen wollen nicht mehr als Träger arbeiten, und die Fliegen töten die Packtiere. Die einzigen Gegenden Afrikas, die noch unberührt sind, werden von Wüsten und Fliegen beschützt. Die Tsetsefliege ist der beste Freund der Tiere. Sie tötet nur fremde Tiere und Eindringlinge.»

«Wie seltsam, daß wir Tiere lieben und trotzdem fast täglich welche zum Essen töten müssen.»

«Das ist auch nicht schlimmer, als wenn man für seine Hühner sorgt und trotzdem Eier zum Frühstück und ab und zu mal ein Hähnchen ißt, wenn man Lust dazu hat.»

«Das ist was anderes.»

«Ja, sicher. Aber im Prinzip ist es dasselbe. Mit dem neuen Gras ist jetzt so viel Wild gekommen, daß es wahrscheinlich lange dauern wird, bis ein Löwe wieder ein Stück Vieh reißt. Jetzt, wo es hier so viel Wild gibt, haben die Löwen keinen Grund, die Massai zu belästigen.»

«Die Massai haben sowieso zuviel Vieh.»

«Allerdings.»

«Manchmal komme ich mir wie ein Idiot vor, weil wir ihr Vieh beschützen.»

«Wer sich in Afrika nicht die meiste Zeit wie ein Idiot

vorkommt, ist wirklich ein Idiot», sagte ich, ziemlich aufgeblasen, wie ich fand. Aber es war schon spät genug am Abend, so daß Verallgemeinerungen ähnlich wie Sterne waren: entrückt in Distanziertheit und Gleichgültigkeit oder so klar und prägnant, daß sie geradezu unverschämt wirkten.

«Meinst du, wir sollten ins Bett gehen?» fragte ich.

«Ja, gehen wir», sagte sie. «Wir wollen freundlich zueinander sein und alles vergessen, was schiefgelaufen ist. Und wenn wir im Bett liegen, können wir der Nacht lauschen.»

Also gingen wir ins Bett und waren glücklich und liebten uns ohne Kummer und lauschten den Geräuschen der Nacht. Eine Hyäne kam dicht ans Zelt, nachdem wir das Feuer allein gelassen hatten und ich unter das Moskitonetz und zwischen die Laken und Decken gekrochen war und mit dem Rücken an der Zeltwand lehnte, während Mary es sich in der Mitte der Pritsche bequem gemacht hatte. Die Hyäne schrie ein paarmal mit seltsam ansteigendem Tonfall, dann antwortete ihr eine andere, und die beiden bewegten sich an den Zelten vorbei aus dem Lager. Als der Wind stärker wurde, sahen wir die Glut des Feuers aufleuchten, und Mary sagte: «Da sind wir zwei mit unserem braven, treuen Feuer in Afrika, und die Tiere haben ihr Nachtleben. Du liebst mich doch wirklich, oder?»

«Was glaubst du?»

«Ich glaube, du liebst mich.»

«Du weißt es nicht?»

«Doch, ich weiß es.»

Nach einer Weile hörten wir die zwei Löwen beim Jagen brüllen, und die Hyänen verstummten. Dann wehte von weit im Norden, vom Rand des felsigen Waldes hinter dem Gerenuk-Land, das Gebrüll eines Löwen zu uns herüber. Es war das mächtige, vibrierende Gebrüll eines großen Löwen, und ich nahm Mary in die Arme, während das Brüllen in Fauchen und Knurren überging.

«Das ist ein neuer Löwe», flüsterte sie.

«Ja», sagte ich. «Und soweit wir wissen, liegt nichts gegen ihn vor. Ich werde verdammt mißtrauisch sein, wenn sich irgendein Massai über ihn beklagt.»

«Wir werden gut für ihn sorgen, ja? Dann ist er unser Löwe, so wie das Feuer unser Feuer ist.»

«Er soll lieber sein eigener Löwe sein. Das ist das einzige, woran ihm etwas liegt.»

Sie war eingeschlafen, und bald schlief auch ich ein, und als ich aufwachte und wieder den Löwen hörte, war sie nicht mehr bei mir, und ich konnte sie leise in ihrem Bett atmen hören.

Kapitel 12

Memsahib krank?» fragte Mwindi, als er die Kopfkissen so legte, daß Mary mit dem Kopf zum weit offenen Zelteingang liegen konnte, und die Luftmatratze auf der Pritsche mit der Handfläche prüfte, bevor er die Laken glattstrich und straff unter der Matratze einschlug.

«Ja. Ein bißchen.»

«Vielleicht von Löwenfleisch.»

«Nein. Sie war schon krank, bevor sie den Löwen getötet hat.»

«Der Löwe sehr schnell gelaufen, sehr schnell. War sehr wütend und traurig, als er starb. Vielleicht er hat Gift gemacht.»

«Blödsinn», sagte ich.

«Hapana Blödsinn», sagte Mwindi ernst. «Bwana Oberwildhüter hat auch Löwenfleisch gegessen. Er auch krank.»

«Bwana Oberwildhüter hat dieselbe Krankheit wie damals in Salengai.»

«In Salengai auch Löwenfleisch gegessen.»

«Mingi Blödsinn», sagte ich. «Er war schon krank, bevor ich den Löwen getötet hatte. Hapana Löwenfleisch gegessen in Salengai. Löwenfleisch hier gegessen, nach der Safari, nicht in Salengai. Als wir den Löwen in Salengai enthäutet haben, waren alle Vorräte schon eingepackt. Niemand hat an diesem Morgen gegessen. Du hast ein schlechtes Gedächtnis.»

Mwindi zuckte die Schultern unter dem langen grünen Gewand. «Löwenfleisch gegessen. Bwana Oberwildhüter krank. Memsahib krank.»

«Wer hat Löwenfleisch gegessen und fühlt sich wohl? Ich.»

«Shaitani», sagte Mwindi. «Ich habe dich schon sterbenskrank gesehen. Vor vielen Jahren, als junger Mann, warst du todkrank, nachdem du einen Löwen getötet hattest. Alle wußten, du mußt sterben. Ndege wußte es. Bwana wußte es. Memsahib wußte es. Alle erinnern sich, wie du gestorben bist.»

«Hatte ich da Löwenfleisch gegessen?»

«Nein.»

«War ich krank, bevor ich diesen Löwen getötet hatte?»

«Ndio», sagte Mwindi zögernd. «Sehr krank.»

«Wir beide reden zuviel.»

«Wir sind Mzees. Wir dürfen soviel reden, wie wir wollen.»

«Kwisha reden», sagte ich. Ich hatte keine Lust mehr auf dieses Zeug und hielt nicht viel von dem Gedanken, der sich da abzeichnete.

«Memsahib fliegt morgen mit dem Ndege nach Nairobi. Der Arzt in Nairobi heilt ihre Krankheit. Dann kommt sie gesund und munter wieder zurück. Kwisha», sagte ich, was soviel heißt wie «fertig».

«Mzuri sana», sagte Mwindi. «Ich packe alles ein.»

Ich ging aus dem Zelt; unter dem großen Baum wartete Ngui mit meiner Schrotflinte.

«Ich weiß, wo zwei Kwale sind. Die schießen wir für Miss Mary.»

Mary war noch nicht zurück, und wir fanden die beiden Frankolinhühner beim Staubbaden in der Nähe der großen Blaugummibäume. Sie waren klein und gedrungen und recht schön. Als ich die Arme schwenkte, stoben sie los in Richtung Unterholz; ich schoß eins auf dem Boden, das andere im Auffliegen.

«Noch mehr?» fragte ich Ngui.

«Nein, nur die zwei.»

Ich gab ihm das Gewehr, und wir fuhren zum Lager zurück; ich hielt die beiden fetten Vögel. Sie waren noch warm, ihre Augen noch klar, und ihr Gefieder sträubte sich im Wind. Mary konnte sie im Vogelbuch nachschlagen. Ich war mir ganz sicher, daß ich solche Vögel noch nie gesehen hatte. Wahrscheinlich handelte es sich um eine nur am Kilimandscharo vorkommende Variante. Der eine würde eine gute Brühe ergeben, den anderen konnte sie essen, wenn sie feste Nahrung brauchte. Ich würde ihr Terramycin geben und für alle Fälle auch noch Chlorodyne. Bei dem Terramycin war ich mir nicht ganz sicher, aber sie schien es zu vertragen.

Ich saß auf einem bequemen Stuhl im kühlen Eßzelt, als ich Mary zu unserem Zelt gehen sah. Sie wusch sich, kam dann zum Eßzelt und setzte sich.

«Oh», sagte sie. «Sollten wir es nicht melden?»

«Ich könnte dich mit dem Jagdauto hin- und wieder zurückbringen.»

«Nein. Das ist groß wie ein Leichenwagen.»

«Nimm jetzt dieses Zeug, wenn du es nicht gleich wieder ausspucken mußt.»

«Wäre es schlimm, wenn ich zur Hebung meiner Moral einen Gimlet trinken würde?»

«Du solltest nicht trinken, aber ich habe es immer getan und bin noch da.»

«Ich bin mir nicht sicher, ob ich da bin oder nicht. Wäre schön, das herauszufinden.»

«Wir finden's heraus.»

Ich mixte ihr den Gimlet und sagte, mit der Medizin habe es keine Eile, sie solle ins Zelt gehen und sich hinlegen und ausruhen und lesen, wenn ihr danach sei. Ich könne ihr auch vorlesen, wenn ihr das lieber sei.

«Was hast du geschossen?»

«Zwei sehr kleine Frankolinhühner. Sehen fast aus wie kleine Rebhühner. Ich bring sie dir nachher, dann kannst du sie dir ansehen. Sie sind dein Abendessen.»

«Und was ist mit dem Mittagessen?»

«Es gibt eine gute Gazellenbrühe und Kartoffelpüree. Du hast das bald hinter dir, und daß du nicht essen darfst, ist auch nicht so schlimm. Terramycin hilft dagegen angeblich noch besser als das gute alte Yatren. Aber ich hätte ein besseres Gefühl, wenn wir Yatren hätten. Ich war mir sicher, daß wir es eingepackt hatten.»

«Ich habe dauernd Durst.»

«Ich weiß. Ich werde Mbebia zeigen, wie man Reiswasser macht, und das kühlen wir in einer Flasche im Wasserbeutel. Davon kannst du trinken, soviel du willst. Das hilft gegen den Durst und hält dich bei Kräften.»

«Ich weiß gar nicht, warum ich überhaupt krank werden mußte. Wir führen doch ein so wunderbar gesundes Leben.»

«Kleines, du hättest ebensogut auch Fieber kriegen können.»

«Aber ich nehme jeden Abend meine Antimalariamedizin, und ich erinnere dich jedesmal daran, sie zu nehmen, wenn du's vergessen hast, und abends am Feuer haben wir immer unsere Moskitostiefel an.»

«Sicher. Aber als wir im Sumpf hinter dem Büffel her waren, sind wir hundertmal gestochen worden.»

«Ich hatte nur ein Dutzend Stiche.»

«Bei mir waren es Hunderte.»

«Du bist ja auch größer. Nimm mich in die Arme und halt mich fest.»

«Wir haben noch Glück, Kleines», sagte ich. «Jeder kriegt Fieber, der in eine Fiebergegend geht, und wir sind in zwei schlimmen Fiebergegenden gewesen.»

«Aber ich habe meine Medizin genommen und dich daran erinnert, deine zu nehmen.»

«Und deshalb haben wir kein Fieber bekommen. Aber wir waren auch in Gegenden, wo die Schlafkrankheit grassiert, und du weißt, wie viele Tsetsefliegen es dort gegeben hat.»

«Ja, am Ewaso Ngiro waren sie besonders schlimm. Ich weiß noch, wie sie uns abends zerstochen haben, ein Gefühl, als ob man mit rotglühenden Pinzetten gezwickt würde.»

«Ich habe noch niemals rotglühende Pinzetten gesehen.»

«Ich auch nicht, aber genau so haben sie in dem Dikkicht gezwickt, in dem das Nashorn gelebt hat. Das Tier, das G. C. und Kibo in den Fluß gejagt hat. Aber es war schön in diesem Lager, und es war wunderbar, wie wir zum erstenmal allein auf Jagd gegangen sind. Zwanzigmal besser, als wenn wir jemand dabeigehabt hätten. Weißt du noch, wie gut und gehorsam ich da war?»

«Und wie nahe wir uns in dem großen grünen Wald allem gefühlt haben – als ob wir die ersten Menschen gewesen wären, die jemals dorthin gekommen waren.»

«Erinnerst du dich noch an das Moos und die Bäume, die so dicht standen, daß die Sonne kaum noch durchgekommen ist, und wie wir leiser als Indianer geschlichen sind und du mich so nahe an das Impala herangeführt hast und es uns trotzdem nicht gesehen hat, und wie wir jenseits des kleinen Bachs beim Lager auf die Büffelherde gestoßen sind? Das war ein wunderbares Lager. Erinnerst du dich, wie jeden Abend der Leopard durchs Lager gekommen ist? Das war genau wie zu Hause auf der Finca, wenn Boise oder Mr. Willy sich abends da herumgetrieben haben.»

«Ja, Kleines, und du wirst jetzt auch nicht richtig krank, weil das Terramycin heute nacht oder spätestens morgen früh seine Wirkung entfalten wird.»

«Ich glaube, es fängt jetzt schon an zu wirken.»

«Cucu hätte niemals gesagt, es sei besser als Yatren und Carbsone, wenn es nicht wirklich gut wäre. Bei Wundermitteln wird einem ganz seltsam zumute, wenn man auf ihre Wirkung wartet. Aber ich erinnere mich noch an die Zeit, als Yatren ein Wundermittel war. Das war es damals wirklich.»

«Ich habe eine wunderbare Idee.»

«Was denn, mein lieber Schatz?»

«Ich dachte gerade, wir könnten Willie mit der Cessna kommen lassen, und ihr könntet alle eure Tiere und eure Probleme in Augenschein nehmen, und dann würde ich mit ihm nach Nairobi fliegen und mit dieser Ruhr oder was es auch ist zu einem guten Arzt gehen. Und ich könnte Weihnachtsgeschenke für alle kaufen und auch sonst alles, was wir zu Weihnachten brauchen.»

«Bei uns heißt das der Geburtstag des Jesuskindes.»

«Bei mir heißt es immer noch Weihnachten», sagte sie. «Und wir brauchen ganz schön viele Sachen. Das wäre doch nicht zu extravagant, oder was meinst du?»

«Ich halte das für eine wunderbare Idee. Wir schicken einen Funkspruch über Ngong. Wann möchtest du das Flugzeug haben?»

«Wie wär's mit übermorgen?»

«Übermorgen ist gut. Morgen ist noch besser.»

«Ich leg mich einfach hin und laß mir den Wind vom Schnee unseres Berges um die Nase wehen. Und du solltest dir einen Drink machen und dich gemütlich zum Lesen hinsetzen.»

«Erst will ich Mbebia zeigen, wie man Reiswasser macht.»

Mittags ging es Mary schon viel besser; am Nachmittag schlief sie wieder, und abends fühlte sie sich wohl und hatte Hunger. Es freute mich sehr, daß das Terramycin so gut anschlug und keine schlimmen Nebenwirkungen hatte, und auf das Holz meines Gewehrkolbens klopfend sagte ich zu Mwindi, ich hätte Miss Mary mit einem mächtigen und geheimen Dawa geheilt, würde sie aber trotzdem morgen mit dem Ndege nach Nairobi schicken, um meine Behandlung von einem europäischen Arzt bestätigen zu lassen.

«Mzuri», sagte Mwindi.

So konnten wir an diesem Abend gut gelaunt eine leichte Mahlzeit zu uns nehmen; im Lager waren alle wieder zufrieden, und das Unwohlsein und Verhängnis, das unser Löwenmahl angeblich über uns gebracht und noch am Morgen so gebieterisch unser Befinden diktiert hatte, löste sich auf, als sei nie etwas dergleichen geäußert worden. Solche Theorien, die jedes Mißgeschick erklären sollten, gab es immer wieder, und das erste und wichtigste dabei war immer, daß irgend jemand oder irgend etwas schuld daran sein mußte. Von Miss Mary glaubte man, daß sie ein außerordentliches und unerklärliches Pech habe, weil sie für etwas büßen müsse, andererseits glaubte man aber auch, daß sie anderen Leuten sehr viel Glück bringe. Und sie war auch sehr beliebt. Arap Meina betete sie geradezu an, und Chungo, G. C.s oberster Wildhüter, war in sie verliebt. Arap Meina betete nur sehr wenige Dinge an, da seine religiösen Gefühle hoffnungslos durcheinandergeraten waren, aber in seine Anbetung Miss Marys hatte er sich derart hineingesteigert, daß er darüber gelegentlich in eine Ekstase geriet, die an schiere Raserei grenzte. Er liebte auch G. C., aber das war eher eine Mischung aus jungenhafter Faszination und treuer Hingabe. Auch ich lag ihm sehr am Herzen, wobei er seine Zuneigung so weit trieb, daß ich ihm erklären mußte, daß ich Frauen mehr zugetan sei als Männern, obwohl ich natürlich zu tiefen und dauerhaften Freundschaften fähig sei. Aber all die fast immer erwiderte Liebe und Hingabe, die er mit absoluter Aufrichtigkeit über einen ganzen Hang des Kilimandscharo ausgestreut und gleichermaßen auf Männer und Frauen, Jungen und Mädchen und alle möglichen alkoholischen Getränke und heiligen Kräuter – und davon gab es viele – verteilt hatte, all diese große Zuneigung konzentrierte er jetzt auf Miss Mary.

Arap Meina war keine ausgesprochene Schönheit, wirkte in Uniform aber sehr elegant und soldatisch, zumal der Rand seiner Mütze stets ordentlich aufgerollt war, so daß der Wulst an den geflochtenen Haarkranz erinnerte, den griechische Göttinnen zu tragen pflegten. Aber er besaß die Aufrichtigkeit eines alten Elefantenwilderers, der ehrbar geworden war, und diese Ehrbarkeit war so untadelig, daß er sie Miss Mary beinahe wie eine Jungfräulichkeit darbringen konnte. Die Wakamba sind nicht homosexuell. Über die Lumbwa kann ich wenig sagen, denn Arap Meina war der einzige Lumbwa, den ich jemals näher kennengelernt habe, aber ich glaube, daß Arap Meina sich zu beiden Geschlechtern stark hingezogen fühlte und daß der Umstand, daß Miss Mary einen sehr kurzen afrikanischen Haarschnitt, das reine Gesicht eines Hamitenknaben und einen Körper hatte, der so weiblich war wie der einer schönen jungen Massaifrau, dazu beigetragen hatte, daß Arap Meinas Verehrung sich bis zur Anbetung gesteigert hatte. Er nannte Miss Mary nicht «Mama», wie Afrikaner, die nicht «Memsahib» sagen wollen, verheiratete weiße Frauen gewöhnlich anredeten, sondern stets nur «Mummy». Miss Mary war noch nie von irgend jemandem mit «Mummy» angesprochen worden und bat Arap Meina, er möge das lassen. Aber da es der höchste Titel war, den er aus seiner Berührung mit der englischen Sprache gerettet hatte, nannte er sie nun «Mummy Miss Mary» oder «Miss Mary Mummy» – das hing davon ab, ob er heilige Kräuter und Rinden eingenommen oder lediglich seinem alten Freund, dem Alkohol, zugesprochen hatte.

Nach dem Abendessen saßen wir am Feuer und sprachen über Arap Meinas Verehrung für Miss Mary, und während ich mir Sorgen machte, weil ich ihn den ganzen Tag nicht gesehen hatte, sagte Mary: «Es ist doch nicht schlecht, daß hier jeder jeden auf die afrikanische Art liebt, oder?»

«Nein.»

«Bist du sicher, daß nicht plötzlich irgendwas Schlimmes daraus entstehen kann?»

«Mit den Europäern kann sich jederzeit irgendwas Schlimmes ergeben. Sie trinken zuviel und lassen sich auf alles mögliche ein und schieben es dann auf die Höhenluft.»

«Die Höhenluft macht tatsächlich etwas aus, oder die Höhenluft so nahe am Äquator. Das hier ist der erste Ort der Welt, an dem mir purer Gin wie Wasser schmeckt. Das ist wirklich wahr, und das muß irgendwie an der Höhenluft liegen.»

«Allerdings. Aber wir, die wir hart arbeiten und zu Fuß auf die Jagd gehen und den Schnaps ausschwitzen und uns den verdammten Steilhang hinaufmühen und auf diesem Berg herumklettern, brauchen uns wegen dem Alkohol keine Sorgen zu machen. Den schwitzen wir aus. Schatz, allein auf dem Weg hin zur Latrine und zurück legst du eine größere Strecke zu Fuß zurück als die meisten Frauen, die hier draußen eine Safari machen.»

«Schweigen wir von der Latrine. Der Weg dorthin ist wunderbar, und sie ist immer mit dem besten Lesestoff versehen. Bist du mit dem Löwenbuch schon fertig?»

«Nein. Das spare ich mir für die Zeit auf, wenn du nicht da bist.»

«Spar dir dafür bloß nicht zuviel auf.»

«Mehr habe ich ja auch nicht aufgespart.»

«Ich hoffe, es lehrt dich, vorsichtig und gut zu sein.»

«Das bin ich auch so.»

«Nein, bist du nicht. Du und G. C., ihr seid manchmal ganz schön schlimm, und das weißt du. Wenn ich nur daran denke, was du, ein guter Schriftsteller und wertvoller Mensch und außerdem mein Mann, was du und G. C. bei diesen schrecklichen Nachtaktionen so treibt.»

«Wir müssen die Tiere bei Nacht beobachten.»

«Von wegen. Ihr treibt bloß irgendwelche Dummheiten, um voreinander anzugeben.»

«Das sehe ich aber anders, Kleines. Natürlich macht uns das auch Spaß. Wenn einem nichts mehr Spaß macht, kann man ebensogut tot sein.»

«Aber ihr braucht keine Dinge zu tun, die euch umbringen. Ihr braucht nicht so zu tun, als ob der Landrover ein Pferd wäre und ihr am Grand National teilnehmen würdet. Um in Aintree anzutreten, reitet ihr beide nicht gut genug.»

«Das stimmt allerdings, und deshalb nehmen wir auch nur den Landrover. G. C. und ich genießen die schlichten Freuden ehrbarer Landbewohner.»

«Ihr zwei seid die ehrlosesten und gefährlichsten Landbewohner, die mir je über den Weg gelaufen sind. Ich hab's längst aufgegeben, euch Disziplin beizubringen. Das ist vollkommen aussichtslos.»

«Sprich nicht so schlecht von uns, nur weil du uns verlassen wirst.»

«Ich spreche ja gar nicht schlecht von euch. Ich hatte nur ein bißchen Angst beim Gedanken an euch beide und eure Vorstellung von Spaß. Gott sei Dank ist G. C. nicht hier, so daß ihr nicht gemeinsam etwas anstellen könnt.»

«Amüsier dich schön in Nairobi und laß dich vom Arzt untersuchen und kauf dir alles, was du willst. Und zerbrich dir nicht den Kopf wegen dieser Manyatta. Hier wird alles seinen geregelten Gang gehen, und niemand wird überflüssige Risiken eingehen. Ich werde den Laden hier schon schmeißen, und wenn du zurückkommst, wirst du stolz auf mich sein.»

«Warum schreibst du nicht etwas, damit ich richtig stolz auf dich sein kann?»

«Vielleicht schreibe ich auch etwas. Wer weiß?»

«Deine Verlobte ist mir egal, solange du mich mehr liebst als sie. Du liebst mich doch mehr, oder?»

«Ich liebe dich mehr als sie, und wenn du aus der Stadt zurückkommst, wird das immer noch so sein.»

«Ich wünschte, du könntest mich begleiten.»

«Nein. Ich kann Nairobi nicht ausstehen.»

«Für mich ist das alles neu, und ich lerne gern, und nette Menschen sind da auch.»

«Dann geh, vergnüg dich und komm wieder.»

«Inzwischen wär's mir lieber, ich müßte nicht dorthin. Aber der Flug mit Willie wird Spaß machen, und der Rückflug dann auch wieder, und wie werde ich mich erst freuen, dich wiederzusehen und Geschenke für dich zu haben. Vergiß nicht, einen Leoparden zu schießen, ja? Du hast Bill versprochen, daß du noch vor Weihnachten einen Leoparden schießen wirst.»

«Ich werde es nicht vergessen, aber ich würde es lieber tun, ohne mir Gedanken darüber zu machen.»

«Ich wollte mich nur vergewissern, daß du es nicht vergessen hast.»

«Ich hatte es nicht vergessen. Und ich werde auch nicht vergessen, mir die Zähne zu putzen und abends die Sterne anzuknipsen und die Hyäne auszuschalten.»

«Mach dich nicht lustig. Immerhin fahre ich bald.»

«Das weiß ich, und ich finde das gar nicht lustig.»

«Aber ich komme zurück und bringe große Überraschungen mit.»

«Die größte und beste Überraschung ist für mich immer, dich zu sehen, Kleines.»

«Im eigenen Flugzeug ist es sogar noch besser. Und ich bringe dir eine wunderbare, eine ganz besondere Überraschung mit, aber das ist ein Geheimnis.»

«Ich denke, du solltest ins Bett gehen, Kleines. Auch wenn die Medizin jetzt wirkt, solltest du dich gut ausruhen.»

«Trag mich zu meinem Bett, wie ich mir vorgestellt habe, daß du mich tragen würdest, als ich heute morgen dachte, daß ich sterben müßte.»

Also trug ich sie hinein, und sie wog gerade soviel, wie eine Frau, die man liebt, wiegen sollte, wenn man sie auf den Armen trägt, und sie war auch weder zu groß noch zu klein und hatte nicht die langen, baumelnden Kranichbeine der großen amerikanischen Schönheiten. Sie trug sich leicht und gut und glitt so sanft ins Bett wie ein Schiff bei einem reibungslosen Stapellauf.

«Ist es im Bett nicht immer am schönsten?»

«Das Bett ist unser Vaterland.»

«Wer hat das gesagt?»

«Ich», sagte ich ziemlich stolz. «Auf deutsch klingt es noch eindrucksvoller.»

«Ist es nicht gut, daß wir nicht deutsch reden müssen?»

«Doch», sagte ich. «Zumal wir es gar nicht können.»

«Dein Deutsch in Tanganjika und in Cortina war sehr beeindruckend.»

«Ich tue nur so, als könnte ich Deutsch. Deshalb klingt es so beeindruckend.»

«Auf englisch liebe ich dich sehr.»

«Ich liebe dich auch, und jetzt schlaf gut, dann kannst du die Reise morgen genießen. Wir wollen beide gut schlafen und glücklich sein, daß du wieder gesund wirst.»

Als Willie über das Lager brummte, fuhren wir schnell zu dem Windsack hinaus, der schlaff an dem entrindeten Baumstamm hing, und beobachteten seine kurze, kunstvolle Landung auf den zerdrückten Blumen, die der Lastwagen für ihn niedergewalzt hatte. Wir ent- und beluden das Jagdauto, und während Mary und Willie sich auf dem Vordersitz unterhielten, ging ich die Briefe und Telegramme durch. Ich sortierte Marys Briefe und meine, legte die an uns beide zu denen für Mary und riß die Telegramme auf. Es waren keine wirklich beunruhigenden dabei, und zwei waren ermutigend.

Am Tisch im Eßzelt las Mary ihre Post, und Willie und ich teilten uns eine Flasche Bier, während ich die am schlimmsten aussehenden Briefe öffnete. Es war nichts dabei, das sich durch Abwarten nicht von allein erledigen würde.

«Wie steht der Krieg, Willie?»

«Das Regierungsgebäude halten wir noch, glaube ich.»

«Torr?»

«Mit Sicherheit noch in unserer Hand.»

«Das New Stanley?»

«Das berühmte Schlachtfeld? Angeblich hat G. C. einen Stoßtrupp aus Stewardessen zum Grill geschickt, aber der wird anscheinend von einem gewissen Jack Block gehalten. Sehr tapferer Angriff.»

«Wer hat die Jagdaufsicht?»

«Das kann ich nicht sagen. Nach meinen letzten Informationen steht es da auf Spitz und Knopf.»

«Spitz kenne ich», sagte ich. «Aber wer ist Knopf?»

«Ein neuer Mann, vermute ich. Wie ich höre, hat Miss Mary einen schönen großen Löwen geschossen. Nehmen wir den mit, Miss Mary?»

«Aber natürlich, Willie.»

Am Nachmittag hörte der Regen auf, genau wie Willie gesagt hatte, und als sie mit dem Flugzeug abgeflogen waren, war ich sehr einsam. Ich hatte nicht in die Stadt fahren wollen, und ich wußte, wie glücklich ich sein würde, allein mit den Menschen und den Problemen und dem Land, das ich liebte, aber Mary fehlte mir.

Nach dem Regen fühlte ich mich immer einsam, aber zum Glück hatte ich die Briefe, dir mir vorhin so unbedeutend erschienen waren, und nun sortierte ich sie und brachte auch die Zeitungen in die richtige Reihenfolge. Wir hatten den *East African Standard*, die Luftpostausgaben von *Times* und *Telegraph* auf Papier, das dünn wie Zwiebelschalen war, ein *Times Literary Supplement* und eine Luftpostausgabe von *Time*. Die ersten Briefe waren ziemlich langweilig und machten mich froh, in Afrika zu sein.

Ein Brief, den mein Verlag mir gewissenhaft und unter beträchtlichen Kosten per Luftpost nachgeschickt hatte, stammte von einer Frau in Iowa:

Guthrie Center, Iowa
27. Juli 1953

Mr. Ernest Hemingway
Havanna, Kuba

Ich habe vor einigen Jahren Ihr Buch *Über den Fluß und in die Wälder* gelesen, als es im *Cosmopolitan* in Fortsetzungen erschien. Nach der schönen Schilderung von Venedig zu Beginn des Buchs hatte ich erwartet, daß es so weitergehen, daß es ein bedeutendes Buch sein würde, sah mich dann aber sehr enttäuscht. Gewiß hätte es Gelegenheit gegeben, sowohl die Verderbtheit darzustellen, die Kriege ERZEUGT, als auch auf die Heuchelei der militärischen Organisation selbst hinzuweisen. Statt dessen ist Ihr Offizier vor allem darüber verstimmt, daß ER das PERSÖNLICHE UNGLÜCK hatte, zwei Kompanien zu verlieren, und infolgedessen nicht befördert wurde. Er empfindet wenig oder GAR KEINE Trauer um die jungen Männer selbst. Alles in allem handelt es sich offenbar um die untauglichen Bemühungen eines alten Mannes, sich selbst und andere alte Männer davon zu überzeugen, daß junge, schöne und sogar reiche junge Frauen bereit sind, einen alten Mann um seiner selbst willen zu lieben, und nicht, weil er ihnen zu Wohlstand und Ansehen verhelfen könnte.

Als dann *Der alte Mann und das Meer* erschien, fragte ich meinen Bruder, der ein reifer Mann ist und viereinhalb Jahre im ll. Weltkrieg gekämpft hat, ob dieses Buch in emotionaler Hinsicht reifer sei als *Fluß und Wälder*, worauf er nur das Gesicht verzog und die Frage verneinte.

Es setzt mich in Erstaunen, daß man Ihnen den Pulitzer-Preis verliehen hat. Jedenfalls kenne ich niemanden, der damit einverstanden ist.

Der beiliegende Ausschnitt stammt aus Harlan Millers Kolumne «Bei einer Tasse Kaffee» im *Des Moines Register and Tribune*; ich hatte schon seit langem vor, Ihnen das zu schicken. Es bleibt nur hinzuzufügen, daß Hemingway EMOTIONAL UNREIF UND GRAUENHAFT LANGWEILIG ist, und die Besprechung ist vollständig. Sie haben vier «Ehefrauen» gehabt, und wenn Sie schon keine Moral entwickelt haben, hätten Sie aus den Fehlern Ihrer Vergangenheit wenigstens ein bißchen gesunden Menschenverstand lernen können. Wie wär's, wenn Sie vor Ihrem Tod mal IRGEND ETWAS Gutes schreiben würden?

Mrs. G. S. Held

Dieser Frau gefiel das Buch nicht, überhaupt nicht, und das war ihr gutes Recht. Wenn ich in Iowa gewesen wäre, hätte ich ihr als Belohnung für ihre Wortgewalt den Kaufpreis zurückerstattet. Mit ll. Weltkrieg meinte sie im übrigen ja wohl eher den Zweiten als den langen lausigen. Dann las ich den beigelegten Zeitungsausschnitt:

> Vielleicht bin ich für Hemingway zu zimperlich. Ich finde, er ist der am meisten überschätzte Schriftsteller unserer Zeit, aber dennoch ein guter Schriftsteller. Seine Hauptschwächen: 1. sein unterentwickelter Sinn für Humor, 2. sein pubertärer Realismus, 3. sein dürftiger oder nicht vorhandener Idealismus, 4. sein schwülstiges Draufgängertum.

Es war schön, allein mit meiner Korrespondenz im leeren Eßzelt zu sitzen und mir den emotional reifen Bruder vorzustellen, wie er, vielleicht in der Küche, bei einem Imbiß aus dem Frigidaire, Grimassen schnitt oder vor dem Fernseher saß und sich Mary Martin als Peter Pan ansah; ich fand es sehr nett von dieser Dame aus Iowa, mir zu schreiben, und hätte mich sehr gefreut, wenn ihr grimassenschneidender, emotional reifer Bruder in diesem Augenblick bei mir gewesen wäre, um persönlich vor mir sein Haupt zu schütteln.

Du kannst nicht alles haben, alter Schriftsteller, sagte ich mir philosophisch. Was du auf der einen Seite gewinnst, verlierst du auf der anderen. Du mußt dir diesen emotional reifen Bruder einfach aus dem Kopf schlagen. Schlag ihn dir aus dem Kopf, sage ich dir. Du mußt es allein schaffen, Junge. Also schlug ich ihn mir aus dem Kopf und setzte die Lektüre Unserer Lieben Frau von Iowa fort. Ich dachte sie mir in Spanisch als Nuestra Señora de los Bauerntrampel, und der wuchtige Klang dieses Prachtnamens ließ Mitleid und whitmansche Wärme in mir aufsteigen. Aber richte diese Gefühle nur auf sie, ermahnte ich mich. Nicht auf den Grimassenschneider.

Genauso aufregend war die Lektüre der Huldigung des brillanten jungen Kolumnisten. Hier stellte sich die schlichte, aber unverzügliche Katharsis ein, die Edmund Wilson den «Schock der Erkenntnis» genannt hat, und als ich die Qualitäten dieses jungen Journalisten erkannte – der beim *East African Standard* eine brillante Zukunft gehabt hätte, wäre er im Empire zur Welt gekommen und somit in der Lage gewesen, sich eine Arbeitserlaubnis zu beschaffen –, mußte ich, als stünde ich am Rand eines Abgrunds, abermals an das wohlvertraute Gesicht des grimassenschneidenden Bruders meiner Korrespondentin denken, doch meine Gefühle für ihn hatten sich inzwischen geändert, und ich fühlte mich nicht mehr so sehr zu ihm hingezogen, sondern sah ihn nächtens mit zitternden Händen zwischen den Maisstengeln hocken und dem Wachstum der Kolben lauschen. In der Shamba gab es Mais, der genauso groß wurde wie der im Mittleren Westen. Aber hier hörte ihn nachts niemand wachsen, weil die Nächte kalt waren und der Mais am Nachmittag wuchs, und selbst wenn er nachts gewachsen wäre, hätte man das wegen der Jagdrufe der Hyänen und Schakale und Löwen und des Gebrülls der Leoparden gar nicht hören können.

Ich dachte, zum Teufel mit dieser blöden Kuh aus Iowa, die Briefe an Leute schreibt, die sie gar nicht kennt, noch dazu über Dinge, von denen sie nichts versteht, und ich wünschte ihr die Gnade eines möglichst baldigen schnellen Todes, und auf ihren letzten Satz: «Wie wär's, wenn Sie vor Ihrem Tod mal IRGEND ETWAS Gutes schreiben würden?» antwortete ich in Gedanken: Du ahnungslose dumme Gans, das habe ich bereits getan, und ich werde es noch viele Male tun.

Berenson ging es gut, was mich freute; er war in Sizilien, was mir Sorgen machte, unnötige Sorgen, denn er wußte viel besser als ich, was er tat. Marlene hatte Probleme, aber immerhin in Las Vegas Triumphe erlebt und mir die entsprechenden Zeitungsausschnitte geschickt. Das Anwesen auf Kuba war o. k., erforderte aber großen Aufwand. Den Tieren dort ging es gut. Es war noch Geld auf der New Yorker Bank. Ebenso auf der Pariser Bank, aber nicht mehr viel. In Venedig ging es allen gut, außer denen, die in Pflegeheimen untergebracht waren oder an diversen unheilbaren Krankheiten starben. Einer meiner Freunde war bei einem Autounfall schwer verletzt worden, und ich erinnerte mich an das jähe Eintauchen in dichte Nebelbänke, als wir frühmorgens an der Küste entlanggefahren waren. Die Beschreibung seiner zahlreichen Brüche ließ mich zweifeln, ob er, der die Jagd über alles geliebt hatte, jemals wieder auf Jagd würde gehen können. Eine Bekannte, die ich liebte und bewunderte, hatte Krebs, und die Ärzte gaben ihr noch höchstens drei Monate. Eine andere Frau, die ich seit achtzehn Jahren kannte, die ich kennengelernt hatte, als sie achtzehn war, der ich auch während ihrer zwei Ehen in Liebe und Freundschaft verbunden geblieben war, die kraft ihrer Klugheit vier Vermögen angehäuft und hoffentlich auch behalten hatte, die alles, was das Leben an materiellen und zählbaren und tragbaren und lagerfähigen Gütern zu bieten hatte, erworben und alles andere verloren hatte, schrieb mir einen langen Brief voller Neuigkeiten, Klatsch und Kümmernissen. Die Neuigkeiten waren wirklich neu, die Kümmernisse waren nicht vorgetäuscht, und sie klagte über Dinge, über die zu klagen jede Frau das Recht hat. Dieser Brief machte mich von allen am traurigsten, weil sie jetzt nicht nach Afrika kommen konnte, wo sie, und wenn auch nur für zwei Wochen, ein schönes Leben gehabt hätte. Daß sie nicht kam, hieß für mich, daß ich sie niemals mehr wiedersehen würde, es sei denn, ihr Mann schickte sie in geschäftlichen Dingen zu mir. Sie würde alle die Orte besuchen, die zu zeigen ich ihr immer versprochen hatte, aber ich würde nicht dabeisein. Das mochte sie nun mit ihrem Mann tun, dann hätten sie ihre Nervosität für sich allein. Er würde dauernd seine Ferngespräche führen, die für ihn so wichtig waren wie für mich der Sonnenaufgang oder für Mary die Sterne am Nachthimmel. Nun konnte sie Geld ausgeben und Dinge kaufen und Besitz anhäufen und in teuren Restaurants speisen, und Conrad Hilton eröffnete, modernisierte oder plante Hotels für sie und ihren Mann in sämtlichen Städten, die wir einst gemeinsam hatten besuchen wollen. Alle ihre Probleme waren jetzt beseitigt. Mit Hilfe von Conrad Hilton konnte sie ihre verlorene Schönheit immer komfortabel in Reichweite des Telefons betten, und wenn sie nachts aufwachte, würde sie zu spüren bekommen, was das Nichts bedeutete und was es heute nacht wert war, und dann konnte sie ihr Geld zählen, um wieder einzuschlafen und erst spät aufzuwachen, damit sie dem nächsten Tag nur nicht zu früh ins Auge blicken mußte. Vielleicht eröffnet Conrad Hilton ja ein Hotel in Laitokitok, dachte ich. Dann könnte auch sie hier herauskommen und den Berg sehen, und das Hotel würde Führer zur Verfügung stellen, die sie mit Mr. Singh und Brown und Benji bekannt machen würden, und zur Erinnerung an die alte Polizei-Boma würde man vielleicht eine Tafel anbringen, und als Souvenir könnten sie im Anglo-Massai-Laden Speere kaufen. Jedes Zimmer wäre mit fließend kalten und warmen weißen Jägern ausgestattet, alle mit Hutbändern aus Leopardenfell, und statt der Bibel wären auf jedem Nachttisch neben dem Telefon die Bücher *Weißer Jäger, schwarzes Herz* und *Flammen über Afrika* zu finden, handsigniert von den Autoren, auf spezielles Allzweckpapier gedruckt und mit im Dunkeln leuchtenden Porträts der Autoren auf dem Schutzumschlag.

Das Ausmalen eines solchen Hotels, das Nachdenken über seine Einrichtungen und Angebote – zum Beispiel 24-Stunden-Safari, Begegnung mit sämtlichen Tieren garantiert; Sie schlafen jede Nacht im eigenen Zimmer mit Fernseher; die Speisekarte; das Empfangspersonal ausschließlich Anti-Mau-Mau-Kämpfer und wohlerzogene weiße Jäger; die kleinen Aufmerksamkeiten für die Gäste, wie etwa, daß jeder Gast beim ersten Abendessen neben dem Teller seine Ernennung zum Ehrenwildhüter finden würde und am zweiten und für die meisten Gäste letzten Abend die Urkunde über die Ehrenmitgliedschaft im Berufsverband der Ostafrikanischen Großwildjäger –, hob meine Stimmung, aber weiterspinnen wollte ich diese Gedanken erst, wenn Mary und G. C. und Willie mit dabei wären. Miss Mary, die als Journalistin gearbeitet hatte, besaß eine hervorragende Erfindungsgabe. Ich hatte niemals erlebt, daß sie eine Geschichte zweimal auf die gleiche Weise erzählte; mir kam es immer so vor, als würde sie die Geschichten für die Spätausgabe umformulieren. Auch Pop benötigten wir dabei, denn ich brauchte seine Erlaubnis, ihn für den Fall, daß er einmal sterben sollte, ausstopfen und im Foyer aufstellen zu dürfen. Möglich, daß seine Familie etwas dagegen haben würde, dennoch mußten wir das ganze Projekt besprechen und eine möglichst vernünftige Lösung finden. Pop hatte nie sonderliche Liebe zu Laitokitok bekundet; für ihn war dieser Ort ein Sündenpfuhl, und wahrscheinlich wünschte er sich ein Grab oben in den Bergen seiner Heimat. Aber wir konnten ja wenigstens mal darüber reden.

Ich erkannte, daß man Einsamkeit am besten vertreibt, indem man der schlimmstmöglichen Entwicklung mit Scherz, Spott und Verachtung begegnet, und daß man mit Galgenhumor immer noch am besten fährt, wenn auch nicht auf Dauer, da er notwendig dem Augenblick verhaftet ist und oft nicht gut ankommt, und der traurige Brief und meine Phantasien über das neue Hilton in Laitokitok brachten mich zum Lachen. Die Sonne war beinahe untergegangen, und ich wußte, daß Mary inzwischen im New Stanley und jetzt wahrscheinlich in der Badewanne war. Ich stellte sie mir gern in der Wanne vor, und ich hoffte, daß sie sich in der Stadt einen schönen Abend machte. Die üblen Kneipen, die ich zu besuchen pflegte, gefielen ihr nicht; ich nahm an, daß sie in den Travelers Club oder etwas Ähnliches gehen würde, und ich war froh, daß sie und nicht ich dieses Vergnügen hatte.

Dann dachte ich nicht mehr an sie, sondern an Debba, und daß wir versprochen hatten, sie und die Witwe mitzunehmen, damit sie Stoff für Kleider kaufen konnten, die sie für die Geburtstagsfeier des Jesuskindes brauchten. Dieser offizielle Kleiderkauf in Gegenwart meiner Verlobten und das Auswählen des Stoffs, den ich dann unter den Augen von vierzig bis sechzig Massai-Frauen und -Kriegern bezahlen würde, war ein formelles und maßgebliches Ereignis, wie Laitokitok es weder in dieser noch in irgendeiner anderen Saison allzu häufig zu bieten hatte. Da ich Schriftsteller war, was eine Schande, manchmal freilich auch ein Trost war, fragte ich mich, als ich nicht einschlafen konnte, wie Henry James an eine solche Situation herangegangen wäre. Ich erinnerte mich, wie er, eine gute Zigarre rauchend, in Venedig auf dem Balkon seines Hotels gestanden und sich gefragt hatte, was wohl in dieser Stadt vorgehen mochte, wo es so viel schwerer war, sich aus Schwierigkeiten herauszuhalten, als in welche hineinzugeraten. Wenn ich nicht schlafen konnte, war es immer sehr tröstlich, an Henry James zu denken, wie er auf dem Balkon seines Hotels stand und auf die Stadt und die Passanten hinuntersah, auf all diese Menschen mit ihren Bedürfnissen und Pflichten und Problemen, ihren kleinen Ersparnissen und dörflichen Freuden, und den Lärm des gut organisierten Lebens auf den Kanälen hörte. Es war tröstlich, an James zu denken, der keine Ahnung hatte, wohin er sich wenden sollte, und deshalb mit seiner Zigarre auf dem Balkon blieb. Zufrieden im Bett liegend, in dieser Nacht, in der ich nicht schlafen konnte oder jedenfalls nicht so, wie ich wollte, dachte ich gern an Debba und James und fragte mich, wie es wohl wäre, wenn ich James die tröstende Zigarre aus dem Mund nähme und sie Debba gäbe, die sie sich vielleicht hinter das Ohr stecken oder an Ngui weiterreichen würde, der das Zigarrenrauchen in Abessinien gelernt hatte, wo er als Soldat bei den K.A.R. gelegentlich weißen Soldaten und ihren Helfern gegenübergestanden und sie besiegt und dabei auch viele andere Dinge gelernt hatte. Dann dachte ich nicht mehr an Henry James und seine Trostzigarre und auch nicht mehr an den herrlichen Kanal, den ich mir mit einem schönen Wind vorgestellt hatte, der all meinen Freunden und Brüdern, die sich gegen die Gezeitenströmung abmühen mußten, geholfen hätte; ich wollte nicht mehr an seine dicke, gedrungene Gestalt denken, an seinen Kahlkopf, sein würdiges Schreiten, seine Expositionsprobleme, und dachte wieder an Debba, an das große, mit Fell bezogene, rauchgedunkelte, sauber duftende, handpolierte Holzbett in dem großen Haus und an die vier Flaschen Ritualbier, die ich für seinen Gebrauch bezahlt hatte, wobei meine Absichten ehrbar gewesen waren und das Bier einen besonderen, dem Anlaß entsprechenden Namen gehabt hatte; zur Unterscheidung von den zahlreichen anderen Ritualbieren hatte dieses, glaube ich, das Bier-zum-Schlafen-im-Bett-der-Schwiegermutter geheißen, und sein Besitz war gleichbedeutend mit dem eines Cadillacs in John-O'Hara-Kreisen, falls es denn solche Kreise noch geben sollte. Ich hegte die fromme Hoffnung, daß es solche Kreise noch gab, und dachte an O'Hara, fett wie eine Boa constrictor, die eine komplette Lieferung einer Zeitschrift namens *Colliers* verschlungen hat, und zäh wie ein von Tsetsefliegen zerstochenes Maultier, das sich weiterschleppt, ohne zu merken, daß es schon tot ist, und ich wünschte ihm Glück und alles Gute, wobei ich mich recht vergnügt an die weißgeränderte Abendkrawatte erinnerte, die er auf seiner Einstandsparty in New York getragen hatte, und an die Nervosität, mit der seine Gastgeberin ihn vorgestellt hatte, und ihre tapfere Hoffnung, er möge sich nicht in Luft auflösen. Egal, wie schlecht es einem gehen mag – wenn man an O'Hara auf dem Höhepunkt seines Lebens zurückdenkt, kann man nur wohlgemut werden.

Ich dachte an unsere Pläne für Weihnachten, ein Fest, das ich immer liebte und in so vielen Ländern erlebt hatte. Diesmal würde es entweder ganz wunderbar oder ganz furchtbar werden, denn wir hatten beschlossen, alle Massai und alle Wakamba dazu einzuladen, und wenn wir es nicht richtig anfingen, konnte dieses Ngoma die reine Katastrophe werden. Da war zum Beispiel Miss Marys Zauberbaum, den die Massai als das erkennen würden, was er wirklich war, während Miss Mary ganz und gar nichts davon wußte. Ich überlegte noch, ob wir Miss Mary sagen sollten, daß ihr Baum in Wirklichkeit wie Marihuana wirkte, und zwar ganz besonders kräftig; ich überlegte, weil das Problem so vielschichtig war. Erstens hatte sich Miss Mary absolut auf diesen speziellen Baum versteift, und die Wakamba hatten ihn ebenso wie die Notwendigkeit, einen Löwen zu töten, als Element der ihnen unbekannten Stammesgesetze akzeptiert, die von ihr und allen anderen in Thief River Falls zu befolgen waren. Arap Meina hatte mir anvertraut, er und ich könnten uns mit diesem Baum monatelang berauschen, und wenn ein Elefant von dem Baum, den Miss Mary da ausgewählt habe, fressen würde, wäre er tagelang berauscht.

Miss Mary hatte in Nairobi bestimmt einen schönen Abend gehabt; schließlich war sie nicht dumm, und eine andere Stadt war nicht da. Und im New Stanley gab es frischen Räucherlachs und einen verständnisvollen, ja geradezu komplizenhaften Oberkellner. Aber die Fische aus den großen Seen, die namenlosen Fische, waren sicher so gut wie immer, und es gab dort auch verschiedene Curries, die sie aber so kurz nach einer Dysenterie nicht essen sollte. Aber ganz gewiß hatte sie gut gespeist, und ich hoffte, daß sie jetzt in irgendeinem guten Nachtclub war; dann dachte ich wieder an Debba und wie wir das Tuch für die beiden reizenden Hügelchen kaufen würden, die sie so stolz und bescheiden trug, und wie der Stoff diese, wie sie sehr gut wußte, betonen würde, und wie wir uns die verschiedenen Muster ansehen würden, und wic die Massai-Frauen mit den langen Gewändern und den Fliegen und den verrückten, anmaßenden, allzu schönen Männern uns mit unbefriedigter Aufdringlichkeit und syphilitischer, kalthändiger Schönheit zusehen würden, und wie wir – Kamba mit nicht durchstochenen Ohren, aber stolz und anmaßend, ja unverschämt wegen allzu vieler Dinge, von denen die Massai nichts wissen konnten – die Stoffe und Muster begutachten und auch noch andere Sachen kaufen würden, um uns in dem Laden Respekt zu verschaffen.

Kapitel 13

Als Mwindi am Morgen den Tee brachte, saß ich schon mit zwei Pullovern und einer Wolljacke am erloschenen Feuer. In der Nacht war es sehr kalt geworden, und ich fragte mich, was daraus für das heutige Wetter zu schließen sei.

«Feuer machen?» fragte Mwindi.

«Ein kleines Feuer für mich allein.»

«Ich schicke jemand», sagte Mwindi. «Und jetzt essen. Wenn Memsahib weg, du vergißt essen.»

«Vor der Jagd will ich nichts essen.»

«Jagd vielleicht sehr lang. Jetzt essen.»

«Mbebia ist noch nicht wach.»

«Alte Männer alle wach. Nur junge Männer noch schlafen. Keiti sagt, du sollst essen.»

«Na schön. Ich eß was.»

«Was willst du essen?»

«Kabeljaukaldaunen mit Kartoffelpuffern.»

«Es gibt Gazellenleber und Speck. Keiti sagt, Memsahib sagt, du sollst Fiebertabletten nehmen.»

«Wo sind die Fiebertabletten?»

«Hier.» Er zog die Flasche hervor. «Keiti sagt, ich soll zusehen, wie du sie nimmst.»

«Gut», sagte ich. «Ich habe sie genommen.»

«Was ziehst du an?»

«Erst einmal kurze Stiefel und eine warme Jacke, und später, wenn es warm wird, das kurzärmelige Hemd mit den Taschen für Munition.»

«Ich sag den anderen Bescheid. Heute sehr guter Tag.»

«Tatsächlich?»

«Alle sagen das. Sogar Charo.»

«Schön. Das Gefühl habe ich auch.»

«Hast du irgendwas geträumt?»

«Nein», sagte ich. «Ehrlich nicht.»

«Mzuri», sagte Mwindi. «Ich sag es Keiti.»

Nach dem Frühstück fuhren wir auf dem guten Weg, der in nördlicher Richtung durch das Gerenuk-Land führte, zu den Chulus. Der Weg von der alten Manyatta zu den Hügeln, in denen die Büffel auf dem Rückweg zum Sumpf jetzt sein mußten, war grau von Schlamm und tückisch. Aber wir benutzten ihn, so weit es ging, und dann ließen wir Mthuka allein im Auto zurück, da die Sonne den Schlamm bald getrocknet haben würde. Die Sonne heizte jetzt die Ebene auf, und wir machten uns auf den Weg in die kleinen, steilen, zerklüfteten Hügel. Sie waren mit Lavabrocken übersät, zwischen denen neues Gras wuchs, dicht und feucht vom Regen. Wir hatten nicht vor, irgendwelche Büffel zu töten, mußten aber dennoch die zwei Gewehre mitnehmen, da es in diesen Hügeln Nashörner gab; drei davon hatten wir tags zuvor von der Cessna aus gesehen. Die Büffel zogen vermutlich zu den üppigen frischen Weidegründen am Rand des Papyrussumpfs. Ich wollte sie zählen und womöglich auch fotografieren und den gewaltigen alten Bullen mit den wunderbaren Hörnern ausfindig machen, den wir schon seit über drei Monaten nicht mehr gesehen hatten. Wir wollten sie nicht erschrecken und sie nicht merken lassen, daß wir ihnen folgten, sondern lediglich nach ihnen sehen, damit wir später, wenn Mary wieder zurück wäre, gute Fotos von ihnen machen konnten.

Wir hatten den Weg der Büffel richtig berechnet, und die große Herde zog jetzt unter uns vorbei. Da waren die stolzen Leitstiere, die dicken alten Kühe, die jungen Stiere, die jungen Kühe und die Kälber. Ich sah ihre geschwungenen, stark gerieften Hörner, den getrockneten Schlamm und die abgeschabten Stellen in ihrem Fell, das massige Schwarz und das ungeheure Grau ihrer Körper und die Vögel, die kleinen Vögel mit den spitzen Schnäbeln, die eifrig wie Stare auf einem Rasen an ihnen herumpickten. Die Büffel bewegten sich beim Fressen langsam voran, und hinter ihnen war kein Gras mehr; ihr kräftiger Viehgeruch wehte zu uns herüber, und dann kamen die Fliegen. Ich zog mir das Hemd über den Kopf und zählte einhundertvierundzwanzig Büffel. Der Wind stand günstig, die Büffel konnten uns nicht wittern. Die Vögel sahen uns nicht, weil wir höher standen als sie; nur die Fliegen fanden uns, aber offenbar verrieten sie uns nicht.

Es war kurz vor Mittag und sehr heiß; wir wußten es noch nicht, aber wir sollten viel Glück haben. Wir fuhren durch die Savanne und beobachteten jeden in Frage kommenden Baum. Der Leopard, den wir jagten, war ein Räuber; die Bewohner der Shamba hatten mich gebeten, ihn zu töten, weil er bereits sechzehn Ziegen gerissen hatte, und da ich im Auftrag der Jagdbehörde jagte, war mir dazu auch die Verwendung des Autos erlaubt. Der Leopard, einst ein Schädling, nun aber königliches Wild, hatte nichts von seiner Beförderung gehört, sonst hätte er niemals die sechzehn Ziegen getötet, die ihn nun zum Kriminellen machten und wieder in die alte Kategorie zurückstuften. Sechzehn Ziegen in einer einzigen Nacht waren einfach zuviel, zumal er nur eine davon hatte fressen können. Im übrigen hatten acht dieser Ziegen Debbas Familie gehört.

Wir kamen auf eine sehr schöne Lichtung. Zu unserer Linken stand ein hoher Baum, der einen seiner oberen Äste in gerader Linie nach links und einen anderen, schattigeren Ast in gerader Linie nach rechts streckte. Es war ein Laubbaum mit dichtem Wipfel.

«Das ist ein idealer Baum für Leoparden», sagte ich zu Ngui.

«Ndio», sagte er ganz leise. «Und es ist auch ein Leopard in diesem Baum.»

Mthuka war unseren Blicken gefolgt, und obwohl er uns nicht hören und den Leoparden von seinem Platz aus nicht sehen konnte, hielt er den Wagen an. Ich stieg mit der alten Springfield aus, die ich bis dahin auf dem Schoß gehalten hatte, und als ich fest auf den Beinen stand, sah ich den Leoparden massig und lang ausgestreckt auf dem rechten Ast des Baums. Die Schatten der vom Wind bewegten Blätter tanzten über sein getupftes Fell. Er lag in zwanzig Meter Höhe an einem idealen Fleckchen für diesen herrlichen Tag und hatte einen noch größeren Fehler begangen als den, die sechzehn überflüssigen Ziegen zu töten.

Ich hob das Gewehr, atmete einmal tief ein und wieder aus und zielte sehr sorgfältig auf die Stelle, wo sich hinter seinem Ohr der Nacken wölbte. Der Schuß ging zu hoch und total daneben, und noch während der Leopard sich duckte und gestreckt an den Ast schmiegte, lud ich nach und schoß auf seine Schulter. Wir hörten den Einschlag der Kugel, und er stürzte zusammengekrümmt hinab. Schwanz und Kopf zeigten nach oben, der Rücken nach unten. Sein Körper sah im Sturz aus wie ein Achtelmond, und er schlug mit einem dumpfen Schlag auf dem Boden auf.

Ngui und Mthuka klopften mir heftig auf die Schultern, und Charo schüttelte mir die Hand. Pops Gewehrträger schüttelte mir die Hand; er weinte, weil der Sturz des Leoparden ihn sehr berührt hatte. Er gab mir auch immer wieder den geheimen Kamba-Händedruck. Mit der freien Hand lud ich indessen sofort wieder nach, und Ngui hatte in der Aufregung nicht die Schrotflinte, sondern die .577er genommen, als wir vorsichtig auf den Leoparden zugingen, um diesen Mörder der Ziegen meines Schwiegervaters näher zu betrachten. Aber der Leopard war nicht mehr da.

Wo er auf dem Boden aufgeschlagen war, gab es eine Vertiefung, und die Blutspur – große hellrote Flecken – führte nach links zu einer Buschinsel. Das Unterholz dort war so dicht wie die Wurzeln eines Mangrovensumpfs, und jetzt gab mir niemand mehr den geheimen Kamba-Händedruck.

«Meine Herren», sagte ich auf spanisch. «Die Lage hat sich radikal geändert.» Und das stimmte wahrhaftig. Ich wußte, was jetzt zu tun war, ich hatte es von Pop gelernt; doch jeder verwundete Leopard in einem Dickicht ist ein neuer Leopard. Keiner verhält sich wie der andere, außer daß er auf jeden Fall irgendwann herauskommt, und dann will er es wissen. Aus diesem Grund hatte ich zuerst auf Schädelbasis und Genick gezielt. Aber jetzt war es für die Analyse des Fehlschusses zu spät.

Das erste Problem war Charo. Er war schon dreimal von Leoparden angefallen worden, und er war alt. Niemand wußte, wie alt, aber er war sicher alt genug, um mein Vater sein zu können. Er war so eifrig wie ein Jagdhund und wollte den Leoparden verfolgen.

«Du hältst dich da raus, verdammt noch mal. Steig auf den Wagen.»

«Hapana, Bwana», sagte er.

«Ndio, verdammter Idiot, ndio», sagte ich.

«Ndio», sagte er, und nicht: «Ndio, Bwana», was unter uns als Beleidigung galt. Ngui hatte unterdessen die Winchester-Pumpgun mit grobem Schrot geladen. Mit solch grobem Schrot hatten wir noch nie auf etwas geschossen, und da ich keine Ladehemmung riskieren wollte, warf ich das Zeug raus, nahm eine neue Schachtel mit sehr feinen Schrotpatronen, lud das Gewehr damit und stopfte mir den Rest in die Taschen. Auf kurze Distanz wirkt eine Ladung feinen Schrots aus einer Waffe mit Chokebohrung wie eine Keule; ich erinnerte mich, die Wirkung einmal an einem menschlichen Körper gesehen zu haben: ein kleines, blauschwarz gesäumtes Loch im Rücken der Lederjacke und ein Brustkorb voller Blei.

«Kwenda», sagte ich zu Ngui, und wir gingen der Blutspur nach, wobei ich mit der Schrotflinte dem vorausgehenden Ngui Deckung gab; Pops Gewehrträger saß wieder mit der .577er im Wagen. Charo war nicht auf das Dach des Autos geklettert, sondern saß mit dem besten seiner drei Speere auf dem Rücksitz. Ngui und ich folgten der Blutspur zu Fuß.

Er bückte sich, zog aus einem der Blutspritzer einen spitzen Knochensplitter und reichte ihn mir. Es war ein Stück vom Schulterblatt, und ich schob es mir in den Mund. Es gibt dafür keine Erklärung. Ich tat es ohne nachzudenken. Aber es verband uns enger mit dem Leoparden, und als ich darauf herumkaute und das frische Blut schmeckte, das ähnlich wie mein eigenes schmeckte, wußte ich, daß der Leopard nicht bloß das Gleichgewicht verloren hatte. Ngui und ich folgten der Blutspur, bis sie sich im dichten Unterholz der Buschinsel verlor. Die Büsche hatten sehr grünes und glänzendes Laub, und die von Sprüngen unregelmäßiger Weite erzeugte Spur des

Leoparden führte mitten dort hinein; dort, wo er hineingekrochen war, war an den unteren Blättern, in Schulterhöhe, Blut zu sehen.

Ngui schüttelte achselzuckend den Kopf. Wir waren jetzt beide sehr ernst, und es war kein weißer Mann da, der uns leise und klug an seinem großen Wissen Anteil haben ließ, und auch sonst kein weißer Mann, der, fassungslos angesichts der Dummheit seiner «Jungs», lauthals Befehle schrie und sie wie träge Hunde verfluchte. Da war bloß ein verwundeter Leopard, der kaum noch etwas zu verlieren hatte, der vom hohen Ast eines Baums herabgeschossen worden war, einen Sturz überlebt hatte, den kein Mensch überleben würde, und sich nun an einen Ort zurückgezogen hatte, wo er, falls ihn seine herrliche, unglaubliche Katzenvitalität nicht im Stich ließ, jeden Menschen, der ihm dort hinein folgte, in Stücke reißen oder jedenfalls schwer verletzen konnte. Ich wünschte, er hätte die Ziegen nicht gerissen und ich hätte keine Verträge unterschrieben, die mich verpflichteten, Tiere zu schießen und mich für eine amerikanische Monatszeitschrift fotografieren zu lassen, und ich biß auf den Knochensplitter und winkte den Wagen heran. Das spitze Ende des zersplitterten Knochens hatte mir innen die Wange aufgeritzt, und als ich jetzt mein vertrautes eigenes Blut zusammen mit dem des Leoparden schmeckte, sagte ich: «Twendi kwa chui», was ein Imperativ im Pluralis majestatis war und bedeutete: «Gehen wir zu dem Leoparden.»

Es war alles andere als einfach, zu dem Leoparden zu gehen. Ngui hatte die Springfield 30-06, und er hatte gute Augen. Pops Gewehrträger hatte die .577er, die ihn, sollte er einen Schuß abgeben, umwerfen würde, und er hatte ebenso gute Augen wie Ngui. Ich hatte die geliebte, einmal verbrannte, dreimal generalüberholte, abgewetzte alte Winchester-Pumpgun, die schneller als eine Schlange und, nach fünfunddreißig Jahren gemeinsamer Jagd, beinahe ein ebenso guter Freund und Gefährte mit gemeinsamen Geheimnissen und Triumphen und verschwiegenen Katastrophen war wie jener andere Freund, den ein Mann sein Leben lang hat. Wir schritten den Rand des Dickichts vom blutbeschmierten Eingang bis zum linken westlichen Ende ab, hinter dem wir das Auto sehen konnten, aber den Leoparden sahen wir nicht. Dann schlichen wir, ins Dunkel des Unterholzes spähend, zurück bis ans andere Ende. Wir hatten den Leoparden nicht gesehen und gingen zu der Stelle zurück, wo das Blut auf den grünen Blättern noch frisch war.

Pops Gewehrträger ging mit dem großen Gewehr hinter uns in Stellung, und dann, nachdem ich mich auf den Boden gesetzt hatte, feuerte ich feine Schrotladungen in das Wurzelgewirr, systematisch von links nach rechts. Beim fünften Schuß brüllte der Leopard gewaltig auf. Das Brüllen kam aus der Tiefe des Dickichts, ein wenig links von den blutbeschmierten Blättern.

«Kannst du ihn sehen?» fragte ich Ngui.

«Hapana.»

Ich schob neue Patronen in das lange Magazinfach und schoß zweimal kurz hintereinander in die Richtung, aus der das Brüllen gekommen war. Der Leopard brüllte wieder auf und hustete dann zweimal.

«Piga tu», sagte ich zu Ngui, und er schoß in die Richtung, aus der das Brüllen gekommen war. Der Leopard brüllte wieder auf, und Ngui sagte: «Piga tu.»

Ich schoß zweimal nach dem Brüllen, und Pops Gewehrträger sagte: «Ich kann ihn sehen.»

Wir standen auf, und Ngui konnte ihn sehen, aber ich

sah ihn nicht. «Piga tu», sagte ich zu ihm. Er sagte: «Hapana. Twendi kwa chui.»

Also krochen wir ins Gebüsch, und Ngui wußte den Weg. Wir kamen nur etwa einen Meter weit, aber der Boden stieg hier etwas an. Ngui wies mir die Richtung, in die ich kriechen sollte, indem er mich an das eine oder andere Bein stieß. Dann sah ich das Ohr des Leoparden und die kleinen Flecke auf der Wölbung seines Nackens und seiner Schulter. Ich schoß zweimal auf die Stelle, wo der Nacken in die Schulter überging, und schoß noch einmal, und als kein Brüllen kam, krochen wir wieder zurück ins Freie; ich lud mein Gewehr neu, und dann gingen wir drei um den westlichen Rand der Buschinsel zum Auto, das dort wartete.

«Kufa», sagte Charo. «Mzuri kuba sana.»

«Kufa», sagte Mthuka. Sie konnten den Leoparden beide sehen, aber ich sah ihn nicht.

Sie stiegen aus dem Wagen, und als wir dann alle ins Dickicht drangen, sagte ich zu Charo, er solle mit dem Speer zurückbleiben. Aber er sagte: «Nein. Er ist tot, Bwana. Ich habe ihn sterben sehen.»

Ich gab Ngui mit der Schrotflinte Deckung, als er sich mit der Panga einen Weg freischlug; er hieb auf die Äste und Zweige ein, als wären sie unser Feind oder alle unsere Feinde, und dann schleiften er und Pops Gewehrträger den Leoparden heraus, und wir luden ihn auf die Ladefläche des Autos. Es war ein prächtiger Leopard, und wir hatten ihn gut und frohgemut und wie Brüder gejagt, ohne weiße Jäger oder Wildhüter oder Aufseher, und es war ein Kamba-Leopard, zum Tode verurteilt wegen sinnlosen Tötens in einer illegalen Kamba-Shamba, und wir waren allesamt Wakamba und hatten Durst.

Charo war der einzige, der sich den Leoparden genau

ansah, denn er war dreimal von Leoparden angefallen worden, und er zeigte mir, wo die aus kurzer Entfernung abgefeuerte Schrotladung genau neben dem ersten Einschußloch in die Schulter eingedrungen war. Das hatte ich vermutet, da, wie ich wußte, die Wurzeln und die Bodenwelle die anderen Schüsse abgelenkt hatten, aber ich war nur glücklich und stolz auf uns alle und darauf, wie wir heute gewesen waren, und ich freute mich, daß wir nun zum Lager und zu Schatten und kaltem Bier zurückfahren konnten.

Wir fuhren hupend ins Lager ein, und alle liefen herbei; Keiti war glücklich, und ich glaube, er war auch stolz. Wir stiegen alle aus, nur Charo blieb und sah sich weiter den Leoparden an. Keiti blieb bei Charo, und dann wurde der Leopard enthäutet. Wir machten keine Fotos von ihm. Keiti hatte mich gefragt: «Piga picha?», und ich sagte: «Piga Scheiße.»

Ngui und Pops Gewehrträger brachten die Gewehre ins Zelt und legten sie auf Miss Marys Bett, und ich nahm die Kameras und hängte sie auf. Ich sagte Msembe, er solle den Tisch unter den Baum stellen und Stühle bringen und das kalte Bier holen und für Charo Coca-Cola. Ich sagte Ngui, er solle die Gewehre jetzt nicht reinigen, sondern Mthuka holen; wir würden zur Feier ein Bier trinken.

Mwindi sagte, ich solle ein Bad nehmen – das Wasser werde im Handumdrehen warm sein. Ich sagte, ich würde mich am Waschbecken waschen, und er solle mir bitte ein sauberes Hemd besorgen.

«Du solltest ein richtiges Bad nehmen», sagte er.

«Das richtige Bad nehme ich später. Jetzt bin ich zu erhitzt.»

«Wo kommt das ganze Blut her? Von Chui?»

Das war ironisch, aber sorgsam verschleiert.

«Von Zweigen.»

«Wasch das gut mit der blauen Seife ab. Ich gebe dann das rote Zeug darauf.»

Wir nahmen statt Jod immer Mercurochrom, falls wir es bekommen konnten, obwohl manche Afrikaner lieber Jod benutzten, weil es brannte und deswegen als die stärkere Medizin angesehen wurde. Ich wusch und schrubbte die Kratzwunden sauber, und Mwindi pinselte sie sorgfältig ein.

Ich zog meine sauberen Sachen an, und ich wußte, daß auch Mthuka, Ngui, Pops Gewehrträger und Charo ihre sauberen Sachen anzogen.

«Ist Chui gekommen?»

«Nein.»

«Warum sind dann alle so glücklich?»

«Sehr lustige Shauri. Sehr lustige Jagd den ganzen Vormittag.»

«Warum willst du Afrikaner sein?»

«Ich werde Kamba sein.»

«Vielleicht», sagte Mwindi.

«Scheiß vielleicht.»

«Da kommen deine Freunde.»

«Brüder.»

«Brüder vielleicht. Charo nicht dein Bruder.»

«Charo mein guter Freund.»

«Ja», sagte Mwindi traurig; er reichte mir ein Paar Pantoffeln, von denen er wußte, daß sie mir ein wenig zu eng waren, und beobachtete mich, um zu sehen, wie sehr es mir weh tat, als ich sie anzog. «Charo guter Freund. Haben viel Unglück?»

«Wie?»

«Überhaupt. Und ist ein Glückspilz.»

Ich ging zu den anderen, die schon am Tisch standen; Msembe wartete in seinem grünen Umhang und dem grünen Käppchen und hielt das Bier in dem blaßgrünen Leinwandeimer bereit. Die Wolken waren sehr hoch am Himmel, und der Himmel war der höchste Himmel der Welt, und als ich über das Zelt nach hinten sah, erblickte ich hoch und weiß über den Bäumen den Berg.

«Meine Herren», sagte ich mit einer Verbeugung; wir setzten uns auf die Stühle der Bwanas, und Msembe schenkte uns vier große Biere ein und für Charo Coca-Cola. Da Charo der Älteste war, ließ ich ihm den Vortritt, und Mwindi schenkte die Coca-Cola zuerst ein. Charo hatte sich einen etwas weniger grauen Turban aufgesetzt und trug eine blaue Jacke mit Messingknöpfen, am Hals zusammengehalten von einer großen Sicherheitsnadel, die ich ihm vor zwanzig Jahren geschenkt hatte, und eine schicke, gut geflickte kurze Hose.

Als die Gläser gefüllt waren, stand ich auf und brachte den ersten Trinkspruch aus: «Auf die Königin.» Wir tranken, und dann sagte ich: «Auf Mr. Chui, meine Herren. Er ist königliches Wild.» Wieder tranken wir, gesittet und protokollgerecht, aber begeistert. Msembe schenkte nach, diesmal fing er bei mir an und endete bei Charo. Er hatte großen Respekt vor einem Älteren, doch war es schwer, das kohlensäurehaltige Getränk höher zu achten als Tusker-Bier.

«A noi», sagte ich mit einer Verneigung zu Ngui, der sein Italienisch in den eroberten Bordellen von Addis Abeba und von den zurückgelassenen Huren einer überstürzt fliehenden Armee gelernt hatte. Ich fügte hinzu: *«Wakamba rosa e la libertà, Wakamba rosa triomfera.»*

Wir tranken die Gläser aus, und Mwindi schenkte wieder nach.

Der nächste Trinkspruch war ein wenig grob, entsprach aber dem Zeitgeist und meinem Bedürfnis, unserer neuen Religion zu einem brauchbaren Programm zu verhelfen, das später auf das höchste und edelste Ziel gelenkt werden konnte, und so sagte ich: *«Nunaua.»*

Wir tranken feierlich, doch entging mir Charos Reserviertheit nicht, und als wir uns setzten, sagte ich: «Na jihad tu», um auch den Moslem für uns zu gewinnen. Das war freilich sehr schwer, und wir alle wußten, daß er nur bei uns war, um dem feierlichen Biertrinken und der Bruderschaft beizuwohnen, und daß er sich weder in Religionsfragen noch in der Politik jemals auf unsere Seite schlagen würde.

Msembe kam an den Tisch, schenkte nach und sagte, das Bier sei jetzt quisha, und ich sagte, das sei ja eine verfluchte Mißwirtschaft, wir müßten sofort nach Laitokitok fahren, um noch mehr Bier zu besorgen. Für unterwegs würden wir uns etwas kaltes Fleisch und ein paar Dosen Fisch einpacken. Mthuka sagte: «Kwenda na shamba.» Also einigten wir uns darauf, zunächst zur Shamba zu fahren und dort ein paar Flaschen Bier zu holen, falls es dort genug für uns alle gab, bis wir eine andere Shamba, in der Bier gebraut wurde, oder Laitokitok erreichten. Ngui sagte, ich solle meine Verlobte und die Witwe mitnehmen; er und Mthuka würden sich mit der dritten Massai-Shamba an der Straße zufriedengeben. Pops Gewehrträger sagte, ihm sei alles recht, er werde der Beschützer der Witwe sein. Wir wollten auch Msembe mitnehmen, aber wir waren schon zu viert, und mit der Witwe und meiner Verlobten waren wir sechs, und wir wußten nicht, was für Massai uns über den Weg laufen würden. Es gab immer viele Massai in Laitokitok.

Ich ging zum Zelt; Mwindi hatte die Blechkiste aufgemacht und meine alte Tweedjacke aus Hongkong hervorgeholt, in deren zugeknöpften Innentaschen ich das Geld aufbewahrte.

«Wieviel Geld brauchst du?» fragte er.

«Vierhundert Shillingi.»

«Viel Geld», sagte er. «Was hast du vor? Eine Frau kaufen?»

«Bier kaufen, vielleicht Posho, Medizin für die Shamba, Weihnachtsgeschenke, einen neuen Speer, Benzin für das Auto, Whisky für Mtoto von der Polizei und Dosenfisch.»

Über den Dosenfisch mußte er lachen. «Nimm fünfhundert», sagte er. «Brauchst du auch harte Shillingi?»

Harte Shillingi wurden in einem Lederbeutel aufbewahrt. Er zählte mir dreißig ab und fragte: «Ziehst du die gute Jacke an?»

Die Jacke, in der er mich am liebsten sah, war eine Art Reitjacke, die ebenfalls aus Hongkong stammte.

«Nein. Die Lederjacke. Und die Lederstiefel mit Reißverschluß.»

«Nimm auch die Wolljacke. Vom Berg kommt kalter Wind.»

«Kleide mich ein, wie du willst. Aber sei vorsichtig, wenn du mir die Stiefel anziehst.»

Er gab mir saubere Baumwollsocken, die ich mir selbst anzog, und dann steckte er meine Füße in die Stiefel, ließ aber die Reißverschlüsse an den Seiten offen. Ngui kam ins Zelt. Er trug seine sauberen Shorts und ein neues Sporthemd, das ich noch nie gesehen hatte. Ich sagte ihm, wir würden nur die 30-06 mitnehmen, und er sagte, er habe Munition eingesteckt. Er wischte das große Gewehr sauber und legte es unter die Pritsche. Es war nicht benutzt worden, und die Springfield hatte mit korrosionsfreier Treibladung geschossen und konnte abends gereinigt werden.

«Pistole», sagte er streng, und ich fuhr mit dem rechten Bein durch die Schlaufe am Ende des Halfters; dann schnallte er mir den breiten Gürtel um die Hüfte.

«Jinny-Flasche», sagte Mwindi und reichte Ngui die schwere lederne spanische Patronentasche.

«Geld?» fragte Ngui.

«Hapana», sagte ich. «Geld kwisha.»

«Zu viel Geld», sagte Mwindi. Er hatte den Schlüssel, mit dem er die Blechkiste, in der er das Geld aufbewahrte, abgeschlossen hatte.

Wir gingen zum Auto. Keiti war immer noch gnädig gestimmt, und ich fragte ihn förmlich, was er für die Leute brauche. Er sagte, ich solle einen Sack Posho mitbringen, falls etwas von der guten Sorte da sei, die aus Kadjiado geliefert werde. Als wir losfuhren, sah er uns traurig nach; er ließ ein wenig den Kopf hängen, zeigte aber dennoch sein schiefes Lächeln.

Ich bedauerte und bereute es, daß ich ihn nicht gefragt hatte, ob er mitkommen wolle, und dann waren wir auf dem Weg zur Shamba. Der Weg war inzwischen stark ausgefahren, und bevor das hier vorbei war, dachte ich, würde er noch viel stärker ausgefahren sein.

Kapitel 14

Mthuka besaß keine schicke Kleidung, nur ein schlichtes kariertes Hemd und seine gewaschene und geflickte Hose. Pops Gewehrträger hatte ein gelbes Sporthemd mit undefinierbarem Muster, das sehr gut zu Nguis muletarotem Hemd paßte. Ich fand es bedauerlich, daß ich so konservativ gekleidet war, aber da ich mir tags zuvor, nachdem das Flugzeug abgeflogen war, den Schädel rasiert und dann gar nicht mehr daran gedacht hatte, glaubte ich, wenn ich die Mütze auszog, ein gewisses barockes Aussehen zu haben. Rasiert oder auch nur kurz genug geschoren sah mein Schädel leider eher aus wie die plastisch-historische Darstellung eines sehr untergegangenen Stammes – keineswegs so spektakulär wie das Great Rift Valley, aber es gab dort historische Geländemerkmale, die sowohl Archäologen als auch Anthropologen interessieren konnten. Ich wußte nicht, was Debba dazu sagen würde, aber ich trug eine alte Angelmütze mit langem schiefem Schirm und dachte nicht weiter über mein Aussehen nach, als wir in die Shamba fuhren und im Schatten des großen Baums anhielten.

Wie ich später erfuhr, hatte Mthuka Nguili, den Jungen, der eigentlich Jäger sein wollte, aber als zweiter Küchenzeltgehilfe arbeitete, vorausgeschickt, damit er der Witwe und meiner Verlobten Bescheid sagte, daß wir kommen und sie nach Laitokitok mitnehmen würden, um Kleider für den Geburtstag des Jesuskinds zu kaufen. Dieser Junge galt in Kamba noch als Nanake und durfte daher kein Bier trinken, aber er hatte den Weg sehr schnell zurückgelegt, um zu beweisen, daß er laufen konnte, und jetzt lehnte er zufrieden und verschwitzt am Stamm des großen Baums und versuchte, nicht allzu heftig zu keuchen.

Ich stieg aus dem Wagen, streckte meine Glieder und dankte dem Nanake.

«Du läufst besser als ein Massai», sagte ich.

«Ich bin Kamba», sagte er, wobei er sich alle Mühe gab, ruhig zu atmen; ich konnte mir vorstellen, wie die Pennies in seinem Mund schmeckten.

«Möchtest du auf den Berg?»

«Ja. Aber für mich gehört sich das nicht. Ich kenne meine Pflichten.»

In dem Augenblick trat der Spitzel zu uns. Er trug seinen Paisley-Umhang und schritt mit großer Würde einher.

«Guten Tag, Bruder», sagte er. Ich sah, wie Ngui sich bei dem Wort Bruder abwandte und ausspuckte.

«Guten Tag, Spitzel», sagte ich. «Wie geht es dir?»

«Besser», sagte der Spitzel. «Kann ich mit dir auf den Berg?»

«Nein.»

«Ich könnte dir als Dolmetscher dienen.»

«Ich habe schon zwei Dolmetscher.»

Nun kam der Sohn der Witwe und stieß mir seinen Kopf in den Bauch. Ich küßte ihn auf den Hinterkopf, und er legte seine Hand in meine und richtete sich kerzengerade auf.

«Spitzel», sagte ich. «Ich kann meinen Schwiegervater nicht um Bier bitten. Bitte, hol du uns Bier.»

«Ich werde sehen, was für Bier da ist.»

Er kehrte mit sechs Flaschen Bier zurück. Wenn man

das Shamba-Bier mochte, war es nicht schlecht – es schmeckte wie selbstgebrautes Bier in Arkansas zur Zeit der Prohibition. Es gab dort einen Schuhmacher, der sich im Ersten Weltkrieg ausgezeichnet hatte, und der braute ein ganz ähnliches Bier, das wir im Besuchszimmer seines Hauses zu trinken pflegten. Meine Verlobte und die Witwe kamen heraus, und meine Verlobte setzte sich neben Mthuka ins Auto. Sie hielt den Kopf gesenkt, warf aber den anderen Frauen des Dorfs heimlich triumphierende Blicke zu; sie trug ein Kleid, das schon zu oft gewaschen worden war, und ein sehr schönes Kopftuch. Die Witwe setzte sich zwischen Ngui und Pops Gewehrträger. Wir beauftragten den Spitzel, sechs weitere Flaschen Bier zu besorgen, aber es gab im Dorf nur noch vier. Diese vier Flaschen überreichte ich meinem Schwiegervater. Debba sah niemanden an, sondern saß sehr gerade da, so daß ihre Brüste im selben Winkel vorragten wie ihr Kinn.

Mthuka ließ den Motor an, und gleich darauf fuhren wir aus dem Dorf und ließen sie alle hinter uns, die mißgünstigen, mißbilligenden Menschen, die vielen Kinder, die Ziegen, die stillenden Mütter, die Hühner, die Hunde und meinen Schwiegervater.

«*Qué tal, tú*?» fragte ich Debba.

«*En la puta gloria.*»

Dies war der zweite Ausdruck, der ihr auf spanisch am besten gefiel. Es ist ein seltsamer Ausdruck, und es gibt dafür keine gesicherte Übersetzung.

«Hat der Chui dir weh getan?»

«Nein. Da war nichts.»

«War er groß?»

«Nicht sehr.»

«Hat er gebrüllt?»

«Sehr oft.»

«Hat er anderen Leuten weh getan?»

«Keinem. Nicht einmal dir.»

Sie drückte das verzierte lederne Pistolenhalfter fest an ihren Oberschenkel und legte ihre linke Hand dann dahin, wo sie sie hinlegen wollte.

«Mimi bili chui», sagte sie. Wir waren beide keine Kisuaheli-Experten, aber ich erinnerte mich an die beiden Leoparden im Wappen von England, also mußte schon vor langer Zeit jemand über Leoparden Bescheid gewußt haben.

«Bwana», sagte Ngui, und seine Stimme klang rauh, rauh wie von Liebe oder Wut oder Zärtlichkeit.

«Wakamba, tu», sagte ich. Er lachte und die Rauheit in seiner Stimme verschwand.

«Wir haben noch drei Flaschen Tusker, die Msembe für uns beiseite geschafft hat.»

«Na prima. Wenn wir den großen Anstieg hinter uns haben, machen wir halt und essen den Dosenfisch.»

«Und gutes kaltes Fleisch.»

«Mzuri», sagte ich.

Bei den Wakamba gibt es keine Homosexualität. In den alten Zeiten kamen Homosexuelle vor eine Art Gericht, das King-ole genannt wurde; das war, wie Mwindi mir erklärt hatte, eine feierliche Versammlung, die den Tod eines Mannes beschließen konnte. Die Verurteilten wurden, um ihr Fleisch zarter zu machen, für ein paar Tage gefesselt in den Fluß oder irgendein Wasserloch gestellt und anschließend getötet und gegessen. Ein trauriges Schicksal für manche Dramatiker, dachte ich. Andererseits – und in Afrika kann man sich glücklich preisen, eine andere Seite zu haben – glaubte man, es bringe großes Unglück, das Fleisch eines Homosexuellen zu essen, selbst wenn es in einem sauberen und fast klaren Abschnitt des Athi zart gemacht worden war, und einigen meiner älteren Freunde zufolge schmeckte ein Homosexueller schlechter als ein Wasserbock und konnte überall am Körper, besonders aber in der Leistengegend und unter den Achseln, schlimmen Ausschlag hervorrufen. Geschlechtsverkehr mit Tieren wurde ebenfalls mit dem Tode bestraft, galt jedoch als nicht so verwerflich wie Homosexualität, und Mcola, Nguis Vater, dem ich mathematisch bewiesen hatte, daß ich nicht so einer war, hatte mir erzählt, daß ein Mann, der Verkehr mit seinen Schafen oder Ziegen gehabt habe, so schmackhaft sei wie ein Gnu. Keiti und Mwindi aßen kein Gnu, aber das war ein Gebiet der Anthropologie, in das ich noch nicht vorgedrungen war. Und während ich noch an diese Tatsachen und Mitteilungen dachte und starke Zuneigung zu Debba empfand, die ein anständiges Kamba-Mädchen war, reichlich ausgestattet mit Bescheidenheit und echter elementarer Dreistigkeit, stoppte Mthuka den Wagen unter einem Baum, und dort erblickten wir die Rodungen und den großen Einschnitt in der Landschaft und den Glanz der Blechdächer von Laitokitok vor dem blauen Wald des Berges, der sich dahinter mit seinen weißen Hängen und dem abgeflachten Gipfel erhob, um uns unsere Religion und unsere dauerhaften Hoffnungen zu geben, während wir hinter uns das Land, unser Land, ausgebreitet sahen wie von einem Flugzeug aus, nur ohne die Bewegung, die Anspannung und die Kosten.

«Jambo, tu», sagte ich zu Debba, und sie sagte: *«La puta gloria.»*

Wir ließen sie und die Witwe, die sehr vergnügt zwischen Ngui und Pops Gewehrträger in ihren roten und gelben Hemden und mit ihren schwarzen Armen und schlanken Beinen gesessen hatte, die Dosen mit Fleisch und die zwei Dosen mit falschem Lachs aus Holland aufmachen. Da sie nicht damit zurechtkam und einen Öffner abbrach, nahm Mthuka eine Zange, bog das Blech zurück und legte den frischen Räucherlachs frei, der Hollands Stolz in Afrika war, und wir alle aßen davon, reichten einander die Messer und tranken aus denselben Flaschen. Debba wischte den Flaschenhals und die Öffnung mit ihrem Kopftuch ab, bevor sie den ersten Schluck nahm, aber ich sagte ihr, eines Menschen Schanker sei jedermanns Schanker, und danach tranken wir ohne weitere Umstände. Das Bier war eher warm als kühl, aber in fast dreitausend Meter Höhe, aus der wir wie Adler über das Land unter uns hinwegblicken konnten, schmeckte es herrlich, und wir leerten die Flaschen und aßen kaltes Fleisch. Wir behielten die Flaschen als Tauschgegenstände und ließen die Dosen, nachdem wir die Öffner entfernt hatten, unter einem Heidebusch am Fuß eines Baumstamms liegen.

Wir hatten keine Wildhüter dabei, also keine Leute, die ihr Wakamba-Erbe verkauft hatten, um ihre Brüder zu denunzieren; niemand hier betete Miss Mary an oder den Henker oder die Schnösel von der Polizei, so daß wir uns in gewisser Weise frei fühlen konnten. Wir blickten über ein Land, in dem noch nie eine weiße Frau gewesen war, auch nicht Miss Mary, es sei denn, es zählte, daß wir sie einmal, aufgeregt wie Kinder, gegen ihren Willen in diese Landschaft mitgenommen hatten, in die sie ganz und gar nicht gehörte und von der sie nicht wußte, daß die kleinen Herrlichkeiten die Strapazen aufwogen.

Jedenfalls betrachteten wir unser Land und die Chulu-Berge, die so blau und seltsam waren wie immer, und waren alle froh, daß Miss Mary nie dort gewesen war; dann stiegen wir wieder ins Auto, und ich sagte einfältig zu Debba: «Du wirst eine kluge Ehefrau sein», worauf sie sich klug an mich und das geliebte Halfter schmiegte und sagte: «Ich bin auch jetzt schon als Ehefrau so gut, wie man nur sein kann.»

Ich küßte sie auf den krausen Kopf, und wir fuhren weiter auf der schönen Straße, die sich in seltsamen Windungen den Berg hinaufschlängelte. Die Blechdächer der Stadt glitzerten immer noch in der Sonne, und als wir näherkamen, sahen wir die Eukalyptusbäume und die befestigte Straße, die stark beschattet und mit britannischem Pomp zu dem kleinen Fort und dem Gefängnis und den Gasthäusern führte, in denen die Leute, die mit der Verbreitung britischer Rechtsprechung und Bürokratie beschäftigt sind, ihren Urlaub verleben, wenn sie zu arm sind, um in ihre Heimat zurückzukehren. Wir hatten nicht vor, ihre Ruhe zu stören, auch wenn wir dadurch nicht in den Genuß der Steingärten und des munteren Baches kämen, der dann sehr viel weiter unten zu unserem Fluß wurde.

Die Jagd auf Miss Marys Löwen hatte sich lange hingezogen, und alle, abgesehen von Fanatikern und Bekehrten und denen, die fest an Miss Mary glaubten, hatten schon längst die Nase voll davon. Charo, der nicht zu diesen zählte, hatte zu mir gesagt: «Erschieß den Löwen, wenn sie schießt, damit wir's endlich hinter uns haben.» Ich hatte den Kopf geschüttelt, weil ich nicht zu den Gläubigen, sondern zu den Anhängern zählte, und ich hatte die Wallfahrt nach Campostela unternommen, und es hatte sich gelohnt. Aber Charo schüttelte angewidert den Kopf. Er war Moslem, und heute hatten wir keine Moslems dabei. Wir brauchten niemanden, der irgendeinem Tier die Kehle aufschnitt, und freuten uns alle auf unsere neue Religion, deren erste Station welchen Kreuzwegs auch immer sich draußen vor Benjis Laden befand.

Diese Station war eine Benzinpumpe, und im Laden selbst würden Debba und die Witwe den Stoff auswählen, aus dem sie ihre Kleider für den Geburtstag des Jesuskindes machen wollten.

Es ziemte sich nicht, daß ich mit ihr hineinging; dabei mochte ich die verschiedenen Stoffe und Gerüche dieses Ladens und die Massai, die wir dort kannten, die Wanawaki, die eifrigen Frauen, die nie etwas kauften und deren gehörnte Männer, den Speer in der einen und die Flasche in der anderen Hand, ein paar Häuser weiter Golden-Jeep-Sherry aus Südafrika tranken. Gehörnt standen sie da, auf einem oder zwei Beinen, und ich wußte, wo ich sie finden würde, und ging auf der rechten Seite der schmalen, von Bäumen beschatteten Straße, die immer noch breiter war als unsere Tragflächen, wie jeder wußte, der dort lebte oder dort entlangging, und ich trat mit schmerzenden Füßen und, wie ich hoffte, nicht anmaßend oder überheblich bei den trinkenden Massai ein, sagte: «Sopa», schüttelte ein paar kalte Hände und ging wieder, ohne etwas zu trinken. Ich machte acht Schritte nach rechts und trat bei Mr. Singh ein. Mr. Singh und ich umarmten uns, und Mrs. Singh und ich gaben uns die Hand, die ich dann auch noch küßte, was ihr jedesmal wieder gefiel, da sie eine Turkana war und ich die Technik des Handkusses recht gut beherrschte, und es war wie eine Reise nach Paris, einer Stadt, von der sie noch nie etwas gehört hatte, die sie aber auch an einem wunderschönen Tag mit Sicherheit noch schöner gemacht hätte. Dann ließ ich den in der Missionsstation geborenen Dolmetscher holen. Als er kam, zog er seine Missionsschuhe aus und gab sie einem von Mr. Singhs zahlreichen Jungen, der wie immer einen ordentlich gebundenen Turban und eine boshafte Höflichkeit zur Schau trug.

«Wie geht es dir, Singh?» fragte ich per Dolmetscher.

«Nicht schlecht. Hier. Mache Geschäfte.»

«Und wie geht's der schönen Madame Singh?»

«Noch vier Monate, dann kommt das Baby.»

«Felicidades», sagte ich und küßte Madame Singh noch einmal die Hand, diesmal so wie Alvarito Caro, der damalige Marques de Villamayor, einer Stadt, aus der wir einmal hinausgeworfen worden waren.

«Den kleinen Singhs geht es gut, hoffe ich?»

«Allen außer dem dritten, der sich in der Sägemühle in die Hand geschnitten hat.»

«Soll ich mir das mal ansehen?»

«Man hat ihn in der Mission behandelt. Mit Sulfonamid.»

«Für Kinder ein ausgezeichnetes Mittel. Aber es zerstört die Nieren von alten Männern wie du und ich.»

Mrs. Singh ließ ihr ehrliches Turkana-Lachen hören, und Mr. Singh sagte: «Ich hoffe, deiner Memsahib geht es gut. Und ich hoffe, auch deinen Kindern und all den Flugzeugen geht es gut.»

Sind in gutem Zustand, verbesserte der Dolmetscher mit Bezug auf die Flugzeuge, und ich bat ihn, nicht so pedantisch zu sein.

«Die Memsahib, Miss Mary, ist in Nairobi. Sie ist mit dem Flugzeug hingeflogen und wird auch damit zurückkommen. Allen meinen Kindern geht es gut. Und so Gott will, geht es auch all meinen Flugzeugen gut.»

«Wir haben es schon gehört», sagte Mr. Singh. «Das mit dem Löwen und mit dem Leoparden.»

«Jeder kann einen Löwen oder einen Leoparden töten.»

«Aber der Löwe war von Miss Mary.»

«Natürlich», sagte ich; und mich erfüllte Stolz auf die

schöne, kompakte, jähzornige und reizende Miss Mary. Ihr Kopf stammte von einer ägyptischen Münze, ihre Brüste waren von Rubens, und ihr Herz kam aus Bemidji oder Walker oder Thief River Falls oder irgendeiner anderen Stadt, wo es im Winter 40 Grad minus hatte. Diese Temperatur sorgte für warme Herzen, die auch kalt sein konnten.

«Bei Miss Mary gibt es keine Probleme mit Löwen.»

«Aber es war ein schwieriger Löwe. Viele haben unter diesem Löwen gelitten.»

«Der große Gobind Singh hat sie mit bloßen Händen erwürgt», sagte ich. «Miss Mary hat eine 6.5er Mannlicher benutzt.»

«Das ist ein kleines Gewehr für einen solchen Löwen», sagte Mr. Singh, und da wußte ich, daß er beim Militär gewesen war. Also wartete ich, daß er die Initiative ergreifen würde. Aber dazu war er zu klug, und Madame Singh sagte: «Und der Leopard?»

«Jeder sollte imstande sein, vor dem Frühstück einen Leoparden zu töten.»

«Möchten Sie etwas essen?»

«Wenn Madame gestatten.»

«Dann essen Sie, bitte», sagte sie. «Gern geschehen.»

«Wir gehen ins Hinterzimmer. Du hast noch nichts getrunken.»

«Wenn du willst, können wir jetzt zusammen etwas trinken.»

Der Dolmetscher kam ins Hinterzimmer, und Mr. Singh brachte eine Flasche White Heather und einen Krug Wasser. Der Dolmetscher zog die Schuhe aus und zeigte mir seine Füße.

«Ich habe die Schuhe nur getragen, wenn die Religionsspitzel uns sehen konnten», erklärte er. «Ich habe von dem Jesuskind nie anders als mit Verachtung gesprochen. Ich habe weder meine Morgengebete noch meine Abendgebete gesprochen.»

«Sonst noch was?»

«Nein.»

«Du rangierst als negativer Bekehrter», sagte ich. Er stieß mir den Kopf in den Bauch, wie es der Sohn der Witwe zu tun pflegte.

«Denk an den Berg und die ewigen Jagdgründe. Das Jesuskind brauchen wir vielleicht noch. Sprich niemals unehrerbietig von ihm. Von welchem Stamm bist du?»

«Von demselben wie du.»

«Nein. Als was bist du eingetragen?»

«Massai-Chagga. Wir leben an der Grenze.»

«Von den Grenzen sind manche guten Männer gekommen.»

«Ja, Sir.»

«In unserer Religion und unserem Stamm darfst du niemand mit Sir anreden.»

«Jawohl.»

«Wie ist es dir bei der Beschneidung ergangen?»

«Nicht sehr gut, aber gut.»

«Warum bist du Christ geworden?»

«Aus Unwissenheit.»

«Du könntest es schlimmer getroffen haben.»

«Ich möchte niemals Moslem sein», und er wollte schon «Sir» sagen, aber ich unterbrach ihn.

«Der Weg ist weit, und man weiß nicht, was kommt. Vielleicht solltest du die Schuhe lieber fortwerfen. Ich werde dir ein gutes altes Paar geben, das du deinen Füßen anpassen kannst.»

«Danke sehr. Darf ich in dem Flugzeug fliegen?»

«Selbstverständlich. Aber es ist nichts für Kinder oder Missionsjungen.»

Dann hätte ich am liebsten gesagt, es tue mir leid, aber diese Floskel gibt es in Kisuaheli oder Kamba nicht, da man gehalten ist, keine Fehler zu machen.

Der Dolmetscher fragte mich nach den Kratzwunden, und ich sagte, sie stammten von Dornsträuchern, und Mr. Singh nickte und zeigte dem Dolmetscher seinen Daumen, den er sich im September an der Säge geschnitten hatte. Es war eine eindrucksvolle Schnittwunde, und ich erinnerte mich, wann das passiert war.

«Aber du hast heute auch mit einem Leoparden gekämpft», sagte der Dolmetscher.

«Einen Kampf hat es nicht gegeben. Es war ein mittelgroßer Leopard, der in der Kamba-Shamba sechzehn Ziegen gerissen hatte. Er ist ohne Kampf gestorben.»

«Alle sagen, du hast mit bloßen Händen gegen ihn gekämpft und ihn mit der Pistole getötet.»

«Dann lügen alle. Wir haben den Leoparden erst mit einem Gewehr und dann mit einer Schrotflinte getötet.»

«Aber ein Schrotgewehr ist für Vögel.»

Mr. Singh lachte darüber, und abermals wunderte ich mich über ihn.

«Du bist ein sehr guter Missionsjunge», sagte ich zu dem Dolmetscher. «Aber Schrotflinten sind nicht immer für Vögel.»

«Aber im Prinzip. Deswegen sagt man doch Flinte statt Gewehr.»

«Und was würde ein blöder Babu sagen?» fragte ich Mr. Singh auf englisch.

«Ein Babu würde auf einem Baum sitzen», sagte Mr. Singh und sprach zum erstenmal englisch.

«Ich habe dich sehr gern, Mr. Singh», sagte ich. «Und ich habe große Achtung vor deinem berühmten Vorfahren.»

«Auch ich habe große Achtung vor allen deinen berühmten Vorfahren, obwohl du sie mir noch nicht aufgezählt hast.»

«Die waren nicht bedeutend.»

«Zur rechten Zeit werde ich von ihnen hören», sagte Mr. Singh. «Sollen wir etwas trinken? Die Frau, die Turkana, bringt noch mehr zu essen.»

Der Dolmetscher gierte jetzt nach Wissen, es war nicht zu verkennen, und er war zur Hälfte ein Chagga und hatte einen flachen, aber kräftigen Brustkasten.

«In der Missionsbücherei gibt es ein Buch, in dem steht, daß der große Carl Akely einen Leoparden mit bloßen Händen getötet hat. Kann ich das glauben?»

«Wenn du willst.»

«Ich frage aufrichtig, weil ich es wissen möchte.»

«Das war vor meiner Zeit. Viele haben mir dieselbe Frage gestellt.»

«Aber ich will die Wahrheit wissen.»

«Davon steht in Büchern sehr wenig. Aber der große Carl Akely war ein großer Mann.»

Ich konnte ihm seinen Wissensdurst nicht ausreden, zumal ich selbst mein ganzes Leben lang nach Wissen gestrebt hatte und mich mit Fakten, Koordinaten und Erklärungen hatte zufriedengeben müssen, die mir im Rausch gewährt oder unter Zwang gegeben worden waren. Dieser Junge, der seine Schuhe ausgezogen hatte und seine Füße am Holzboden von Mr. Singhs Hinterzimmer rieb und so heftig nach Wissen strebte, daß er gar nicht merkte, wie unangenehm Mr. Singh und mich sein öffentliches Fußabhärtungsprogramm berührte, sprang barfuß wie ein Jagdhund von der Geometrie der Ebene gleich weit hinein in die Infinitesimalrechnung.

«Ist es recht, daß ein Europäer eine Afrikanerin zu seiner Geliebten nimmt?»

«Das hat mit Recht nichts zu tun. Das Recht ist Sache der Richter. Maßnahmen werden von der Polizei getroffen.»

«Bitte keine Spitzfindigkeiten», sagte er. «Entschuldigung, Sir.»

«Sir klingt freundlicher als Bwana. Früher hatte das Wort mal eine gewisse Bedeutung.»

«Können Sie denn, Sir, eine solche Beziehung gutheißen?»

«Wenn das Mädchen den Mann liebt und wenn keine Nötigung vorliegt, ist es für mich keine Sünde, falls für die Nachkommen angemessen gesorgt wird, soll heißen *per stirpes* und nicht *per capita*.»

Dieser Satz wirkte wie eine unvermutete Blockade, und ich freute mich genauso wie Mr. Singh, daß ich so etwas ganz beiläufig von mir geben konnte. Er verlegte sich wieder auf die Grundlehren, die man ihm eingebleut hatte.

«In den Augen Gottes ist es eine Sünde.»

«Trägst du Gott auf der Schulter? Und was für Tropfen gibst du ihm, damit seine Augen so scharf wie möglich sind?»

«Bitte machen Sie sich nicht über mich lustig, Sir. Ich habe alles hinter mir gelassen, als ich in Ihren Dienst getreten bin.»

«Ich habe keinen Dienst. Wir sind die letzten freien Menschen in einem Land, das nur wenig größer ist als Connecticut, und wir glauben an einen oft mißbrauchten Wahlspruch.»

«Darf ich diesen Wahlspruch hören?»

«Wahlsprüche sind was Langweiliges, mein Junge. Leben, Freiheit und das Streben nach Glück.» Wahlsprüche laut auszusprechen brachte Unglück, und um das zu bannen und weil Mr. Singh ganz feierlich wurde und schon geneigt schien, freiwillig wieder in die Armee einzutreten, fügte ich hinzu: «Härte deine Füße nur weiter so ab. Sorge für regelmäßigen Stuhlgang und bedenke stets, daß es im Feindesland ein Fleckchen gibt, das auf immer England gehört.»

Vielleicht lag es an seinem Chagga-Blut oder an seiner Massai-Erbschaft, jedenfalls konnte er nicht aufhören und sagte: «Aber Sie sind ein Beamter der Krone.»

«Nur pro forma und auf Zeit. Was willst du? Einen Shilling von der Queen?»

«Den würde ich gerne haben, Sir.»

Das war ziemlich hart, aber Wissen ist härter und wird meist schlechter entgolten. Ich nahm die Shilling-Münzen aus der Tasche und legte sie dem Jungen in die Hand. Unsere Queen sah sehr schön aus und glänzte silbrig, und ich sagte: «Jetzt bist du ein Spitzel; nein, das stimmt nicht», denn ich sah, wie Mr. Singh bei diesem unschönen Wort schmerzlich das Gesicht verzog. «Hiermit bist du zum zeitweiligen Dolmetscher der Jagdaufsichtsbehörde ernannt und erhältst dafür ein Gehalt von siebzig Shilling pro Monat, jedenfalls solange ich die Stellung als stellvertretender Wildhüter innehabe. Am Ende meiner Amtszeit läuft deine Anstellung aus, und du erhältst, beginnend vom Zeitpunkt der Beendigung der Anstellung, eine Gratifikation in Höhe von siebzig Shilling, die ich aus meinen eigenen Mitteln an dich auszahlen werde. Und du erklärst hiermit, daß du keinerlei Ansprüche irgendwelcher Art weder heute noch in Zukunft an die Jagdaufsichtsbehörde oder irgendwen sonst hast, und möge Gott deiner Seele gnädig sein. Die Gratifikation erfolgt als einmalige Zahlung. Wie ist dein Name, junger Mann?»

«Nathaniel.»

«Man wird dich bei der Jagdaufsicht als Peter führen.»

«Das ist ein ehrbarer Name, Sir.»

«Niemand hat dich um einen Kommentar gebeten. Deine Pflichten beschränken sich ausschließlich auf korrektes und vollständiges Dolmetschen, und das auch nur, wenn du darum gebeten wirst. Dein direkter Vorgesetzter ist Arap Meina, von dem du weitere Anweisungen erhalten wirst. Möchtest du einen Vorschuß haben?»

«Nein, Sir.»

«Dann kannst du jetzt gehen und in den Bergen hinter der Stadt deine Füße abhärten.»

«Sind Sie böse auf mich, Sir?»

«Nicht im geringsten. Aber wenn du älter wirst, erkennst du vielleicht, daß die sokratische Methode des Wissenserwerbs überschätzt wird und daß du, wenn du den Leuten keine Fragen stellst, auch keine Lügen zu hören bekommst.»

«Guten Tag, Mister Singh», sagte der ehemalige Bekehrte und zog sich die Schuhe an, für den Fall, daß draußen irgendein Spion von der Missionsstation herumlief. «Guten Tag, Sir.»

Mr. Singh nickte, und ich sagte: «Guten Tag.»

Als der junge Mann durch die Hintertür verschwunden war und Mr. Singh wie geistesabwesend zur Tür gegangen und dann zurückgekommen war, um uns noch einen White Heather einzuschenken und mir den Krug mit dem kühlen Wasser zu reichen, machte er es sich bequem und sagte: «Noch so ein Babu.»

«Aber kein Arschloch.»

«Nein», sagte Mr. Singh. «Aber du verschwendest deine Zeit mit ihm.»

«Warum haben wir noch nie englisch miteinander gesprochen?»

«Aus Respekt», sagte Mr. Singh.

«Hat der alte Singh, dein Vorfahre, Englisch gesprochen?»

«Das weiß ich nicht», sagte Mr. Singh. «Das war vor meiner Zeit.»

«Welchen Rang hast du bekleidet, Mr. Singh?»

«Willst du auch meine Fabrikationsnummer wissen?»

«Entschuldige», sagte ich. «Und es ist dein Whisky. Aber du hast dir lange Zeit eine fremde Sprache gefallen lassen.»

«Das war mir ein Vergnügen», sagte Mr. Singh. «Ich habe viele fremde Sprachen gelernt. Wenn du nichts dagegen hast, würde ich sehr gern als unbezahlter Freiwilliger in deine Dienste treten. «Zur Zeit gebe ich Informationen an drei verschiedene Regierungsstellen weiter, die nicht zusammenarbeiten und auch sonst keine richtige Verbindung miteinander haben.»

«Manchmal trügt der Schein, und immerhin funktioniert das Empire schon recht lange.»

«Findest du es gut so, wie es jetzt funktioniert?»

«Ich bin Ausländer und Gast und übe keine Kritik.»

«Möchtest du, daß ich für dich als Informant arbeite?»

«Mit Durchschlägen von allen anderen abgelieferten Informationen.»

«Es gibt weder Durchschläge noch Protokolle, es sei denn, man hat ein Tonbandgerät. Hast du ein Tonbandgerät?»

«Nicht hier.»

«Mit vier Tonbandgeräten könntest du halb Laitokitok an den Galgen bringen.»

«Ich habe nicht den Wunsch, halb Laitokitok an den Galgen zu bringen.»

«Ich auch nicht. Wer würde dann noch bei mir einkaufen?»

«Mr. Singh, wenn wir nach Vorschrift handeln würden, würden wir eine ökonomische Katastrophe herbeiführen. Aber nun muß ich zu unserem Auto.»

«Ich begleite dich, wenn es dich nicht stört. Drei Schritte links hinter dir.»

«Nur keine Umstände.»

«Das sind keine Umstände.»

Ich verabschiedete mich von Mrs. Singh und sagte ihr, wir kämen gleich mit dem Wagen vorbei, um drei Kisten Tusker und eine Kiste Coca-Cola aufzuladen, und dann trat ich auf die herrliche und einzige Hauptstraße von Laitokitok hinaus.

In Orten mit nur einer Straße fühlt man sich wie auf einem kleinen Schiff, einem schmalen Kanal, einem Gebirgspaß oder im Quellgebiet eines Flusses. Manchmal, nach dem Sumpf und den verschieden bewachsenen Landschaften und der Wüste und den verbotenen Chulu-Bergen, erschien mir Laitokitok wie eine bedeutende Hauptstadt, an anderen Tagen wie die Rue Royale. Heute war es schlicht und einfach Laitokitok mit Einsprengseln von Cody oder Sheridan in Wyoming in den alten Zeiten. Mit Mr. Singh hinter mir war es nur ein entspannter, angenehmer Spaziergang, den wir beide genossen. Wir kamen zu Benjis Laden, der mit der Benzinpumpe und der breiten Treppe wie ein General Store im Westen wirkte und vor dem viele Massai um das Jagdfahrzeug herumstanden. Ich blieb stehen und sagte zu Mwengi, wenn er im Laden etwas trinken gehen wolle, würde ich solange beim Gewehr bleiben. Er sagte, er bleibe lieber selbst beim Gewehr. Also ging ich die Stufen hinauf und trat in den vollen Laden. Debba und die Witwe sahen sich, von Mthuka unterstützt, noch immer Stoffe an und verwarfen einen nach dem anderen. Ich konnte wählerische Kunden nicht ausstehen, und so ging ich ans hintere Ende des langen L-förmigen Ladentischs, um Medikamente und Seife zu kaufen. Als diese in eine Schachtel gepackt worden waren, wandte ich mich den Konserven zu. Ich kaufte hauptsächlich Fischkonserven – Sardinen, Heringe, Garnelen, verschiedene Sorten falschen Lachs –, außerdem noch mehrere Dosen mit regionalen Fleischerzeugnissen, die als Geschenk für meinen Schwiegervater bestimmt waren, und schließlich noch je zwei Dosen von allen Sorten Importfisch aus Südafrika, einschließlich einer Sorte, auf deren Etikett nur FISCH stand. Dann kaufte ich ein halbes Dutzend Dosen Cape-Spiny-Hummer, und als mir einfiel, daß unser Vorrat an Sloan's Tinktur allmählich knapp wurde, kaufte ich auch noch eine Flasche davon und ein halbes Dutzend Stück Lifebouy-Seife. Inzwischen drängten sich zahllose Massai um mich und sahen mir bei diesen Einkäufen zu. Debba hielt den Blick gesenkt und lächelte stolz. Sie und die Witwe konnten sich noch immer nicht entscheiden, und es blieb höchstens noch ein halbes Dutzend Stoffballen zu begutachten.

Mthuka kam zu mir und sagte, der Wagen sei vollgetankt, und er habe das gute Posho gefunden, das Keiti haben wolle. Ich gab ihm einen 100-Shilling-Schein und bat ihn, die Einkäufe der Frauen zu bezahlen.

«Sag ihnen, sie sollen zwei Kleider kaufen», sagte

ich. «Eins für die Cambia und eines für den Geburtstag des Jesuskinds.» Mthuka wußte, daß keine Frau zwei neue Kleider brauchte. Frauen brauchten ihr altes Kleid und ein neues. Trotzdem ging er zu den Frauen und sprach auf kikamba mit ihnen, und Debba und die Witwe senkten die Köpfe; ihre Schamlosigkeit wich einer strahlenden Ehrfurcht, als hätte ich soeben die Elektrizität erfunden und über ganz Afrika wären die Lichter angegangen. Ich sah nicht zu ihnen hin, sondern setzte meine Einkäufe fort; jetzt ging es um Bonbons in Gläsern und verschiedene Sorten Schokolade, mit Nüssen und ohne.

Ich wußte gar nicht, ob das Geld noch reichte, aber wir hatten das Benzin im Tank und wir hatten das Posho, und ich sagte dem Verwandten des Inhabers, der hinter dem Ladentisch stand, er solle alles zusammenpacken und sorgfältig in Kisten verstauen, ich würde es dann nachher zusammen mit der Rechnung abholen. Das gab Debba und der Witwe mehr Zeit zum Aussuchen, und ich konnte mit dem Jagdauto zu Mr. Singh fahren und die Flaschen aufladen.

Ngui war zu Mr. Singh gegangen. Er hatte das Pulver gefunden, mit dem wir meine Hemden und Jagdwesten in Massaifarben einfärben wollten, und wir beide tranken eine Flasche Tusker und brachten auch Mwengi im Wagen eine. Diesmal hatte Mwengi Dienst, das nächste Mal wäre jemand anders dran.

In Gegenwart Nguis benutzten Mr. Singh und ich wieder die unbekannte Sprache, unser zusammengestoppeltes Pidgin-Kisuaheli.

Ngui frage mich auf kamba, ob ich Mrs. Singh nicht gerne mal flachlegen würde, und ich nahm erfreut zur Kenntnis, daß Mr. Singh entweder ein großartiger Schauspieler war oder aber weder Zeit noch Gelegenheit gehabt hatte, Kamba zu lernen.

«Kwisha maru», sagte ich zu Ngui, was mir doppeldeutig genug erschien.

«Buona notte», sagte er, und wir stießen mit unseren Flaschen an.

«Piga tu.»

«Piga tu.»

«Piga chui, tu», sagte Ngui, ein wenig bierselig, wie mir schien, zu Mr. Singh, der sich gratulierend verbeugte und zu verstehen gab, daß diese drei Flaschen aufs Haus gingen.

«Niemals», sagte ich auf ungarisch. *«Nem, nem, soha.»*

Mr. Singh sagte etwas in der unbekannten Sprache, und ich bat ihn durch ein Zeichen, mir die Rechnung zu geben; während er sie aufschrieb, sagte ich auf spanisch zu Ngui: *«Vamanos. Ya es tarde.»*

«Avanti Savoia», sagte er. *«Nunaua.»*

«Du bist ein Schwein», sagte ich.

«Hapana», sagte er. «Blutsbruder.»

Beim Aufladen halfen uns Mr. Singh und einige seiner Söhne. Daß der Dolmetscher nicht helfen konnte, war verständlich; schließlich durfte ein Missionsjunge nicht vor aller Augen Bierkisten schleppen. Aber er sah so traurig aus und war von dem Wort *nunaua* offensichtlich so beunruhigt, daß ich ihn bat, wenigstens die Kiste Coca-Cola zu tragen.

«Darf ich mit, wenn Sie losfahren?»

«Aber sicher.»

«Ich hätte auch das Gewehr bewachen können.»

«Am ersten Tag darfst du nicht gleich das Gewehr bewachen.»

«Entschuldigung. Ich meinte ja nur, daß ich Ihrem Kamba-Bruder hätte helfen können.»

«Woher willst du wissen, daß er mein Bruder ist?»

«Sie haben ihn als Bruder angesprochen.»

«Er ist mein Bruder.»

«Ich habe noch viel zu lernen.»

«Laß dich nicht entmutigen», sagte ich und bremste den Wagen vor Benjis Eingang, wo die Massai warteten, die den Berg hinunter mitgenommen werden wollten.

«Scheißbande», sagte Ngui auf englisch. Mehr Englisch konnte er nicht, zumindest benutzte er es sonst nie, da Englisch eine Zeitlang als Sprache der Henker, Regierungsvertreter, Beamten und Bwanas im allgemeinen gegolten hatte. Es war eine schöne Sprache, die aber in Afrika auszusterben drohte; sie wurde zwar toleriert, aber nicht gutgeheißen. Da Ngui, der mein Bruder war, sie verwendet hatte, verwendete ich sie nun auch und sagte: «Die Großen und die Kleinen und die Langen.»

Er musterte die aufdringlichen Massai, die er, wäre er in den alten Zeiten geboren worden, als ich schon auf der Welt war, mit Vergnügen verspeist hätte, und sagte auf kamba: «Alle lang.»

«Dolmetscher», sagte ich und berichtigte mich: «Peter, sei so nett und geh in den Duka und sag meinem Bruder Mthuka, daß wir zum Aufladen bereit sind.»

«Wie soll ich deinen Bruder erkennen?»

«Er ist Kamba tu.»

Ngui hielt nichts von dem Dolmetscher und seinen Schuhen und drängte sich bereits mit der kompakten Überheblichkeit eines unbewaffneten Kamba zwischen den speertragenden Massai hindurch, die sich dort in der Hoffnung auf eine Mitfahrgelegenheit eingefunden hatten und ihre positiven Wassermann-Reaktionstests nicht gerade wie Banner von den Speerschäften wehen ließen.

Schließlich kamen sie alle heraus, und die Einkäufe wurden aufgeladen. Ich stieg aus und ließ Mthuka ans Steuer; während dann auch Debba und die Witwe einstiegen, bezahlte ich die Rechnung. Ich legte noch zehn Shilling zum Rechnungsbetrag hinzu und sah schon Mwindis Gesicht vor mir, wenn ich ohne Geld nach Hause kommen würde. Er war nicht nur Finanzminister, sondern auch mein selbsternanntes Gewissen.

«Wie viele Massai können wir mitnehmen?» fragte ich Mthuka.

«Nur die Kamba und dann noch sechs.»

«Zuviel.»

«Dann noch vier.»

Während die von Ngui und Mwengi bestimmten Mitfahrer einstiegen, saß Debba aufgeregt und verhalten stolz und abgewandten Blicks da. Wir saßen vorn zu dritt, auf der Rückbank saßen fünf, und vier Mitfahrer zweiter Wahl hockten auf den Posho-Säcken und den Einkäufen auf der Ladefläche. Wir hätten noch zwei weitere mitnehmen können, aber es gab an der Straße zwei üble Stellen, an denen die Massai sich jedesmal übergeben mußten.

Als wir den Hügel hinabfuhren, wie wir den unteren Hang des großen Berges nannten, machte Ngui die Bierflaschen auf, die im Wakamba-Leben so wichtig waren wie jedes andere Sakrament. Ich fragte Debba, wie sie sich fühle. Es war ein langer und in mancher Hinsicht anstrengender Tag gewesen, und die Einkäufe und der Höhenwechsel und die Kurven gaben ihr jedes Recht, sich zu fühlen, wie auch immer sie sich fühlen mochte. Vor uns war jetzt die Ebene mit all ihren Besonderheiten ausgebreitet, und sie nahm das Pistolenhalfter und sagte: «*En la puta gloria.*»

«*Yo tambien*», sagte ich und bat Mthuka um Kautabak. Er gab ihn mir, und ich gab ihn Debba, die aber keinen nahm. Es war sehr guter Kautabak – nicht so stark wie der von Arap Meina, aber stark genug, daß man spürte, was man sich da unter die Oberlippe schob. Debba durfte keinen Kautabak nehmen, aber während unserer Fahrt den Hügel hinunter gab sie die Schachtel in ihrem Stolz an die Witwe weiter. Es war ausgezeichneter Kautabak aus Kadjiado, und die Witwe nahm davon und gab ihn Debba zurück, die ihn dann mir gab, und ich gab ihn Mthuka zurück.

«Du nimmst keinen Kautabak?» fragte ich Debba. Ich kannte die Antwort, und es war dumm von mir, das erste Unerfreuliche an diesem Tag.

«Ich darf keinen Kautabak nehmen», sagte sie. «Ich bin nicht mit dir verheiratet und darf keinen Kautabak nehmen.»

Dazu war nichts zu sagen, also sagten wir nichts, und sie legte ihre Hand wieder auf das Halfter, das sie so gern hatte und das von Heiser & Company in Denver aufs vorzüglichste zugeschnitten und mit einem Blumenmuster verziert worden war. Die Lederseife hatte das Muster ganz glatt poliert, und der Schweiß hatte es aufgehellt und fast unkenntlich gemacht, und das Halfter war noch von heute morgen ein wenig verkrustet, und sie sagte: «Mit der Pistole habe ich alles von dir.»

Und ich sagte etwas sehr Grobes. Bei den Kamba-Frauen wird Schamlosigkeit schnell zu Frechheit und, wenn keine Liebe da ist, zu etwas weit Schlimmerem. Liebe ist etwas Schreckliches, das man seinem Nächsten nicht wünschen möchte, und wie überall ist sie auch hier unbeständig. Treue existiert nicht und wird auch nicht vorausgesetzt, allenfalls in der ersten Ehe. Soll heißen: Treue des Mannes. Dies war die erste Ehe, und außer dem, was ich besaß, hatte ich wenig zu bieten. Es war wenig, aber nicht unbedeutend, und wir beide hegten nicht die geringsten Zweifel.

Kapitel 15

Es wurde ein ziemlich ruhiger Abend. Debba und auch die Witwe wollten nicht im Zelt baden. Sie fürchteten sich vor Mwindi, der das warme Wasser bringen mußte, und vor der großen grünen Zeltstoffwanne auf ihren sechs Füßen. Das war verständlich und wurde verstanden.

Wir hatten einige Leute bei den Massai-Manyattas abgesetzt, und jetzt, da unsere Ausgelassenheit sich gelegt hatte, im Dunkeln und an einem Ort mit festen Regeln, war die Lage ein wenig angespannt. Aber es war nichts mehr rückgängig zu machen, woran auch niemand dachte. Ich hatte der Witwe gesagt, sie solle gehen, wußte aber nicht, ob sie, da ich ihr Beschützer war, nach Kamba-Gesetzen das Recht hatte, hier zu sein. Ich war bereit, ihr jedes Recht nach Kamba-Gesetzen zuzugestehen, und sie war eine sehr nette und taktvolle Frau mit guten Manieren.

Der Spitzel war in einer Phase allgemeiner Unruhe aufgetaucht, und Debba und ich hatten beobachtet, wie er die Flasche mit Löwenfett gestohlen hatte. Es war eine leere Grand-MacNish-Flasche, und Debba und ich wußten, daß Ngui es, bevor er und ich Brüderschaft geschlossen hatten, mit Antilopenfett gepanscht hatte. Das war wie 43prozentiger Whisky statt 50prozentigem, und als wir aufwachten und ihn das Zeug stehlen sahen, lachte sie sehr vergnügt – sie lachte immer vergnügt – und sagte: «Chui tu», und ich sagte: *«No hay remedio.»*

«La puta gloria», sagte sie. Wir verfügten über keinen

großen Wortschatz, wir führten keine tiefgründigen Gespräche und brauchten keinen Dolmetscher, außer wenn es um Kamba-Gesetze ging. Wir schliefen für ein paar Minuten ein, grimmig bewacht von der Witwe. Sie hatte gesehen, wie der Spitzel die seltsam geformte Flasche mit dem zu weißen Löwenfett, über das wir alle Bescheid wußten, gestohlen hatte, und uns mit einem Hüsteln darauf aufmerksam gemacht.

Dann rief ich Msembi zu mir, den braven, derben Jungen, der als Küchengehilfe diente und zu den jagenden, nicht zu den ackerbauenden Kamba zählte, aber kein geschickter Jäger war und seit dem Krieg nur noch als Diener arbeitete. Wir alle waren Diener, denn ich diente, über die Jagdaufsichtsbehörde, der Regierung, und ich diente auch Miss Mary und einer Zeitschrift namens *Look*. Meine Dienste für Miss Mary waren mit dem Tod ihres Löwen zumindest zeitweilig beendet. Meine Dienste für *Look* waren ebenfalls zeitweilig beendet. Ich hatte gehofft, es würde für immer sein, aber natürlich hatte ich mich geirrt. Doch weder Msembi noch mir machte das Dienen irgend etwas aus, und wir beide hatten weder unserem Gott noch unserem König so sehr gedient, daß wir Grund zum Prahlen gehabt hätten.

Die einzigen wirklich gültigen Gesetze sind Stammesgesetze, und ich war ein Mzee, das heißt ein Ältester, der aber auch noch den Rang eines Kriegers besitzt. Es ist schwierig, beides zu sein, und den älteren Mzees mißfällt die Uneindeutigkeit dieser Stellung. Man sollte etwas aufgeben, man sollte, wenn nötig, alles aufgeben und nicht versuchen, alles zu behalten. Ich hatte diese Lektion in einer Gegend gelernt, die Schnee-Eifel heißt und wo sich die Notwendigkeit ergeben hatte, aus einer offensiven in eine defensive Stellung zu wechseln. Man gibt etwas teuer

Erkauftes auf, als ob es nichts gekostet hätte, und das ist absolut vertretbar. Natürlich fällt es schwer, und in vielen Fällen sollte man dafür erschossen werden; aber noch schneller sollte man erschossen werden, wenn man diesen Schritt versäumt hat.

Jedenfalls sagte ich zu Msembi, er solle in einer halben Stunde das Abendessen im Eßzelt servieren, und zwar für Debba, die Witwe und mich. Er war entzückt, und sprühend vor Kamba-Energie und Bosheit ging er, um den Befehl weiterzugeben. Leider kam es dann anders. Debba war tapfer, und *la puta gloria* ist besser als das, was die meisten Leute jemals verwirklichen. Die Witwe wußte, es war ein grober Befehl, und sie wußte, daß niemand Afrika an einem Tag oder in einer bestimmten Nacht erobern konnte. Aber so sollte es nun einmal sein.

Keiti verdarb es im Namen seiner Loyalität gegenüber den Bwanas, dem Stamm und der moslemischen Religion. Er besaß den Mut und den Takt, es nicht von einem anderen ausrichten zu lassen, sondern klopfte selbst an die Zeltstange und fragte, ob wir reden könnten. Ich hätte nein sagen können; aber ich bin ein disziplinierter Junge. Keiner von den zwölf Besten, die Pop ausgebildet hatte, aber ausgestattet mit der unnachgiebigen Disziplin des Lebens. Er sagte: «Du hast nicht das Recht, das junge Mädchen mit Gewalt zu nehmen.» (Hier irrte er sich. Zu Gewaltanwendung war es niemals gekommen.) «Das könnte großen Ärger geben.»

«In Ordnung», sagte ich. «Sprichst du im Namen aller Mzees?»

«Ich bin der Älteste.»

«Dann sag deinem Sohn, der älter ist als ich, daß er das Jagdauto holen soll.»

«Er ist nicht hier», sagte Keiti, und das wußten wir;

wir wußten auch von seinem Mangel an Autorität bei seinen Kindern und warum Mthuka kein Moslem war, aber das war mir zu kompliziert.

«Dann werde ich den Wagen fahren», sagte ich. «Das ist nicht besonders schwierig.»

«Bitte bring das junge Mädchen nach Hause zu seiner Familie. Wenn du willst, komme ich mit.»

«Ich nehme das junge Mädchen mit, und die Witwe und den Spitzel.»

Mwindi stand jetzt, bekleidet mit grünem Umhang und Mütze, neben Keiti, denn für Keiti war es eine Qual, Englisch zu sprechen.

Msembi hatte dort nichts zu suchen, aber er liebte Debba, wie wir alle sie liebten. Sie stellte sich schlafend, und sie war die Frau, die wir alle gern gekauft hätten, wobei wir wußten, daß wir etwas Gekauftes nie besitzen würden.

Msembi war Soldat gewesen, das war den zwei gewichtigen Ältesten bekannt. Und sie waren sich des Verrats bewußt, den sie begangen hatten, als sie Moslems wurden, und da irgendwann jeder einmal zum Ältesten wird, trat er ihrer Selbstgefälligkeit entgegen und sagte mit echt afrikanischem Sinn für Rechtsstreitigkeiten, wobei er Titel benutzte, die längst abgeschafft waren, und seine Kenntnisse der Kamba-Gesetze in Anwendung brachte: «Unser Bwana kann die Witwe behalten, da sie einen Sohn hat und er ihr offizieller Beschützer ist.»

Keiti nickte, und Mwindi nickte.

Um dem ein Ende zu machen und weil es mir wegen Debba leid tat, die in einem Gefühl des Triumphs essen und in der Nacht schlafen wollte, wie zu schlafen uns nicht gestattet war, wie wir aber schon so oft ohne das Urteil der glorreichen Ältesten geschlafen hatten, deren

Rang sich auf Anmaßung – nein, das war ungerecht; lieber also: auf ihr Alter – gründete, sagte ich in das Zelt hinein: «*No hay remedio*. Kwenda na shamba.»

Das war der Anfang vom Ende jenes Tages in meinem Leben, der mir die größte Aussicht auf Glück geboten hatte.

Kapitel 16

Nachdem ich die Entscheidung der Ältesten akzeptiert und Debba, die Witwe und den Spitzel nach Hause zur Shamba gefahren hatte, wo ich sie und die Sachen ließ, die ich für sie gekauft hatte, kehrte ich ins Lager zurück. Die Sachen, die ich gekauft hatte, machten schon einen Unterschied, und die beiden hatten jetzt den Stoff für ihre Kleider. Ich wollte nicht mit meinem Schwiegervater sprechen und ihm keine Erklärungen geben, und wir alle taten so, als kämen wir, wenn auch vielleicht ein wenig spät, von einer Einkaufsfahrt zurück. Ich hatte die Wölbung der Grand-MacNish-Flasche mit dem gepanschten Löwenfett unter dem Paisley-Umhang des Spitzels gesehen, aber das war mir gleichgültig. Wir hatten besseres Löwenfett und konnten uns, wenn wir wollten, noch besseres besorgen, und es ist schon eine unvergleichliche kleine Befriedigung, wenn irgend jemand, von einem Schriftsteller an aufwärts (und aufwärts davon kommt noch eine ganze Menge), einem etwas stiehlt und sich einbildet, man habe es nicht bemerkt. Schriftsteller darf man das niemals merken lassen, weil es ihnen das Herz brechen könnte, falls sie eins hätten. Manche haben sogar eins, aber wer darf, wenn man sich nicht gerade in Konkurrenz zueinander befindet, über die kardiologischen Befindlichkeiten seines Nebenmenschen ein Urteil fällen? Bei dem Spitzel sah die Sache anders aus, hier ging es um das Ausmaß seiner Loyalität, an der ohnehin schon Zweifel bestanden. Keiti haßte den Spitzel, und er hatte durchaus Grund dazu, da dieser früher einmal unter Keiti gedient hatte und es zwischen den beiden viele offene Rechnungen aus alten Zeiten gab, als der Spitzel als Lastwagenfahrer gedient hatte und mit damals noch jugendlicher Anmaßung Keiti beleidigt hatte, indem er heimtückisch freimütige Bemerkungen über den großen Edelmann gemacht hatte, der, das hatte der Spitzel von anderen erfahren, verkehrt war. Keiti hatte Pop geliebt, seit er in seine Dienste getreten war, und mit dem Abscheu der Kamba vor Homosexualität konnte er unmöglich tolerieren, daß ein Massai-Lkw-Fahrer einen weißen Mann kritisierte, zumal einen von solchem Renommee, und wenn irgendwelche üblen Burschen die Lippen der Statue, die diesem Mann zu Ehren errichtet worden war, mit Lippenstift anmalten, wie sie es in Nairobi allnächtlich taten, wandte Keiti den Blick ab, sooft er daran vorbeikam. Charo, der ein eifrigerer Moslem als Keiti war, wandte nicht den Blick ab, sondern lachte wie alle anderen darüber. Doch als Keiti in die Dienste der Königin getreten war, war das eine Entscheidung fürs Leben gewesen. Er war ein echter Viktorianer, und wir anderen, die wir Edwardianer und dann Georgianer und wieder für kurze Zeit Edwardianer und dann wiederum Georgianer und jetzt freudig und von ganzem Herzen Elizabethaner geworden waren – natürlich immer im Rahmen unserer dienstlichen Aufgaben und unserer Stammesloyalitäten –, hatten mit Keiti wenig gemein. In dieser Nacht plagte mich mein Gewissen so sehr, daß ich nicht persönlich werden und auch nicht über irgendwelche persönlichen Dinge nachdenken und vor allem nicht ungerecht gegenüber jemandem sein wollte, den ich bewunderte und respektierte. Aber ich wußte, der Gedanke, Debba und die Witwe und ich könnten gemeinsam am Tisch im Eßzelt essen, schockierte Keiti mehr als die

Übertretung der Kamba-Gesetze, denn er war ein erwachsener Mann und hatte selbst fünf Frauen und eine schöne junge Frau, und wer war er, daß er über unsere Moral oder den Mangel daran urteilen durfte?

Ich fuhr durch die Nacht und versuchte gegen meine Verbitterung anzugehen; ich dachte an Debba und die Willkür, mit der man uns ein offizielles Glück verweigerte, wo doch jeder, ungeachtet seines höheren Alters, darüber hätte hinwegsehen können; ich überlegte, ob ich nach links abbiegen und die rote Straße zu der anderen Shamba nehmen sollte. Dort würde ich zwei von unserer Gruppe finden und außerdem nicht Lots oder Potiphars, sondern Simeons Frau, und könnte versuchen, ob sich die Frambösie nicht zu wahrer Liebe ausbauen ließ. Aber das wäre auch nicht das Richtige gewesen, und so fuhr ich nach Hause, stellte den Wagen ab, setzte mich ins Eßzelt und las Simenon. Msembi war das alles sehr unangenehm, aber auch er verstand sich so wenig auf die gepflegte Gesprächsführung wie ich.

Er machte einen sehr tapferen Vorschlag: Er wollte mit unserem Lastwagenfahrer losfahren und die Witwe holen. Ich sagte aber nur Hapana und las weiter Simenon.

Msembi fühlte sich aber immer unbehaglicher und hatte keinen Simenon zu lesen, und als nächstes schlug er vor, wir beide sollten mit dem Auto losfahren und das Mädchen holen. Er sagte, das sei Kamba-Brauch, und man müsse lediglich ein Bußgeld dafür zahlen. Im übrigen, sagte er, sei die Shamba illegal; niemand dort sei berechtigt, Klage gegen uns zu erheben, und ich hätte meinem Schwiegervater viele Geschenke gemacht und am selben Tag auch noch einen Leoparden für ihn getötet.

Ich dachte darüber nach und verwarf es. Vor einiger

Zeit hatte ich den Stammespreis dafür bezahlt, im Bett meiner Schwiegermutter schlafen zu dürfen, was schon eine böse Sache war. Wie hatte Keiti davon erfahren können? Angeblich wußte er alles, aber unsere Gruppe hielt gut zusammen und war wahrscheinlich hartgesottener, als ihm bewußt war. Ganz sicher war ich mir nicht, denn insbesondere seit Magadi respektierte und bewunderte ich ihn sehr. Er hatte dort freiwillig Fährten gelesen – die Adern über den Wangenknochen und unter dem Turban waren ihm hervorgetreten –, bis ich schließlich nicht mehr konnte und auch Ngui Schwierigkeiten bekam, ihm zu folgen. Er hatte diese Arbeit bei über 40 Grad im Schatten verrichtet, gemessen mit dem guten Thermometer im Lager, und der einzige Schatten, den wir fanden, kam von einem kleinen Baum, unter dem ich eine Pause einlegte, erschöpft und dankbar für dieses kostbare Geschenk, während ich keuchend zu berechnen versuchte, wie viele Meilen wir vom Lager entfernt waren, diesem herrlichen Ort mit dem wunderbaren Schatten von Feigenbäumen und dem plätschernden Bach und den Kühle verströmenden Wasserbeuteln.

Keiti hatte uns an diesem Tag deutlich und ohne Großtuerei besiegt, und ich respektierte ihn nicht ohne Grund. Dennoch wußte ich noch immer nicht genau, warum er eingegriffen hatte. Sie taten das stets nur zu meinem Besten. Eines aber wußte ich: Msembi und ich sollten auf keinen Fall wie Säufer umkehren und die Sache fortsetzen.

Afrikaner hatten angeblich niemals ein schlechtes Gewissen. Das war allerdings nur eine Erfindung der Weißen, die das Land vorübergehend besetzt hatten. Angeblich empfanden Afrikaner keinen Schmerz, weil sie niemals schrien – das heißt, einige von ihnen schrien nicht. Empfundenen Schmerz nicht zu zeigen hatte jedoch mit Stammesbräuchen zu tun und war ein großer Luxus. Während wir in Amerika Fernsehen, Kino und kostspielige Frauen besaßen, mit weichen Händen und Nachtcremes und Wildnerz-, nicht Zuchtnerzmänteln in irgendwelchen Kühlhäusern, für die man einen Schein wie beim Pfandleiher vorweisen mußte, damit sie einem wieder ausgehändigt wurden, leisteten sich die Afrikaner der besseren Stämme den Luxus, keinen Schmerz zu zeigen. Wir, *moi*, wie Ngui uns nannte, hatten niemals echte Not gelitten, außer im Krieg, wo man ein langweiliges Nomadenleben führt und nur gelegentlich mit einer Schlacht oder einer netten Beute entschädigt wird, die man hingeworfen bekommt wie ein Hund einen Knochen von seinem Herrn, der sich nichts aus ihm macht. Wir, *moi*, und das waren im Augenblick Msembi und ich, hatten erfahren, was es hieß, eine Stadt zu plündern, und wir beide wußten, auch wenn wir niemals über das Thema sprachen, sondern unser Wissen nur heimlich teilten, welche Techniken und Verfahren man anzuwenden hatte, um auszuführen, was schon in der Bibel stand: die Männer dem Schwert zu überliefern und die Frauen in Gefangenschaft zu bringen. Das tat man jetzt nicht mehr, aber jeder, der es einmal getan hatte, war ein Bruder. Gute Brüder waren schwer zu finden, aber einem schlechten Bruder konnte man überall begegnen.

Der Spitzel war mein Bruder, wie er unausgesetzt behauptete. Aber ich hatte ihn mir nicht ausgesucht. Bei unserem jetzigen Unternehmen, das keine Safari war und bei dem die Anrede Bwana fast schon einer offenen Beleidigung gleichkam, waren Msembi und ich gute Brüder, und in dieser Nacht mußten wir beide, ohne davon zu sprechen, daran denken, daß die Sklavenjäger, die über verschiedene Wege vom Meer her gekommen waren, allesamt Moslems gewesen waren, und ich wußte, das war der Grund, warum Mthuka mit seinen pfeilförmigen Narben auf den Wangen sich niemals zu der modischen Religion würde bekehren können, in die sein Vater Keiti und der liebe, aufrichtige Charo und der aufrichtige und geschickte Snob Mwindi aufgenommen worden waren.

Da saß ich also und teilte mein Leid mit einem anderen. Einmal kam Nguili herein, demütig, wie ein Nanake kommen sollte. Er wollte jedoch sein eigenes Leid vortragen, wenn es gestattet war. Es war nicht gestattet, und ich gab ihm einen freundlichen Klaps auf den grün bekittelten Hintern und sagte: *«Morgen ist auch noch ein Tag.»* Das war eine alte deutsche Redensart, die das Gegenteil von *No hay remedio* bedeutete; letztere Redensart war wahr und schön, dennoch bereute ich, daß ich sie eingeführt hatte; es war die Reue eines Defätisten oder Kollaborateurs. Als ich das mit Hilfe von Msembi sorgfältig in Kamba übersetzt hatte, fragte ich Ngui mit der Reue eines Phrasendreschers, ob er meine Speere holen könne, denn ich wolle, wenn der Mond aufgegangen sei, auf Jagd gehen.

Das war mehr als ein bißchen theatralisch, aber das ist Hamlet auch. Wir waren alle tief bewegt. Von uns dreien war ich selbst vermutlich am meisten bewegt, da ich den alten Fehler begangen und nicht den Mund gehalten hatte.

Nun stand der Mond über dem Rücken des Berges, und ich wünschte, ich hätte einen guten, großen Hund und hätte nicht angekündigt, etwas zu tun, das mich zu einem besseren Mann als Keiti machen würde. Aber ich hatte es getan, und so kontrollierte ich die Speere, zog meine weichen Mokassins an, dankte Nguili und trat aus dem Eßzelt. Draußen hielten zwei Männer Wache, sie hatten Gewehre und Munition dabei und eine Laterne an den Baum gehängt; ich ließ diese Lichter hinter mir und machte mich, den Mond über der rechten Schulter, auf den langen Weg.

Der Speerschaft lag gut und schwer in der Hand und war mit Heftpflaster umwickelt, damit man, wenn man verschwitzt war, nicht abrutschte. Beim Gebrauch des Speers schwitzt man in den Achseln und an den Unterarmen oft so stark, daß der Schweiß den Schaft hinunterläuft. Die Grasstoppeln unter meinen Füßen fühlten sich gut an, und dann spürte ich den glatten Streifen des Fahrwegs, der zu der Landepiste führte, die wir angelegt hatten, und den anderen Weg, den wir die große Straße nach Norden nannten. Es war die erste Nacht, in der ich allein mit dem Speer loszog, und ich wünschte, ich hätte einen von den alten Ehrlichen Ernies oder den großen Hund dabei. Wenn man mit dem deutschen Schäferhund unterwegs war, wußte man immer, ob sich im nächsten Busch was versteckt hatte, weil er sofort zurückwich und einem die Schnauze in die Kniekehle drückte. Aber echte Angst zu empfinden, wie ich sie empfand, als ich nachts mit dem Speer umherzog, ist ein Luxus, für den man bezahlen muß, und wie jeder Luxus ist auch dieser sein Geld wert, jedenfalls meistens. Mary, G. C. und ich hatten manchen Luxus miteinander geteilt, und zuweilen wäre das beinahe sehr kostspielig geworden, aber bis jetzt war es immer sein Geld wert gewesen. Was sein Geld nicht wert ist, das sind die alltäglichen Dummheiten, die einen verschleißen, dachte ich, kontrollierte die Büsche und toten Bäume, bei denen ich Kobralöcher vermutete, und hoffte, daß ich nicht auf eine trat, die gerade draußen auf Jagd war.

Im Lager hatte ich zwei Hyänen gehört, aber die waren jetzt still. Als ich oben bei der alten Manyatta einen Löwen hörte, beschloß ich, mich von dort fernzuhalten. Ich besaß ohnehin nicht Mut genug, dort hinaufzugehen, und außerdem war das auch Nashorngebiet. Vor mir auf der Ebene sah ich etwas im Mondlicht schlafen. Es war ein Gnu; ich schlug einen Bogen um das Tier, sah, daß es ein Bulle war, und kehrte wieder auf den Weg zurück.

Es waren viele Nachtvögel und Kiebitze unterwegs, und ich sah Löffelhunde und Springhasen, aber ihre Augen leuchteten nicht wie sonst, wenn wir mit dem Landrover herumfuhren, weil ich kein Licht dabeihatte und der Mond sich nicht in ihnen spiegelte. Der Mond stand jetzt ziemlich hoch und gab gutes Licht, und ich schritt weiter aus, nur froh, draußen in der Nacht zu sein, und ohne auf irgendwelche Tiere zu lauern. Der ganze Unsinn mit Keiti und dem Mädchen und der Witwe und unserer verhinderten Festmahlzeit und Liebesnacht schien plötzlich bedeutungslos, und als ich zurückblickte, sah ich nicht nur die Lichter des Lagers, sondern auch den Berg, hoch und mit abgeflachtem Gipfel und weiß vom Mond beschienen, und ich hoffte, daß ich nicht auf irgend etwas stoßen würde, das ich töten müßte. Das Gnu hätte ich natürlich töten können, das heißt vielleicht, aber dann wäre ich gezwungen gewesen, es auszunehmen und bei dem Kadaver zu bleiben, damit nicht die Hyänen darüber herfielen, oder aber das Lager zu wekken und den Lastwagen zu holen und mich wie ein Angeber aufzuführen, und ich dachte auch daran, daß nur sechs von uns überhaupt Gnu aßen und daß ich noch gutes Fleisch für Miss Marys Rückkehr besorgen wollte.

So schritt ich im Mondlicht dahin, hörte die kleinen Tiere umherhuschen und die Vögel mit Warnrufen aus dem Staub des Weges vor mir auffliegen und dachte daran, was Miss Mary wohl in Nairobi machen würde und wie sie mit ihrer neuen Frisur aussehen würde und ob sie sich überhaupt eine machen lassen würde oder nicht, und ich dachte daran, wie sie gebaut war und daß es zwischen ihrem Körperbau und dem von Debba fast keinen Unterschied gab und daß ich Miss Mary gegen zwei Uhr am nächsten Tag wiederhaben würde und daß das alles verdammt gut war.

Unterdessen hatte ich fast die Stelle erreicht, wo sie ihren Löwen getötet hatte, und am Rand des großen Sumpfs zu meiner Linken konnte ich einen Leoparden jagen hören. Ich überlegte, ob ich noch bis zur Salzebene weitergehen sollte, wußte aber, wenn ich das tat, würde mich doch noch irgendein Tier in Versuchung führen, und so machte ich kehrt und ging den ausgefahrenen Weg zum Lager zurück, vor mir den Berg und in mir keinen Gedanken ans Jagen.

Kapitel 17

Am Morgen brachte Mwindi den Tee; ich dankte ihm und trank vor dem Zelt bei den Resten des Feuers, und während ich trank, gab ich mich Gedanken und Erinnerungen hin, und dann zog ich mich an. Ich wollte mit Keiti sprechen.

Der Tag sollte nicht so vollkommen ruhig werden und nur dem Lesen und Nachdenken gewidmet sein, wie ich es mir erhofft hatte. Arap Meina erschien im offenen Zelteingang, salutierte elegant und sagte: «Bwana, es gibt ein paar kleine Probleme.»

«Welcher Art?»

«Nichts Ernstes.»

In dem von einigen großen Bäumen umgrenzten Bereich hinter den Kochfeuern, den man als unseren Empfangsraum bezeichnen konnte, standen die führenden Männer aus zwei Massai-Manyattas. Sie waren keine Häuptlinge, denn Häuptlinge waren Männer, die von den Briten Geld oder billige Abzeichen genommen hatten und somit gekaufte Männer waren. Sie waren schlicht die Vorsteher von Dörfern, die über fünfzehn Meilen auseinander lagen und beide Ärger mit Löwen hatten. Ich saß mit meinem Mzee-Stab auf einem Stuhl vor dem Zelt und bemühte mich, intelligente und würdevolle Grunzlaute auszustoßen, wenn ich etwas verstand oder nicht verstand und Mwindi und Meina dolmetschen mußten. Wir alle waren keine Massai-Experten, aber was diese guten und ernsten Männer uns vortrugen, war offensichtlich begründet. Der eine hatte vier lange Narben auf der

Schulter, die aussahen, als seien sie ihm mit einem Heurechen zugefügt worden, und der andere hatte irgendwann ein Auge verloren und eine übel aussehende alte Narbe im Gesicht, die dicht über dem Haaransatz begann und über das verlorene Auge bis fast zur Kinnspitze ging.

Die Massai redeten und stritten gern, aber diese beiden waren keine Schwätzer, und ich sagte ihnen und denen, die mit ihnen gekommen waren und schweigend dabeistanden, daß wir uns um ihre Probleme kümmern würden. Dazu mußte ich mit Mwindi sprechen, der dann mit Arap Meina sprach, damit der es an unsere Gäste weitergab. Ich stützte mich auf meinen Mzee-Stab, an dessen Spitze ein silberner Shilling befestigt war, und grunzte in reinem Massai, was sich ein wenig so anhörte wie Marlene Dietrich, wenn sie Lust, Verständnis oder Zuneigung äußerte. Die Töne variierten. Aber die Intonation begann tief und endete hoch.

Wir gaben uns alle die Hand, und Mwindi, der es liebte, die schlimmstmöglichen Neuigkeiten zu melden, sagte auf englisch: «Bwana, da sind zwei Frauen mit Bubu.»

Bubu kann jede Art von Geschlechtskrankheit bedeuten, schließt aber auch Frambösie mit ein, was manche Fachleute nicht für richtig halten. Frambösie wird von Spirochäten verursacht, die denen der Syphilis sehr ähnlich sind, aber wie man sie erwirbt, ist umstritten. Die gute alte Syphilis erwirbt man sich ja angeblich, wenn man aus einem fremden Glas trinkt oder sich unklugerweise auf eine öffentliche Toilette setzt oder einen Fremden küßt. Ich selbst verfüge nur über beschränkte Erfahrungen, habe aber nie jemanden kennengelernt, dem dieses Unglück widerfahren ist.

Frambösie kannte ich inzwischen fast so gut wie einen Bruder. Soll heißen, daß ich viel Kontakt damit gehabt hatte, ohne je in der Lage gewesen zu sein, sie wirklich zu beurteilen.

Die zwei Massaifrauen waren beide recht schön, und das bestärkte mich wieder einmal in meiner Theorie, daß Schönheit und Frambösie in Afrika Hand in Hand gehen. Msembi betätigte sich gern als Arzt und brachte ungebeten alles herbei, was zur Behandlung von Frambösie benötigt wurde. Ich reinigte die geschädigten Hautpartien und warf die Lappen in die noch glühende Asche des Feuers. Danach pinselte ich die Wundränder mit Methylviolett ein, was immer großen Eindruck machte. Methylviolett hatte eine erstaunliche Wirkung auf die Moral des Patienten und erfreute den Arzt und die Zuschauer mit seiner hübschen Farbe, die vom Violetten ins Goldene spielte. Meist ließ ich es mir nicht nehmen, auch dem Ehemann einen kleinen Punkt davon auf die Stirn zu tupfen.

Um nichts zu riskieren, bestreute ich die Wunden mit Sulfathiazol, wobei ich manchmal die Luft anhalten mußte, bestrich sie zusätzlich mit Aureomycin und legte dann einen Verband an. Dazu kam noch eine oral verabreichte Dosis Penicillin, und wenn die Frambösie sich nicht besserte, gab ich so viel Penicillin, wie wir uns leisten konnten. Anschließend holte ich den Kautabak unter meiner Achselhöhle hervor und steckte jeweils die Hälfte davon den beiden Patientinnen hinter die Ohren. Msembi liebte diesen Teil der Behandlung, aber ich bat ihn, eine Schüssel Wasser und die gute blaue zweiprozentige Nekko-Seife zu holen, damit ich mir nach dem Händeschütteln mit den Patientinnen die Hände waschen konnte. Ihre Hände waren immer schön und kalt, und hatte man einer Massaifrau erst einmal die Hand gegeben, dann wollte sie sie einfach nicht mehr loslassen, selbst wenn ihr Mann daneben stand. Das mochte eine Stammessitte sein, drückte aber vielleicht auch Zuneigung zu dem Frambösiedoktor aus. Es war eines der wenigen Dinge, die ich Ngui nicht fragen konnte, da uns dazu einfach der Wortschatz fehlte. Zum Dank für die geleisteten Dienste überreichte ein Massai einem gelegentlich ein paar Maiskolben, doch das kam nur in Ausnahmefällen vor.

Der nächste Patient hätte nicht einmal einen Amateurdoktor beflügeln können. Es war ein vorzeitig gealterter Mann, soweit man das an den Zähnen und Genitalien erkennen konnte. Er hatte Schwierigkeiten beim Atmen und knapp 40 Grad Fieber. Seine Zunge war weiß belegt, und als ich sie hinunterdrückte, sah ich weiße Flecken und Ablagerungen in seinem Hals. Eine leichte Berührung seiner Leber bereitete ihm unerträgliche Schmerzen. Er sagte, er habe starke Schmerzen im Kopf, im Bauch und in der Brust und seit langem keinen Stuhlgang mehr gehabt. Wie lange, konnte er nicht sagen. Wäre er ein Tier gewesen, hätte man ihn wohl erschossen. Da er ein Bruder in Afrika war, gab ich ihm Chloroquin für das Fieber, falls es sich um Malaria handelte, außerdem ein mildes Abführmittel sowie Aspirin gegen die Schmerzen, für den Fall, daß sie weiter anhielten, und dann kochten wir die Spritze aus, legten ihn flach auf den Boden und jagten ihm anderthalb Millionen Einheiten Penicillin in die müde, schlaffe, schwarze linke Hinterbacke. Das Penicillin war verschwendet. Das wußten wir alle. Aber wenn schon bankrott gehen, dann so. Wir alle fühlten uns in der Religion so wohl, daß wir uns Mühe gaben, freundlich zu all denen zu sein, die nicht dazugehörten.

Und wer hortet schon Penicillin, wenn er selbst aus eigenem Antrieb unterwegs in die ewigen Jagdgründe ist?

Mwindi, der den Geist des Ganzen erfaßt hatte, der seinen grünen Umhang und die grüne Mütze trug und der Ansicht war, daß wir alle zwar ungläubige Nichtsnutze, aber auch Kamba-Nichtsnutze seien, sagte: «Bwana, da ist noch ein Massai mit Bubu.»

«Bring ihn her.»

Es war ein netter Bursche, noch Krieger und stolz, aber eingeschüchtert von seinem Gebrechen. Der klassische Fall. Der Schanker war hart und nicht neu, und nachdem ich ihn betastet hatte, berechnete ich im Kopf, wieviel Penicillin wir noch hatten, und erinnerte mich daran, daß man nie in Panik geraten sollte und daß wir ein Flugzeug hatten, das uns Nachschub bringen konnte; ich sagte dem Jungen, er solle sich hinsetzen, und wieder kochten wir die Nadel und die Spritze aus, obwohl ich nicht wußte, wie er davon noch Schlimmeres hätte bekommen können als das, was er schon hatte, und Msembi betupfte ihm mit Watte und Alkohol den Hintern, der diesmal hart und flach war, wie ein Männerarsch sein sollte, und ich schob ihm die Spritze rein und sah etwas ölige Flüssigkeit austreten, das Zeichen meiner Unfähigkeit, die Vergeudung dessen, was jetzt einer Hostie gleichkam, und durch Mwindi und Arap Meina sagte ich dem Jungen, der jetzt aufrecht mit seinem Speer vor mir stand, wann er wiederkommen solle und daß er sechsmal kommen und dann eine Nachricht für das Krankenhaus mitnehmen solle, die ich ihm noch geben würde. Wir gaben uns die Hand, weil er jünger war als ich. Aber er lächelte und war stolz, denn er hatte eine Spritze bekommen.

Mthuka, der hier nichts zu suchen hatte, hatte sich

trotzdem dazugesellt, um bei der Anwendung der Medizin zuzusehen, denn er hoffte, daß ich irgend etwas Chirurgisches vornehmen würde; ich operierte nämlich nach einem Buch, das Ngui mir hinhielt und in dem es faszinierende farbige Abbildungen gab, von denen sich einige übereinanderlegen ließen, so daß man die Organe im vorderen und hinteren Teil des Körpers gleichzeitig betrachten konnte. Chirurgische Eingriffe waren bei allen beliebt, aber heute hatte es keine gegeben, und Mthuka trat hinzu, groß, lässig, taub, mit schönen Narben, die vor langer Zeit einmal einem Mädchen hatten gefallen sollen, bekleidet mit seinem karierten Hemd und dem Hut, der einmal Tommy Shevlin gehört hatte, und sagte: «Kwenda na shamba.»

«Kwenda», sagte ich, und zu Ngui: «Zwei Gewehre. Du und ich und Mthuka.»

«Hapana halal?»

«O.k. Charo kann auch mitkommen.»

«Mzuri», sagte Ngui, denn es wäre einer Beleidigung gleichgekommen, ein gutes Stück Fleisch zu töten, ohne es vorschriftsmäßig für die Moslemältesten schlachten zu lassen. Keiti wußte nur zu gut, daß wir alle üble Burschen waren, aber jetzt, da wir den Rückhalt einer ernsthaften Religion hatten und ich erklärt hatte, daß die Ursprünge dieser Religion so alt wie der Berg seien, wenn nicht noch älter, mußte Keiti sie ernst nehmen. Vielleicht hätten wir auch Charo missionieren können, doch das wäre eine schlechte Tat gewesen, da er den Trost seines eigenen Glaubens hatte, der besser organisiert war als unserer; wir unternahmen also keine Anstrengungen in dieser Richtung, und hatten schon einen großen Schritt getan, als Charo endlich anfing, unsere Religion ernst zu nehmen.

Miss Mary verabscheute sie, soweit sie überhaupt etwas davon verstand, und ich glaubte nicht, daß alle in unserer Gruppe den Wunsch hatten, sie als Mitglied aufzunehmen. Wenn sie nach Stammesrecht ohnehin Mitglied war, war das in Ordnung, und als solches brachte man ihr Gehorsam und Respekt entgegen. Aber hätte sie durch Wahl aufgenommen werden sollen, so hätte sie es wohl nicht geschafft. Von ihrer eigenen Gruppe, angeführt von den Wildhütern und dem erhabenen, kräftigen, aufrechten und gutaussehenden Chungo, wäre sie natürlich zur Königin des Himmels gewählt worden. Doch in unserer Religion gab es keine Jagdaufsichtsbehörde, und wir hatten vor, sowohl Prügel- als auch Todesstrafe vollständig abzuschaffen, außer gegen unsere Feinde, und es sollte keine Sklaven mehr geben außer denen, die wir selbst gefangengenommen hatten, und Kannibalismus sollte absolut und vollständig abgeschafft werden, außer für diejenigen, die ihn praktizieren wollten. Miss Mary hätte vermutlich nicht dieselbe Stimmenzahl bekommen wie von ihren eigenen Leuten.

Jedenfalls fuhren wir zur Shamba; Ngui ging Debba holen, und mit ihr an meiner Seite, ihre Hand auf dem schönen Pistolenhalfter, fuhren wir los. Debba nahm die Huldigungen von Kindern oder alten Leuten entgegen, als schritte sie als Ehrenoberst ein Regiment ab. Zu dieser Zeit gestaltete sie ihre öffentlichen Auftritte nach den Fotos in illustrierten Wochenzeitungen, die ich ihr geschenkt hatte, und sie hatte sich für die Würde und Anmut der besseren Königshäuser entschieden wie für ein Stück Stoff im Duka. Ich hatte sie nie danach gefragt, aber in diesem Jahr hatte es jede Menge Fotos von Galaempfängen gegeben, so daß ihr eine große Auswahl zur Verfügung stand. Ich hatte versucht, ihr die graziöse Bewegung des Handgelenks und der Finger beizubringen, mit der Prinzessin Aspasia von Griechenland mich im verräucherten Lärm von Harry's Bar in Venedig zu begrüßen pflegte, aber bis jetzt hatten wir in Laitokitok noch keine Harry's Bar.

Jetzt also nahm sie Huldigungen entgegen, und ich bewahrte eine steife Liebenswürdigkeit, während wir weiter die Straße entlangfuhren, die sich am Hang des Bergs hinaufwand, hin zu einer Stelle, wo ich ein großes, fettes und saftiges Tier zu erlegen hoffte, das jedermann glücklich machen würde. Wir jagten fleißig und warteten, auf einer alten Decke am Hang eines Hügels liegend, fast bis zum Einbruch der Dunkelheit darauf, daß irgendein Tier zum Weiden auf den offenen Hang kam. Es kam aber keins, und als es Zeit war, nach Hause zu fahren, schoß ich einen Gazellenbock, und mehr brauchten wir im Grunde gar nicht. Ich legte auf ihn an, und während wir beide am Boden saßen, ließ ich sie ihren Finger vor meinem um den Abzug legen, und als ich ihn im Visier verfolgte, spürte ich den Druck ihres Fingers und ihren Kopf an meinem und wie sie versuchte, nicht zu atmen. Dann sagte ich «Piga», und ihr Finger straffte sich nur eine winzige, verräterische Spur schneller als meiner, und der Bock, der beim Fressen mit dem Schwanz gewedelt hatte, war tot, und seine vier Beine ragten seltsam starr in den Himmel. Charo lief in seinen zerfetzten Shorts und dem alten blauen Blazer und dem schmuddeligen Turban zu ihm, um ihm die Kehle durchzuschneiden und ihn so zu erlaubter Speise zu machen.

«Piga mzuri», sagte Ngui zu Debba, und sie drehte sich zu ihm um und versuchte, ihre königliche Haltung einzunehmen, was ihr aber nicht gelang, worauf sie in Tränen ausbrach und sagte: «Asanta sana.»

Wir saßen da, sie weinte und hörte schließlich abrupt

damit auf. Wir sahen Charo bei seiner Arbeit zu, das Jagdauto kam um den Vorsprung des Hügels und hielt bei dem Tier, Mthuka stieg aus und ließ die Ladeklappe herunter, und er und Charo – beide und auch das große Auto wirkten in der Ferne klein – bückten sich und hoben und schwangen den Kadaver auf die Ladefläche. Dann kam das Auto den Hügel hinauf auf uns zu, wobei es mit jedem Augenblick größer wurde. Kurz hatte ich den Wunsch verspürt, die Weite dieses Schusses mit Schritten auszumessen. Aber das wäre albern gewesen, und ein Mann sollte aus jeder Entfernung schießen können, besonders wenn er den Vorteil hat, bergab zu schießen.

Debba sah den Bock an, als hätte sie noch niemals eine Gazelle gesehen, und legte einen Finger in das Loch, wo das Geschoß den Rumpf in Höhe der Schultern durchschlagen hatte, und ich sagte ihr, sie solle sich an dem Blut auf der Ladefläche nicht schmutzig machen. Die Ladefläche war mit Eisenrinnen versehen, damit das Fleisch nicht direkt auf dem heißen Wagen lag und die Luft zirkulieren konnte, und auch wenn sie immer sorgfältig geputzt wurde, war sie doch so etwas wie eine Bahre.

Debba ließ von ihrem Tier ab, und als wir den Hügel hinunterfuhren, saß sie zwischen Mthuka und mir; wir merkten beide, daß sie in einem seltsamen Zustand war, aber sie sagte kein Wort und hielt nur meinen Arm und das Pistolenhalfter umklammert. In der Shamba wurde sie wieder königlich, war aber nicht mit dem Herzen dabei; Ngui nahm den Bock aus, warf die Innereien und die Lunge den Hunden zu, öffnete den Magen und säuberte ihn, legte das Herz, die Nieren und die Leber in den Magen und gab ihn einem Kind, das ihn zu Debbas Haus bringen sollte. Mein Schwiegervater war da, und ich nickte ihm zu. Er nahm den feuchten weißen Magen mit dem roten und violetten Inhalt und ging ins Haus, das mit seinem Kegeldach und den roten Mauern wirklich recht schön war.

Ich stieg aus dem Wagen und half Debba hinunter.

«Jambo tu», sagte ich. Sie erwiderte nichts und ging ins Haus.

Es war jetzt dunkel, und als wir das Lager erreichten, brannte das Feuer, und man hatte meinen Stuhl und den Tisch mit den Getränken nach draußen gestellt. Mwindi hatte Badewasser zubereitet, und ich stieg in die Wanne, seifte mich sorgsam ein, zog einen Pyjama, die Moskitostiefel und einen dicken Bademantel an und setzte mich draußen ans Feuer. Keiti erwartete mich schon.

«Jambo, Bwana», sagte er.

«Jambo, Mr. Keiti», sagte ich. «Wir haben eine kleine Thompsongazelle erlegt. Charo hat dir sicher schon gesagt, daß sie in Ordnung ist.»

Als er lächelte, wußte ich, daß wir wieder Freunde waren. Er hatte das netteste, reinste Lächeln von allen, die ich kannte.

«Setz dich, Keiti», sagte ich.

«Nein.»

«Ich bin dir sehr dankbar für das, was du gestern nacht getan hast. Du hast richtig gehandelt und genau so, wie es sein soll. Ich habe den Vater des Mädchens in letzter Zeit mehrmals gesehen und die notwendigen Besuche und Geschenke gemacht. Das hast du unmöglich wissen können. Der Vater taugt nichts.»

«Ich weiß. In dieser Shamba herrschen die Frauen.»

«Wenn ich von dem Mädchen einen Sohn bekomme, soll er eine anständige Ausbildung haben und sich aussuchen können, ob er Soldat, Arzt oder Anwalt werden möchte. Das meine ich wörtlich. Wenn er lieber Jäger sein will, kann er als mein Sohn bei mir bleiben. Verstehst du?»

«Ich verstehe sehr gut», sagte Keiti.

«Wenn ich eine Tochter bekomme, erhält sie eine Aussteuer, oder sie kann als meine Tochter bei mir leben. Verstehst du?»

«Ich verstehe. Vielleicht wäre es besser, wenn sie bei der Mutter bleiben würde.»

«Ich werde mich streng an die Gesetze und Bräuche der Kamba halten. Aber ich kann das Mädchen nicht heiraten und mit nach Hause nehmen, weil dumme Gesetze das verbieten.»

«Einer deiner Brüder kann sie heiraten», sagte Keiti.

«Ich weiß.»

Damit war der Fall erledigt, und wir waren wieder so gute Freunde wie immer.

«Ich würde gern nachts mitkommen und mit dem Speer jagen», sagte Keiti.

«Ich bin noch ein Anfänger», sagte ich. «Ich stelle mich sehr dumm an, und ohne Hund ist es schwierig.»

«Niemand kennt die Nacht. Ich nicht. Du nicht. Niemand.»

«Ich möchte sie kennenlernen.»

«Das wirst du. Aber sei vorsichtig.»

«Ganz bestimmt.»

«Niemand kennt die Nacht, außer in einem Baum oder an irgendeinem anderen sicheren Ort. Die Nacht gehört den Tieren.»

Keiti war zu taktvoll, um von der Religion zu sprechen, aber sein Blick sagte mir, daß er zu denen gehörte, die auf einen Berg geführt worden waren und die Versuchungen der Welt vor sich ausgebreitet gesehen hatten, und das erinnerte mich daran, daß wir Charo nicht verderben durften. Ich sah jetzt, daß wir dabei waren zu gewinnen und daß ich Debba und die Witwe jetzt mit Speisekarten und Platzkarten zum Abendessen hätte einladen können. Und im Gefühl des Sieges versuchte ich noch ein wenig nachzulegen.

«In unserer Religion ist natürlich alles möglich.»

«Ja. Charo hat mir von eurer Religion erzählt.»

«Sie ist sehr klein, aber sehr alt.»

«Ja», sagte Keiti.

«Na, dann gute Nacht», sagte ich. «Wenn alles in Ordnung ist.»

«Es ist alles in Ordnung», sagte Keiti, und ich wünschte ihm noch einmal eine gute Nacht; er verbeugte sich noch einmal, und ich beneidete Pop, daß Keiti zu seinen Leuten gehörte. Aber, dachte ich, demnächst wirst du deine eigenen Leute haben, und mag Ngui sich auch in mancher Hinsicht niemals mit Keiti messen können, so ist er immerhin derber und lustiger, und überhaupt haben sich die Zeiten geändert.

Dann lag ich wach und lauschte den Geräuschen der Nacht und versuchte sie zu deuten. Was Keiti gesagt hatte, war sehr wahr: Niemand kannte die Nacht. Aber ich würde sie kennenlernen, und zwar allein und zu Fuß, wenn das möglich war. Ich würde sie kennenlernen und wollte sie mit niemandem teilen. Geld kann man teilen, aber eine Frau teilt man nicht, und ich würde die Nacht nicht teilen. Ich konnte nicht einschlafen, nahm aber kein Schlafmittel, denn ich wollte die Nacht hören und war noch unschlüssig, ob ich bei Mondaufgang hinausgehen sollte. Ich wußte, daß ich nicht genug Erfahrung hatte, um allein mit dem Speer auf Jagd zu gehen, ohne in Schwierigkeiten zu geraten, und daß es meine Pflicht und mein großes, herrliches Vergnügen war, im Lager zu sein, wenn Miss Mary zurückkam. Es war allerdings auch meine Pflicht und mein wunderbares Vergnügen, bei Debba zu sein, doch ich war mir sicher, daß sie mindestens bis zum Mondaufgang fest schlafen würde und daß wir nach dem Mondaufgang für unser Glück oder unseren Kummer würden bezahlen müssen. Ich lag auf der Pritsche, die alte Schrotflinte starr neben mir und die Pistole – meinen besten Freund und strengsten Kritiker aller falschen Reflexe und Entscheidungen – zwischen meinen Beinen in dem schönen Halfter, das Debba so oft mit ihren harten Händen poliert hatte, und ich dachte daran, was für ein Glück ich hatte, daß ich Miss Mary kannte und sie mir die große Ehre erwies, mit mir und Miss Debba, der Königin der Ngomas, verheiratet zu sein. Jetzt, da wir die Religion hatten, war das einfach. Ngui, Mthuka und ich konnten selbst entscheiden, was eine Sünde war und was nicht.

Ngui besaß fünf Frauen, das wußten wir genau, und zwanzig Stück Vieh, was wir bezweifelten. Ich hatte aufgrund der amerikanischen Gesetze nur eine rechtmäßige Frau, aber alle erinnerten sich voller Respekt an Miss Pauline, die vor langer Zeit in Afrika gewesen und insbesondere von Keiti und Mwindi sehr geliebt und bewundert worden war, und ich wußte, daß die beiden sie für meine dunkle indische Frau hielten und Miss Mary für meine blonde indische Frau. Sie alle waren überzeugt, daß Miss Pauline sich zu Hause um die Shamba kümmern mußte, während ich mit Miss Mary hier im Lande weilte; daß Miss Pauline tot war, hatte ich ihnen nie erzählt, weil es sie sehr traurig gemacht hätte. Und wir erzählten ihnen auch nichts von der anderen Ehefrau, die sie nicht gemocht hätten und die degradiert worden war und diesen Rang gar nicht mehr bekleidete. Selbst die konservativsten und skeptischsten der Ältesten waren sich einig, daß ich, wenn Ngui fünf Frauen besaß, aufgrund unserer Vermögensunterschiede mindestens zwölf besitzen mußte.

Man nahm auch an, daß ich mit Miss Marlene verheiratet war; von ihr glaubte man aufgrund von Fotos und Briefen, die ich erhalten hatte, sie arbeite in einer kleinen Vergnügungs-Shamba namens Las Vegas, die mir gehörte. Alle kannten Miss Marlene als Autorin von *Lili Marleen*, und viele Leute hielten sie selbst für Lili Marleen, und wir alle hörten sie auf dem alten Kurbelgrammophon viele hundert Male einen Song namens *Johnny* singen, damals, als *Rhapsody in Blue* noch ganz neu war. Dieses Lied rührte alle immer zutiefst, und wenn ich, so fern von meiner Vergnügungs-Shamba, mißmutig und niedergeschlagen war, was freilich selten vorkam, fragte mich Nguis Halbbruder Molo jedesmal, ob er *Johnny* auflegen solle, und wenn ich sagte, ja, laß sie singen, kurbelte er das tragbare Grammophon an, und wir alle hörten glücklich der schönen, tiefen, immer leicht danebenliegenden Stimme meiner schönen nicht existierenden Ehefrau zu, die in meiner Vergnügungs-Shamba nicht nur sang, sondern diese auch mit sicherer Hand leitete.

Aus solchem Stoff wurden Legenden gemacht, und daß eine meiner Frauen Lili Marleen war, machte die Religion nicht unattraktiver. Ich hatte Debba beigebracht zu sagen: «*Vamonos a Las Vegas*», und sie liebte den Klang dieses Satzes fast so sehr wie *No hay remedio*. Dennoch hatte sie immer Angst vor Miss Marlene; dabei hatte sie ein großes Bild von ihr, auf dem Miss Marlene nach meinem Empfinden so gut wie nichts am Leibe trug, an der Wand über ihrem Bett hängen; daneben hingen Reklamefotos für Waschmaschinen und Müllschlucker und extradicke Steaks und Hammelkoteletts und allerlei aus der Zeitschrift *Life* ausgeschnittene Bilder, auf denen ein Mammut, ein kleines vierzehiges Pferd und ein Säbelzahntiger zu sehen waren. Das waren die großen Wunder ihrer neuen Welt, und das einzige der Wunder, vor dem sie Angst hatte, war Miss Marlene.

Weil ich jetzt wach war und nicht glaubte, daß ich wieder einschlafen würde, dachte ich an Debba und Miss Marlene und Miss Mary und eine andere Frau, die ich kannte und damals sehr liebte: eine schlaksige Amerikanerin mit kräftigen Schultern und den üblichen üppigen amerikanischen Kurven, die von all denen so bewundert werden, die nicht wissen, daß eine kleine, feste, wohlgeformte Brust viel besser ist. Aber diese Frau hatte gute Manieren und war sehr liebevoll, auch wenn sie ständig über irgend etwas klagte. Es war aber recht angenehm, nachts an sie zu denken, wenn man nicht einschlafen konnte, und ich lauschte der Nacht und dachte ein wenig an sie und an die Hütte und an Key West und das Haus und an die Spielkasinos, die wir besucht hatten, und an die schneidend kalten Morgen, die wir bei gemeinsamen Jagdgängen erlebt hatten, wenn der Wind im Dunkeln an uns vorbeipfiff, und an den Geschmack der Bergluft und den Geruch des Salbeis, damals, als sie noch nicht nach Geld gejagt hatte. Kein Mann ist jemals wirklich allein, und die angeblich dunklen Stunden der Seele, in denen es immer drei Uhr morgens ist, sind die besten Stunden eines Mannes, wenn er nicht gerade Alkoholiker ist oder Angst vor der Nacht und dem kommenden Tag hat. Auch ich hatte in meinem Leben Angst erlebt wie jeder andere, und vielleicht sogar noch mehr. Aber mit den Jahren hatte ich Angst als eine Form von Dummheit erkannt, die in dieselbe Kategorie gehörte wie Kontoüberziehungen, Geschlechtskrankheiten oder Süßigkeiten. Angst war ein kindliches Laster, und obgleich es mir gefiel, ihr Nahen zu spüren – das war bei jedem Laster so –, war sie doch nichts für erwachsene Männer; das einzige, wovor man Angst haben durfte, war eine echte und unmittelbar bevorstehende Gefahr, die man ernst nehmen und auf die man reagieren mußte, wenn man für andere Verantwortung trug. Das war die automatische Angst, bei der einem angesichts realer Gefahr die Kopfhaut juckte, und wenn man diese Reaktion nicht mehr hatte, war es Zeit, sich nach irgendeiner anderen Tätigkeit umzusehen.

Also dachte ich an Miss Mary und daran, wie tapfer sie in den sechsundneunzig Tagen gewesen war, in denen sie ihren Löwen verfolgt hatte, und dabei war sie nicht groß genug gewesen, um ihn auch nur einmal richtig zu sehen. Sie hatte mit unvollständigem Wissen und unzureichenden Werkzeugen etwas Neues getan und uns alle mit ihrem Willen angetrieben, so daß wir täglich eine Stunde vor dem ersten Tageslicht auf den Beinen waren und Löwen allmählich satt bekamen, vor allem in Magadi, und Charo, der Miss Mary treu ergeben, aber ein alter Mann war und von Löwen nichts mehr wissen wollte, hatte zu mir gesagt: «Bwana, töte den Löwen, damit es vorbei ist. Eine Frau wird niemals einen Löwen töten.»

Kapitel 18

Es war ein schöner Tag zum Fliegen, und der Berg war sehr nahe. Ich saß an den Baum gelehnt da und beobachtete die Vögel und das grasende Wild. Ngui kam, um sich Anweisungen geben zu lassen, und ich sagte ihm, er und Charo sollten alle Waffen reinigen und ölen und die Speere schärfen und ölen. Keiti und Mwindi holten das Bett heraus, das kaputtgegangen war, und brachten es in Bwana Mouses leeres Zelt. Ich stand auf und sah es mir an. Es war nicht sehr kaputt. Eine Querstrebe in der Mitte hatte einen Längsriß, und einer der Hauptpfosten, die das Tuch hielten, war gebrochen. Das war leicht zu reparieren, und ich sagte, ich würde etwas Holz besorgen und es von Mr. Singh zusägen und bearbeiten lassen.

Keiti, der sich unbändig freute, daß Miss Mary bald kommen würde, sagte, wir würden Bwana Mouses Pritsche bekommen, die genauso gebaut war wie unsere, und ich begab mich wieder zu meinem Stuhl und dem Vogelbuch und trank noch etwas Tee. Ich fühlte mich wie jemand, der sich zu früh für die Party umgezogen hat. Der Morgen glich einem Frühlingsmorgen auf einem Plateau in den Hochalpen, und als ich zum Frühstück ins Eßzelt ging, fragte ich mich, was der Tag wohl bringen würde. Als erstes brachte er den Spitzel.

«Guten Morgen, Bruder», sagte der Spitzel. «Was macht die Gesundheit?»

«Könnte nicht besser sein, Bruder. Was gibt's Neues?»

«Darf ich reinkommen?»

«Natürlich. Hast du schon gefrühstückt?»

«Vor einigen Stunden. Ich habe auf dem Berg gefrühstückt.»

«Wie das?»

«Die Witwe war so unausstehlich, daß ich sie verlassen habe und allein durch die Nacht gezogen bin, wie du es tust, Bruder.»

Ich wußte, das war eine Lüge, und ich sagte: «Du meinst, du bist zur Straße gegangen und hast dich von einem von Benjis Jungen im Lastwagen nach Laitokitok mitnehmen lassen?»

«So ähnlich, Bruder.»

«Weiter.»

«Bruder, etwas Schreckliches braut sich zusammen.»

«Nimm dir was zu trinken und erzähl.»

«Es soll Heiligabend und Weihnachten passieren, Bruder. Ein Massaker, glaube ich.»

Ich wollte sagen: «Von denen oder von uns?», beherrschte mich aber.

«Erzähl mir mehr», sagte ich und sah dem Spitzel in sein stolzes braunes, von Schuld zerfurchtes Gesicht, als er ein Schnapsglas mit kanadischem Gin und einem Spritzer Campari an seine grauroten Lippen hob.

«Warum trinkst du nicht Gordon's? Dann lebst du länger.»

«Ich kenne meinen Platz, Bruder.»

«Denn dein Platz ist in meinem Herzen», zitierte ich den verstorbenen Fats Waller. Dem Spitzel traten Tränen in die Augen.

«Also Bartholomäusnacht am Heiligabend», sagte ich. «Hat denn niemand mehr Respekt vor dem Jesuskind?»

«Es wird ein Massaker geben.»

«Auch Frauen und Kinder?»

«Niemand hat nein gesagt.»

«Wer hat was gesagt?»

«Bei Benji wurde geredet. Auch in den Massai-Läden und im Tea Room wurde viel geredet.»

«Sollen die Massai getötet werden?»

«Nein. Die Massai werden alle hier sein bei deinem Ngoma für das Jesuskind.»

«Ist das Ngoma beliebt?» fragte ich, um das Thema zu wechseln und ihm zu zeigen, daß die Nachricht von einem drohenden Massaker mich kaltließ; immerhin hatte ich den Zulukrieg mitgemacht, und meine Vorfahren hatten George Armstrong Custer am Little Big Horn erledigt. Niemand, der, ohne Moslem zu sein, nach Mekka fährt, wie irgendein anderer vielleicht nach Brighton oder Atlantic City fährt, darf sich von Gerüchten über Massaker beeindrucken lassen.

«Von dem Ngoma spricht der ganze Berg», sagte der Spitzel. «Und natürlich von dem Massaker.»

«Was hat Mr. Singh gesagt?»

«Er war sehr unhöflich zu mir.»

«Wird er an dem Massaker teilnehmen?»

«Er ist vermutlich einer der Rädelsführer.»

Er wickelte ein Päckchen aus seinem Umhang. Es war eine Flasche White-Heather-Whisky.

«Ein Geschenk von Mr. Singh», sagte er. «Ich rate dir, das sorgfältig zu prüfen, bevor du es trinkst, Bruder. Ich habe den Namen noch nie gehört.»

«Wie schade, Bruder. Es mag ein neuer Name sein, aber es ist ein guter Whisky. Neue Whiskymarken sind anfangs immer gut.»

«Ich habe Informationen über Mr. Singh für dich. Er hat ohne Zweifel Militärdienst geleistet.»

«Kaum zu glauben.»

«Ich bin mir ganz sicher. Niemand, der nicht in der britischen Armee gedient hat, könnte mich so verfluchen wie Mr. Singh.»

«Hältst du Mr. Singh und Mrs. Singh für subversive Elemente?»

«Ich werde Nachforschungen anstellen.»

«Deine Informationen waren heute ein wenig dünn, Spitzel.»

«Bruder, es war eine schwierige Nacht. Die Kaltherzigkeit der Witwe, mein Hin und Her auf dem Berg.»

«Nimm dir noch einen Drink, Bruder. Du redest wie in *Wuthering Heights*.»

«War das eine Schlacht, Bruder?»

«In gewisser Weise.»

«Davon mußt du mir mal erzählen.»

«Erinnere mich daran. Jetzt möchte ich, daß du die nächste Nacht in Laitokitok bleibst, und zwar nüchtern, und mir irgendwelche nicht so idiotischen Informationen bringst. Geh zu Browns Hotel und schlaf dort. Nein, schlaf auf der Veranda. Wo hast du letzte Nacht geschlafen?»

«Unter dem Billardtisch im Tea Room.»

«Betrunken oder nüchtern?»

«Betrunken, Bruder.»

Mary würde bestimmt noch warten, bis die Bank aufmachte, damit sie die Post abholen konnte. Es war ein guter Tag zum Fliegen, nichts wies darauf hin, daß sich etwas zusammenbraute, und ich glaubte auch nicht, daß Willie es eilig hatte. Ich nahm zwei kühle Flaschen Bier mit ins Jagdauto, und dann fuhren Ngui, Mthuka und ich und Arap Meina, der hinten saß, zum Landestreifen.

Arap Meina würde beim Flugzeug Wache halten. Er sah sehr schneidig und schmuck aus in seiner Uniform, und seine .303 mit dem Tragriemen war frisch poliert und geölt. Wir jagten einmal über die Wiese, um die Vögel aufzuscheuchen, und zogen uns dann in den Schatten eines großen Baums zurück, wo Mthuka den Motor abstellte und wir es uns alle bequem machten. Charo war in letzter Minute mitgekommen, weil er Miss Marys Gewehrträger war und es sich einfach gehörte, daß er sie begrüßte.

Es war nach Mittag. Ich machte eine der Literflaschen Tusker auf, und Mthuka und Ngui und ich tranken daraus. Arap Meina durfte nichts trinken, weil er kürzlich betrunken gewesen war, aber er wußte, daß ich ihm später etwas geben würde.

Ich erzählte Ngui und Mthuka, daß ich letzte Nacht geträumt hatte, wir sollten die Sonne beim Aufgehen und beim Untergehen anbeten.

Ngui sagte, auch für die Religion werde er sich nicht wie ein Kameltreiber oder ein Christ auf die Erde knien.

«Du brauchst dich nicht hinzuknien. Du wendest dich nur der Sonne zu und betest.»

«Worum haben wir in dem Traum gebetet?»

«Daß wir tapfer leben und tapfer sterben und direkt in die ewigen Jagdgründe kommen.»

«Wir sind doch schon tapfer», sagte Ngui. «Warum müssen wir noch darum beten?»

«Bete, um was du willst, solange es gut für uns alle ist.»

«Ich bete um Bier, um Fleisch und um eine neue Frau mit harten Händen. Die Frau können wir uns teilen.»

«Ein gutes Gebet. Worum betest du, Mthuka?»

«Daß wir das Auto behalten.»

«Sonst noch was?»

«Bier. Daß du nicht getötet wirst. Daß es viel regnet in Machakos. Ewige Jagdgründe.»

«Worum hast du gebetet?» fragte Ngui mich.

«Afrika den Afrikanern. Kwisha Mau-Mau. Kwisha alle Krankheiten. Überall viel Regen. Ewige Jagdgründe.»

«Bete um ein schönes Leben», schlug Mthuka vor.

«Bete, daß du mit der Frau von Mr. Singh schlafen kannst.»

«Du mußt gut beten.»

«Nimm die Frau von Mr. Singh in die ewigen Jagdgründe mit.»

«Zu viele Leute wollen bei der Religion mitmachen», sagte Ngui. «Wie viele wollen wir aufnehmen?»

«Wir beginnen mit einem Trupp, bilden dann vielleicht einen Zug und später möglicherweise eine Kompanie.»

«Kompanie ist zuviel für die ewigen Jagdgründe.»

«Das finde ich auch.»

«Du kommandierst die ewigen Jagdgründe. Wir machen einen Rat, aber du kommandierst. Kein großer Geist. Kein Gitchy Manitou. Hapana König. Hapana Queen's Road. Hapana Gouverneur. Hapana D. C. Hapana Jesuskind. Hapana Polizei. Hapana Black Watch. Hapana Jagdaufsicht.»

«Hapana», sagte ich.

«Hapana», sagte Mthuka.

Ich gab Arap Meina die Bierflasche.

«Bist du fromm, Meina?»

«Sehr», sagte Meina.

«Trinkst du?»

«Nur Bier, Wein und Gin. Ich kann auch Whisky trinken, und alle klaren oder bunten Schnäpse.»

«Betrinkst du dich auch mal, Meina?»

«Das weißt du am besten, Vater.»

«Welche Religionen hast du gehabt?»

«Ich bin jetzt Moslem.» Charo lehnte sich zurück und schloß die Augen.

«Was warst du davor?»

«Lumbwa», sagte Meina. Mthukas Schultern bebten. «Christ bin ich nie gewesen», sagte Meina würdevoll.

«Wir reden zuviel von Religion, und ich vertrete noch immer Bwana Game, und in vier Tagen feiern wir den Geburtstag des Jesuskinds.» Ich sah auf meine Armbanduhr. «Vertreiben wir die Vögel von der Wiese und trinken das Bier, bevor das Flugzeug kommt.»

«Das Flugzeug kommt jetzt», sagte Mthuka. Er ließ den Motor an, ich gab ihm das Bier, und er trank ein Drittel von dem, was noch übrig war. Ngui trank ebenfalls ein Drittel, und ich trank ein halbes Drittel und überließ Meina den Rest. Schon fuhren wir mit vollem Tempo dahin und jagten Störche auf, die mit den Flügeln schlugen und, als sie sich widerwillig in die Lüfte schwangen, die langen Beine nach hinten klappten, als würden sie ihr Fahrwerk einfahren.

Wir sahen das Flugzeug blau und silbern und storchenbeinig über uns und das Lager hinwegfliegen, und dann fuhren wir am Rand des Landestreifens entlang, und die Maschine flog uns mit ausgefahrenen Landeklappen entgegen, raste an uns vorbei, landete ohne Hüpfer, beschrieb, die Nase arrogant hochgereckt, einen Bogen und schleuderte dabei Staub in das knietiefe weiße Blütenmeer.

Miss Mary saß an der uns jetzt zugewandten Seite und sprang mit einem gekonnten kleinen Satz hinaus. Ich umarmte und küßte sie, und dann gab sie allen die Hand, Charo als erstem.

«Morgen, Papa», sagte Willie. «Überläßt du mir Ngui? Er kann beim Ausladen helfen. Sie hat ganz schön was mitgebracht!»

«Du mußt ganz Nairobi gekauft haben», sagte ich zu Mary.

«Alles, was ich mir leisten konnte. Den Muthaiga Club wollten sie nicht verkaufen.»

«Aber sie hat das Torr und das New Stanley gekauft», sagte Willie. «Damit wir da jederzeit ein Zimmer kriegen, Papa.»

«Was hast du sonst noch gekauft?»

«Sie wollte mir eine Comet kaufen», sagte Willie. «Die kriegt man jetzt ja ziemlich billig.»

Wir fuhren zum Lager; Miss Mary und ich saßen vorn. Willie unterhielt sich mit Ngui und Charo. Im Lager ließ Mary die Sachen in das leere Zelt von Bwana Mouse bringen, und ich bekam Anweisung, mich fernzuhalten und nicht zuzusehen. Schon beim Flugzeug hatte sie mir eingeschärft, nicht so genau hinzusehen, und ich hatte nicht hingesehen. Sie hatte auch ein dickes Bündel Briefe, Zeitungen und Zeitschriften mitgebracht, und die hatte ich ins Eßzelt mitgenommen, wo Willie und ich erst einmal ein Bier tranken.

«Guten Flug gehabt?»

«Keine Turbulenzen. Jetzt, wo die Nächte schon so kalt sind, heizt sich der Boden nicht mehr so auf. In Salengai hat Mary ihre Elefanten und ein riesiges Rudel Wildhunde gesehen.»

Miss Mary kam herein. Sie hatte alle Begrüßungen entgegengenommen und strahlte. Sie war beliebt, sie wurde freundlich aufgenommen, und die Leute hatten sie förmlich begrüßt. Das Leben als Memsahib gefiel ihr.

«Ich wußte gar nicht, daß Mousies Bett kaputt ist.»

«Ach?»

«Und ich habe dir noch gar nicht zu dem Leoparden gratuliert. Darf ich dir einen Kuß geben? Dein Telegramm über ihn hat G. C. belustigt.»

«Sie haben ihren Leoparden. Sie brauchen sich keine Sorgen zu machen. Niemand braucht sich Sorgen zu machen. Nicht einmal der Leopard.»

«Erzähl mir von ihm.»

«Nein. Wenn wir mal dran vorbeikommen, zeige ich dir die Stelle.»

«Kann ich irgendwelche Briefe haben, die du schon gelesen hast?»

«Mach sie doch alle auf.»

«Was hast du? Freust du dich nicht, daß ich wieder da bin? Ich habe mich in Nairobi wunderbar amüsiert, das heißt, zumindest bin ich jeden Abend ausgegangen, und alle waren sehr nett zu mir.»

«Wir werden alle üben, nett zu dir zu sein, dann hast du's hier bald wie in Nairobi.»

«Bitte, sei lieb, Papa. Ich mache so was doch so gern. Ich bin nur nach Nairobi gefahren, um zum Arzt zu gehen und Weihnachtsgeschenke einzukaufen, und ich weiß, daß du mir dieses Vergnügen gegönnt hast.»

«Gut, und jetzt bist du wieder da. Dann nimm mich fest in die Arme und gib mir einen guten Anti-Nairobi-Kuß.»

Sie war schlank und frisch in ihren Khakisachen, und darunter fühlte sie sich fest an, und sie roch sehr gut, und ihr silberblondes Haar war kurz geschnitten; ich kehrte wieder in den Schoß der weißen oder europäischen Rasse zurück, so bedenkenlos wie jener Söldner, der zu Heinrich IV. gesagt hatte, Paris sei eine Messe wert.

Willie verfolgte unsere Begrüßung mit Wohlwollen

und fragte: «Papa, gibt es außer dem Chui noch andere Neuigkeiten?»

«Nein, nichts.»

«Keine Probleme?»

«Die Straße bei Nacht ist ein Skandal.»

«Mir scheint, man verläßt sich ein wenig zu sehr darauf, daß die Wüste unpassierbar ist.»

Ich schickte nach dem Fleisch für Willie, und Mary ging zu unserem Zelt, um ihre Briefe zu holen. Wir fuhren zum Flugzeug, und Willie flog ab. Alle Gesichter hoben sich in dem Winkel, in dem er die Maschine nach oben zog, und als sie nur noch ein ferner Silberfleck war, fuhren wir wieder ins Lager zurück.

Mary war schön und liebevoll, und Ngui war verstimmt, weil ich ihn nicht zum Flugzeug mitgenommen hatte. Bald würde es Abend werden, dann würden wir Zeit für die Fracht der britischen Luftpostflieger und für das helle, abnehmende Licht und das Feuer und einen großen Drink haben.

Zum Teufel damit, dachte ich. Ich habe mein Leben viel zu kompliziert gemacht, und die Komplikationen greifen immer weiter um sich. Ich werde jetzt jede *Time* lesen, die Mary nicht haben will, ich habe sie wieder bei mir und will das Feuer genießen, und gemeinsam werden wir unseren Drink und das anschließende Essen genießen. Mwindi bereitete ihr Bad in der Segeltuchwanne vor – ich würde dann als zweiter drankommen. Ich dachte, daß ich im Bad alles restlos von mir abwaschen würde, und als die Wanne geleert und ausgespült und mittels alter Benzinkanister wieder mit über dem Feuer erhitztem Wasser gefüllt worden war, legte ich mich hinein und rückte mir mit der Lifebuoy-Seife zu Leibe.

Ich trocknete mich mit meinem Handtuch ab und zog

einen Pyjama und meine alten Moskitostiefel aus China und einen Bademantel an. Es war das erstemal seit Marys Abreise, daß ich ein heißes Bad genommen hatte. Die Briten nahmen jeden Abend eins, wenn es irgend möglich war. Aber ich zog es vor, mich jeden Morgen vor dem Ankleiden über der Waschschüssel zu schrubben, und dann noch einmal, wenn wir von der Jagd zurückkamen und abends vor dem Essen.

Pop nahm daran Anstoß, denn das Baderitual war eines der wenigen übriggebliebenen Rituale der alten Safaris. Wenn er bei uns war, achtete ich darum immer darauf, ein heißes Bad zu nehmen. Bei der anderen Art von Körperreinigung fand man jedoch die Zecken, die man im Lauf des Tages aufgelesen hatte, und ließ sich von Mwindi oder Ngui diejenigen entfernen, an die man nicht herankam. Früher, als ich mit Mkola allein gejagt hatte, waren wir ständig von Sandflöhen befallen worden, die sich unter die Zehennägel bohrten, und jeden Abend hatten wir uns vor die flackernde Laterne gesetzt und sie uns gegenseitig herausgezogen. Kein Bad hätte uns von diesen Sandflöhen befreit, aber wir hatten ja auch kein Bad.

Ich dachte an die alten Zeiten und wie mühsam, oder genauer: wie unkompliziert wir damals gejagt hatten. Wenn man sich damals ein Flugzeug kommen ließ, bedeutete das entweder, daß man unausstehlich reich war und sich mit keinem Teil Afrikas, in dem das Fortkommen auch nur ein wenig schwierig war, abzugeben gedachte, oder daß man im Sterben lag.

«Wie geht's dir jetzt nach dem Bad, Schatz? Und hast du dich wirklich amüsiert?»

«Mir geht es bestens. Der Arzt hat mir dasselbe Zeug gegeben, das ich schon genommen hatte, und dazu noch

Wismut. Die Leute waren sehr nett zu mir. Aber du hast mir immer gefehlt.»

«Du siehst wunderbar aus», sagte ich. «Wie bist du zu dieser schönen Kamba-Frisur gekommen?»

«Ich hab's mir heute nachmittag an den Seiten noch etwas kürzer geschnitten», sagte sie. «Gefällt es dir?»

«Erzähl mir von Nairobi.»

«Am ersten Abend bin ich einem sehr netten Mann begegnet; er hat mich in den Traveler's Club mitgenommen und nachher zum Hotel begleitet. War gar nicht so schlecht.»

«Was für einer war er?»

«Ich kann mich nicht besonders gut an ihn erinnern, aber er war ziemlich nett.»

«Und am zweiten Abend?»

«Bin ich mit Alec und seiner Freundin ausgegangen und in einem schrecklich vollen Lokal gelandet. Dort kam man nur mit Anzug rein, und Alec hatte keinen an. Ich weiß nicht mehr, ob wir geblieben oder irgendwo anders hingegangen sind.»

«Klingt wunderbar. Genau wie in Kimana.»

«Und was hast du getrieben?»

«Nichts. Bin mit Ngui und Charo und Keiti ein bißchen herumgefahren. Ich glaube, irgendwann haben wir irgendwo eine Messe besucht. Was hast du am dritten Abend getrieben?»

«Schatz, ich kann mich wirklich nicht mehr erinnern. Oder doch. Alec und seine Freundin und G.C. und ich sind irgendwo hingegangen. Alec war schwierig. Wir haben noch ein paar andere Lokale besucht, und dann haben sie mich zum Hotel gebracht.»

«Eigentlich das gleiche Leben wie hier draußen. Nur daß hier Keiti schwierig war, und nicht Alec.»

«Und weswegen war er schwierig?»

«Hab ich vergessen», sagte ich. «Welche von diesen *Times* möchtest du lieber lesen?»

«Eine hab ich mir schon angesehen. Möchtest du eine bestimmte zuerst lesen?»

«Nein.»

«Du hast nicht gesagt, daß du mich liebst und daß du dich freust, mich wiederzuhaben.»

«Ich liebe dich und freue mich, dich wiederzuhaben.»

«Das ist schön, und ich freue mich sehr, wieder zu Hause zu sein.»

«Ist sonst noch was in Nairobi gewesen?»

«Ich habe einen netten Mann kennengelernt, der mich ins Coryndon Museum begleitet hat. Aber ich glaube, er hat sich gelangweilt.»

«Was hast du im Grill gegessen?»

«Es gab guten Fisch aus den großen Seen. Als Filet, ähnlich wie Barsch oder Starrauge. Sie haben mir aber nicht gesagt, wie der Fisch eigentlich hieß. Sie nannten ihn Samaki. Und es gab richtig guten, frisch geräucherten Lachs, den sie eingeflogen hatten, und ich glaube, Austern gab es auch, aber ich weiß es nicht mehr genau.»

«Hast du den trockenen griechischen Wein getrunken?»

«Jede Menge. Alec mochte ihn nicht. Ich glaube, er war mal mit diesem RAF-Freund von dir in Griechenland und Kreta. Den mag er auch nicht.»

«War Alec sehr schwierig?»

«Nur in kleinen Dingen.»

«Wir wollen niemals in irgend etwas schwierig sein.»

«Richtig. Kann ich dir noch einen Drink machen?»

«Ich danke dir sehr. Keiti ist hier. Was möchtest du?»

«Ich nehme Campari mit einem Schuß Gin.»

«Wenn du hier bist, liege ich gern im Bett. Wir sollten gleich nach dem Essen ins Bett gehen.»

«Machen wir.»

«Du versprichst mir, daß du heute abend nicht ausgehen wirst?»

«Ich verspreche es.»

Nach dem Abendessen las ich die Luftpostausgabe von *Time*, während Mary ihr Tagebuch schrieb und dann mit der Taschenlampe über den frisch gemähten Pfad zum Latrinenzelt ging; ich machte die Gaslampe aus, hängte die Laterne an den Baum, zog mich aus, legte meine Sachen sorgsam gefaltet auf den Koffer am Fußende des Betts, stieg ins Bett und steckte das Moskitonetz unter der Matratze fest.

Es war noch früh am Abend, aber ich war müde und schläfrig. Nach einer Weile kam Miss Mary ins Bett, und ich schob das andere Afrika beiseite, und wir machten uns wieder unser eigenes Afrika. Es war ein anderes Afrika als das, wo ich gewesen war, und zuerst spürte ich das Rot über meine Brust strömen, und dann akzeptierte ich es und dachte gar nichts mehr und fühlte nur noch, was ich fühlte; und Mary fühlte sich wunderbar neben mir an. Wir liebten uns, und dann liebten wir uns noch einmal, und nachdem wir uns dann noch einmal geliebt hatten, leise und dunkel und stumm und ohne Gedanken und schließlich wie ein Meteoritenschwarm in einer kalten Nacht, schliefen wir ein. Vielleicht gab es wirklich einen Meteoritenschwarm. Es war kalt genug und klar genug. Irgendwann in der Nacht stieg Mary in ihr eigenes Bett, und ich sagte: «Gute Nacht, Geliebte.»

Als es hell wurde, wachte ich auf, zog einen Pullover und Moskitostiefel über den Pyjama, schnallte mir den Pistolengürtel um den Bademantel und ging nach draußen, wo Msembi gerade Feuer machte; ich wollte die Zeitungen lesen und den Tee trinken, den Mwindi gebracht hatte. Als erstes brachte ich die Zeitungen in die richtige Reihenfolge, und dann begann ich, sie zu lesen, die ältesten zuerst. In Auteuil und Enghien würden die Pferde jetzt gerade durchs Ziel gehen, aber in diesen britischen Luftpostausgaben gab es keine Rennergebnisse aus Frankreich. Ich sah nach, ob Miss Mary schon wach war; sie war sogar schon angezogen, frisch und strahlend, und nahm gerade ihre Augentropfen.

«Wie geht's dir, Liebling? Wie hast du geschlafen?»

«Wunderbar», sagte ich. «Und du?»

«Bis vor einer Minute. Ich bin gleich wieder eingeschlafen, nachdem Mwindi den Tee gebracht hat.»

Ich nahm sie in die Arme und spürte ihr frisches Morgenhemd und ihren reizenden Körper. Picasso hatte sie einmal meinen Taschen-Rubens genannt, und sie war wirklich ein Taschen-Rubens, aber abgespeckt auf einhundertzwei Pfund, und ein Rubens-Gesicht hatte sie nie gehabt, und jetzt fühlte ich ihre saubere Frischgewaschenheit und flüsterte ihr etwas ins Ohr.

«O ja. Und du?»

«Ja.»

«Ist es nicht wunderbar, allein mit unserem Berg hier in dieser herrlichen Landschaft zu sein, wo uns nichts stören kann?»

«Ja. Und jetzt komm frühstücken.»

Sie bekam ein anständiges Frühstück. Impalaleber, mit Speck gebraten, eine halbe Papaya aus der Stadt, dazu eine Zitrone, um die Frucht zu beträufeln, und zwei Tassen Kaffee. Ich trank eine Tasse Kaffee mit Büchsenmilch, aber ohne Zucker, und hätte noch eine zweite genommen, aber ich wußte nicht, was wir vorhatten, und wollte auf keinen Fall, daß mir dabei Kaffee im Bauch umherschwappte.

«Habe ich dir gefehlt?»

«O ja.»

«Du hast mir schrecklich gefehlt, aber es war soviel zu tun. Eigentlich war die Zeit viel zu knapp.»

«Hast du Pop gesehen?»

«Nein. Er ist nicht in die Stadt gekommen, und ich hatte weder die Zeit noch ein Fahrzeug, um zu ihm rauszufahren.»

«Hast du G. C. gesehen?»

«Er war an einem Abend da. Er hat gesagt, du sollst nach deiner Überzeugung handeln, dich aber streng an den Plan halten. Er hat mich das auswendig lernen lassen.»

«Ist das alles?»

«Ja. Ich hab's auswendig gelernt. Er hat Wilson Blake zu Weihnachten eingeladen. Sie kommen am Abend vor Weihnachten. Er sagt, du sollst dir Mühe geben, seinen Boss zu mögen. Wilson Blake.»

«Mußtest du das auch auswendig lernen?»

«Nein. Das war nur so eine Bemerkung. Ich habe ihn gefragt, ob das ein Befehl ist, und er hat gesagt, nein, nur ein hoffnungsvoller Vorschlag.»

«Für Vorschläge bin ich immer offen. Wie geht es G. C.?»

«Er war nicht so schwierig wie Alec. Aber er ist müde. Er sagt, wir fehlen ihm, und er nimmt den Leuten gegenüber kein Blatt vor den Mund.»

«Wie?»

«Es gibt da wohl einige Idioten, die ihm langsam auf die Nerven gehen, und zu denen ist er ziemlich grob.»

«Der Ärmste», sagte ich.

«Ihr beiden habt einen ziemlich schlechten Einfluß aufeinander.»

«Kann sein», sagte ich. «Kann auch nicht sein.»

«Also, ich finde, du hast einen schlechten Einfluß auf ihn.»

«Hatten wir das nicht früher schon mal?»

«Heute noch nicht», sagte Miss Mary. «Auch nicht in letzter Zeit. Hast du was geschrieben, während ich weg war?»

«Sehr wenig.»

«Auch keine Briefe?»

«Nein. Doch. Einen an G. C.»

«Was hast du mit der vielen Zeit angefangen?»

«Kleine Aufgaben und Routinesachen erledigt. Eine Fahrt nach Laitokitok, nachdem wir den armen Leoparden getötet hatten.»

«Dann holen wir uns jetzt den Weihnachtsbaum, dann haben wir wirklich mal was geleistet.»

«Gut», sagte ich. «Wir werden einen nehmen müssen, den wir mit dem Jagdauto transportieren können. Den Lastwagen habe ich weggeschickt.»

«Wir werden den nehmen, den ich ausgesucht habe.»

«Gut. Weißt du inzwischen, was für ein Baum das ist?»

«Nein, aber ich werde ihn im Buch nachschlagen.»

«Gut. Dann wollen wir ihn holen.»

Wir brachen auf, um den Baum zu holen, und auch Keiti kam mit. Wir hatten alles dabei: Schaufeln, Pangas und Sackleinwand für die Wurzeln, große und kleine Gewehre in der Halterung an der Rückseite der Vordersitze. Ich hatte Ngui gesagt, er solle vier Flaschen Bier für uns und zwei Coca-Cola für die Moslems mitnehmen. Wir waren fest entschlossen, etwas zu leisten, und abgesehen davon, daß dieser Baum einem Elefanten, wenn er davon fräße, einen zweitägigen Rausch bescheren würde, hatten wir etwas so Gutes und so Untadeliges vor, daß ich für jede religiöse Zeitschrift darüber hätte schreiben können.

Wir betrugen uns alle vorbildlich, und wenn wir Fährten sahen, unterließen wir jeden Kommentar dazu. Jeder sah, welche Tiere in der vergangenen Nacht die Straße gekreuzt hatten. Ich beobachtete Flughühner, die in langen, schwankenden Ketten zum Wasser jenseits der Salzebene flogen, und auch Ngui sah sie, aber wir sagten nichts. Wir waren Jäger, doch an diesem Morgen arbeiteten wir für die Forstbehörde unseres Herrn, des Jesuskindes.

In Wirklichkeit arbeiteten wir für Miss Mary, was unsere Loyalitäten beträchtlich verschob. Wir alle waren Söldner, und es stand eindeutig fest, daß Miss Mary keine Missionarin war. Sie war nicht einmal christlichen Vorschriften unterworfen; sie mußte nicht wie andere Memsahibs zur Kirche gehen, und die Sache mit dem Baum war ebenso ihre Shauri, wie es der Löwe gewesen war.

Wir drangen auf unserem alten Weg, der seit unserem letzten Besuch mit Gras und Unkraut zugewachsen war, in den Wald aus dunkelgünen und gelben Stämmen und gelangten zu der Lichtung, wo die Bäume mit den silbrigen Blättern wuchsen. Ngui und ich gingen links und rechts um ihn herum und spähten in das Unterholz, um zu sehen, ob das Nashorn und sein Kalb darin steckten. Wir fanden aber nur ein paar Impalas, und ich entdeckte die Fährte eines sehr großen Leoparden. Er hatte am Rand des Sumpfs gejagt. Ich maß die Pfotenabdrücke mit der Hand, und dann kehrten wir zum Baum zurück.

Wir kamen zu dem Schluß, daß nicht alle gleichzeitig

graben konnten, und da Keiti und Miss Mary die Anweisungen gaben, gingen wir zu den großen Bäumen und setzten uns, und Ngui bot mir seinen Kautabak an. Wir nahmen beide etwas und sahen den Forstexperten bei der Arbeit zu. Außer Keiti und Miss Mary arbeiteten alle sehr fleißig. Für uns sah es so aus, als ob der Baum niemals auf die Ladefläche des Jagdautos passen würde, aber als sie ihn endlich ausgegraben hatten, wurde deutlich, daß es doch gehen würde und daß wir nun beim Aufladen würden helfen müssen. Der Baum war voller Dornen und nicht leicht aufzuladen, aber schließlich schafften wir es. Wir wickelten feuchte Sackleinwand um die Wurzeln, dann banden wir den Baum fest, der nach hinten zur Hälfte über die Ladefläche hinausragte.

«Wir können nicht auf demselben Weg zurückfahren», sagte Miss Mary. «In diesen Kurven zerbricht uns der Baum sonst noch.»

«Wir nehmen einen anderen Weg.»

«Kommt der Wagen da durch?»

«Bestimmt.»

Auf dem anderen Weg durch den Wald entdeckten wir die Fährten von vier Elefanten und auch frischen Dung. Sie führten jedoch in südlicher Richtung und stammten von ausgewachsenen Bullen.

Ich hatte das Gewehr zwischen den Knien gehalten, weil Ngui und Mthuka und ich auf dem Hinweg die gleichen Spuren bemerkt hatten, wo sie quer über den Weg nach Norden verlaufen waren. Vielleicht waren sie von dem Bach gekommen, der in den Chulusumpf mündete.

«Bis zum Lager haben wir jetzt freie Fahrt», sagte ich zu Miss Mary.

«Das ist gut», sagte sie. «Dann kann dem Baum ja nichts mehr passieren.»

Im Lager hielten Ngui, Mthuka und ich uns zurück und überließen es Freiwilligen und Enthusiasten, das Loch für den Baum zu graben. Als das Loch fertig war, fuhr Mthuka den Wagen aus dem Schatten herüber, dann wurde der Baum abgeladen und eingepflanzt; er sah sehr hübsch aus vor dem Zelt.

«Ist das nicht schön?» sagte Miss Mary. Ich stimmte ihr zu.

«Danke, daß du uns über einen so guten Weg zurückgeführt und keinen mit den Elefanten nervös gemacht hast.»

«Die konnten dort nicht bleiben. Sie müssen nach Süden, wo es gute Deckung und genug zu fressen gibt. Die hätten uns nichts getan.»

«Du und Ngui, ihr seid so klug, wenn es um Elefanten geht.»

«Das waren diese Bullen, die wir vom Flugzeug aus gesehen haben. Die sind klug. Wir sind nicht klug.»

«Wo werden sie jetzt hingehen?»

«Wahrscheinlich fressen sie erst mal eine Zeitlang in dem Wald am oberen Sumpf. Dann ziehen sie nachts über die Straße und wandern in Richtung Amboseli. Das tun sie immer.»

«Ich gehe noch mal rüber und sehe nach, ob sie den Baum richtig aufstellen.»

«Ich werde ein bißchen mit dem Auto fahren.»

«Deine Verlobte sitzt mit ihrer Anstandsdame drüben unter dem Baum.»

«Ich weiß. Sie hat uns Maiskolben gebracht. Ich werde sie nach Hause fahren.»

«Ob sie sich nicht mal den Baum ansehen will?»

«Ich glaube, das versteht sie nicht.»

«Bleib zum Essen in der Shamba, wenn du willst.»

«Man hat mich nicht eingeladen», sagte ich.

«Dann bist du zum Mittagessen zurück?»

«Schon früher.»

Mthuka fuhr den Wagen unter den Wartebaum und sagte Debba und der Witwe, sie sollten einsteigen. Der kleine Sohn der Witwe stieß mir seinen Kopf in den Bauch, und ich tätschelte ihn. Er stieg mit Debba und seiner Mutter hinten ein, aber ich rückte zur Seite und sagte Debba, sie solle sich zu mir nach vorn setzen. Es war mutig von ihr gewesen, ins Lager zu kommen, den Mais zu bringen und unter dem Baum zu warten, bis wir zurückgekommen waren, und sie sollte auf der Rückfahrt zur Shamba auf ihrem gewohnten Platz sitzen. Aber daß Miss Mary in dieser Sache so nett gewesen war, packte uns alle an der Ehre, und es war, als hätten wir ihr unser Wort gegeben.

«Hast du den Baum gesehen?» fragte ich Debba. Sie kicherte. Sie wußte, was für ein Baum das war.

«Demnächst gehen wir wieder gemeinsam auf Jagd.»

«Ndio», sagte sie; sie saß kerzengerade, als wir an den äußeren Hütten vorbeifuhren und unter dem großen Baum anhielten. Ich stieg aus und sah nach, ob der Spitzel irgendwelche Pflanzen zum Transport vorbereitet hatte, fand aber nichts. Wahrscheinlich hat er sie im Gewächshaus, dachte ich. Als ich zurückkam, war Debba verschwunden; Ngui und ich stiegen ins Auto, und Mthuka fragte, wo wir hinwollten.

«Na campi», sagte ich, dachte nach und fügte hinzu: «Nimm die breite Straße.»

Wir befanden uns heute in der Schwebe zwischen unserem neuen afrikanischen Afrika, dem alten Afrika, das wir erträumt und erfunden hatten, und der Rückkehr von Miss Mary. Bald kämen auch irgendwelche von

G. C. angeheuerten Wildhüter, und dann würde der großmächtige Wilson Blake eintreffen. Blake konnte uns Vorschriften machen, unser Lager verlegen, uns rauswerfen, ein Gebiet sperren, und wenn er wollte, konnte er jemanden mühelos für sechs Monate ins Gefängnis bringen, so mühelos, wie wir ein Stück Fleisch in die Shamba bringen konnten.

Wir waren nicht sehr fröhlich, aber wir waren entspannt und nicht unglücklich. Zu Weihnachten würden wir eine Elenantilope schießen, und ich würde schon irgendwie dafür sorgen, daß es Wilson Blake hier gefiel. G. C. hatte mich gebeten, mir Mühe zu geben, Blake zu mögen, und ich würde es versuchen. Als ich ihn kennengelernt hatte, hatte er mir nicht gefallen, aber das war wohl meine Schuld gewesen. Ich hatte versucht, ihn zu mögen, aber ich hatte mir wohl nicht genug Mühe gegeben. Vielleicht wurde ich langsam zu alt, um Leute zu mögen, wenn ich mir dazu Mühe geben mußte. Pop hatte sich nie Mühe gegeben, irgendwen zu mögen. Er war höflich oder zurückhaltend höflich und beobachtete die Leute mit seinen blauen, leicht blutunterlaufenen und umschatteten Augen, und es schien, als sähe er sie nicht. Er lauerte darauf, daß sie einen Fehler machten.

Ich saß im Auto unter dem großen Baum am Hang und beschloß, etwas Besonderes zu tun, um meine Wertschätzung für Wilson Blake unter Beweis zu stellen. In Laitokitok gab es nicht viel, was ihn interessieren würde, und ich konnte mir auch nicht vorstellen, daß er auf einer Party in einer der illegalen Trink-Shambas der Massai oder in Mr. Singhs Hinterzimmer wirklich glücklich sein würde. Ich bezweifelte stark, daß er und Mr. Singh gut miteinander auskommen würden. Ich wußte, was ich tun würde. Es war das ideale Geschenk: Wir würden Willie anheuern. Er sollte Mr. Blake über die Chulus und sein Reich fliegen, das er noch nie gesehen hatte. Ein schöneres und nützlicheres Geschenk konnte ich mir nicht vorstellen, und schon begann ich, Mr. Blake zu mögen, und hätte ihm beinahe den Meistbegünstigtenstatus verliehen. Ich würde nicht mitfliegen, sondern bescheiden und fleißig zu Hause bleiben und vielleicht botanische Fotos machen oder Finken bestimmen, während G. C. und Willie und Miss Mary und Mr. Blake das Land erkundeten.

«Kwenda na campi», sagte ich zu Mthuka, und Ngui machte noch eine Flasche Bier auf, damit wir etwas zu trinken hatten, wenn wir an der Furt den Bach durchquerten. Das war ein sehr guter Gedanke, und wir alle nahmen einen Schluck aus der Flasche und beobachteten die kleinen Fische im tiefen Wasser oberhalb der langgestreckten Furt. In dem Bach waren gute Welse, aber wir waren zu faul zum Angeln.

Kapitel 19

Miss Mary wartete im Schatten des aufgespannten Zelteingangs. Die Rückwand des Eßzeltes war ebenfalls aufgeschlagen, und vom Berg wehte frisch und kühl der Wind.

«Mwindi ist beunruhigt, weil du barfuß jagst und nachts durch die Gegend streifst.»

«Mwindi ist ein altes Weib. Ich habe ein einziges Mal meine Stiefel ausgezogen, weil sie gequietscht haben; und daß sie gequietscht haben, war seine Schuld, weil er sie nicht richtig eingefettet hat. Er ist einfach zu selbstgerecht.»

«Es ist einfach, Leute selbstgerecht zu nennen, wenn sie für einen sorgen.»

«Lassen wir das.»

«Aber wie kommt es, daß du meistens so viele Vorkehrungen triffst und manchmal überhaupt keine?»

«Weil man manchmal hört, daß üble Menschen in der Gegend sind, und dann wieder erfährt man, daß sie ganz woanders sind. Ich treffe immer die notwendigen Vorkehrungen.»

«Aber wenn du nachts allein durch die Gegend ziehst...»

«Jemand bleibt bei dir und den Gewehren, und Licht ist auch immer da. Du bist immer bewacht.»

«Aber warum gehst du überhaupt?»

«Weil ich muß.»

«Aber warum?»

«Weil mir die Zeit davonläuft. Kann ich wissen, wann

wir wieder hierherkommen? Kann ich wissen, ob wir überhaupt wieder hierherkommen?»

«Ich mache mir Sorgen.»

«Wenn ich aufbreche, schläfst du meistens sehr tief, und wenn ich zurückkomme, schläfst du immer noch.»

«Nicht immer. Manchmal strecke ich die Hand nach dir aus, und du bist nicht da.»

«Ich kann erst gehen, wenn der Mond aufgegangen ist, und heute geht der Mond erst ziemlich spät auf.»

«Liegt dir wirklich soviel daran?»

«Ja, wirklich, Schatz. Und ich lasse immer jemanden bei dir Wache halten.»

«Warum nimmst du niemanden mit?»

«Weil es nicht gut ist, wenn jemand dabei ist.»

«Das ist doch verrückt. Aber du trinkst doch nicht vorher, oder?»

«Nein, und ich wasche mir die Hände und reibe mich mit Löwenfett ein.»

«Danke, daß du dich erst einreibst, wenn du aufgestanden bist. Ist das Wasser nicht kalt in der Nacht?»

«Da ist alles so kalt, daß einem das gar nicht auffällt.»

«Kann ich dir jetzt einen Drink machen? Was möchtest du? Einen Gimlet?»

«Ein Gimlet wäre schön. Oder ein Campari.»

«Ich mache uns einen Gimlet. Weißt du, was ich mir zu Weihnachten wünsche?»

«Wenn ich das nur wüßte.»

«Ich weiß nicht, ob ich es dir sagen soll. Vielleicht ist es zu teuer.»

«Nicht, wenn wir das Geld bekommen.»

«Ich möchte reisen und wirklich etwas von Afrika sehen. Wenn wir nach Hause fahren, haben wir praktisch nichts gesehen. Ich will nach Belgisch-Kongo.»

«Ich nicht.»

«Du hast überhaupt keine Ziele. Du würdest am liebsten die ganze Zeit an einem Ort bleiben.»

«Bist du jemals an einem besseren Ort gewesen?»

«Nein. Aber es gibt noch so vieles, was wir nicht gesehen haben.»

«Ich möchte lieber an einem Ort leben und dort am Leben teilnehmen, als dauernd neue, fremde Dinge zu sehen.»

«Aber ich will nach Belgisch-Kongo. Warum darf ich mir nicht mal was ansehen, von dem ich mein Leben lang immer nur gehört habe, wo wir doch jetzt ganz in der Nähe sind?»

«So nah ist das nun auch wieder nicht.»

«Wir könnten hinfliegen. Wir könnten die ganze Reise mit dem Flugzeug machen.»

«Nun hör mal, Schatz. Wir sind von einem Ende Tanganjikas ans andere gereist. Du warst in der Bohoro-Ebene und am großen Ruaha.»

«Das sollte wohl so was wie eine Vergnügungsreise sein.»

«Es war eine Bildungsreise. Du warst in Mbeya und im Hochland des Südens. Du hast in den Bergen gelebt und im Flachland gejagt, du hast hier am Fuß des Berges und im Rift Valley jenseits von Magadi gelebt und fast bis nach Nairobi Jagd gemacht.»

«Aber in Belgisch-Kongo bin ich nicht gewesen.»

«Nein. Und das wünschst du dir also tatsächlich zu Weihnachten?»

«Ja. Wenn es nicht zu teuer ist. Wir müssen ja nicht gleich nach Weihnachten losfahren. Laß dir ruhig Zeit.»

«Danke», sagte ich.

«Du hast ja noch gar nichts getrunken.»

«Entschuldige.»

«Es macht keinen Spaß, ein Geschenk zu bekommen, wenn sich der Schenker nicht auch darüber freut.»

Ich nahm einen Schluck von dem ungesüßten Limonendrink und dachte daran, wie sehr es mir hier gefiel.

«Du hast doch nichts dagegen, wenn ich den Berg mitnehme?» sagte sie.

«Dort gibt es auch schöne Berge. Zum Beispiel das Mondgebirge.»

«Ich habe davon gelesen und ein Bild davon in der *Life* gesehen.»

«In der Afrika-Ausgabe.»

«Richtig. In der Afrika-Ausgabe.»

«Wann hast du zum erstenmal an diese Reise gedacht?» fragte ich.

«Bevor ich nach Nairobi geflogen bin. Es wird dir Spaß machen, mit Willie zu fliegen. Wie immer.»

«Wir planen die Reise mit Willie zusammen. Er kommt einen Tag nach Weihnachten hierher.»

«Wir brechen erst auf, wenn du willst. Wir bleiben so lange hier, bis du mit deiner Arbeit fertig bist.»

Ich klopfte auf Holz und trank mein Glas aus.

«Was hast du für den Nachmittag und Abend vor?»

«Erst mal Siesta machen, dann mein Tagebuch nachholen. Abends könnten wir dann zusammen losziehen.»

«Gut», sagte ich.

Arap Meina kam, und ich fragte ihn, wie es in der ersten Manyatta stand. Er sagte, dort seien eine Löwin und ein Löwe, was mir für diese Jahreszeit merkwürdig vorkam; im letzten halben Monat hätten sie fünf Stück Vieh gerissen, und als sie das letzte Mal über den Dornenboma gekommen seien, habe die Löwin einen Mann angegriffen, aber dem sei nicht viel passiert.

In diesem Gebiet ist niemand auf Jagd, dachte ich, und G. C. kann ich erst benachrichtigen, wenn ich ihn sehe, also wird der Spitzel die Kunde von den Löwen verbreiten müssen. Wahrscheinlich wollen sie in die Ebene. Vielleicht bleiben sie auch auf halber Höhe. Auf jeden Fall werden wir von ihnen hören, falls sie nicht in Richtung Amboseli ziehen. Ich würde G. C. davon berichten, und dann läge es an ihm, sich darum zu kümmern.

«Glaubst du, sie werden noch einmal zu dieser Manyatta zurückkommen?»

«Nein.» Meina schüttelte den Kopf.

«Glaubst du, es sind dieselben, die die andere Manyatta angegriffen haben?»

«Nein.»

«Ich fahre heute nachmittag nach Laitokitok, um Benzin zu besorgen.»

«Vielleicht könnte ich dort etwas erfahren.»

«Ja.»

Ich ging zum Zelt; Miss Mary war wach, sie hatte die Rückwand des Zelts aufgeschlagen und las.

«Schatz, wir müssen nach Laitokitok. Möchtest du mit?»

«Ich weiß nicht. Ich wollte mich gerade etwas hinlegen. Warum müssen wir dahin?»

«Arap Meina hat mir eben von ein paar Löwen erzählt, die Ärger gemacht haben, und ich muß Benzin für den Lastwagen besorgen.»

«Ich mache mich ein bißchen frisch und komme mit. Hast du genug Geld?»

«Mwindi gibt es mir.»

Wir fuhren durch das offene Gelände zu der Straße, die den Berg hinauf führte, und sahen die zwei Thompsonböcke, die immer in der Nähe des Lagers weideten.

Mary saß mit Charo und Arap Meina auf dem Rücksitz. Mwengi saß hinten auf einer Kiste. Ich begann mir Sorgen zu machen. Mary hatte gesagt, daß wir erst aufbrechen würden, wenn ich es wollte. Ich wollte bis zum Ende der dritten Woche nach Neujahr hier bleiben. Nach Weihnachten gab es reichlich zu tun, wir würden jede Menge Arbeit haben. Ich befand mich an dem besten Ort, an dem ich jemals gewesen war, ich führte ein herrliches, wenn auch kompliziertes Leben und lernte jeden Tag etwas hinzu, und wenn ich genausogut über unser eigenes Gebiet fliegen konnte, war ein Flug über ganz Afrika das letzte, was ich mir wünschte. Aber vielleicht konnten wir uns irgendwie einigen.

Man hatte mir geraten, mich von Laitokitok fernzuhalten, aber wir wollten ja nur Benzin und Vorräte holen und Arap Meinas Nachricht von den Löwen verbreiten, und das machte unseren Besuch zu einer vollkommen normalen und notwendigen Angelegenheit. Ich war mir sicher, daß G. C. das gutgeheißen hätte. Den Polizisten wollte ich nicht aufsuchen, aber ich wollte auf einen Drink bei Mr. Singh vorbeigehen und wie immer Bier und Coca-Cola für das Lager kaufen. Ich sagte Arap Meina, er solle in die Massai-Läden gehen und von den Löwen berichten und möglichst viele Informationen sammeln, und dasselbe solle er auch in den Massai-Kneipen tun.

Bei Mr. Singh waren mehrere Massai-Älteste, die ich kannte; ich grüßte sie und sagte auch Mrs. Singh guten Tag. Mr. Singh und ich unterhielten uns in meinem Lehrbuch-Kisuaheli.

Die Ältesten bei Mr. Singh brauchten dringend eine Flasche Bier, und ich spendierte ihnen eine und nahm einen symbolischen Schluck aus meiner eigenen Flasche.

Peter kam herein und sagte, der Wagen werde gleich

kommen, und ich schickte ihn los, Arap Meina zu suchen. Und da war auch schon der Wagen, auf der Ladefläche das mit Stricken befestigte Benzinfaß und drei Massai-Frauen. Miss Mary sprach gutgelaunt mit Charo. Ngui kam herein, um mit Mwengi die Getränkekisten zu holen. Ich gab den beiden meine Bierflasche, und sie teilten sich den Rest. Mwengis Augen leuchteten verzückt, als er trank. Ngui trank wie ein Rennfahrer, der beim Boxenstopp seinen Durst löscht. Er ließ Mwengi die Hälfte übrig. Ngui nahm für Mthuka und mich eine Flasche mit nach draußen und öffnete für Charo eine Flasche Coca-Cola.

Arap Meina kam mit Peter und stieg zu den Massai-Frauen auf die Ladefläche. Sie alle hatten Kisten, auf denen sie sitzen konnten. Ngui saß vorne bei mir, und Mary saß mit Charo und Mwengi hinter dem Gewehrhalter. Ich verabschiedete mich von Peter, und wir fuhren los, Richtung Westen, der Sonne entgegen.

«Hast du alles bekommen, was du wolltest, Schatz?»

«Da gibt's ja eigentlich nichts zu kaufen. Aber ich habe ein paar Dinge gefunden, die wir brauchen.»

Ich dachte an das letzte Mal, als ich einkaufen gewesen war, aber es hatte keinen Sinn, daran zu denken, und Miss Mary war zu der Zeit in Nairobi gewesen, und das war eine bessere Einkaufsstadt als Laitokitok. Andererseits lernte ich gerade erst in Laitokitok einzukaufen, und es gefiel mir, weil es so ähnlich war wie beim Krämer in Cooke City, Montana.

In Laitokitok hatten sie nicht die Pappschachteln mit veralteten Kalibern, von denen die Alten im Spätherbst zwei bis vier Patronen zu kaufen pflegten, wenn sie sich ihr Fleisch für den Winter besorgen wollten. Statt dessen gab es dort Speere. Aber ich fühlte mich beim Einkaufen dort wie zu Hause, und fast alles in den Regalen und Behältern wäre auf die eine oder andere Weise brauchbar gewesen, wenn man in dieser Gegend gelebt hätte.

Aber heute ging wieder ein Tag zu Ende, und morgen war ein neuer Tag, und noch ging niemand über mein Grab. Niemand, den ich sehen konnte, wenn ich in die Sonne blickte oder nach vorn über das Land schaute, und während ich, als wir den Berg hinunterfuhren, in die Landschaft versunken war, hatte ich ganz vergessen, daß Mthuka sicher durstig war, und als ich dann das Bier öffnete und den Flaschenhals abwischte, fragte Miss Mary nicht zu Unrecht: «Haben Frauen keinen Durst?»

«Entschuldigung, Schatz. Ngui kann dir die volle Flasche geben, wenn du willst.»

«Nein. Ich möchte nur einen Schluck aus dieser.»

Ich gab sie ihr, und sie nahm ihren Schluck und gab mir die Flasche zurück.

Ich dachte, wie schön es war, daß es in Afrika kein Wort für «Entschuldigung» gab, und dann dachte ich, daß ich das besser nicht denken sollte, weil es sich sonst zwischen uns stellen würde. Ich nahm einen Schluck Bier, um Miss Marys Spur zu tilgen, wischte den Flaschenhals mit meinem guten, sauberen Taschentuch ab und gab die Flasche Mthuka.

Charo mißbilligte das und hätte es lieber gesehen, wenn wir anständig aus Gläsern getrunken hätten. Aber wir tranken nun einmal so, und ich wollte auch nichts denken, was sich zwischen Charo und mich stellen konnte.

«Ich glaube, ich nehme noch einen Schluck Bier», sagte Miss Mary. Ich bat Ngui, ihr eine Flasche zu öffnen. Die würde ich mit ihr teilen, und Mthuka konnte seine an

Ngui und Mwengi weitergeben, wenn er seinen Durst gelöscht hatte. Nichts von dem hatte ich laut gesagt.

«Ich verstehe nicht, warum du dich mit dem Bier so kompliziert anstellen mußt», sagte Mary.

«Das nächste Mal nehme ich Becher für uns mit.»

«Versuch es nicht noch komplizierter zu machen. Ich brauche keinen Becher, wenn ich mit dir trinke.»

«Es geht nur um Stammessitten», sagte ich. «Ich gebe mir wirklich alle Mühe, die Dinge nicht noch komplizierter zu machen, als sie sind.»

«Warum mußtest du die Flasche so sorgfältig abwischen, nachdem ich daraus getrunken habe, und warum hast du sie abgewischt, nachdem du getrunken und bevor du sie weitergegeben hast?»

«Stammessitten.»

«Aber warum nur heute und nicht immer?»

«Das liegt an den Mondphasen.»

«Es könnte dir schaden, dich zu sehr an die Stammessitten zu halten.»

«Durchaus möglich.»

«Du glaubst das alles.»

«Nein. Ich halte mich nur daran.»

«Du weißt zu wenig davon, um dich daran halten zu können.»

«Ich lerne täglich etwas hinzu.»

«Ich kann das nicht mehr hören.»

Als wir einen langgestreckten Hang hinabfuhren, entdeckte Mary ein großes gelbes Kongoni, das ungefähr sechshundert Meter vor uns am unteren Ende des Hanges stand. Keiner hatte es gesehen, bis sie darauf zeigte, und dann sahen es alle sofort. Wir hielten an, und sie und Charo stiegen aus, um sich heranzupirschen. Das Kongoni weidete mit abgewandtem Kopf und konnte sie nicht wittern, weil der Wind von unten den Hang hinaufwehte. In dieser Gegend gab es keine gefährlichen Tiere, und wir blieben mit dem Fahrzeug zurück, um sie beim Anpirschen nicht zu stören.

Charo ging geduckt von einer Deckung zur anderen voran, und Mary folgte ihm ebenso. Das Kongoni war jetzt außer Sicht, aber wir sahen Charo stehenbleiben und Mary neben ihn treten und das Gewehr heben. Dann fiel der Schuß, und wir hörten den schweren Einschlag der Kugel, und Charo lief los und verschwand außer Sicht. Mary folgte ihm.

Mthuka fuhr den Wagen querfeldein durch Farn und Blumen, bis wir Mary und Charo und das tote Kongoni erreichten. Das Kongoni, auch Kuhantilope genannt, war weder lebendig noch tot ein schönes Tier, aber das hier war ein altes Männchen, sehr fett und in hervorragendem Zustand, und sein langes, trauriges Gesicht, seine glasigen Augen und sein aufgeschnittener Hals ließen es für Fleischesser nicht unattraktiv erscheinen. Die Massai-Frauen waren ganz aufgeregt und von Miss Mary sehr beeindruckt und berührten sie immer wieder in ungläubigem Staunen.

«Ich habe es als erste gesehen», sagte Mary. «Das erste Mal, daß ich etwas als erste gesehen habe. Ich habe es vor dir gesehen. Mthuka und du habt vorn gesessen. Ich habe es vor Ngui und Mwengi und Charo gesehen.»

«Du hast es vor Arap Meina gesehen», sagte ich.

«Der zählt nicht, weil er nur die Massai-Frauen angestarrt hat. Charo und ich haben uns allein angeschlichen, und als es in unsere Richtung sah, habe ich es genau dort getroffen, wo ich wollte.»

«Links unten in die Schulter und mitten ins Herz.»

«Dahin habe ich gezielt.»

«Piga mzuri», sagte Charo. «Mzuri mzuri sana.»

«Wir legen es auf die Ladefläche. Die Frauen können vorne sitzen.»

«Schön ist das Tier ja nicht», sagte Mary. «Aber zum Essen schieße ich ohnehin lieber etwas, das nicht so gut aussieht.»

«Das Tier ist wunderbar, und du bist wunderbar.»

«Schließlich brauchen wir Fleisch, und ich habe das beste Fleisch gesehen, das wir kriegen konnten, fett und fast so groß wie eine Elenantilope, und ich habe es selbst entdeckt, und nur Charo und ich haben uns angeschlichen, und ich habe es allein geschossen. Wirst du mich jetzt lieben und nicht mehr allein durch die Gegend streifen?»

«Du kannst jetzt vorne fahren. Wir brauchen nichts mehr zu schießen.»

«Kann ich was von meinem Bier haben? Die Jagd hat mich durstig gemacht.»

«Du kannst dein ganzes Bier haben.»

«Nein. Du trinkst auch etwas zur Feier, daß ich es als erste gesehen habe und wir wieder Freunde sind.»

Nach einem schönen Abendessen gingen wir früh zu Bett. In der Nacht hatte ich Alpträume; ich wachte auf und zog mich an, noch bevor Mwindi den Tee brachte.

Am Nachmittag machten wir eine Rundfahrt und fanden Spuren, die verrieten, daß die Büffel wieder im Wald neben dem Sumpf waren. Sie waren am Morgen gekommen, und die Spur war breit und tief ausgetreten wie ein Viehweg, aber längst kalt, und die Mistkäfer waren schon beschäftigt, ihre Kugeln aus Büffeldung zu drehen. Die Büffel hatten es auf die mit fettem, frischem Gras bewachsenen Lichtungen im Wald abgesehen.

Ich hatte den Mistkäfern schon immer gern zugesehen, und da ich wußte, daß sie in leicht abgewandelter Gestalt die heiligen Skarabäen des alten Ägypten gewesen waren, überlegte ich, ob wir nicht auch in unserer Religion einen Platz für sie finden könnten. Für den Mist dieses Tages wurde es allmählich spät, und sie mußten jetzt schwer arbeiten. Ich sah ihnen zu und legte mir den Text für eine Mistkäferhymne zurecht.

Ngui und Mthuka beobachteten mich. Sie wußten, daß ich tief in Gedanken versunken war. Ngui holte Miss Marys Kamera, für den Fall, daß sie die Mistkäfer fotografieren wollte, aber sie hatte keine Lust und sagte: «Papa, wenn du genug von deinen Mistkäfern hast, können wir dann vielleicht weiterfahren und uns noch was anderes ansehen?»

«Sicher. Wenn du Lust hast, können wir ein Nashorn aufstöbern, und es sind hier auch noch zwei Löwinnen und ein Löwe in der Gegend.»

«Woher weißt du das?»

«Letzte Nacht haben mehrere Leute die Löwen gehört. Und das Nashorn hat dort hinten die Büffelspur gekreuzt.»

«Für gute Farbaufnahmen ist es schon zu spät.»

«Macht nichts. Wir könnten sie ja einfach nur beobachten.»

«Immer noch anregender als Mistkäfer beobachten.»

«Ich suche keine Anregung. Ich suche Wissen.»

«Ein Glück, daß dir da noch so ein weites Feld offensteht.»

«Allerdings.»

Ich sagte Mthuka, er solle versuchen, das Nashorn zu finden. Es hatte feste Gewohnheiten, und jetzt, da es unterwegs war, wußten wir, wo wir es finden würden.

Das Nashorn war nicht weit von der Stelle, wo wir es vermutet hatten, aber wie Miss Mary gesagt hatte, war es für gute Farbaufnahmen schon zu spät, zumal bei der Lichtempfindlichkeit des Films, den sie mitgenommen hatte. Das Tier war an einem Wasserloch mit grauweißem Lehmboden gewesen, und im Grün der Sträucher und vor den dunklen schwarzen Lavafelsen sah es geisterhaft weiß aus.

Wir ließen es in Ruhe. Gewaltig stand es da, dümmlich wachsam, nachdem seine Madenhacker abgeschwirrt waren; ohne ihm in den Wind zu kommen, fuhren wir in weitem Bogen davon und gelangten schließlich auf die Salzebene, die sich bis zum Rand des Sumpflands hinzog. In dieser Nacht würde der Mond nur wenig Licht geben, und die Löwen würden jagen, und ich fragte mich, was das Wild beim Herannahen der Nacht empfinden mochte. Das Wild war niemals sicher, in solchen Nächten aber am allerwenigsten, und ich dachte daran, wie in einer dunklen Nacht wie der heutigen der große Python aus dem Sumpf an den Rand der Ebene kommen und sich zusammenrollen und warten würde. Ngui und ich waren einmal seiner Spur in den Sumpf hinein nachgegangen; es war, als verfolgte man die einzelne Spur eines übergroßen Lastwagenreifens. Manchmal sank sie so tief ein, daß sie wie eine tiefe Fahrspur aussah.

Auf der Ebene und dann neben dem Weg fanden wir die Fährten der beiden Löwinnen. Die eine war sehr groß, und wir erwarteten sie irgendwo liegen zu sehen, sahen sie aber nicht. Der Löwe, dachte ich, war vermutlich drüben bei der alten verlassenen Massai-Manyatta; vielleicht war es der Löwe, der die Massai überfallen hatte, die wir an diesem Morgen besucht hatten. Aber das war nur Spekulation und kein Beweis, aufgrund dessen wir ihn töten dürften. Heute nacht würde ich ihnen beim Jagen lauschen, und falls wir sie morgen zu sehen bekämen, könnte ich sie wieder identifizieren. G. C. hatte anfangs gesagt, wir müßten womöglich vier oder gar sechs Löwen aus dem Gebiet entfernen. Bis jetzt hatten wir drei, und die Massai hatten einen vierten getötet und einen weiteren verwundet.

«Ich möchte nicht zu nahe an den Sumpf heran, damit die Büffel uns nicht wittern. Dann weiden sie morgen vielleicht im freien Gelände», sagte ich zu Mary, und sie war einverstanden. Also machten wir uns zu Fuß auf den Heimweg, und Ngui und ich lasen auf dem Weg über die Ebene die Spuren.

«Wir brechen früh auf, Schatz», sagte ich zu Mary, «und die Chancen stehen mehr als gut, daß wir die Büffel auf freiem Gelände finden werden.»

«Wir gehen früh zu Bett und lieben uns und lauschen der Nacht.»

«Wunderbar.»

Kapitel 20

Wir lagen im Bett, und es war ziemlich kalt; ich lag mit dem Rücken zur Zeltplane und fühlte mich sehr wohl unter dem Laken und den Decken. Im Bett hat niemand eine bestimmte Größe, alle sind gleich groß, und die Maße sind perfekt, wenn man sich liebt. Die Decken schützten uns vor der Kälte, und während wir langsam unsere eigene Wärme kommen fühlten, flüsterten wir leise miteinander und horchten dann auf, als unvermittelt der Flamencogesang einer Hyäne schrill wie aus einem Lautsprecher durch die Nacht schallte. Die Hyäne war nahe beim Zelt, und als sich hinter den anderen Zelten eine zweite hören ließ, wußte ich, daß das trocknende Fleisch und die Büffel sie angelockt hatten. Mary konnte sie nachahmen und tat es ganz leise und unter der Decke.

«Du wirst sie noch ins Zelt locken», sagte ich. Dann hörten wir von Norden her, aus der Richtung der alten Manyatta, den Löwen brüllen, und danach hörten wir das hustende Grunzen der Löwin und wußten, daß sie auf Jagd waren. Wir glaubten die zwei Löwinnen zu hören, und dann hörten wir aus sehr weiter Ferne einen anderen Löwen.

«Ich wünschte, wir könnten für immer in Afrika bleiben», sagte Mary.

«Ich würde am liebsten hier bleiben.»

«Im Bett?»

«Tagsüber müßten wir schon aufstehen. Nein, in diesem Lager.»

«Mir gefällt's hier auch.»

«Warum müssen wir dann weg?»

«Vielleicht finden wir noch andere schöne Orte. Möchtest du nicht alle wunderbaren Orte gesehen haben, bevor du stirbst?»

«Nein.»

«Na, jetzt sind wir ja hier. Denken wir nicht an die Abreise.»

«In Ordnung.»

Die Hyäne begann wieder mit ihrem Nachtgesang und hob die Stimme so hoch wie nur möglich. Dann brach sie dreimal scharf ab.

Mary machte das nach, und wir lachten; die Pritsche erschien uns wie ein schönes, großes Bett, und wir fühlten uns darin behaglich und wie zu Hause. Später sagte sie: «Streck dich schön aus, wenn ich schlafe, und nimm dir den Platz, der dir zusteht; ich gehe dann in meins.»

«Ich werde dich zudecken.»

«Nein, du kannst weiterschlafen. Ich kann mich auch im Schlaf zudecken.»

«Wir sollten jetzt schlafen.»

«In Ordnung. Aber laß mich nicht hier, bis du Krämpfe kriegst.»

«Krieg ich nicht.»

«Gute Nacht, mein Liebster.»

«Gute Nacht, meine Schöne.»

Als wir einschliefen, hörten wir das tiefe, mächtige Grunzen des näheren und das Brüllen des entfernteren Löwen. Wir nahmen uns fest und zärtlich in die Arme und schliefen ein.

Als Mary in ihr Bett wechselte, schlief ich, und ich wachte erst auf, als der Löwe ganz nah beim Lager brüllte. Er schien an den Halteseilen des Zelts zu rütteln, und sein lautes Husten klang sehr nahe. Er war bestimmt noch jenseits der anderen Zelte, aber als er mich weckte, war es, als ginge er mitten durch das Lager. Dann brüllte er wieder, und ich wußte, wie weit entfernt er war. Er mußte unmittelbar an dem Weg sein, der zum Landestreifen führte. Ich hörte noch, wie er sich entfernte, und schlief dann wieder ein.

Personen der Handlung

DER ERZÄHLER

Der Autor, der in seinem ganzen Leben niemals Tagebuch geführt hat, schreibt, ein Jahr nach den Ereignissen, die ihn dazu inspiriert haben, eine Geschichte in der ersten Person. Zu seiner dritten Frau, Martha Gellhorn, hat er einmal gesagt: «Wir hocken im Schneidersitz in einem Basar, und wenn die Leute das, was wir erzählen, nicht interessiert, gehen sie eben weiter.»

MARY

Ernest Hemingways vierte und letzte Frau.

PHILIP (MR. P., POP)

Philip Percival, der älteste und erfahrenste aller weißen Jäger. Unter vielen anderen hat er Teddy Roosevelt und George Eastman geführt. Hemingway hat seine äußere Erscheinung verwendet, um Baron Bror Blixen als Vorbild für den weißen Jäger in *Das kurze glückliche Leben des Francis Macomber* unkenntlich zu machen.

GIN CRAZED (G. C.)

Jagdaufsichtsbeamter im Kadjiado-Bezirk der damaligen Kolonie Kenia, einem riesigen Gebiet südlich von Nairobi und nördlich der Grenze zu Tansania. Während ihrer Safari jagen die Hemingways ausschließlich im Kadjiado-Bezirk.

HARRY DUNN

Ein höherer Polizeibeamter der britischen Verwaltung.

WILLIE

Ein Buschpilot. Wie alle Buschpiloten, die keine Zivilisten bombardieren, ein sehr edler Charakter.

KEITI

Anführer der für die weißen Jäger arbeitenden Safari-Mannschaft. Seine edwardianischen Ansichten über für Europäer schickliches Benehmen unterscheiden sich nur wenig von denen des Butlers in dem Film *Was vom Tage übrig blieb* (mit Emma Thompson und Anthony Hopkins).

MWINDI

Der Keiti unterstellte Verantwortliche für die persönlichen Dienstboten der Safari-Teilnehmer.

NGUILI

Ein Diener und Hilfskoch.

MSEMBI

Ein Diener.

MBEBIA

Der Safari-Koch; ein wichtiger und viel Geschick erfordernder Posten. Die Tochter des letzten Generalgouverneurs von Belgisch-Kongo, die ich zusammen mit ihrem Mann auf einer einmonatigen Jagdsafari geführt habe, erzählte mir, daß die gebratene Wildente, die sie soeben gegessen habe, besser gewesen sei als die im *Tour d'Argent* in Paris. Die ersten dieser Köche gingen bei europäischen Damen in die Lehre, die das Küchenhandwerk beherrschten. Eine gute Schilderung der Ausbildung eines solchen Kochs findet sich in Isak Dinesens *Jenseits von Afrika*.

MTHUKA

Ein schwarzafrikanischer Fahrer. Die Generation von weißen Jägern, die ihr Handwerk nach dem Zweiten Weltkrieg gelernt haben, fahren selbstentworfene Jagdfahrzeuge. Diese gehören den Jägern und nicht dem Safari-Ausstatter. Bei Hemingways Safari ist es jedoch anders: Percival benutzt ein Jagdfahrzeug, das vom Ausstatter geliefert und von Mthuka gefahren wird. Hemingway übernimmt Percivals Safari-Mannschaft und mit ihr auch Mthuka als Fahrer.

NGUI

Hemingways Gewehrträger und Fährtenleser. Niemand, der die Großwildjagd liebt und körperlich fit ist, würde sein Gewehr jemals einem Träger anvertrauen. Eigentlich ist mit dieser Bezeichnung ein eingeborener Führer gemeint. Von einem Gewehrträger werden die Fähigkeiten erwartet, die General Baden Powell und Ernest Thompson Seton bei einem Pfadfinder voraussetzen. Er muß die Tiere und ihre Lebensgewohnheiten sowie die nützlichen Eigenschaften von Wildpflanzen kennen, er muß Fährten lesen können, insbesondere Blutspuren, er muß im afrikanischen Busch für sich selbst und andere sorgen können, kurz: er ist eine Art Lederstrumpf oder Crocodile Dundee.

CHARO

Mary Hemingways Gewehrträger. Hemingway bemüht sich in diesem Buch, die Raum- und Zeitaspekte moralischen Verhaltens in verschiedenen Kulturen zu erläutern. Die westliche Ethik gestattet zeitlich aufeinanderfolgende Polygamie und Polyandrie (nach Tod oder Scheidung). Es darf also niemand mehr als einen Ehepartner gleichzeitig haben. Mary ist zur Zeit der Handlung mit einem Mann verheiratet, der im Rahmen der westlichen Ethik bereits zwei Frauen durch Scheidung und eine dritte, Pauline, durch Scheidung und Tod verloren hat. Die westliche Ethik schützt Mary, die selbst bereits zweimal verheiratet war, davor, daß ihr Mann sich eine zweite Frau nimmt, jedoch nicht vor Polygamie in zeitlicher Folge, was ihr beträchtliche Sorgen macht. Dies verbirgt sich hinter ihrem Wunsch, einen Löwen zu töten, und zwar nicht so wie Pauline zwanzig Jahre zuvor, sondern auf eine neue, überlegene Weise. Auf jener früheren Safari war Charo bereits Paulines Gewehrträger gewesen.

MWENGI

Philip Percivals Gewehrträger.

ARAP MEINA

Ein Wildhüter. Wildhüter sind die rangniedrigsten Beamten der kenianischen Jagdaufsichtsbehörde. Weiße Wildhüter gibt es nicht. Zur Zeit dieser Safari gibt es keine schwarzen Jagdaufseher. Vielleicht ist es nur Zufall, daß Arap Meina denselben Namen trägt wie der junge Kipsigis-Krieger, der in *Westwärts mit der Nacht* mit Beryl Markham Warzenschweine mit Speeren jagt und später im Ersten Weltkrieg fällt.

Chungo

Ein gutaussehender, immer gepflegter Oberwildhüter in G. C.s Diensten. Er gleicht Denzel Washingtons Verkörperung des Herzogs in der ausgezeichneten Verfilmung von *Viel Lärm um nichts*.

Der Spitzel

Er ist, was das Wort bezeichnet: ein Polizeispitzel. Hemingway hat häufig nachrichtendienstliche Aufgaben übernommen, zuerst im Spanischen Bürgerkrieg, wo er den Ausdruck «Fünfte Kolonne» erfand, und später dann im Zweiten Weltkrieg in Kuba, wo er zur Festnahme einiger deutscher Spione beitrug, die über Spanien nach Havanna geschickt worden waren und von denen einer hingerichtet wurde. Hemingways Sympathie und Mitgefühl für den Spitzel werden in dem Buch von niemandem sonst geteilt.

Die Witwe

Debbas Mutter; sie steht unter dem zweifelhaften Schutz des Spitzels.

Debba

Eine junge Schwarzafrikanerin. Man hat Hemingway vorgeworfen, er sei unfähig, Frauen in seiner Prosa realistisch darzustellen. Dies wäre, wenn es stimmte, ein ernstlicher Mangel bei einem großen Schriftsteller. Es ist, als würde man von einem alten Meister behaupten, er könne keine menschliche Gestalt malen. Hemingway ist mit vier Schwestern aufgewachsen und hatte viel Gelegenheit zu lernen. Eine andere Art von Kritik wird heutzutage unter dem Schlagwort «politische Korrektheit» geübt. Für Kritiker dieser Richtung ist Kunst ein Werkzeug der angewandten Sozialwissenschaft. In Hitlers Deutschland war es politisch korrekt, Juden als bösartige Verschmutzer des reinen, arischen Flusses darzustellen. Was auch immer die Leser von Hemingways künstlerischer Kompetenz oder Absicht halten mögen – sie sollten ihr Augenmerk auf Debba richten.

Mr. Singh

Zu Verwaltungszwecken war die Bevölkerung im kolonialen Kenia nach den Kontinenten ihrer Herkunft in Europäer, Asiaten und Afrikaner eingeteilt. Mr. Singh ist Asiate und Sikh. Sein Volk stammt aus dem Punjab. Die Wut der Sikhs über die Maßnahmen der indischen Regierung in Kaschmir führte zur Ermordung von Frau Ghandi. Die Sikhs sind ein kriegerisches und handwerklich begabtes Volk, und viele von ihnen arbeiten als Maschinisten, Piloten, Polizisten und Elektroingenieure. Ein befreundeter Sikh-Polizist hatte die unangenehme Aufgabe, eine höchst streitsüchtige, fette und wild fluchende ältere europäische Dame festzunehmen, weil sie angeblich ihren Mann vergiftet hatte, um seine Lebensversicherung zu kassieren. Obwohl sie ihn als «curryfurzenden Schweinehund» bezeichnete, verhaftete mein Freund sie mit äußerster Umsicht und professioneller Höflichkeit.

MRS. SINGH
Mr. Singhs sehr gut aussehende Gemahlin.

BWANA MOUSE
Hemingways zweiter Sohn Patrick alias «Mouse».

Kisuaheli-Glossar

Askari Soldat; Lehnwort aus dem Türkischen
bili unkorrekte Form von *mbili*
Boma 1. Zaun, umfriedetes Gelände; 2. Gebäude und Gelände einer Bezirksverwaltung
Bunduki Gewehr; Lehnwort aus dem Arabischen
Bwana 1. Anrede, die dem Namen eines Europäers vorangestellt wird, der keinen anderen Titel hat; 2. Herr (allgemeine Anrede von Afrikanern an Europäer)
Chacula Essen
Chai Tee
Chui Leopard
Chutta Zigarette
Dawa Heilmittel, Medizin
Dudus falscher Plural von *Dudu* Käfer, Insekt
Duka Laden
Dumi männliches Tier
Faro Nashorn
halal einem Tier die Kehle aufschneiden; schächten
hapana nein
hiko huko Es oder er ist dort drüben
hodi hallo
Jambo 1. Sache, Angelegenheit; 2. (als Begrüßungsformel) Alles in Ordnung?
Kanga Perlhuhn
kidogo klein
Kikamba die Sprache der Kamba
Kongoni eine Kuhantilope
kuba groß
kufa sterben

Kwali Frankolinhuhn
kwenda gehen
kwisha Es ist fertig
Mafuta Fett, Schmalz
Manyatta ein Massai-Wort mit der gleichen Bedeutung wie *Boma*
mbili zwei (in Kap. 14 benutzt Hemingway im Gespräch mit Debba absichtlich die falsche Form «bili»)
Mchawi Hexe, Hexer
Memsahib (aus Madam Sahib) Anrede, die dem Namen einer Europäerin vorangestellt wird, welche keinen anderen Titel hat
Mganga Zauberer; gute Hexe
mimi ich
mingi viele
Mkamba Wakamba-Krieger
moja eins
Moran ein Massai-Wort mit der gleichen Bedeutung wie *Askari*
Mtoto Kind
Mwanamuki Frau
Mzee alter Mann
mzuri gut
Namake Halbwüchsiger
Ndege Vogel, Flugzeug
ndio ja
Ngoma Tanz
Nyanyi Pavian
Panga Machete, Schwert
piga schießen, erlegen, treffen
poli poli langsam
Pombe selbstgemachtes Bier
Posho Maismehl
Risasi Kugel, Geschoß
Samaki Fisch
sana sehr
Shaitani Teufel
Shamba 1. kleiner Acker; 2. Siedlung

Shauri Angelegenheit, Geschäft
Simba Löwe
Stingha Cocktail (Stinger)
Tembo 1. Elefant; 2. Schnaps
tu nur
Uchawi Hexerei, Zauberei (im schlechten Sinne)
ukambani im Land des Kamba-Stammes
Wanawaki Plural von *mwanamuki* Frau
Watu Menschen, Leute

Danksagung des Herausgebers

Mein erster Dank, auch im Namen meiner Brüder, gilt Michael Katakis, dem Verwalter der literarischen Rechte Hemingways, der unseren Glauben an den Wert unserer herausgeberischen Tätigkeit aufrechterhalten hat.

Ich danke auch den Angestellten der Kennedy Library und insbesondere Megan Desnoyers und Stephen Plotkin, deren fachkundige Unterstützung allen, die die Ehre hatten, mit den Manuskripten Ernest Hemingways zu arbeiten, eine unschätzbare Hilfe gewesen ist.

Dank auch dem Lektorat von Scribner und insbesondere Charles Scribner III und Gillian Blake für die Hilfe, die sie einem Amateur wie mir gewährt haben.

Ein besonderer Dank geht an meine Frau, die meine Überzeugung teilt, daß ein einziges Wort mehr sagt als tausend Bilder.